PHILIP'S

Marist Sisters
26 Cross Lane
Great Barr
Birmingham
B43 6LN

STREET ATLAS

Birmingham

IV Route planning

VI Sights of Birmingham

2 **Street maps** at 4½ inches to 1 mile

62 **Street maps of Birmingham city centre** at 7 inches to 1 mile

64 Index

79 List of numbered locations

80 Birmingham bus connections

First published 2002 by

Philip's, a division of
Octopus Publishing Group Ltd
2–4 Heron Quays
London E14 4JP

First edition 2002
First impression 2002

ISBN 0 540 08377 1
© Philip's 2002

Ordnance Survey®

This product includes mapping data licensed from Ordnance Survey, with the permission of the Controller of Her Majesty's Stationery Office.© Crown copyright 2002. All rights reserved.
Licence number 100011710

No part of this publication may be reproduced, stored in a retrieval system or transmitted in any form or by any means, electronic, mechanical, photocopying, recording or otherwise, without the permission of the Publishers and the copyright owner.

To the best of the Publishers' knowledge, the information in this atlas was correct at the time of going to press. No responsibility can be accepted for any errors or their consequences.

The representation in this atlas of a road, track or path is no evidence of the existence of a right of way.

Ordnance Survey and the OS symbol are registered trademarks of Ordnance Survey, the national mapping agency of Great Britain

Photographs on pages VI and VII by kind permission of Marketing Birmingham

The bus route maps on page 80–82 reproduced with the kind permission of Travel West Midlands.

Printed and bound in Spain
by Cayfosa-Quebecor.

Key to map symbols

Roads

- **(12)** Motorway with junction number
- **A42** Primary route – dual/single carriageway
- **A42** A road – dual/single carriageway
- **B1289** B road – dual/single carriageway
- Through-route – dual/single carriageway
- Minor road – dual/single carriageway
- Rural track, private road or narrow road in urban area
- Path, bridleway, byway open to all traffic, road used as a public path
- Road under construction
- Pedestrianised area
- Gate or obstruction to traffic restrictions may not apply at all times or to all vehicles
- **P** **P&R** Parking, Park and Ride

Railways

- Railway
- Miniature railway
- Railway station, private railway station

Emergency services

- Ambulance station, coastguard station
- Fire station, police station
- **H** Hospital, Accident and Emergency entrance to hospital

General features

- **+** **PO** Place of worship, Post Office
- **i** Information centre (open all year)
- Bus, coach station
- Important buildings, schools, colleges, universities and hospitals
- Woods, built-up area
- Tumulus FORT Non-Roman antiquity, Roman antiquity

Leisure facilities

- Camping site, caravan site
- Golf course, picnic site

Boundaries

- Postcode boundaries
- County and unitary authority boundaries

Water features

- River Ouse — Tidal water, water name
- Non-tidal water – lake, river, canal or stream
- Lock, weir

Scales

Blue pages: 4½ inches to 1 mile 1:14 080
0 — 220 yds — ¼ mile — 660 yds — ½ mile
0 — 125m — 250m — 375m — ½ km

Red pages: 7 inches to 1 mile 1:9051
0 — 110 yds — 220 yds — 330 yds — ¼ mile
0 — 125m — 250m — 375m — ½ km

62 Adjoining page indicators The colour of the arrow and the band indicates the scale of the adjoining page (see above)

Abbreviations

Acad	Academy	Mkt	Market
Allot Gdns	Allotments	Meml	Memorial
Cemy	Cemetery	Mon	Monument
C Ctr	Civic Centre	Mus	Museum
CH	Club House	Obsy	Observatory
Coll	College	Pal	Royal Palace
Crem	Crematorium	PH	Public House
Ent	Enterprise	Recn Gd	Recreation Ground
Ex H	Exhibition Hall	Resr	Reservoir
Ind Est	Industrial Estate	Ret Pk	Retail Park
IRB Sta	Inshore Rescue Boat Station	Sch	School
Inst	Institute	Sh Ctr	Shopping Centre
Ct	Law Court	TH	Town Hall/House
L Ctr	Leisure Centre	Trad Est	Trading Estate
LC	Level Crossing	Univ	University
Liby	Library	Wks	Works
		YH	Youth Hostel

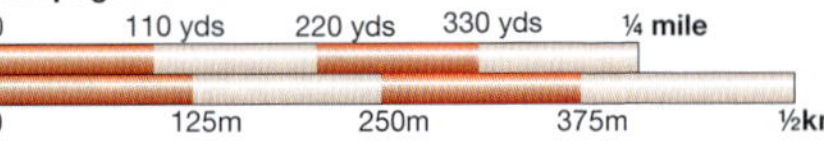

Key to map pages

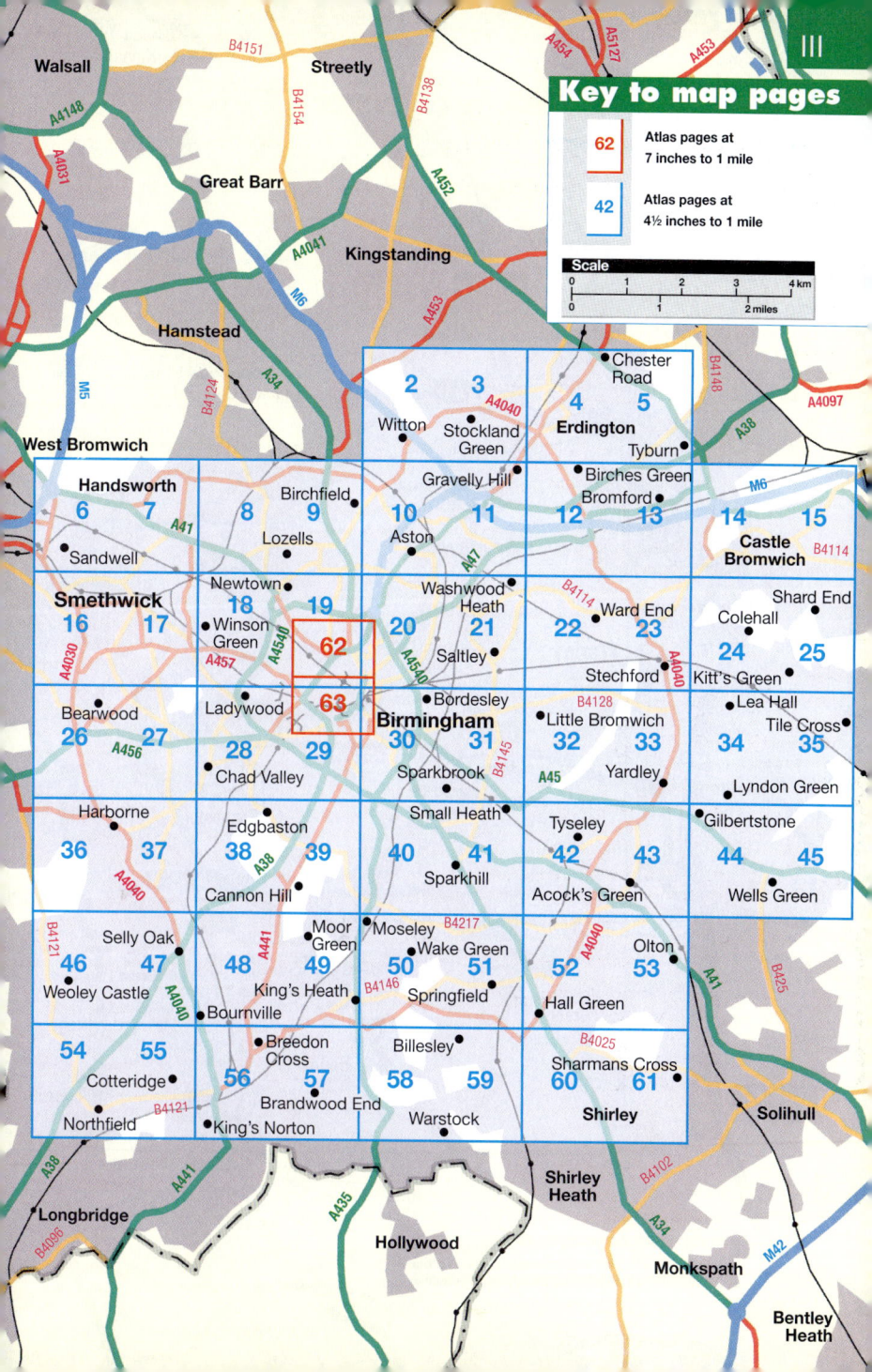

62	Atlas pages at 7 inches to 1 mile
42	Atlas pages at 4½ inches to 1 mile

Scale: 0–4 km / 0–2 miles

Great Barr
Queslett
Kingstanding
Mesty Croft
Friar Park
Tame Bridge
Tame Valley Canal
Stone Cross
Grove Vale
Red Ho.
Ocker Hill
Golds Green
Balls Hill
Hill Top
Toll End
Newton
Hamstead
Perry Beeches
Tower Hill
Perry Barr Locks
Gt. Bridge
Churchfield
Sandwell Valley
Park Fm.
Hamstead
Perry Barr
Swan Village
Guns Village
New Town
WEST BROMWICH
Brown's Green
Perry Bridges City
Lambert's End
Tividale
Birmingham Level
Wolverhampton Level
Brades Village
Birchfield
Witton
Aston Hall
Handsworth
Church La.
Well. G'N Rd
Oldbury
Sandwell & Dudley
Sandwell Sta.
Aston
Darby's Hill
Lozells
Gib Heath
Tat Bank
Rood End
Langley
Portway
Smethwick
Rolfe St.
Winson Green
Prison
Whiteheath Gate
Londonderry
Summerfield Park
Rowley Regis
Causeway Green
Warley
Bearwood
Edgbaston Res.
Ladywood
N.I.A.
Bristnall Fields
City Road
Hagley Rd.
Blackheath
Warley Woods
BIRMINGHAM
Hurst Green
Coombeswood
Long Lane
Beech Lanes
Lordswood Road
Chad Valley
Birmingham Botanical Gardens
Harborne
Edgbaston
Balsall Heath
Mucklow Hill
Quinton
Ridgacre
Birmingham Canal
Cannon Hill Park
Zoo
Moseley
Birmingham University Sta.
Bristol Road
Webb's Green
Lapal
Bourn Brook
Woodgate Valley
California
Manor Way
Abbey
Bournbrook
Selly Oak
Wake Green
Lodge Hill
Selly Oak
Selly Park
Moor Green
Weoley Castle
Woodgate
Bartley Green
Ten Acres
Goodrest Fm.
Illey
Lower Illey
Woodcock Hill
Bartley Res.
Shenley Fields
Cadbury World
Selly Oak Manor
Bournville
Stirchley
King's Heath
Alcester Lanes End
Frankley Services
Frankley Res.
Frankley
Cotteridge
Lifford
Brandwood End
Stratford-upon-Avon Canal
Egg Hill
Ell Wood
Frankley Hill
Northfield
King's Norton
Highter's Heath
Walker's Heath
Moundsley Hall
Maypole
Windmill Hill
Waseley Hills
Longbridge
Redditch Rd.
Gay Hill
Hollywood Bypass
Hollywood
Tunnel
M5
M6
38 (M)
A41
A34
A38
A441
A435
A456
A4123
A4040
A4041
A4031
A4540
A461
Route planning
Scale
0
1
2
3
4 km

V
A452
A453
JOCKEY ROAD
WYLDE GREEN
Boldmere
Oscott
College
Perry
Common
Short
Heath
BIRMINGHAM ROAD
A5127
B4142
CHESTER RD
Wylde Green
Golf
Course
New
Hall
B4148
Thimble
End
Walmley
A38
Ox Leys
Fair View Fm.
Fox Hollies
Peddimore
Hall
Grove End
Wishaw
Grange
Fm.
Over Green
A446
Dunton
Ho.
Lea
Marston
Lea
Dunton
Hall
A4097
BIRMINGHAM & FAZELEY CANAL
Wiggins Hill
Fm.
Curdworth
Walmley
Ash
Minworth
Sewage
Works
Works
Pype Hayes
Hall
ERDINGTON
B4531
RES'R. RD.
Erdington
CHESTER RD.
B4148
Tyburn
A4040
WOOD END RD.
Birches
Green
KINGSBURY RD
Castle Vale
A452
WATER ORTON
R. Tame
B4118
B4117
Water
Orton
AVELLY HILL
Gravelly
Hill
FORT PARKWAY
A47
A38
M6
Castle
Bromwich
Chattle
Hill
Gilson
Blyth
Hall
Cole End
R. Cole
B4114
Nechells
Bromford
CASTLE BROMWICH
HALL
Hodgehill
Buckland
End
B4114
Shard End
CHESTER ROAD
A452
A446
Coleshil
B4117
B4114
Washwood
Heath
B4516
Saltley
Ward End
B4147
Alum
Rock
STECHFORD
Glebe Farm
ADDERLEY
PARK
B4145
Kingshurst
Sheldon
Hall
Bacon's
End
Fordbridge
Bacon's
End Bri.
M42
Stechford
LEA
HALL
Kitt's
Green
Lea Hall
Tile
Cross
A452
Chelmsley
Wood
M6
A446
Bordesley
Green
Little
Bromwich
B4128
B4128
BLAKESLEY
HALL
A4040
Yardley
Garretts
Green
Marston
Green
MARSTON
GREEN
SMALL
HEATH
Small Heath
R. Cole
COVENTRY RD.
Lyndon
Green
SHELDON
Hay
Mills
South
Yardley
Gilbertstone
Sheldon
RAILWAY
MUS.
TYSELEY
B4146
Acock's
Green
ACOCK'S
GREEN
Wells Green
A45
COVENTRY RD.
BIRMINGHAM
INTERNATIONAL
BIRMINGHAM
INTERNATIONAL
B4438
NATIONAL
EXHIBITION
CENTRE
CHESTER RD
Park Fm.
Middle
Bickenhill
A45
A41
Sparkhill
Tyseley
A34
SPRING RD
WARWICK RD.
B4425
Hob's
Moat
Elmdon
Bickenhill
NATIONAL
MOTORCYC
MUSEUM
B4217
ROAD
pringfield
HALL GREEN
B4514
A4040
Olton
OLTON
Kineton
Green
Olton
Res.
Ulverley
Green
LODE LANE
Works
Hall Green
ROBIN HOOD LANE
B4438
CATHERINE DE BARNES LANE
Hampton Manor
Homes
STA
lesley
World's End
GRAND UNION CANAL
B4102
Hampto
in Arde
YARDLEY
WOOD
B4025
B4025
A41
Solihull
Hall
Lode
Heath
Elmdon
Heath
Catherine de
Barnes Heath
B4102
Walford Hall Fm.
A34
Yardley
Wood
Sharman's
Cross
SOLIHULL
SOLIHULL
STRATFORD ROAD
Hasluck's
Green
Shirley
Blossomfield
Berry
Hall
Ravenshaw
Wharley
Hall
Eastcote
Warstock
Solihull
Lodge
SHIRLEY
B4102
Hillfield
Hall
Witley
Santa
Barbara
Henwood
Hall Fm.
Shirley
Heath
R. Blyth
M42
Golf
Co.
Copt
Heath
Barsto
Major's
Green
WHITLOCK'S
Shelly
WIDNEY
MANOR
Blythe
Grimshaw Hall

Sights of Birmingham

Historic Buildings

Birmingham Assay Office *Newhall Street* Britain's busiest Assay Office has been in operation since 1773 and hallmarks over 11 million items each year. The collection of historic silver is open to pre-booked groups. ☎0121 236 6951 62 B3

Bournville Carillon and The Rest House *Corner of Linden Road and Woodbrooke Road, Bournville* The 48-bell Bournville Carillon was installed by George Cadbury in 1906. Recitals are played Saturday lunchtime and afternoon. The Rest House is the visitor centre for the Carillon. 47 C1

The Chamberlain clock *Crossroads of Warstone Lane and Vyse Street* The Jewellery Quarter Clock Tower was erected in 1903 to commemorate local MP Joseph Chamberlain's visit to South Africa as Secretary of State to the Colonies. 19 A2

Council House ★★ *Victoria Square* Completed in 1879. Architect Yeoville Thomason, who also built the Museum and Art Gallery in Chamberlain Square in 1885. 63 B2

Handsworth Old Town Hall *20 Slack Lane, Handsworth* Cruck-framed house dating from 1460. Individual or group visits by appointment only. ☎0121 554 2558 7 C4

Highbury Hall *4 Yew Tree Road, Moseley* Home of Joseph Chamberlain. Brick mansion built in 1878 with extensive Victorian gardens. Limited opening days. ☎0121 449 6549 49 B4

Jewellery Business Centre *Spencer Street* Redeveloped former houses and workshops. Stainless steel, glass and brass Prince Charles Gates. 19 A2

The Mint *Icknield Street* Established by Matthew Boulton in 1786. The distinctive Icknield Street factory was built in 1860 and still houses a major manufacturer of coins, tokens and medals. 18 C2

Moseley Hall Dovecote *Hospital Grounds, Alcester Road,* 18th-century octagonal brick dovecote and cowhouse. Exhibitions about dove-keeping and history of Moseley Hall. ☎0121 449 2133 39 C1

Moseley Hall Ice House *Moseley Private Park, Salisbury* 18th-century Ice House in what were the grounds of Moseley Hall. ☎0121 449 2133 39 C1

Perrott's Folly *Waterworks Road, Edgbaston* Built in 1758 and 94 feet high. Panoramic views of Edgbaston. Open only on summer Sundays and bank holidays. 28 A3

Sarehole Mill ★ *Cole Bank Road, Hall Green* Built 1765. Part of group of buildings including bakehouse, metal workshop and granary. ☎0121 777 6612 51 B2

The Old Grammar School *Kings Norton* 15th century timber-framed building situated in graveyard. The library of books belonging to 17th century headmaster Thomas Hall is preserved in Birmingham Central Library. 56 A1

The Shakespeare Memorial Room, Birmingham Central Library *Chamberlain Square* Victorian room designed by Chamberlain for the Shakespeare Library. Inlaid wood, carving, stencils, decorative glass. Visits by appointment only except City Discovery Day. ☎0121 303 4229 63 B2

Town Hall ★★ *Victoria Square* Impressive building built 1830s of brick with stone facing. Currently closed to the general public due to important renovations. 63 B2

Weoley Castle *Selly Oak* Once the medieval manor of Northfield, now closed to the public pending major repairs. Phone for information about events, such as 'Heritage Open Weekend'. ☎0121 303 4698 46 B4

Houses

Aston Hall ★★ *Trinity Road, Aston* Built 1618-1635, one of England's finest Jacobean houses. Furnished with paintings and artifacts from the

▲ Brindley Place

Birmingham Museums and Art Gallery collections. ☎0121 327 0062 10 A2

Blakesley Hall *Blakesley Road, Yardley* Timber-framed Yeoman farmer's house built around 1590, and furnished in 17th-century style. Staff in historic costume. ☎0121 464 2193 33 C3

Selly Manor Museum ★ *Maple Road, Bournville* Two half-timbered medieval manor houses moved by George Cadbury in 1912 to new village of Bournville. Now house collection of furniture. ☎0121 472 0199 48 A1

Soho House *Soho Avenue, Handsworth* Restored home of industrial pioneer Matthew Boulton from 1766 to 1809. Period-style garden; tearoom. Exhibitions on history of the house and Boulton's businesses. ☎0121 554 9122 8 B1

Gardens

The Botanic Garden at Winterbourne *University of Birmingham, Edgbaston Park Road* Close to centre of University of Birmingham campus. Includes Edwardian arts and crafts garden and National Collection of the History of the European Rose. ☎0121 414 4944 38 B3

Birmingham Botanical Gardens and Glasshouses ★★ *Westbourne Road, Edgbaston* Fifteen acres of beautiful gardens, aviaries, four glasshouses, gallery and plant centre. ☎0121 454 1860 28 A1

Castle Bromwich Hall Gardens ★ *Chester Road, Castle Bromwich* 10-acre walled gardens, restored to their 18th Century splendour. Historic plants, vegetables, herbs and fruits. Holly Maze. ☎0121 749 4100 14 B2

Churches

Birmingham Cathedral (St Philip's) ★★ *Colmore Row* Completed 1725. Contains Pre-Raphaelite stained-glass by Sir Edward Burne-Jones. ☎0121 236 4333 62 B3

St Philip Neri, Birmingham Oratory *141 Hagley Road, Edgbaston* Built between 1907-1910 in the Baroque style as a memorial to Cardinal Newman, founder of the English Oratory. ☎0121 454 0496 28 A3

St Chad's Cathedral *St Chad's Queensway* Neo-gothic. 19th-century glass, 16th-century Flemish pulpit, late-medieval statue of the Virgin Mary. ☎0121 230 6208 62 B4

St Martin in the Bull Ring *The Bull Ring, Edgbaston St.* Birmingham's oldest church. Contains 1325 effigy of the Lord of the Manor Sir William de Bermingham. The present building, with a stained glass window by Burne-Jones, dates from 1875. ☎0121 643 5428. 63 C2

St Mary's Church *Hamstead Road, Handsworth* Built around 1170, the burial place of Matthew Boulton, James Watt and William Murdoch. Known as 'the Westminster Abbey of the Industrial Revolution'. 7 A3

St Paul's Church ★ *St Paul's Sq, Jewellery Quarter* 'Jewellers Church' built in 1779 by Robert Eykyn. Main feature is Francis Eginton's painted window showing the conversion of St Paul. ☎0121 236 7858 62 A3

Museums and Galleries

Aston Manor Transport Museum *The Old Tram Depot, 208-216 Witton Lane* Collection of commercial vehicles housed in a 19th-century refurbished tram depot. ☎0121 322 2298 10 A3

Barber Institute of Fine Arts *University of Birmingham, Edgbaston* Collection of old master and modern paintings including works by Rubens, Gainsborough, Rossetti, Whistler and Magritte. ☎0121 414 7333 38 B1

Birmingham Museum & Art Gallery★★ *Chamberlain Square* Victorian building housing a fine pre-Raphaelite collection and works by French, Dutch and Italian artists from the 14th Century to the present day. Costumes, ceramics, and archaeology displays. Natural history gallery. ☎0121 303 2834 or outside opening hours: ☎0121 303 1966 **63 B2**

Birmingham Railway Museum *670 Warwick Road, Tyseley* Dedicated to the preservation and operation of locomotives and associated vehicles. Fully-equipped workshop. Driver training courses. ☎0121 707 4696 **42 A3**

Cadbury World *Linden Road, Bournville* A permanent exhibition devoted entirely to the history and production of chocolate. ☎0121 451 4180 **48 A1**

Halcyon Gallery *International Convention Centre, Broad Street* Gallery of leading painters and sculptors. An art retailer but you can browse without buying. ☎0121 248 8484 **29 A4**

Ikon Gallery *1 Oozells Square, Brindley Place* Contemporary art venue situated in the neo-gothic Oozells Street School building. ☎0121 248 0708 **28 C4**

Lapworth Museum of Geology *School of Earth Sciences, Birmingham University, Edgbaston* One of the oldest specialist geological museums in the UK, dating back to 1880. ☎0121 414 7294 **38 A2**

Museum of the Jewellery Quarter★ *75-79 Vyse Street, Hockley* Exhibitions and guided tours. 200 years of jewellery making in Birmingham and demonstration of jewellery-making techniques. ☎0121 554 3598 **19 A2**

number nine the gallery *9 Brindley Place* Contemporary arts, glass, ceramics and sculpture. ☎0121 643 9099 **28 C4**

Patrick Motor Museum *The Lakeside Centre, 180 Lifford Lane, Kings Norton* Motoring history from 1904 to the present day. ☎0121 486 3399 **56 B2**

The Pen Room *Unit 3, The Argent Centre, 60 Frederick Street, Hockley* Calligraphy displays and classes run by the Birmingham Pen Trade Heritage Association. ☎0121 236 9834 **19 A2**

Royal Birmingham Society of Artists Gallery (RBSA)★ *4 Brook Street, St Paul's Square Gallery* One of the UK's oldest art societies. Exhibits member's work. ☎0121 236 4353 **62 A3**

Thinktank – The Birmingham Museum of Science and Discovery★★ *Millennium Point, Curzon Street* Exhibits and interactive fun. Ten themed galleries over four floors. ☎0121 202 2222 **20 A1**

Warwickshire Cricket Museum *Warwickshire CCC, The County Ground, Edgbaston Road, Edgbaston* 130 years of cricket memorabilia and photographs. Colin J Langley Memorial Library of cricket books ☎0121 446 4422 **39 B3**

West Midlands Police Museum *Sparkhill Police Station, 639 Stratford Road, Sparkhill* Housed in Victorian court house, complete with a mock cell. ☎0121 626 7181 **41 A2**

Activities

Adrian Boult Hall (Birmingham Conservatoire) *Paradise Place, Chamberlain Square* Recitals and performances. ☎0121 331 5909/7212 **63 B2**

▼ *The ICC, Quayside Wharf*

▲ *Victoria Square*

The Alexandra Theatre *Station Street* Theatre. Box Office: ☎0870 607 7533 **63 B2**

Birmingham Hippodrome *Hurst Street* Theatre, re-opened 2001. Info and Box Office: ☎0121 780 3333 **63 C1**

Birmingham Nature Centre *Pershore Road, Edgbaston* Home to around 134 species of mainly British and European wildlife. ☎0121 472 7775 **39 A1**

Edgbaston Reservoir *115 Reservoir Road, Ladywood* Water sports and a 1.75-mile footpath. ☎0121 454 1908 **27 C4**

Midlands Arts Centre – The Mac *Cannon Hill Park* Art venue for performances, exhibitions, films and courses. ☎0121 440 3838 **39 B3**

National Sea Life Centre★ *Brindley Place* Includes attractions such as the Titanic adventure; otter sanctuary and seahorse breeding centre. ☎0121 633 4700 **28 C4**

The Rep: Birmingham Repertory Theatre *Hill Street./Station street.* Box Office: ☎0121 236 4455 **63 B2**

Symphony Hall *Broad Street* Home to City of Birmingham Symphony Orchestra. Box Office: ☎0121 780 3333 **29 A3**

Other Sights

Jewellery Quarter★★ Starts *Warstone Lane* Largest working jewellery quarter in Europe. Home to jewellery businesses operating in historic surroundings for over 250 years. **18 C2**

St Paul's Square The elegant tree-lined area of St Paul's is Birmingham's last remaining Georgian Square. Includes 'Jewellers Church' of St Paul's, built in 1779. **62 A3**

Birmingham and Fazeley Canal Opened in 1789. The canal joins Brindley's Birmingham Canal at Old Turn Junction where it descends through flight of locks known as the Old Thirteen. For details of canal walks and events contact: British Waterways Board on ☎0121 506 1300 **10 C1**

Gas Street Basin★ Junction of Birmingham Main Line and Worcester and Birmingham canals. Once the hub of the canal system, now a quiet area with waterside pubs and canal boats. **63 A2**

Information

National Rail Enquiries ☎08457 484950

Local Bus and Rail Hotline (Centro) ☎0121 200 2700

Car Parking City Council ☎0121 303 7617

NCP Parking ☎0121 643 7337

Birmingham International Airport Flight enquiries: ☎0121 767 7798

West Midlands Police Headquarters ☎0121 626 5000

Tourist Information Centres:
🛈 *2 City Arcade, Birmingham, B2 4TX* ☎0121 643 2514
🛈 *130 Colmore Row, Birmingham, B3 3AP* ☎0121 693 6300

Convention & Visitor Bureau *National Exhibition Centre, Birmingham, B40 1NT*

Map Page 2

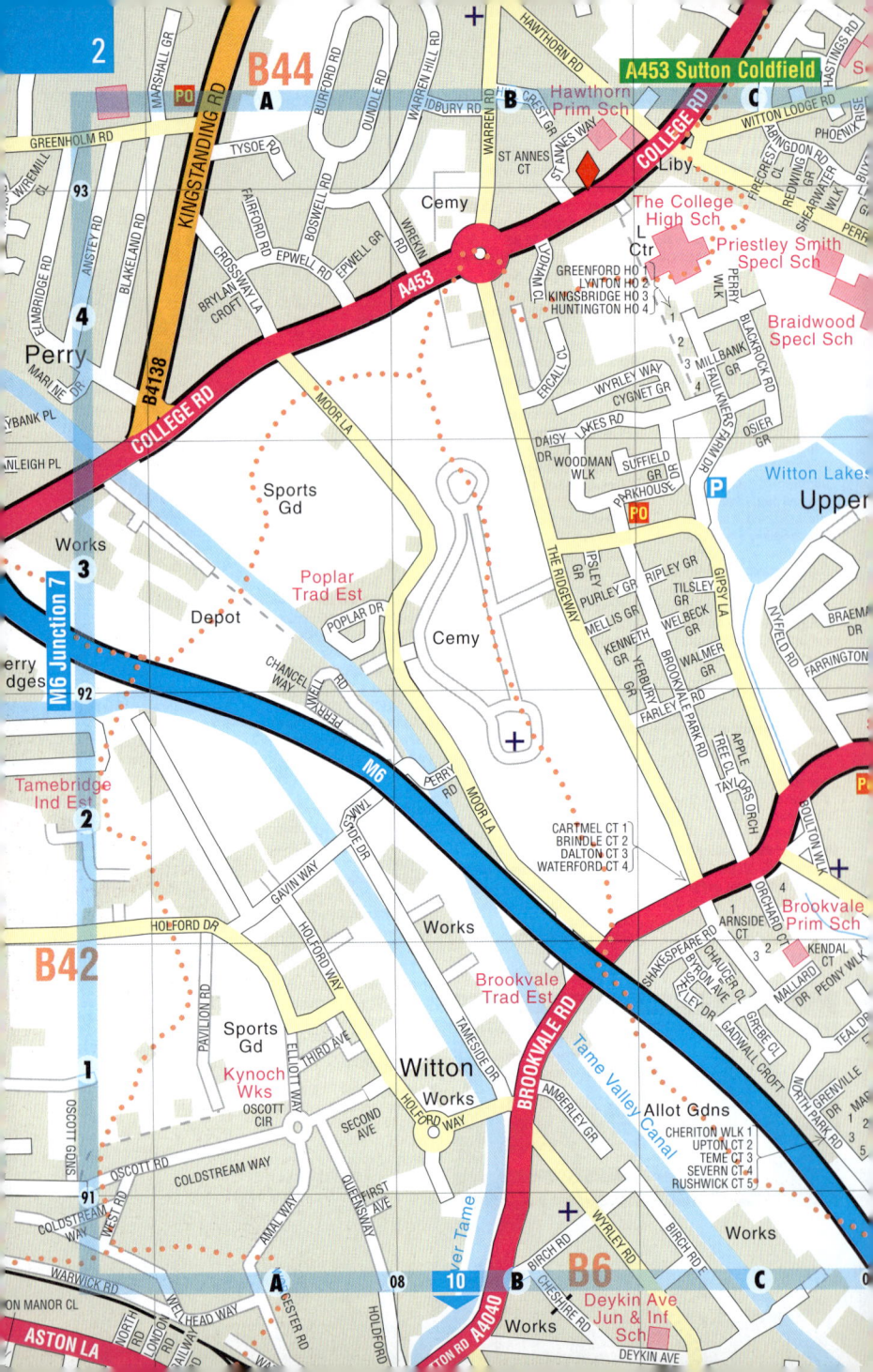

Major roads and routes:
- B44 / KINGSTANDING RD
- A453 Sutton Coldfield / COLLEGE RD
- B4138 / COLLEGE RD
- M6 Junction 7
- B42
- B6
- BROOKVALE RD
- ASTON LA
- River Tame / Tame Valley Canal

Areas / localities:
- Perry
- Witton
- Upper (Witton Lakes)

Streets and roads:
- GREENHOLM RD, WIREMILL CL, MARSHALL GR, BURFORD RD, OUNDLE RD, WARREN HILL RD, IDBURY RD, HAWTHORN RD, HASTINGS RD, ABINGDON RD, PHOENIX RISE, WITTON LODGE RD, FIRECREST CL, REDWING CL, SHEARWATER, BUY...
- TYSOE RD, FAIRFORD RD, BOSWELL RD, EPWELL RD, EPWELL GR, WIREKIN, CREST WAY, ST ANNES WAY, ST ANNES CT
- ANSTEY RD, BLAKELAND RD, CROSSWAY LA, BRYLAN CROFT, ERCALL CL, LYDHAM CL
- ELMBRIDGE RD, MARL NE, GREENFORD HO 1, LYNTON HO 2, KINGSBRIDGE HO 3, HUNTINGTON HO 4
- LYBANK PL, ANLEIGH PL, MOOR LA, WYRLEY WAY, CYGNET GR, DAISY DR, LAKES RD, WOODMAN WLK, SUFFIELD GR, PARKHOUSE GR, MILLBANK, BLACKROCK RD, PERRY WLK, FAULKNERS FARM OR, OSIER, BRAEMAR DR, NYFIELD RD, FARRINGTON
- PSLEY GR, PURLEY GR, RIPLEY GR, TILSLEY GR, GIPSY LA
- MELLIS GR, WELBECK GR, WALMER GR
- KENNETH GR, VERBURY GR, FARLEY GR, BROOKVALE PARK RD
- POPLAR DR, CHANCEL WAY, PERRY..., TAME DR, GAVIN WAY, HOLFORD DR, HOLFORD WAY, PAVILION RD, ELLIOTT WAY, THIRD AVE, OSCOTT CIR, OSCOTT RD, SECOND AVE, FIRST AVE, COLDSTREAM WAY, QUEENSWAY, AMAL WAY, TAMESIDE DR, AMBERLEY GR, HOLFORD WAY
- APPLE TREE CL, TAYLORS ORCH, BOULTON WLK, ARNSIDE CT 1, ORCHARD CT, KENDAL CT, MALLARD DR, PEONY WLK, SHAKESPEARE RD, CHAUCER CL, BYRON AVE, ELSHOM AVE, GREBE CL, GADWALL CROFT, TEAL DR, GRENVILLE, NORTH PARK RD
- CARTMEL CT 1, BRINDLE CT 2, DALTON CT 3, WATERFORD CT 4
- CHERITON WLK 1, UPTON CT 2, TEME CT 3, SEVERN CT 4, RUSHWICK CT 5
- BIRCH RD, WYRLEY RD, BIRCH RD E, CHESHIRE RD, DEYKIN AVE, WARWICK RD, MANOR CL, WELLHEAD WAY, LONDON..., RAILWAY..., HOLFORD

Points of interest:
- PO (Post Office)
- Cemy (Cemetery) — multiple
- Hawthorn Prim Sch
- The College High Sch
- Priestley Smith Specl Sch
- Braidwood Specl Sch
- Liby (Library), L Ctr
- Sports Gd (multiple)
- Poplar Trad Est
- Depot
- Works (multiple)
- Tamebridge Ind Est
- Brookvale Trad Est
- Kynoch Wks
- Brookvale Prim Sch
- Allot Gdns
- Deykin Ave Jun & Inf Sch
- The Ridgeway

Grid references: A, B, C (top and bottom); 4, 3, 2, 1 (sides); 93, 92, 91, 08, 10

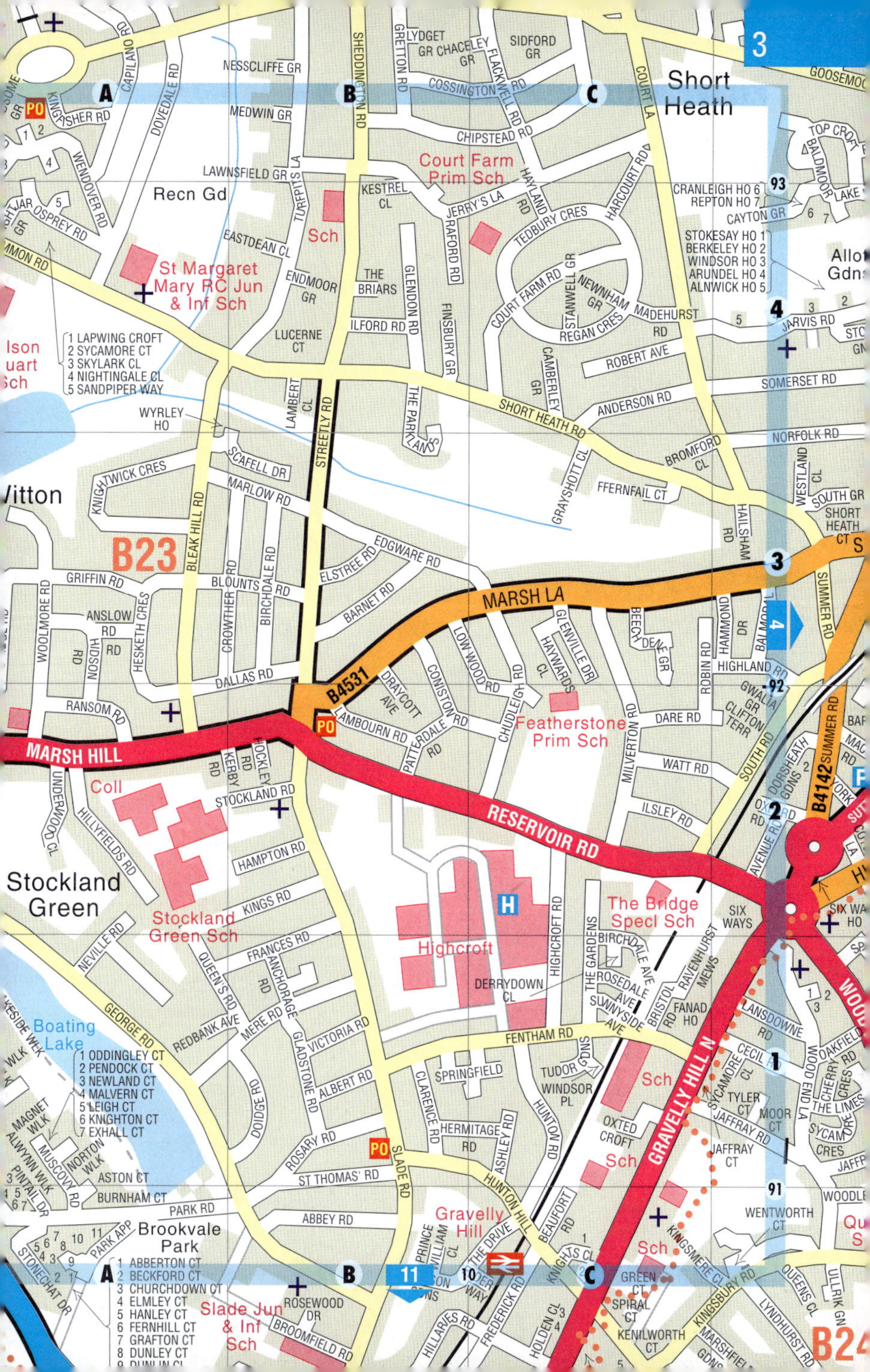

3
Short Heath
A
B
C
1
2
3
4
Recn Gd
Sch
Court Farm Prim Sch
St Margaret Mary RC Jun & Inf Sch
NESSCLIFFE GR
MEDWIN GR
LAWNSFIELD GR
TURFPITS LA
EASTDEAN CL
ENDMOOR GR
LUCERNE CT
SHEDDINGTON RD
GRETTON RD
LYDGET GR
CHACELEY GR
SIDFORD GR
FLACKWELL RD
COSSINGTON RD
CHIPSTEAD RD
HAYLAND RD
KESTREL CL
JERRY'S LA
RAFORD RD
THE BRIARS
GLENDON RD
ILFORD RD
FINSBURY GR
TEDBURY CRES
HARCOURT RD
COURT LA
COURT FARM RD
STANWELL GR
NEWNHAM GR
REGAN CRES
MADEHURST RD
ROBERT AVE
CAMBERLEY GR
ANDERSON RD
SOMERSET RD
NORFOLK RD
CRANLEIGH HO 6
REPTON HO 7
CAYTON GR
STOKESAY HO 1
BERKELEY HO 2
WINDSOR HO 3
ARUNDEL HO 4
ALNWICK HO 5
93
TOP CROFT
BALDMOOR LAKE
Allot Gdns
JARVIS RD
GOOSEMOOR
KINGFISHER RD
CAPILANO RD
DOVEDALE RD
WENDOVER RD
OSPREY RD
COMMON RD
PO
1 LAPWING CROFT
2 SYCAMORE CT
3 SKYLARK CL
4 NIGHTINGALE CL
5 SANDPIPER WAY
WYRLEY HO
LAMBERT CL
STREETLY RD
THE PARKLANDS
SHORT HEATH RD
GRAYSHOTT CL
FFERNFAIL CT
BROMFORD CL
HAILSHAM RD
WESTLAND CL
SOUTH GR
SHORT HEATH CT
Witton
B23
KNIGHTWICK CRES
SCAFELL DR
MARLOW RD
BLEAK HILL RD
EDGWARE RD
ELSTREE RD
BARNET RD
GRIFFIN RD
BLOUNTS RD
CROWTHER RD
BIRCHDALE RD
WOOLMORE RD
ANSLOW RD
HIDSON RD
HESKETH CRES
DALLAS RD
RANSOM RD
MARSH LA
B4531
GLENVILLE DR
HAYWARDS CL
BEECH DENE GR
HAMMOND DR
ROBIN RD
BALMORAL RD
HIGHLAND RD
92
GWALIA GR
CLIFTON TERR
DARE RD
WATT RD
ILSLEY RD
MILVERTON RD
DRAYCOTT AVE
CONISTON RD
LOW WOOD RD
CHUDLEIGH RD
LAMBOURN RD
PATTERDALE RD
Featherstone Prim Sch
SUMMER RD
B4142
DORSHEATH GDNS
OXFORD RD
AVENUE RD
SOUTH RD
MARSH HILL
KERBY RD
HOCKLEY RD
STOCKLAND RD
Coll
UNDERWOOD CL
HILLYFIELDS RD
HAMPTON RD
KINGS RD
RESERVOIR RD
Stockland Green
Stockland Green Sch
NEVILLE RD
FRANCES RD
QUEEN'S RD
ANCHORAGE RD
H
Highcroft
DERRYDOWN CL
HIGHCROFT RD
THE GARDENS
The Bridge Specl Sch
SIX WAYS
SIX WAYS HO
BIRCHDALE AVE
ROSEDALE AVE
SUNNYSIDE AVE
BRISTOL RD
RAVENHURST MEWS
FANAD HO
LANSDOWNE RD
OAKFIELD RD
WOOD END LA
CECIL RD
SYCAMORE CL
TYLER CT
MOOR CT
THE LIMES
CHERRY CRES
SYCAMORE CRES
JAFFRAY RD
JAFFRAY CT
GRAVELLY HILL N
Boating Lake
GEORGE RD
REDBANK AVE
MERE RD
VICTORIA RD
GLADSTONE RD
DOIDGE RD
ALBERT RD
FENTHAM RD
SPRINGFIELD
TUDOR GDNS
WINDSOR PL
OXTED CROFT
Sch
CLARENCE RD
HERMITAGE RD
ASHLEY RD
HUNTON RD
1 ODDINGLEY CT
2 PENDOCK CT
3 NEWLAND CT
4 MALVERN CT
5 LEIGH CT
6 KNIGHTON CT
7 EXHALL CT
LAKESIDE WLK
MAGNET WLK
ALWYNN WLK
MUSCOVY RD
NORTON WLK
ASTON CT
PINTAIL DR
BURNHAM CT
ROSARY RD
ST THOMAS' RD
SLADE RD
HUNTON HILL
91
WENTWORTH CT
WOODLE
PARK RD
ABBEY RD
Brookvale Park
PARK APP
Gravelly Hill
PRINCE WILLIAM CL
THE DRIVE
BEAUFORT RD
KNIGHTS CL
KINGSMERE CL
STONECHAT DR
1 ABBERTON CT
2 BECKFORD CT
3 CHURCHDOWN CT
4 ELMLEY CT
5 HANLEY CT
6 FERNHILL CT
7 GRAFTON CT
8 DUNLEY CT
11
10
ROSEWOOD DR
Slade Jun & Inf Sch
BROOMFIELD RD
HILLARIES RD
FREDERICK RD
HOLDEN CL
GREEN CT
SPIRAL CT
KENILWORTH CT
KINGSBURY RD
MARSHFIELD GDNS
LYNDHURST RD
QUEENS CL
ULLRIK GN
B24

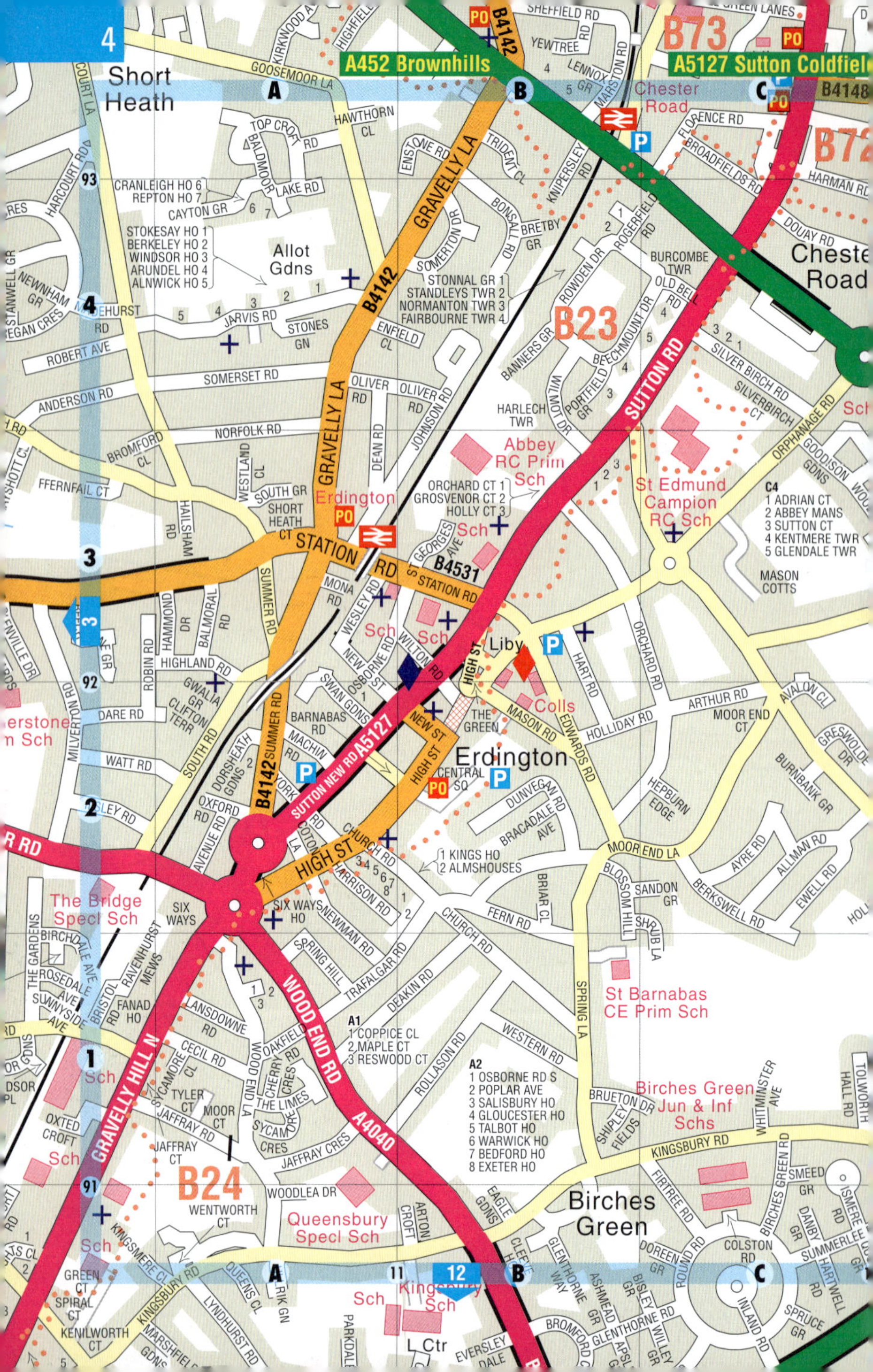
Short Heath
A
B
C
GOOSEMOOR LA
A452 Brownhills
A5127 Sutton Coldfield
B73
B4142
B4148
B72
Chester Road
SHEFFIELD RD
YEWTREE
LENNOX GR
MARSTON RD
FLORENCE RD
BROADFIELDS RD
HARMAN RD
DOUAY RD
Chester Road
HAWTHORN CL
TOP CROFT RD
BALDMOOR LAKE RD
ENSTONE RD
TRIDENT CL
KNIPERSLEY RD
GRAVELLY LA
COURT LA
HARCOURT RD
93
CRANLEIGH HO 6
REPTON HO 7
CAYTON GR
STOKESAY HO 1
BERKELEY HO 2
WINDSOR HO 3
ARUNDEL HO 4
ALNWICK HO 5
Allot Gdns
SOMERTON DR
BONSALL RD
BRETBY GR
ROGERFIELD RD
BURCOMBE TWR
OLD BELL RD
ROWDEN DR
STONNAL GR 1
STANDLEYS TWR 2
NORMANTON TWR 3
FAIRBOURNE TWR 4
B23
NEWNHAM GR
STANWELL GR
REGAN CRES
4
MOSEHURST RD
JARVIS RD
STONES GN
ENFIELD CL
BANNERS GR
BEECHMOUNT DR
SILVER BIRCH RD
SILVERBIRCH CT
ROBERT AVE
SOMERSET RD
OLIVER RD
OLIVER RD
JOHNSON RD
WILMOT DR
PORTFIELD GR
SUTTON RD
ORPHANAGE RD
Sch
ANDERSON RD
NORFOLK RD
DEAN RD
HARLECH TWR
Abbey RC Prim Sch
St Edmund Campion RC Sch
GOODISON GDNS
BROMFORD CL
FFERNFAIL CT
WESTLAND CL
SOUTH GR
SHORT HEATH CT
HAILSHAM RD
Erdington
PO
ORCHARD CT 1
GROSVENOR CT 2
HOLLY CT 3
ST GEORGES AVE
Sch
C4
1 ADRIAN CT
2 ABBEY MANS
3 SUTTON CT
4 KENTMERE TWR
5 GLENDALE TWR
3
STATION RD
B4531
STATION RD
MASON COTTS
SUMMER RD
MONA RD
WESLEY RD
HAMMOND DR
BALMORAL RD
ROBIN RD
HIGHLAND RD
Sch
Sch
WILTON RD
HIGH ST
Liby
P
HART RD
ORCHARD RD
92
GWALIA GR
CLIFTON TERR
NEW ST
OSBORNE RD
SWAN GDNS
THE GREEN
Colls
MASON RD
EDWARDS RD
HOLLIDAY RD
ARTHUR RD
MOOR END CT
AVALON CL
GRESWOLDE DR
Erdstone Sch
MILVERTON RD
DARE RD
SOUTH RD
BARNABAS RD
MACHIN RD
SUTTON NEW RD A5127
NEW ST
HIGH ST
Erdington
CENTRAL SQ
BURNBANK GR
WATT RD
DORSHEATH GDNS
YORK RD
HEPBURN EDGE
2
OXFORD RD
AVENUE RD
COTON LA
CHURCH RD
DUNVEGAN RD
BRACADALE AVE
MOOR END LA
AYRE RD
ALLMAN RD
HIGH ST
1 KINGS HO
2 ALMSHOUSES
BRIAR CL
BLOSSOM HILL
SANDON GR
BERKSWELL RD
EWELL RD
The Bridge Specl Sch
SIX WAYS
SIX WAYS HO
HARRISON RD
NEWMAN RD
FERN RD
SHRUB LA
THE GARDENS
BIRCHDALE AVE
ROSEDALE AVE
SUNNYSIDE AVE
BRISTOL RD
RAVENHURST MEWS
FANAD HO
SPRING HILL
TRAFALGAR RD
CHURCH RD
DEAKIN RD
SPRING LA
St Barnabas CE Prim Sch
LANSDOWNE RD
A1
1 COPPICE CL
2 MAPLE CT
3 RESWOOD CT
WESTERN RD
1
Sch
GRAVELLY HILL N
CECIL RD
SYCAMORE CL
TYLER CT
MOOR CT
WOOD END LA
OAKFIELD RD
CHERRY CRES
THE LIMES
SYCAMORE CRES
WOOD END RD
ROLLASON RD
A2
1 OSBORNE RD S
2 POPLAR AVE
3 SALISBURY HO
4 GLOUCESTER HO
5 TALBOT HO
6 WARWICK HO
7 BEDFORD HO
8 EXETER HO
BRUETON DR
SHIPLEY FIELDS
Birches Green Jun & Inf Schs
WHITMINSTER AVE
TOLWORTH HALL RD
OXTED CROFT
JAFFRAY RD
JAFFRAY CT
JAFFRAY CRES
A4040
KINGSBURY RD
Sch
91
B24
WOODLEA DR
WENTWORTH CT
Queensbury Specl Sch
ARTON CROFT
EAGLE GDNS
CLEEVE HILL
GLENTHORNE WAY
Birches Green
FIRTREE RD
BIRCHES GREEN RD
SMEED GR
DANBY GR
ISMERE RD
SUMMERLEE RD
HARTWELL RD
COLSTON RD
DOREEN GR
ROUND RD
Sch
KINGSMERE CL
GREEN CT
SPIRAL CT
KENILWORTH CT
KINGSBURY RD
QUEENS CL
LYNDHURST RD
MARSHFIELD GDNS
RIK GN
11
12
Sch
Kingsbury Sch
PARKDALE
L Ctr
EVERSLEY DALE
BROMFORD CL
GLENTHORNE RD
ASHMEAD GR
BISLEY GR
WILLEY GR
INLAND RD
SPRUCE GR

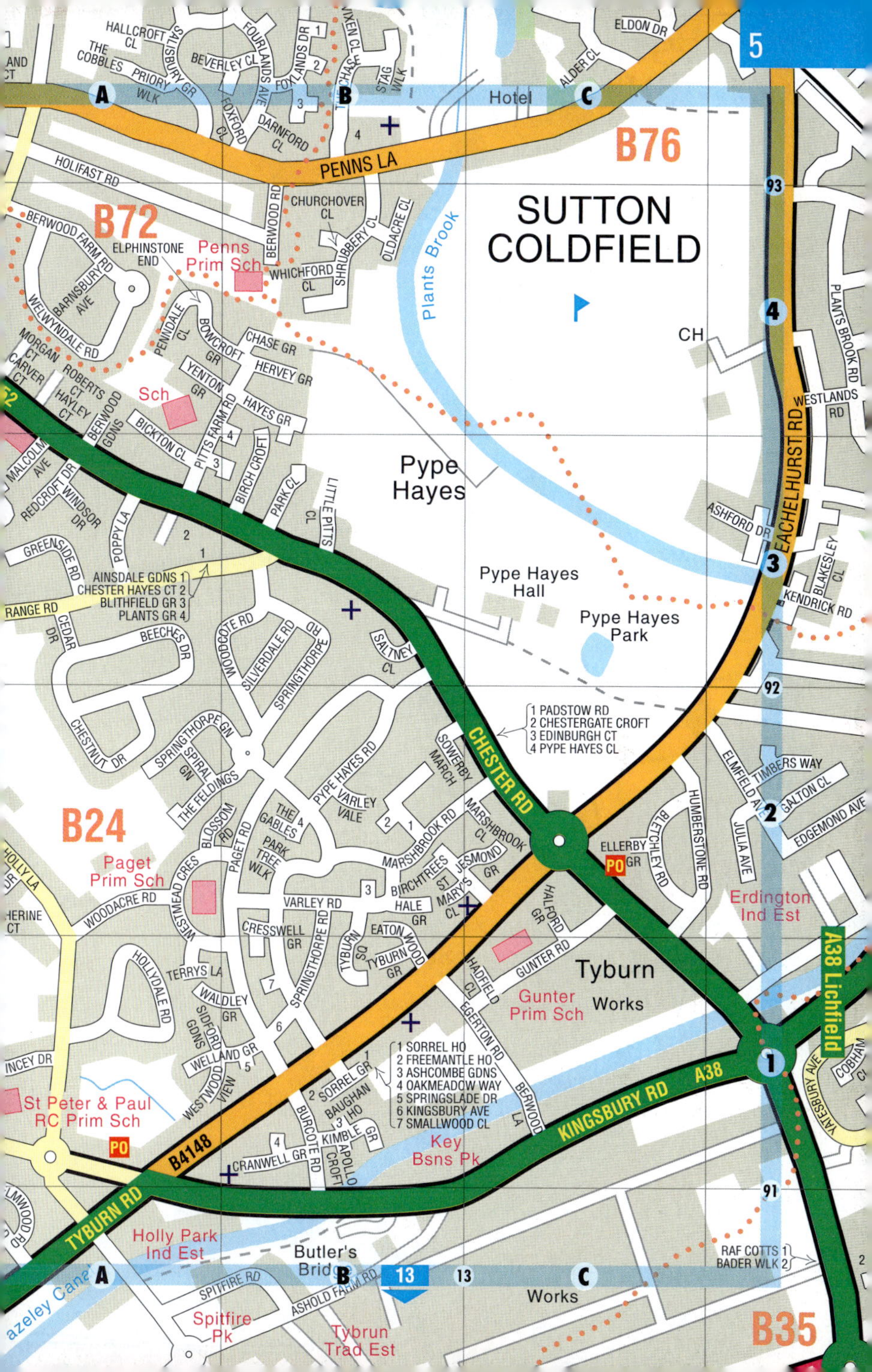
5
SUTTON COLDFIELD
B76
B72
B24
B35
Pype Hayes
Pype Hayes Hall
Pype Hayes Park
Plants Brook
Tyburn
Works
Hotel
CH
Penns Prim Sch
Sch
Paget Prim Sch
Gunter Prim Sch
St Peter & Paul RC Prim Sch
Erdington Ind Est
Key Bsns Pk
Holly Park Ind Est
Spitfire Pk
Tybrun Trad Est
Butler's Bridge
PENNS LA
CHESTER RD
KINGSBURY RD
TYBURN RD
EACHELHURST RD
A38 Lichfield
A38
B4148
HALLCROFT CL
THE COBBLES
PRIORY WLK
SALISBURY GR
FOURLANDS AVE
BEVERLEY CL
FOXLANDS DR
VIXEN CL
THE CHASE
STAG WLK
FOXFORD CL
DARNFORD CL
ELDON DR
ALDER CL
HOLIFAST RD
BERWOOD RD
CHURCHOVER CL
SHRUBBERY CL
OLDACRE CL
WHICHFORD CL
BERWOOD FARM RD
ELPHINSTONE END
BARNSBURY AVE
WELWYNDALE RD
MORGAN CT
CARVER CT
ROBERTS CT
HAYLEY CT
BERWOOD GDNS
PENNDALE CL
BOWCROFT GR
CHASE GR
HERVEY GR
YENTON GR
HAYES GR
BICKTON CL
PITTS FARM RD
BIRCH CROFT
PARK CL
LITTLE PITTS CL
MALCOLM AVE
REDCROFT DR
WINDSOR DR
POPPY LA
GREENSIDE RD
AINSDALE GDNS 1
CHESTER HAYES CT 2
BLITHFIELD GR 3
PLANTS GR 4
RANGE RD
CEDAR DR
BEECHES DR
WOODCOTE RD
SILVERDALE RD
SPRINGTHORPE RD
SALTNEY CL
CHESTNUT DR
SPRINGTHORPE GN
SPIRAL GN
THE FELDINGS
BLOSSOM RD
PAGET RD
PYPE HAYES RD
VARLEY VALE
THE GABLES
PARK TREE WLK
SOWERBY MARCH
MARSHBROOK RD
MARSHBROOK CL
BIRCHTREES
JESMOND GR
ST MARY'S CL
HALE GR
VARLEY RD
WOODACRE RD
WESTMEAD CRES
CRESSWELL GR
SPRINGTHORPE RD
TYBURN SQ
EATON WOOD
TYBURN GR
HOLLY LA
HOLLYDALE RD
TERRYS LA
WALDLEY GR
SIDFORD GDNS
WELLAND GR
WESTWOOD VIEW
HADFIELD CL
EGERTON RD
BERWOOD LA
HALFORD GR
GUNTER RD
ELLERBY GR
BLETCHLEY RD
HUMBERSTONE RD
ELMFIELD AVE
JULIA AVE
TIMBERS WAY
GALTON CL
EDGEMOND AVE
ASHFORD DR
BLAKESLEY CL
KENDRICK RD
WESTLANDS RD
PLANTS BROOK RD
1 PADSTOW RD
2 CHESTERGATE CROFT
3 EDINBURGH CT
4 PYPE HAYES CL
1 SORREL HO
2 FREEMANTLE HO
3 ASHCOMBE GDNS
4 OAKMEADOW WAY
5 SPRINGSLADE DR
6 KINGSBURY AVE
7 SMALLWOOD CL
SORREL GR
BAUGHAN HO
KIMBLE GR
APOLLO CROFT
BURCOTE RD
CRANWELL GR
YATESBURY AVE
COBHAM CL
RAF COTTS 1
BADER WLK 2
SPITFIRE RD
ASHOLD FARM RD
PO
93
92
91
13
A
B
C

Beacon Way
B71
M5 (M6 Junction 8)
A
B
C
1 ST EDMUND'S CL
2 ST MARTIN'S CL
3 ST BENEDICT'S CL
M5
TRINITY WAY
A41 Wolverhampton
THE EXPRESSWAY
A41
91
B70
ST AUGUSTUS CL
ST CAROLINE CL
ST ELEANOR CL
ST JOHN'S CL
ST KENELM'S CL
ST CHRISTOPHER CL
ST JAMES CL
CUTHBERT'S CL
ST VALENTINES
OFFINI CL
EUROPA AVE
PRIORY CL
ST DAVID'S CL
PARK LA
Cemy
Hotel
CH
COOPER CL
HOPE ST
JESSON ST
BAGNALL ST
BEECHES RD
THE BEECHES
MOUNTBATTEN CL
BURLINGTON AVE
SALISBURY RD
BIRMINGHAM RD
DANGERFIELD HO
INTERSECTION HO
ALLEN DR
SALTERS VALE
ROEBUCK ST
BARLOW DR
DE MARNHAM CL
PAGANAL DR
ROEBUCK LA
FITZGUY CL
KENRICK WAY
Park Lane Ind Est
Raleigh Ind Est
BIRMINGHAM RD
B71
The Hawthorns (West Bromwich Albion FC)
HALFORD'S LA
COLLIERY RD
DORANDA WAY
Albion Jun Sch
Sch
MALVERN RD 1
PADDINGTON RD 2
MIDDLEMORE RD
ST STEPHENS RD
ALBION RD
LONES RD
WINCHESTER
MILTON
CLARENCE
WATTVILLE
A4182 Oldbury
90
M5
A4168
A4182
M5 Junction 2
Birmingham Canal
SUMMIT CRES
EVEREST CL
ROEBUCK LA
TELFORD WAY
DARTMOUTH RD
POTTERTON WAY
The Hawthorns
P&R
Middlemore Ind Est
Wattville Prim Sch
HALFORDS PK
ASRA HO
MOYSES CROFT
CARLTON RD
OXFORD RD
LAUREL DR
ASRA CL
FOWLER CL
RETALLACK CL
Works
Sandwell
BEVAN WAY
RAILWAYSIDE CL
WATERFALL CL
Smethwick Galton Bridge
GREAT ARTHUR ST
GAITSKELL WAY
B66
DARTMOUTH RD
CAMBRIDGE RD
MELBOURNE RD
MELBOURNE AVE
SYDENHAM RD
OXFORD RD
MORNINGTON RD
POPE ST
KING ST
WILLIAM ST W
Parkrose Ind Est
A457 Oldbury
A4168
ST GEORGE DR
BEACON CL
LEWISHAM RD
A1 Trad Est
CORNWALL
Sch
DRAYCOTT RD
FENTON ST
CHATWIN ST
1 TIVERTON GR
2 ALEXANDER TERR
3 DEXTER HO
4 SILVERTON HTS
5 BREWERY ST
6 Tollgate Prec
PERRY ST
BRASSHOUSE LA
HADLEY CROFT
POTTERY RD
KIMBERLEY RD
MAFEKING RD
WHITEHOUSE DR
Lewisham Trad Est
Rolfe Bridge
PO
TOPSHAM RD
BERTRAM RD
89
BOWDEN RD
ST ALBANS RD
TOLLHOUSE WAY
DOULTON DR
GIBSON DR
BERRY DR
HEFFORD DR
1 GEORGE BIRD CL
2 CROSS ST
3 BUTTRESS WAY
BRIDGE ST N
The Bridge Trad Est
B67
WHITE RD
SABELL RD
DIBBLE RD
SILVERTON RD
DEVONSHIRE
FRANK RD
WALTER
TOTNES
KELIA DR
FORD ST
B4169 HIGH ST
A457
TOLLHOUSE WAY
16
Smethwick Rolfe Street
B4135
ROLFE ST
HILL ST
NEW ST
BRIDGE ST S
ENGINE ST
RABONE LA
B4135
SOHO WAY

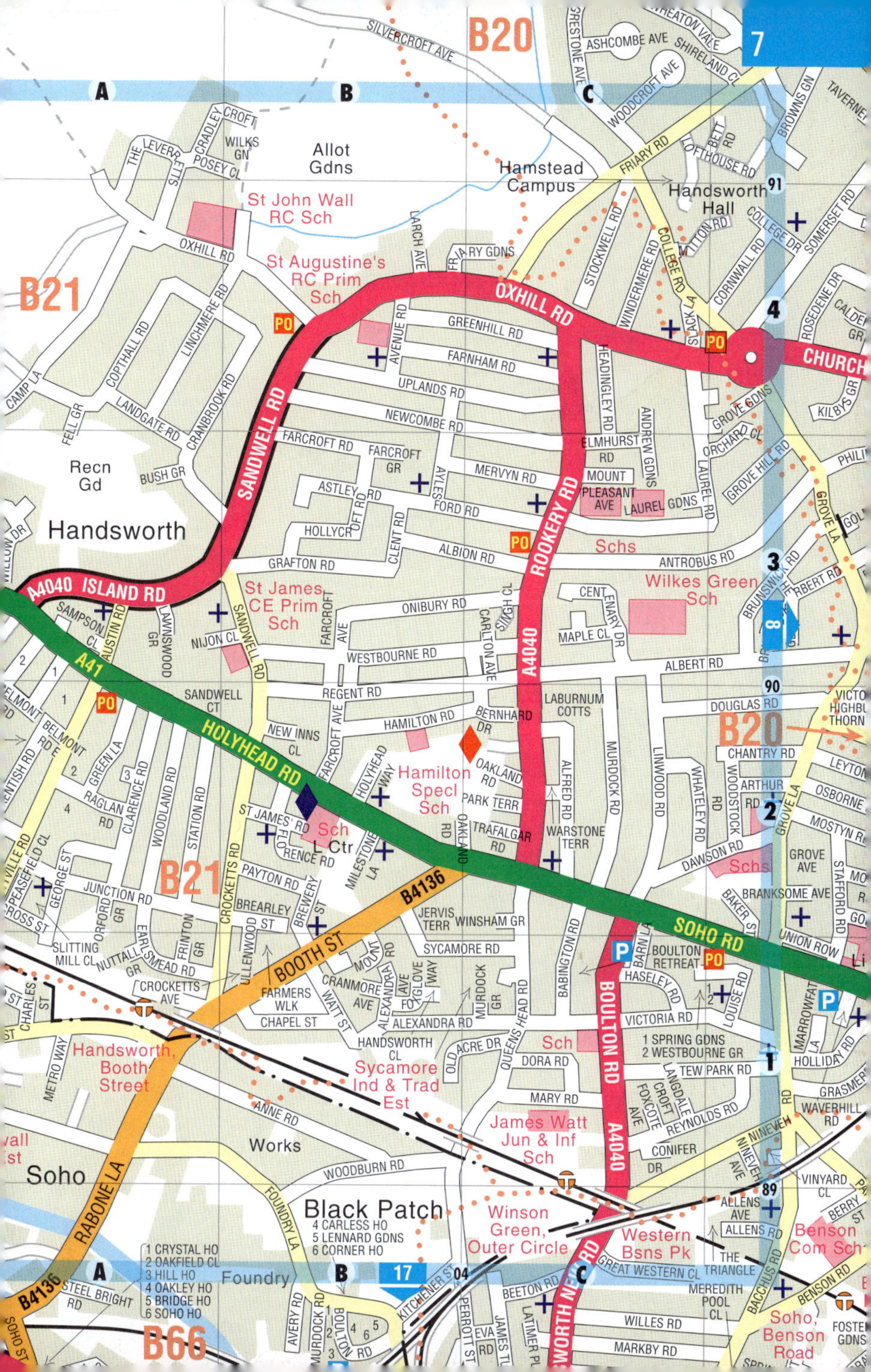

B20
A
B
C
SILVERCROFT AVE
CRESTONE AVE
ASHCOMBE AVE
WHEATON VALE
SHIRELAND CL
WOODCROFT AVE
BROWNS GN
TAVERNERS
FRIARY RD
BELT RD
LOFTHOUSE RD
91
Handsworth Hall
MILTON RD
COLLEGE DR
SOMERSET RD
Hamstead Campus
Allot Gdns
CRADLEY CROFT
WILKS GN
THE LEVERRETTS
POSEY CL
St John Wall RC Sch
OXHILL RD
St Augustine's RC Prim Sch
LARCH AVE
FRIARY GDNS
STOCKWELL RD
WINDERMERE RD
COLLEGE RD
CORNWALL RD
ROSEDENE DR
CALDER GR
B21
PO
LINCHMERE RD
COPTHALL RD
CAMP LA
FELL GR
LANDGATE RD
CRANBROOK RD
SANDWELL RD
AVENUE RD
GREENHILL RD
FARNHAM RD
UPLANDS RD
NEWCOMBE RD
SLACK LA
4
CHURCH
HEADINGLEY RD
GROVE GDNS
ORCHARD CL
KILBYS GR
Recn Gd
BUSH GR
FARCROFT RD
FARCROFT GR
ASTLEY RD
AYLESFORD RD
MERVYN RD
ANDREW GDNS
ELMHURST RD
MOUNT PLEASANT AVE
LAUREL GDNS
LAUREL RD
GROVE HILL RD
PHILIP
GROVE LA
Handsworth
HOLLYCROFT RD
CLENT RD
ALBION RD
ROOKERY RD
Schs
ANTROBUS RD
GRAFTON RD
3
BRUNSWICK RD
HERBERT RD
A4040 ISLAND RD
St James CE Prim Sch
FARCROFT AVE
ONIBURY RD
CARLTON AVE
SINGH CL
CENTENARY DR
MAPLE CL
Wilkes Green Sch
8
SAMPSON CL
AUSTIN RD
LAWNSWOOD GR
NIJON CL
SANDWELL RD
WESTBOURNE RD
A4040
ALBERT RD
90
A41
PO
SANDWELL CT
REGENT RD
LABURNUM COTTS
DOUGLAS RD
VICTORIA
HIGHBURY
THORN
BELMONT RD
HOLYHEAD RD
NEW INNS CL
HAMILTON RD
BERNHARD DR
B20
CHANTRY RD
LEYTON
Hamilton Specl Sch
OAKLAND RD
HOLYHEAD WAY
ALFRED RD
MURDOCK RD
LINWOOD RD
WHATELEY RD
WOODSTOCK RD
ARTHUR RD
GROVE LA
OSBORNE
RAGLAN RD
CLARENCE RD
GREEN LA
WOODLAND RD
STATION RD
ST JAMES' RD
FLORENCE RD
Sch
L Ctr
MILESTONE LA
PARK TERR
OAKLAND RD
TRAFALGAR RD
WARSTONE TERR
2
MOSTYN RD
DAWSON RD
Schs
GROVE AVE
STAFFORD RD
B21
PEASEFIELD CL
GEORGE ST
JUNCTION RD
ORFORD GR
CROCKETTS RD
PAYTON RD
BREARLEY ST
BREWERY ST
B4136
JERVIS TERR
WINSHAM GR
BABINGTON RD
BARN LA
BOULTON RETREAT
SOHO RD
BAKER ST
BRANKSOME AVE
UNION ROW
ROSS ST
SLITTING MILL CL
NUTTALL GR
EARLSMEAD RD
FRINTON GR
ULLENWOOD
BOOTH ST
MOUNT
SYCAMORE RD
HASELEY RD
PO
P
CROCKETTS AVE
FARMERS WLK
CRANMORE AVE
WATT ST
ALEXANDRA RD
FOXGLOVE WAY
MURDOCK GR
QUEENS HEAD RD
LOUISE RD
MARROWFAT LA
P
CHARLES ST
CHAPEL ST
HANDSWORTH CL
ALEXANDRA RD
BOULTON RD
VICTORIA RD
Handsworth, Booth Street
OLD ACRE DR
Sch
1 SPRING GDNS
2 WESTBOURNE GR
HOLLIDAY RD
METRO WAY
Sycamore Ind & Trad Est
DORA RD
TEW PARK RD
1
GRASMERE
ANNE RD
MARY RD
LANGDALE CROFT
FOXCOTE AVE
WAVERHILL RD
James Watt Jun & Inf Sch
REYNOLDS RD
NINEVEH RD
Works
A4040
CONIFER DR
NINEVEH AVE
Soho
WOODBURN RD
VINYARD CL
89
RABONE LA
FOUNDRY LA
Black Patch
4 CARLESS HO
5 LENNARD GDNS
6 CORNER HO
Winson Green, Outer Circle
ALLENS AVE
ALLENS RD
BERRY ST
Western Bsns Pk
Benson Com Sch
1 CRYSTAL HO
2 OAKFIELD CL
3 HILL HO
4 OAKLEY HO
5 BRIDGE HO
6 SOHO HO
Foundry
17
04
KITCHENER ST
WINSON NEW RD
GREAT WESTERN CL
THE TRIANGLE
BACCHUS RD
B4136
STEEL BRIGHT RD
AVERY RD
MURDOCK RD
BOULTON RD
BEETON RD
MEREDITH POOL CL
BENSON RD
PERROTT ST
EVA RD
JAMES TURNER ST
LATIMER PL
WILLES RD
MARKBY RD
Soho, Benson Road
FOSTER GDNS
SOHO ST
B66

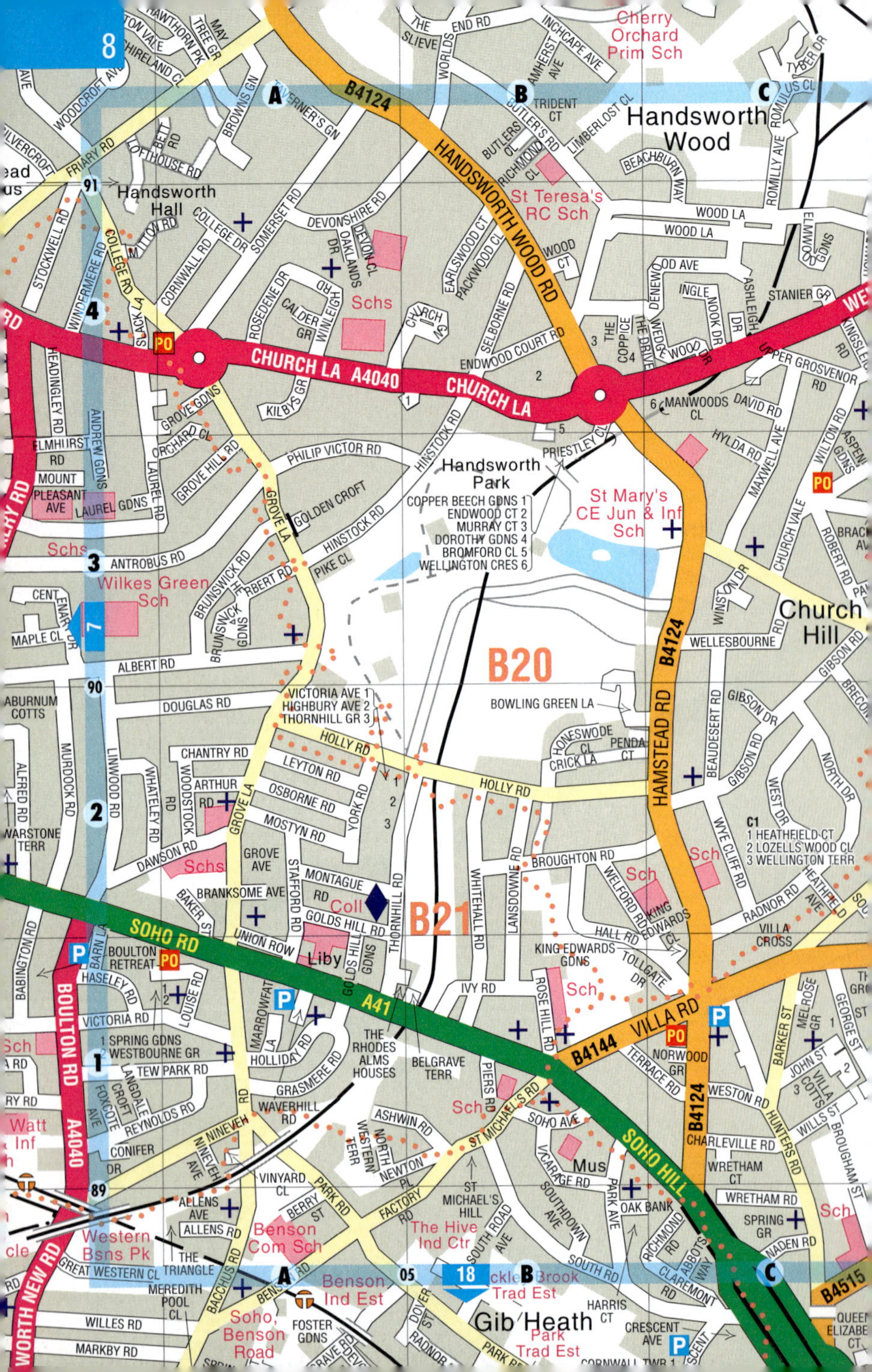
8
Handsworth Wood
Handsworth Hall
Handsworth Park
Church Hill
Gib Heath
B20
B21
B4124
HANDSWORTH WOOD RD
CHURCH LA A4040
CHURCH LA
HAMSTEAD RD
SOHO RD
A41
SOHO HILL
B4144 VILLA RD
BOULTON RD
A4040
B4515
Cherry Orchard Prim Sch
St Teresa's RC Sch
St Mary's CE Jun & Inf Sch
Wilkes Green Sch
Schs
Sch
Coll
Liby
Mus
PO
Benson Com Sch
Benson Ind Est
The Hive Ind Ctr
Western Bsns Pk
Soho, Benson Road
Park Trad Est
Trad Est
COPPER BEECH GDNS 1
ENDWOOD CT 2
MURRAY CT 3
DOROTHY GDNS 4
BROMFORD CL 5
WELLINGTON CRES 6
VICTORIA AVE 1
HIGHBURY AVE 2
THORNHILL GR 3
C1
1 HEATHFIELD CT
2 LOZELLS WOOD CL
3 WELLINGTON TERR
1 SPRING GDNS
2 WESTBOURNE GR
FRIARY RD
DEVONSHIRE RD
SOMERSET RD
COLLEGE DR
COLLEGE RD
CORNWALL RD
STOCKWELL RD
WINDERMERE RD
WOOD LA
WOOD AVE
ROMILLY AVE
UPPER GROSVENOR RD
PHILIP VICTOR RD
GOLDEN CROFT
HINSTOCK RD
GROVE LA
ANTROBUS RD
ALBERT RD
DOUGLAS RD
HOLLY RD
LEYTON RD
OSBORNE RD
MOSTYN RD
YORK RD
CHANTRY RD
ARTHUR RD
DAWSON RD
BRANKSOME AVE
MONTAGUE RD
GOLDS HILL RD
UNION ROW
THORNHILL RD
WHITEHALL RD
LANSDOWNE RD
BROUGHTON RD
BOWLING GREEN LA
WELLESBOURNE
GIBSON RD
GIBSON DR
BEAUDESERT RD
WYE CLIFF RD
RADNOR RD
VILLA CROSS
KING EDWARDS GDNS
TOLLGATE DR
IVY RD
ROSE HILL RD
NORWOOD GR
WESTON RD
CHARLEVILLE RD
WRETHAM CT
WRETHAM RD
SPRING GR
NADEN RD
HUNTERS RD
BARKER ST
THE RHODES ALMS HOUSES
BELGRAVE TERR
GRASMERE RD
WAVERHILL RD
NINEVEH RD
ASHWIN RD
ST MICHAEL'S RD
ST MICHAEL'S HILL
SOHO AVE
VICARAGE RD
SOUTHDOWN AVE
PARK AVE
OAK BANK
RICHMOND RD
CLAREMONT RD
SOUTH RD
FACTORY RD
PARK RD
BERRY ST
VINYARD CL
ALLENS AVE
ALLENS RD
THE TRIANGLE
GREAT WESTERN CL
MEREDITH POOL CL
WILLES RD
MARKBY RD
FOSTER GDNS
BACCHUS RD
VICTORIA RD
TEW PARK RD
REYNOLDS RD
CONIFER DR
HASELEY RD
BOULTON RETREAT
MURDOCK RD
LINWOOD RD
WHATELEY RD
ALFRED RD
WARSTONE TERR
LABURNUM COTTS
MAPLE CL
ELMHIRST RD
MOUNT PLEASANT AVE
LAUREL GDNS
LAUREL RD
HEADINGLEY RD
ANDREW GDNS
GROVE GDNS
ORCHARD CL
GROVE HILL RD
KILBYS GR
ENDWOOD COURT RD
SELBORNE RD
MANWOODS CL
DAVID RD
HYLDA RD
MAXWELL AVE
CHURCH VALE
ROBERT RD
HARRIS CT
CRESCENT AVE
GIBSON RD

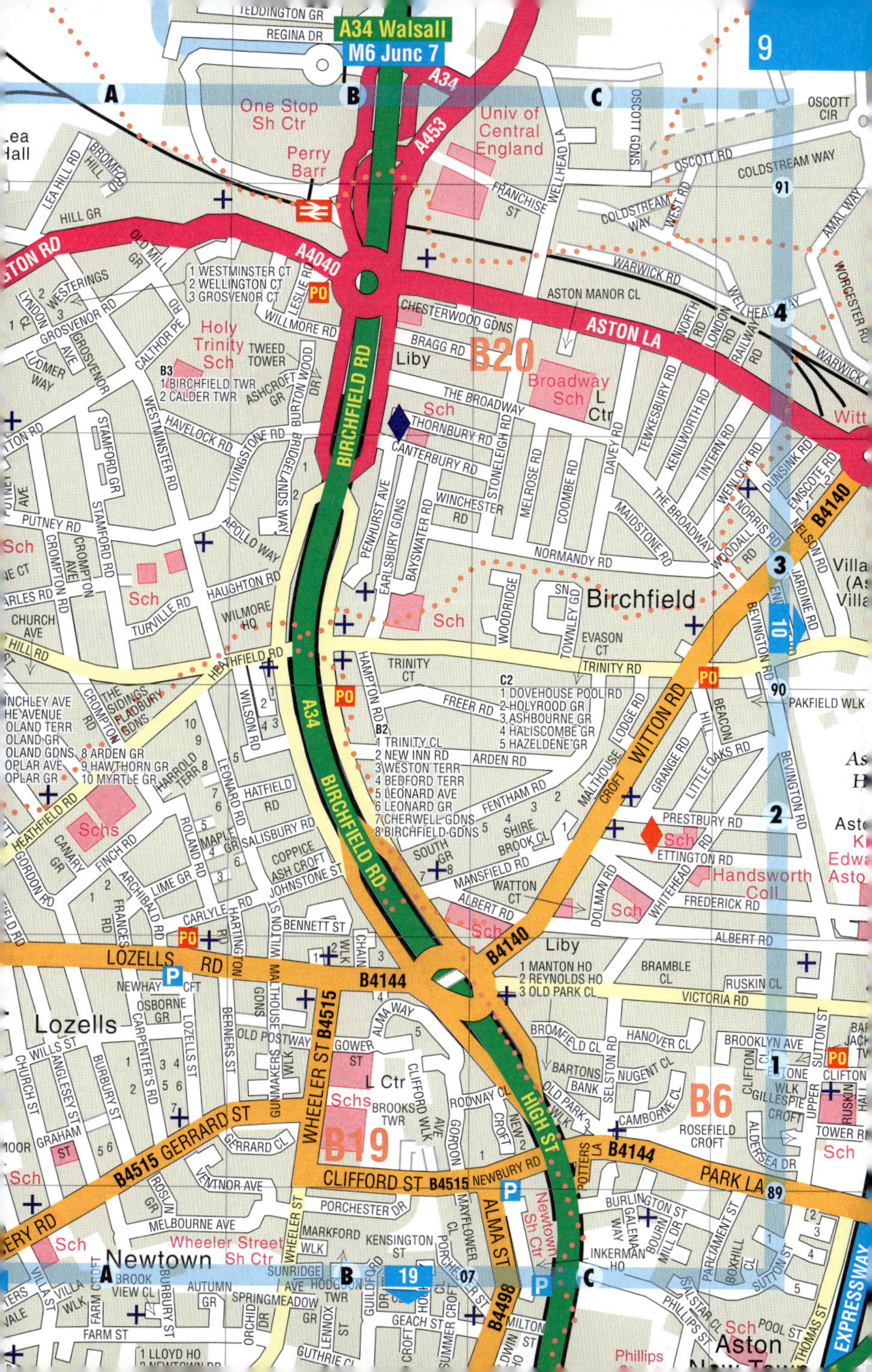
A34 Walsall
M6 Junc 7
A34
A453
A4040
TEDDINGTON GR
REGINA DR
A
B
C
One Stop Sh Ctr
Perry Barr
Univ of Central England
Lea Hall
OSCOTT CIR
OSCOTT GDNS
OSCOTT RD
COLDSTREAM WAY
91
AMAL WAY
WORCESTER RD
LEA HILL RD
BROMFORD HILL
HILL GR
OLD MILL GR
FRANCHISE ST
WELLHEAD LA
WEST RD
COLDSTREAM WAY
WARWICK RD
ASTON MANOR CL
ASTON LA
WELLHEAD WAY
NORTH RD
LONDON RD
RAILWAY RD
4
WARWICK RD
Witt
1 WESTMINSTER CT
2 WELLINGTON CT
3 GROSVENOR CT
LESLIE RD
PO
WILLMORE RD
CHESTERWOOD GDNS
BRAGG RD
Liby
B20
Broadway Sch
L Ctr
WESTERINGS
LYNDON CL
GROSVENOR RD
GROSVENOR AVE
LUDMER WAY
CALTHORPE RD
Holy Trinity Sch
TWEED TOWER
B3
1 BIRCHFIELD TWR
2 CALDER TWR
ASHCROFT GR
BURTON WOOD DR
THE BROADWAY
Sch
THORNBURY RD
CANTERBURY RD
STAMFORD GR
WESTMINSTER RD
HAVELOCK RD
LIVINGSTONE RD
BRIDGELANDS WAY
BIRCHFIELD RD
PENHURST AVE
EARLSBURY GDNS
BAYSWATER RD
WINCHESTER RD
STONELEIGH RD
MELROSE RD
COOMBE RD
DAVEY RD
TEWKESBURY RD
KENILWORTH RD
TINTERN RD
THE BROADWAY
MAIDSTONE RD
WENLOCK RD
NORRIS RD
DUNSINK RD
EMSCOTE RD
NELSON RD
B4140
WOODALL RD
3
PUTNEY RD
CROMPTON RD
CROMPTON AVE
STAMFORD RD
APOLLO WAY
Sch
HAUGHTON RD
TURVILLE RD
WILMORE HO
NORMANDY RD
WOODBRIDGE
SN
TOWNLEY GD
Birchfield
EVASON CT
Villa
JARDINE RD
BEVINGTON RD
10
CHURCH AVE
HILL RD
HEATHFIELD RD
TRINITY CT
TRINITY RD
WITTON RD
PO
90
PAKFIELD WLK
HAMPTON RD
THE SIDINGS
FLADBURY GDNS
WILSON RD
A34
PO
FREER RD
C2
1 DOVEHOUSE POOL RD
2 HOLYROOD GR
3 ASHBOURNE GR
4 HALISCOMBE GR
5 HAZELDENE GR
LODGE RD
BEACON HILL
FINCHLEY AVE
THE AVENUE
POLAND TERR
POLAND GR
POLAND GDNS
POPLAR AVE
POPLAR GR
8 ARDEN GR
9 HAWTHORN GR
10 MYRTLE GR
HARROLD TERR
LEONARD RD
B2
1 TRINITY CL
2 NEW INN RD
3 WESTON TERR
4 BEDFORD TERR
5 LEONARD AVE
6 LEONARD GR
7 CHERWELL GDNS
8 BIRCHFIELD GDNS
ARDEN RD
FENTHAM RD
MALTHOUSE CROFT
GRANGE RD
LITTLE OAKS RD
HEATHFIELD RD
Schs
CAMARY GR
HATFIELD RD
ROLAND RD
MAPLE GR
SALISBURY RD
COPPICE
ASH CROFT
JOHNSTONE ST
BIRCHFIELD RD
SHIRE BROOK CL
SOUTH GR
PRESTBURY RD
Sch
ETTINGTON RD
Handsworth Coll
2
GORDON RD
FINCH RD
ARCHIBALD RD
LIME GR
FRANCES RD
CARLYLE RD
HARTINGTON RD
WILTON ST
BENNETT ST
CHAIN WLK
MANSFIELD RD
WATTON CT
ALBERT RD
Sch
DOLMAN RD
WHITEHEAD RD
FREDERICK RD
Sch
ALBERT RD
PO
LOZELLS RD
P
B4144
B4140
Liby
1 MANTON HO
2 REYNOLDS HO
3 OLD PARK CL
BRAMBLE CL
RUSKIN CL
VICTORIA RD
NEWHAY CFT
OSBORNE GR
BERNERS ST
MALTHOUSE GDNS
B4515
ALMA WAY
Lozells
OLD POSTWAY
GOWER ST
BROMFIELD CL
BARTONS BANK
HANOVER CL
NUGENT CL
BROOKLYN AVE
SUTTON ST
PO
WILLS ST
ANGLESEY ST
BURBURY ST
CARPENTER'S RD
LOZELLS ST
GUNMAKERS WLK
WHEELER ST
L Ctr
Schs
BROOKS TWR
CLIFFORD WLK
GORDON AVE
RODWAY CL
CROFT
NEW
HIGH ST
OLD PARK WLK
SELSTON RD
CAMBORNE CL
B6
ROSEFIELD CROFT
CLIFTON CL
STONE WLK
GILLESPIE CROFT
UPPER SUTTON ST
RUSKIN HALL
CLIFTON
TOWER RD
Sch
1
CHURCH ST
GRAHAM ST
B4515 GERRARD ST
GERRARD CL
B19
CLIFFORD ST
B4515
NEWBURY RD
POTTERS LA
B4144
PARK LA
ALDERSEA DR
89
Sch
VENTNOR AVE
ROSLIN GR
MELBOURNE AVE
PORCHESTER DR
P
Newtown Sh Ctr
BURLINGTON ST
GALENA WAY
BOURNE
MILL DR
PARLIAMENT ST
BOXHILL CL
Sch
Wheeler Street Sh Ctr
MARKFORD WLK
KENSINGTON ST
MAYFLOWER CL
PORCHESTER ST
ALMA ST
INKERMAN HO
Newtown
A
BROOK VIEW CL
VILLA WLK
FARM CROFT
BURBURY ST
AUTUMN GR
ORCHID DR
SUNRIDGE AVE
HODSON TWR
SPRINGMEADOW
GR
LENNOX ST
GUILDFORD DR
B
19
07
P
C
B4498
MILTON ST
GEACH ST
SUMMER CROFT
ISALSTAR CL
PHILLIPS ST
Sch
POOL ST
THOMAS ST
Aston
EXPRESSWAY
FARM ST
1 LLOYD HO
Phillips
SUTTON ST

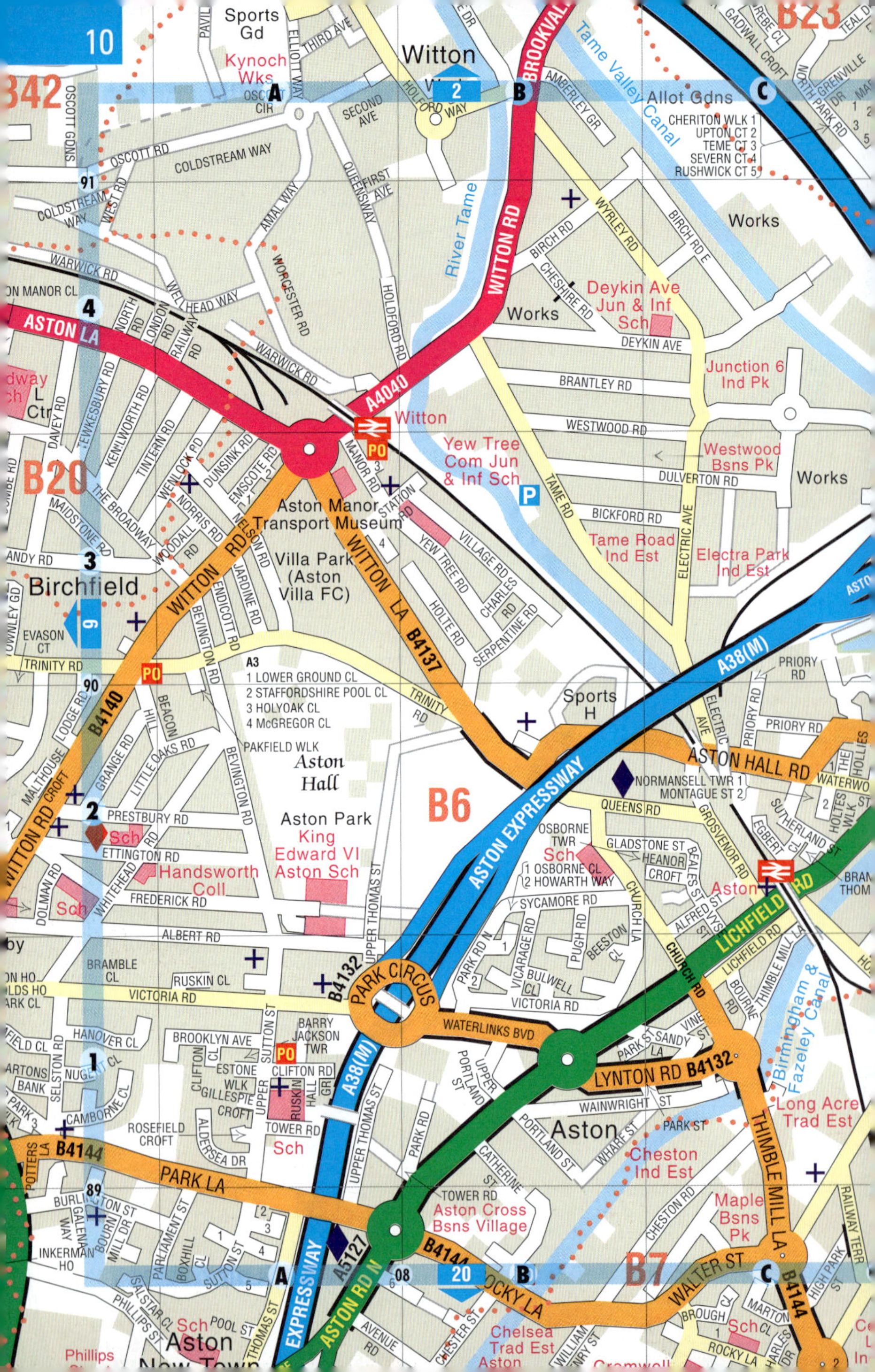
Sports Gd
Kynoch Wks
Witton
Tame Valley Canal
Allot Gdns
CHERITON WLK 1
UPTON CT 2
TEME CT 3
SEVERN CT 4
RUSHWICK CT 5
B42
B23
B20
B6
B7
OSCOTT GDNS
OSCOTT RD
COLDSTREAM WAY
SECOND AVE
FIRST AVE
QUEENSWAY
THIRD AVE
ELLIOTT WAY
HOLFORD WAY
AMBERLEY GR
BROOKVALE
AMAL WAY
WORCESTER RD
HOLDFORD RD
River Tame
WITTON RD
BIRCH RD
WYRLEY RD
BIRCH RD E
Works
WARWICK RD
WELLHEAD WAY
CHESHIRE RD
Deykin Ave Jun & Inf Sch
DEYKIN AVE
Junction 6 Ind Pk
ASTON LA
NORTH RD
LONDON RD
RAILWAY RD
A4040
BRANTLEY RD
WESTWOOD RD
Westwood Bsns Pk
DULVERTON RD
Witton
Yew Tree Com Jun & Inf Sch
DAVEY RD
TEWKESBURY RD
KENILWORTH RD
TINTERN RD
WENLOCK RD
DUNSINK RD
EMSCOTE RD
MANOR RD
STATION RD
TAME RD
BICKFORD RD
ELECTRIC AVE
Tame Road Ind Est
Electra Park Ind Est
Aston Manor Transport Museum
THE BROADWAY
MAIDSTONE RD
NORRIS RD
WOODALL RD
NELSON RD
VILLAGE RD
YEW TREE RD
CHARLES RD
SERPENTINE RD
HOLTE RD
Villa Park (Aston Villa FC)
Birchfield
EVASON CT
TRINITY RD
WITTON LA
B4137
JARDINE RD
ENDICOTT RD
BEVINGTON RD
A3
1 LOWER GROUND CL
2 STAFFORDSHIRE POOL CL
3 HOLYOAK CL
4 McGREGOR CL
PAKFIELD WLK
Aston Hall
Sports H
A38(M)
PRIORY RD
ASTON HALL RD
B4140
LODGE RD
MALTHOUSE CROFT
GRANGE RD
BEACON HILL
LITTLE OAKS RD
NORMANSELL TWR 1
MONTAGUE ST 2
QUEENS RD
ASTON EXPRESSWAY
WATERWORKS
SUTHERLAND ST
HOLTES WLK
PRESTBURY RD
ETTINGTON RD
Sch
Handsworth Coll
Aston Park
King Edward VI Aston Sch
OSBORNE TWR
1 OSBORNE CL
2 HOWARTH WAY
GLADSTONE ST
HEANOR CROFT
BEALES ST
GROSVENOR RD
EGBERT CL
Aston
LICHFIELD RD
DOLMAN RD
WHITEHEAD RD
FREDERICK RD
ALBERT RD
UPPER THOMAS ST
SYCAMORE RD
CHURCH LA
ALFRED ST
BRAMBLE CL
RUSKIN CL
VICTORIA RD
B4132
PARK CIRCUS
PARK RD N
VICARAGE RD
PUGH RD
BEESTON CL
BULWELL CL
CHURCH RD
THIMBLE MILL LA
BOURNE RD
Birmingham & Fazeley Canal
HANOVER CL
BROOKLYN AVE
SUTTON ST
BARRY JACKSON TWR
WATERLINKS BVD
SANDY LA
PARK ST
VINE ST
ESTONE WLK
CLIFTON RD
GILLESPIE CROFT
UPPER RUSKIN HALL GR
LYNTON RD B4132
UPPER PORTLAND ST
WAINWRIGHT ST
CAMBORNE CL
ROSEFIELD CROFT
ALDERSEA DR
TOWER RD
Long Acre Trad Est
Aston
PORTLAND ST
WHARF ST
Cheston Ind Est
B4144
PARK LA
POTTERS LA
CATHERINE ST
CHESTON RD
Maple Bsns Pk
RAILWAY TERR
BURLINGTON ST
GALENA WAY
BOURN MILL DR
PARLIAMENT ST
BOXHILL CL
SUTTON ST
TOWER RD
Aston Cross Bsns Village
A5127
INKERMAN HO
EXPRESSWAY
ASTON RD N
ROCKY LA
WALTER ST
HIGH PARK ST
BROUGH CL
MARTON CL
ROCKY LA
SALSTAR CL
PHILLIPS ST
POOL ST
THOMAS ST
Aston New Town
AVENUE RD
CHESTER ST
Chelsea Trad Est
WILLIAM HENRY ST
Phillips
PO
P
Sch
1
2
3
4
9
20
89
90
91
A
B
C

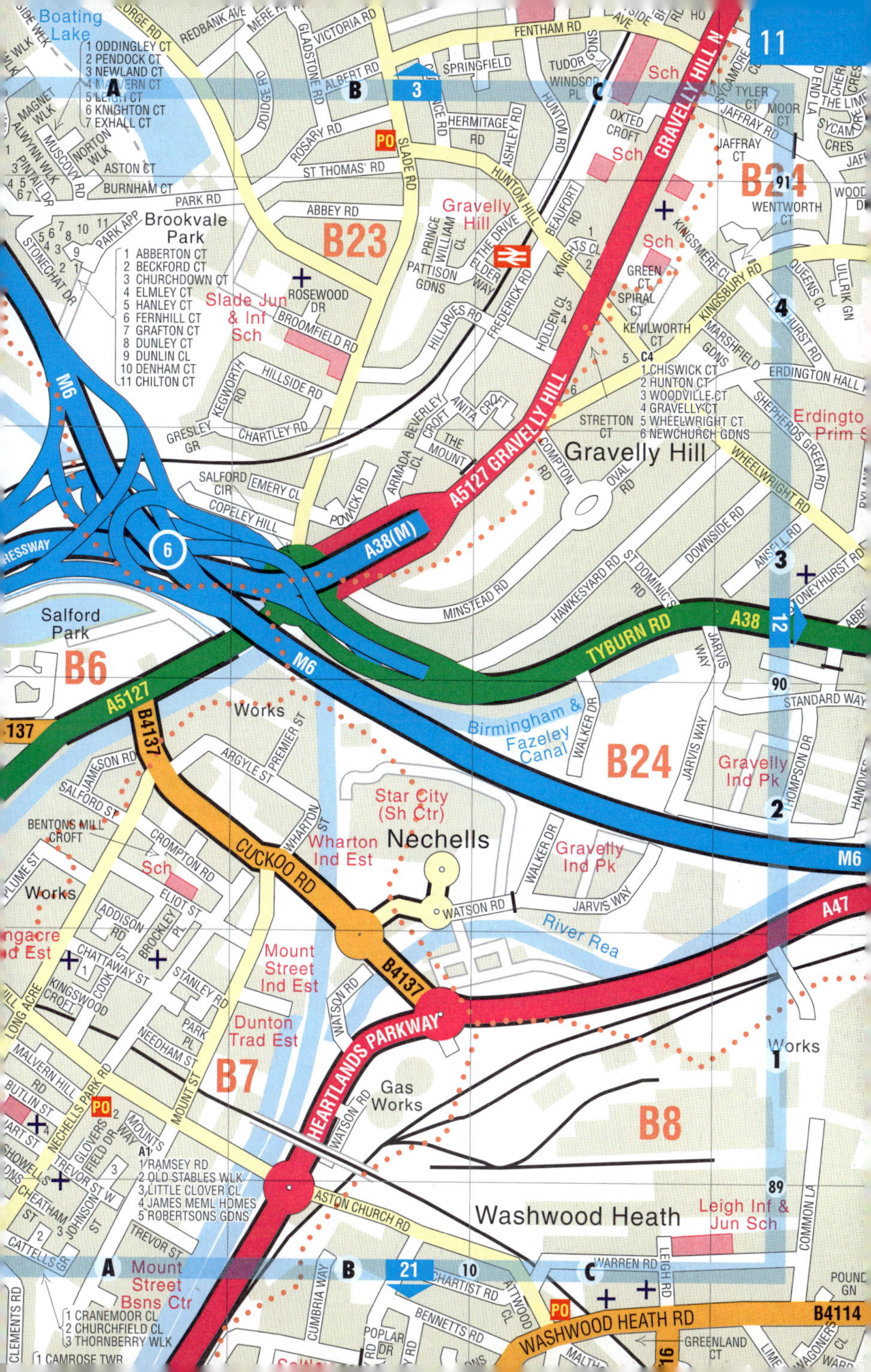

Boating Lake
1 ODDINGLEY CT
2 PENDOCK CT
3 NEWLAND CT
4 MALVERN CT
5 LEIGH CT
6 KNIGHTON CT
7 EXHALL CT
A
B
3
C
FENTHAM RD
REDBANK AVE
MERE RD
VICTORIA RD
GLADSTONE RD
ALBERT RD
SPRINGFIELD
TUDOR GDNS
WINDSOR PL
GRAVELLY HILL N
Sch
SYCAMORE CL
TYLER CT
MOOR CT
JAFFRAY RD
JAFFRAY CT
OXTED CROFT
THE LIMES
SYCAMORE CRES
B24
91
WENTWORTH CT
MAGNET WLK
ALWYNN WLK
PINTAIL DR
MUSCOVY RD
NORTON WLK
ASTON CT
BURNHAM CT
DOIDGE RD
ROSARY RD
PO
HERMITAGE RD
ASHLEY RD
HUNTON RD
HUNTON HILL
ST THOMAS' RD
SLADE RD
PARK RD
ABBEY RD
BEAUFORT RD
Brookvale Park
PARK APP
STONECHAT DR
B23
Gravelly Hill
PRINCE WILLIAM CL
PATTISON GDNS
THE DRIVE
ELDER WAY
FREDERICK RD
KNIGHTS CL
KINGSMERE CL
GREEN CT
SPIRAL CT
KENILWORTH CT
KINGSBURY RD
QUEENS CL
ULLRIK GN
1 ABBERTON CT
2 BECKFORD CT
3 CHURCHDOWN CT
4 ELMLEY CT
5 HANLEY CT
6 FERNHILL CT
7 GRAFTON CT
8 DUNLEY CT
9 DUNLIN CL
10 DENHAM CT
11 CHILTON CT
Slade Jun & Inf Sch
ROSEWOOD DR
BROOMFIELD RD
HILLARIES RD
HOLDEN CL
MARSHFIELD GDNS
C4
1 CHISWICK CT
2 HUNTON CT
3 WOODVILLE CT
4 GRAVELLY CT
5 WHEELWRIGHT CT
6 NEWCHURCH GDNS
ERDINGTON HALL RD
SHEPHERDS GREEN RD
Erdington Prim Sch
M6
KEGWORTH RD
HILLSIDE RD
GRESLEY GR
CHARTLEY RD
BEVERLEY CROFT
ANITA CROFT
THE MOUNT
ARMADA CL
A5127 GRAVELLY HILL
STRETTON CT
COMPTON RD
Gravelly Hill
OVAL RD
WHEELWRIGHT RD
SALFORD CIR
EMERY CL
COPELEY HILL
POWICK RD
A38(M)
6
EXPRESSWAY
DOWNSIDE RD
ANSELL RD
STONEYHURST RD
3
MINSTEAD RD
HAWKESYARD RD
ST DOMINIC'S RD
Salford Park
TYBURN RD
A38
12
JARVIS WAY
B6
M6
A5127
B4137
Works
PREMIER ST
ARGYLE ST
90
STANDARD WAY
Birmingham & Fazeley Canal
WALKER DR
B24
JARVIS WAY
Gravelly Ind Pk
THOMPSON DR
JAMESON RD
SALFORD ST
BENTONS MILL CROFT
CROMPTON RD
WHARTON ST
Star City (Sh Ctr)
Nechells
Wharton Ind Est
CUCKOO RD
2
M6
PLUME ST
Works
Sch
ELIOT ST
WALKER DR
Gravelly Ind Pk
JARVIS WAY
WATSON RD
A47
Langacre Ind Est
ADDISON RD
BROCKLEY PL
CHATTAWAY ST
KINGSWOOD CROFT
COOK ST
STANLEY RD
Mount Street Ind Est
River Rea
LONG ACRE
B4137
WATSON RD
PARK PL
NEEDHAM ST
Dunton Trad Est
HEARTLANDS PARKWAY
Works
1
MALVERN HILL RD
NECHELLS PARK RD
B7
MOUNT ST
Gas Works
WATSON RD
B8
BUTLIN ST
PO
GLOVERS FIELD DR
MOUNTS WAY
A1
1 RAMSEY RD
2 OLD STABLES WLK
3 LITTLE CLOVER CL
4 JAMES MEML HOMES
5 ROBERTSONS GDNS
TREVOR ST W
SHOWELLS
CHEATHAM ST
JOHNSON ST
TREVOR ST
89
ASTON CHURCH RD
Washwood Heath
Leigh Inf & Jun Sch
COMMON LA
CATTELLS GR
A
Mount Street Bsns Ctr
B
21
10
CHARTIST RD
C
WARREN RD
LEIGH RD
POUND GN
CLEMENTS RD
CUMBRIA WAY
ATTWOOD CL
PO
B4114
1 CRANEMOOR CL
2 CHURCHFIELD CL
3 THORNBERRY WLK
BENNETTS RD
POPLAR DR
WASHWOOD HEATH RD
GREENLAND CT
16
1 CAMROSE TWR

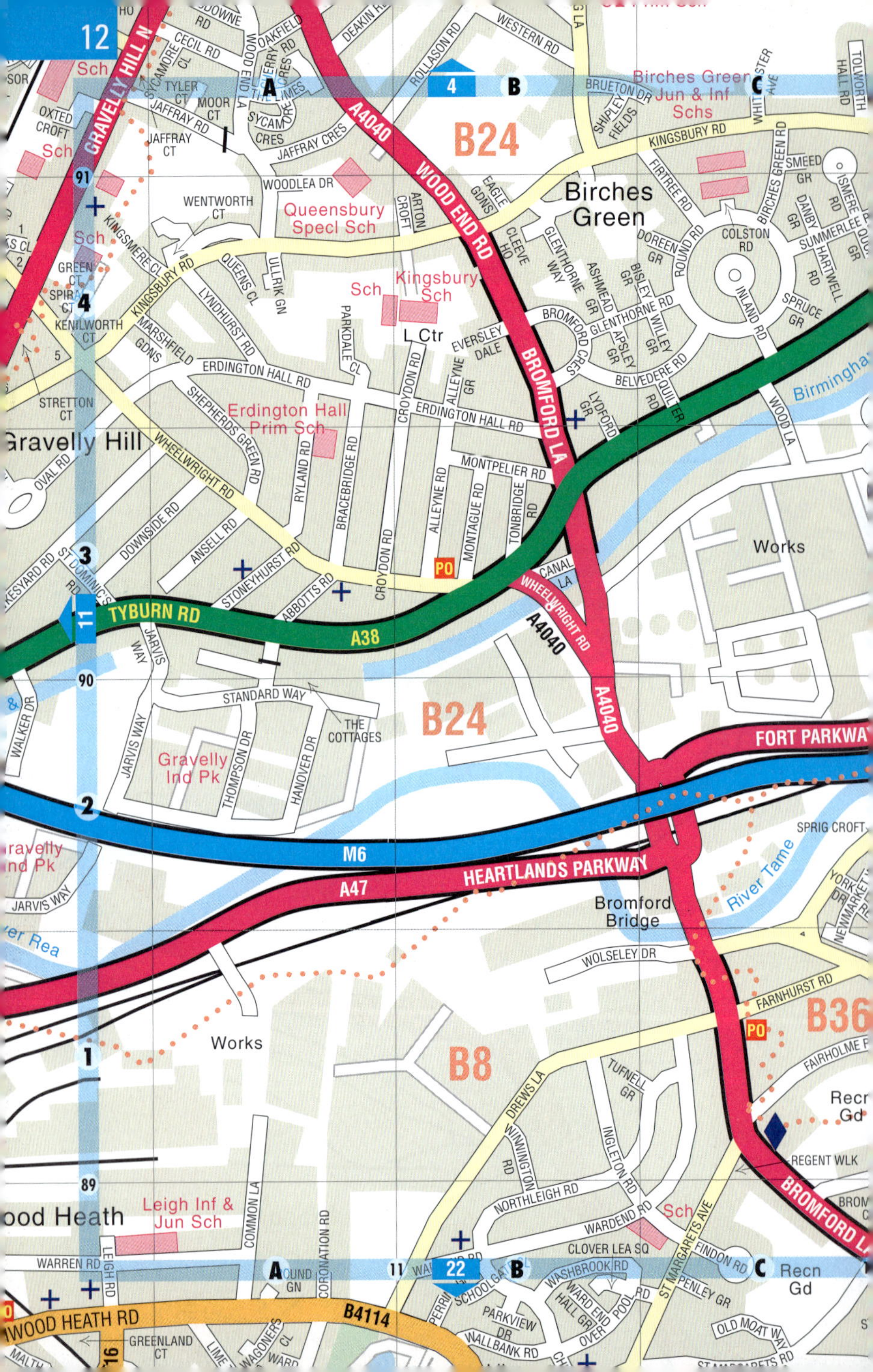
Sch
GRAVELLY HILL N
SYCAMORE CL
CECIL RD
TYLER CT
MOOR CT
JAFFRAY RD
JAFFRAY CT
OXTED CROFT
Sch
DOWNE RD
WOOD END LA
OAKFIELD RD
THE LIMES
SYCAMORE CRES
JAFFRAY CRES
DEAKIN RD
ROLLASON RD
WESTERN RD
A4040
WOOD END RD
4
A
B
C
BRUETON DR
Birches Green Jun & Inf Schs
WHITMINSTER AVE
TOLWORTH HALL RD
SHIPLEY FIELDS
KINGSBURY RD
B24
WOODLEA DR
Queensbury Specl Sch
WENTWORTH CT
ARTON CROFT
EAGLE GDNS
Birches Green
FIRTREE RD
BIRCHES GREEN RD
SMEED GR
ISMERE RD
DANBY GR
SUMMERLEE RD
HARTWELL RD
COLSTON RD
DOREEN GR
ROUND RD
CLEEVE HO
GLENTHORNE WAY
KINGSMERE CL
Sch
GREEN CT
SPIRAL CT
KENILWORTH CT
KINGSBURY RD
QUEENS CL
ULLRIK GN
LYNDHURST RD
Sch
Kingsbury Sch
ASHMEAD GR
BISLEY GR
INLAND RD
SPRUCE GR
BROMFORD CRES
GLENTHORNE RD
WILLEY GR
APSLEY GR
L Ctr
EVERSLEY DALE
PARKDALE CL
CROYDON RD
ALLEYNE GR
BROMFORD LA
BELVEDERE RD
QUILTER RD
MARSHFIELD GDNS
ERDINGTON HALL RD
STRETTON CT
SHEPHERDS GREEN RD
Erdington Hall Prim Sch
ERDINGTON HALL RD
LYDFORD GR
WOOD LA
Birmingham
Gravelly Hill
OVAL RD
WHEELWRIGHT RD
RYLAND RD
BRACEBRIDGE RD
ALLEYNE RD
MONTPELIER RD
MONTAGUE RD
TONBRIDGE RD
Works
DOWNSIDE RD
ANSELL RD
CROYDON RD
PO
3
ST DOMINIC'S RD
STONEYHURST RD
ABBOTTS RD
CANAL LA
WHEELWRIGHT RD
11
TYBURN RD
A38
A4040
JARVIS WAY
90
STANDARD WAY
WALKER DR
THE COTTAGES
B24
A4040
JARVIS WAY
Gravelly Ind Pk
THOMPSON DR
HANOVER DR
FORT PARKWAY
2
SPRIG CROFT
Gravelly Ind Pk
M6
River Tame
JARVIS WAY
A47
HEARTLANDS PARKWAY
Bromford Bridge
YORKS DR
NEWMARKET RD
River Rea
WOLSELEY DR
FARNHURST RD
B36
PO
1
Works
B8
FAIRHOLME RD
DREWS LA
TUFNELL GR
Recn Gd
REGENT WLK
WINNINGTON RD
INGLETON RD
89
NORTHLEIGH RD
Leigh Inf & Jun Sch
Sch
WARDEND RD
ST MARGARETS AVE
BROMFORD LA
COMMON LA
CORONATION RD
CLOVER LEA SQ
FINDON RD
WARREN RD
LEIGH RD
A
11
22
B
C
Recn Gd
WASHBROOK RD
SCHOOL RD
PENLEY GR
PARKVIEW DR
WARD END HALL GR
POOL RD
OLD MOAT WAY
WOOD HEATH RD
B4114
GREENLAND CT
WALLBANK RD
ST MARGARETS RD
16

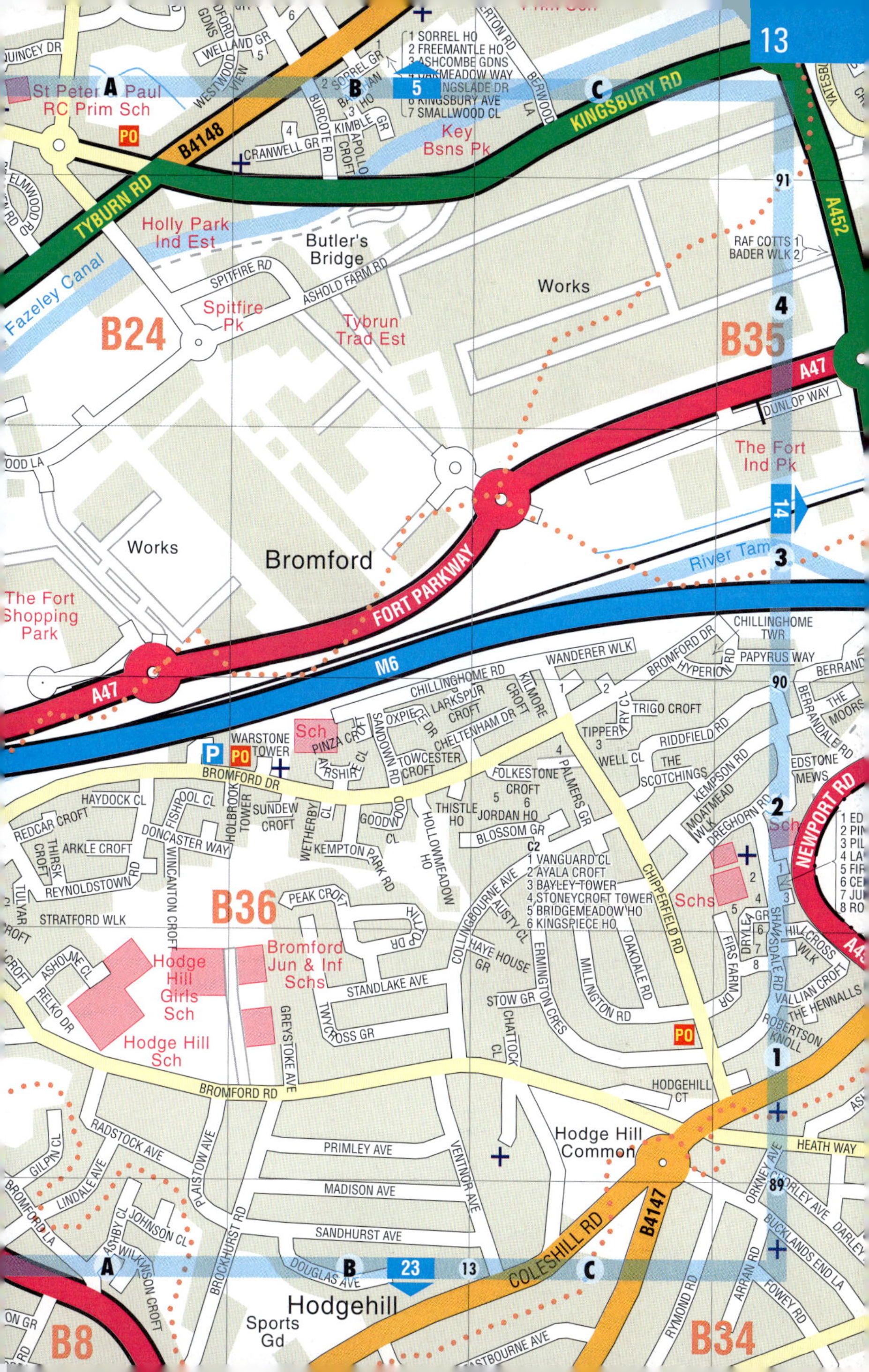
B24
B35
B36
B8
B34
Bromford
Hodgehill
Butler's Bridge
Works
Holly Park Ind Est
Spitfire Pk
Tybrun Trad Est
Key Bsns Pk
The Fort Ind Pk
The Fort Shopping Park
St Peter & Paul RC Prim Sch
Fazeley Canal
River Tame
TYBURN RD
KINGSBURY RD
B4148
A452
A47
FORT PARKWAY
M6
DUNLOP WAY
SPITFIRE RD
ASHOLD FARM RD
CRANWELL GR
BURCOTE RD
KIMBLE GR
APOLLO CROFT
WELLAND GR
WESTWOOD VIEW
BERWOOD LA
1 SORREL HO
2 FREEMANTLE HO
3 ASHCOMBE GDNS
4 OAKMEADOW WAY
5 KINGSLADE DR
6 KINGSBURY AVE
7 SMALLWOOD CL
RAF COTTS 1
BADER WLK 2
CHILLINGHOME TWR
PAPYRUS WAY
WANDERER WLK
BROMFORD DR
HYPERION RD
CHILLINGHOME RD
LARKSPUR CROFT
KILMORE CROFT
CHELTENHAM DR
SANDOWN RD
TOWCESTER CROFT
PINZA CROFT
AYRSHIRE CL
WARSTONE TOWER
TIPPERARY CL
TRIGO CROFT
RIDDFIELD RD
WELL CL
THE SCOTCHINGS
KEMPSON RD
MOATMEAD WLK
DREGHORN RD
BERRANDALE RD
THE MOORS
EDSTONE MEWS
NEWPORT RD
FOLKESTONE CROFT
PALMERS GR
THISTLE HO
JORDAN HO
BLOSSOM GR
C2
1 VANGUARD CL
2 AYALA CROFT
3 BAYLEY TOWER
4 STONEYCROFT TOWER
5 BRIDGEMEADOW HO
6 KINGSPIECE HO
HAYDOCK CL
REDCAR CROFT
THIRSK CROFT
ARKLE CROFT
FISHPOOL CL
DONCASTER WAY
HOLBROOK TOWER
SUNDEW CROFT
WETHERBY CL
GOODWOOD CL
KEMPTON PARK RD
HOLLOWMEADOW HO
REYNOLDSTOWN RD
WINCANTON CROFT
STRATFORD WLK
PEAK CROFT
HILLTOP DR
COLLINGBOURNE AVE
AUSTY CL
HAYE HOUSE GR
ERMINGTON CRES
MILLINGTON RD
OAKDALE RD
CHIPPERFIELD RD
FIRS FARM DR
DRYLEA GR
SHAWSDALE RD
HILLCROSS WLK
VALLIAN CROFT
THE HENNALLS
ROBERTSON KNOLL
Hodge Hill Girls Sch
Hodge Hill Sch
Bromford Jun & Inf Schs
Schs
Sch
ASHOLME CL
RELKO DR
GREYSTOKE AVE
STANDLAKE AVE
TWYCROSS GR
STOW GR
CHATTOCK CL
HODGEHILL CT
BROMFORD RD
Hodge Hill Common
HEATH WAY
RADSTOCK AVE
PLAISTOW AVE
PRIMLEY AVE
MADISON AVE
VENTNOR AVE
SANDHURST AVE
BROCKHURST RD
DOUGLAS AVE
GILPIN CL
LINDALE AVE
BROMFORD LA
ASHBY CL
JOHNSON CL
WILKINSON CROFT
COLESHILL RD
B4147
ORKNEY AVE
CHORLEY AVE
DARLEY
BUCKLANDS END LA
ARRAN RD
RYMOND RD
FOWEY RD
EASTBOURNE AVE
Sports Gd
PO
P
5
23
91
90
89
1 ED
2 PIN
3 PIL
4 LA
5 FIR
6 CE
7 JU
8 RO

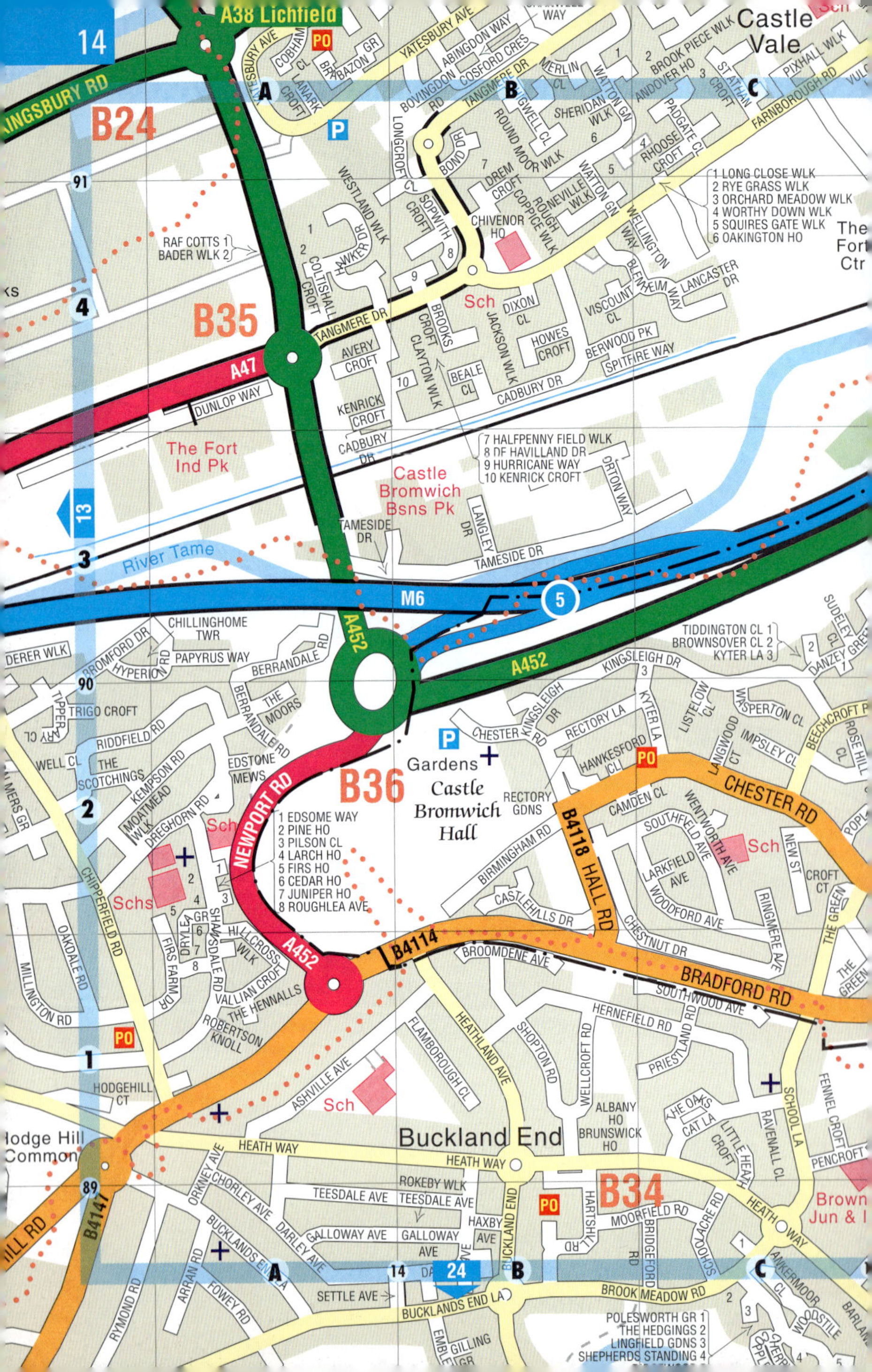
A38 Lichfield
Castle Vale
KINGSBURY RD
B24
B35
B36
B34
A47
A452
M6
5
B4118 HALL RD
B4114
B4147
CHESTER RD
BRADFORD RD
FARNBOROUGH RD
TANGMERE DR
RAF COTTS 1
BADER WLK 2
1 LONG CLOSE WLK
2 RYE GRASS WLK
3 ORCHARD MEADOW WLK
4 WORTHY DOWN WLK
5 SQUIRES GATE WLK
6 OAKINGTON HO
The Fort Ctr
The Fort Ind Pk
Castle Bromwich Bsns Pk
7 HALFPENNY FIELD WLK
8 DE HAVILLAND DR
9 HURRICANE WAY
10 KENRICK CROFT
River Tame
TIDDINGTON CL 1
BROWNSOVER CL 2
KYTER LA 3
Gardens
Castle Bromwich Hall
1 EDSOME WAY
2 PINE HO
3 PILSON CL
4 LARCH HO
5 FIRS HO
6 CEDAR HO
7 JUNIPER HO
8 ROUGHLEA AVE
NEWPORT RD
Buckland End
Hodge Hill Common
HEATH WAY
POLESWORTH GR 1
THE HEDGINGS 2
LINGFIELD GDNS 3
SHEPHERDS STANDING 4
13
24
Sch
Schs
PO

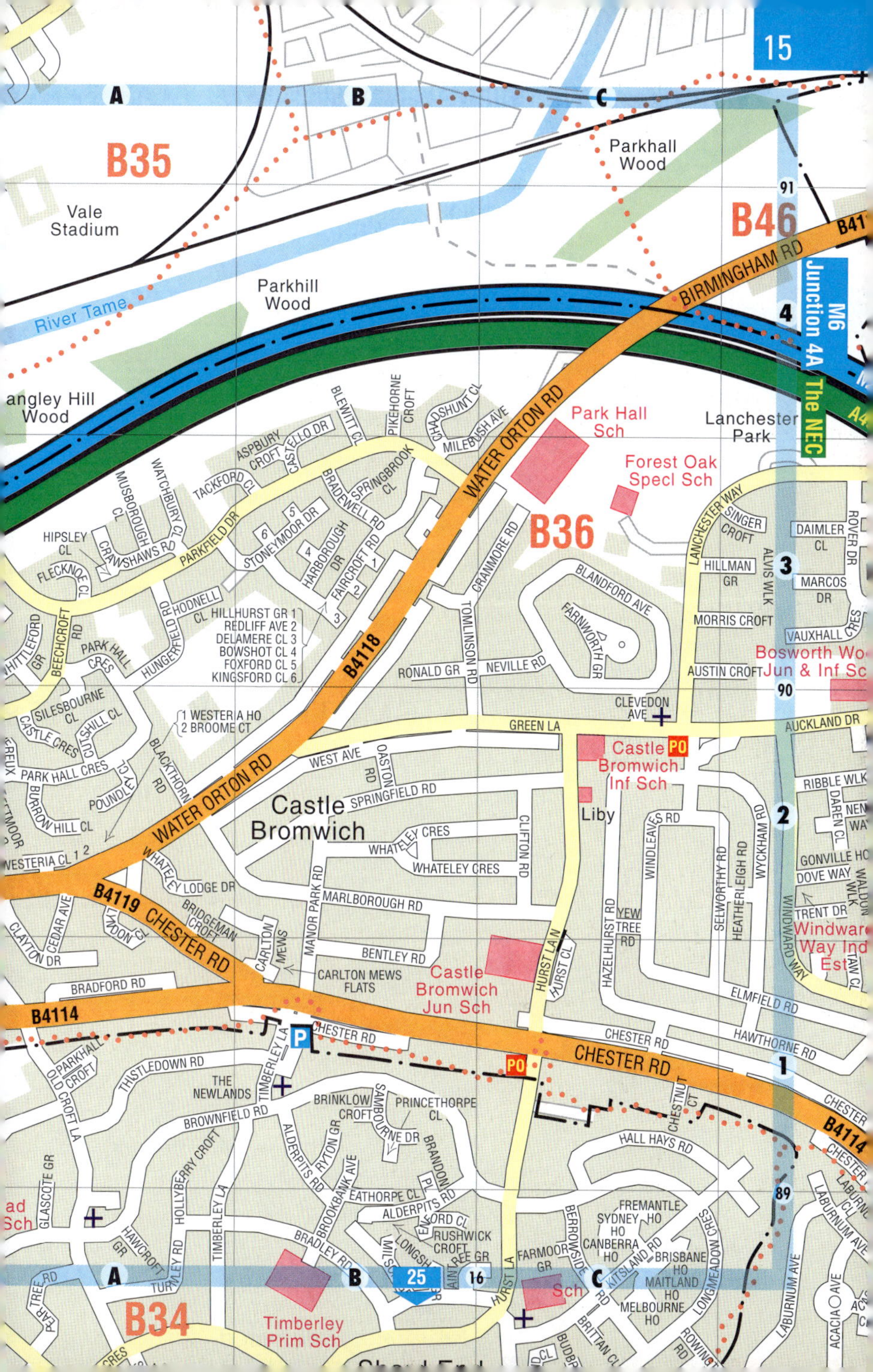

B35
Vale Stadium
Parkhill Wood
River Tame
Parkhall Wood
B46
B41
BIRMINGHAM RD
M6 Junction 4A
The NEC
Langley Hill Wood
Park Hall Sch
Forest Oak Specl Sch
Lanchester Park
B36
WATER ORTON RD
B4118
Castle Bromwich
B4119 CHESTER RD
B4114
CHESTER RD
Castle Bromwich Inf Sch
Liby
Castle Bromwich Jun Sch
Bosworth Wood Jun & Inf Sch
Windward Way Ind Est
GREEN LA
AUCKLAND DR
HILLHURST GR 1
REDLIFF AVE 2
DELAMERE CL 3
BOWSHOT CL 4
FOXFORD CL 5
KINGSFORD CL 6
1 WESTERIA HO
2 BROOME CT
CARLTON MEWS FLATS
Timberley Prim Sch
B34
A
B
C
1
2
3
4
25
16
89
90
91

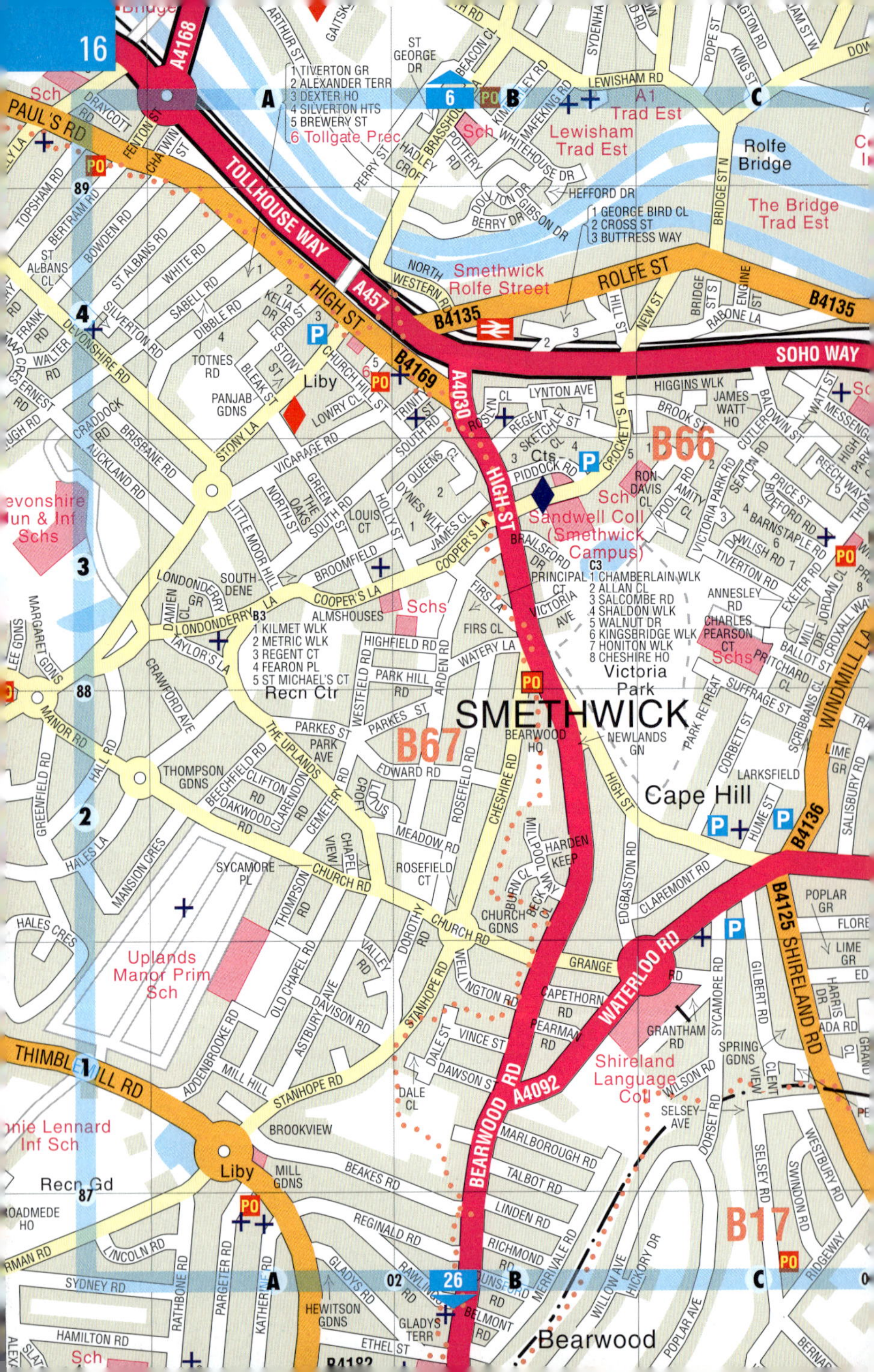
A4168
A
B
C
6
1 TIVERTON GR
2 ALEXANDER TERR
3 DEXTER HO
4 SILVERTON HTS
5 BREWERY ST
6 Tollgate Prec
ST GEORGE DR
BEACON CL
LEWISHAM RD
A1 Trad Est
Lewisham Trad Est
Rolfe Bridge
The Bridge Trad Est
Sch
PAUL'S RD
DRAYCOTT
FENTON ST
CHATWIN ST
TOLLHOUSE WAY
HIGH ST
A457
BRASSHOUSE
HADLEY CROFT
POTTERY RD
PERRY ST
KIMBERLEY RD
MAFEKING RD
WHITEHOUSE DR
HEFFORD DR
DOULTON DR
GIBSON DR
BERRY DR
1 GEORGE BIRD CL
2 CROSS ST
3 BUTTRESS WAY
BRIDGE ST N
NORTH WESTERN RD
Smethwick Rolfe Street
ROLFE ST
B4135
SOHO WAY
BRIDGE ST S
ENGINE ST
RABONE LA
HILL ST
NEW ST
TOPSHAM RD
BERTRAM RD
BOWDEN RD
ST ALBANS RD
ST ALBANS CL
WHITE RD
SILVERTON RD
SABELL RD
DIBBLE RD
KELIA DR
FORD ST
STONY ST
TOTNES RD
BLEAK ST
PANJAB GDNS
Liby
CHURCH HILL ST
B4169
A4030
TRINITY ST
SOUTH RD
LOWRY CL
ROSLYN CL
LYNTON AVE
REGENT ST
SKETCHLEY CL
PIDDOCK RD
Cts
CROCKETT'S LA
HIGGINS WLK
BROOK ST
JAMES WATT HO
B66
RON DAVIS CL
VICTORIA PARK RD
SEATON RD
CUTLER ST
BALDWIN ST
WATT ST
MESSENGER
BEECH WAY
PRICE ST
BIDEFORD RD
BARNSTAPLE RD
DAWLISH RD
TIVERTON RD
EXETER RD
JORDAN CL
ANNESLEY RD
CHARLES PEARSON CT
Schs
MILL DR
BALLOT ST
CROXALL WAY
PRITCHARD CL
WINDMILL LA
SUFFRAGE ST
SCRIBBANS CL
DEVONSHIRE RD
FRANK RD
WALTER RD
CRADDOCK RD
BRISBANE RD
AUCKLAND RD
STONY LA
VICARAGE RD
GREEN ST
THE OAKS
NORTH ST
LITTLE MOOR HILL
QUEENS CL
DYNES WLK
LOUIS CT
HOLLY ST
JAMES CL
COOPER'S LA
HIGH ST
Sch
Sandwell Coll (Smethwick Campus)
BRAILSFORD DR
PRINCIPAL CT
VICTORIA AVE
C3
1 CHAMBERLAIN WLK
2 ALLAN CL
3 SALCOMBE RD
4 SHALDON WLK
5 WALNUT DR
6 KINGSBRIDGE WLK
7 HONITON WLK
8 CHESHIRE HO
Victoria Park
Devonshire Jun & Inf Schs
BROOMFIELD
SOUTH DENE
LONDONDERRY GR
LONDONDERRY LA
DAMIEN CL
ALMSHOUSES
Schs
FIRS LA
FIRS CL
B3
1 KILMET WLK
2 METRIC WLK
3 REGENT CT
4 FEARON PL
5 ST MICHAEL'S CT
Recn Ctr
TAYLOR'S LA
HIGHFIELD RD
PARK HILL RD
ARDEN RD
WATERY LA
WESTFIELD RD
CRAWFORD AVE
MARGARET GDNS
SMETHWICK
BEARWOOD HO
NEWLANDS GN
PARK RETREAT
CORBETT ST
LIME GR
SALISBURY RD
LARKSFIELD
Cape Hill
HUME ST
B4136
88
MANOR RD
HALL RD
GREENFIELD RD
PARKES ST
PARK AVE
THE UPLANDS
B67
EDWARD RD
ROSEFIELD RD
CHESHIRE RD
THOMPSON GDNS
BEECHFIELD RD
CLIFTON RD
CLARENDON RD
OAKWOOD RD
CEMETERY RD
LOTUS CROFT
MEADOW RD
HIGH ST
EDGBASTON RD
CLAREMONT RD
MILLPOOL WAY
HARDEN KEEP
BURN CL
BECK CL
HALES LA
MANSION CRES
SYCAMORE PL
CHAPEL VIEW
CHURCH RD
ROSEFIELD CT
DOROTHY RD
CHURCH GDNS
B4125 SHIRELAND RD
POPLAR GR
FLORE
LIME GR
HALES CRES
Uplands Manor Prim Sch
THOMPSON RD
OLD CHAPEL RD
VALLEY RD
STANHOPE RD
GRANGE RD
WELLINGTON RD
CAPETHORN RD
PEARMAN RD
WATERLOO RD
GRANTHAM RD
SYCAMORE RD
GILBERT RD
HARRIS DR
ADA RD
THIMBLEMILL RD
ADDENBROOKE RD
ASTBURY AVE
DAVISON RD
MILL HILL
VINCE ST
DALE ST
DAWSON ST
DALE CL
BEARWOOD RD
A4092
Shireland Language Coll
WILSON RD
SPRING GDNS
CLENT VIEW
SELSEY AVE
DORSET RD
Annie Lennard Inf Sch
BROOKVIEW
Liby
MILL GDNS
BEAKES RD
MARLBOROUGH RD
TALBOT RD
LINDEN RD
RICHMOND RD
MERRIVALE RD
SELSEY RD
SWINDON RD
WESTBURY RD
B17
Recn Gd
87
BROADMEADE HO
LINCOLN RD
REGINALD RD
GLADYS RD
RAWLINSON RD
DUNSFORD RD
HICKORY DR
WILLOW AVE
RIDGEWAY
SYDNEY RD
RATHBONE RD
PARGETER RD
KATHERINE RD
02
26
HEWITSON GDNS
GLADYS TERR
BELMONT RD
POPLAR AVE
HAMILTON RD
ETHEL ST
Bearwood
Sch
B4182
89
4
3
2
1

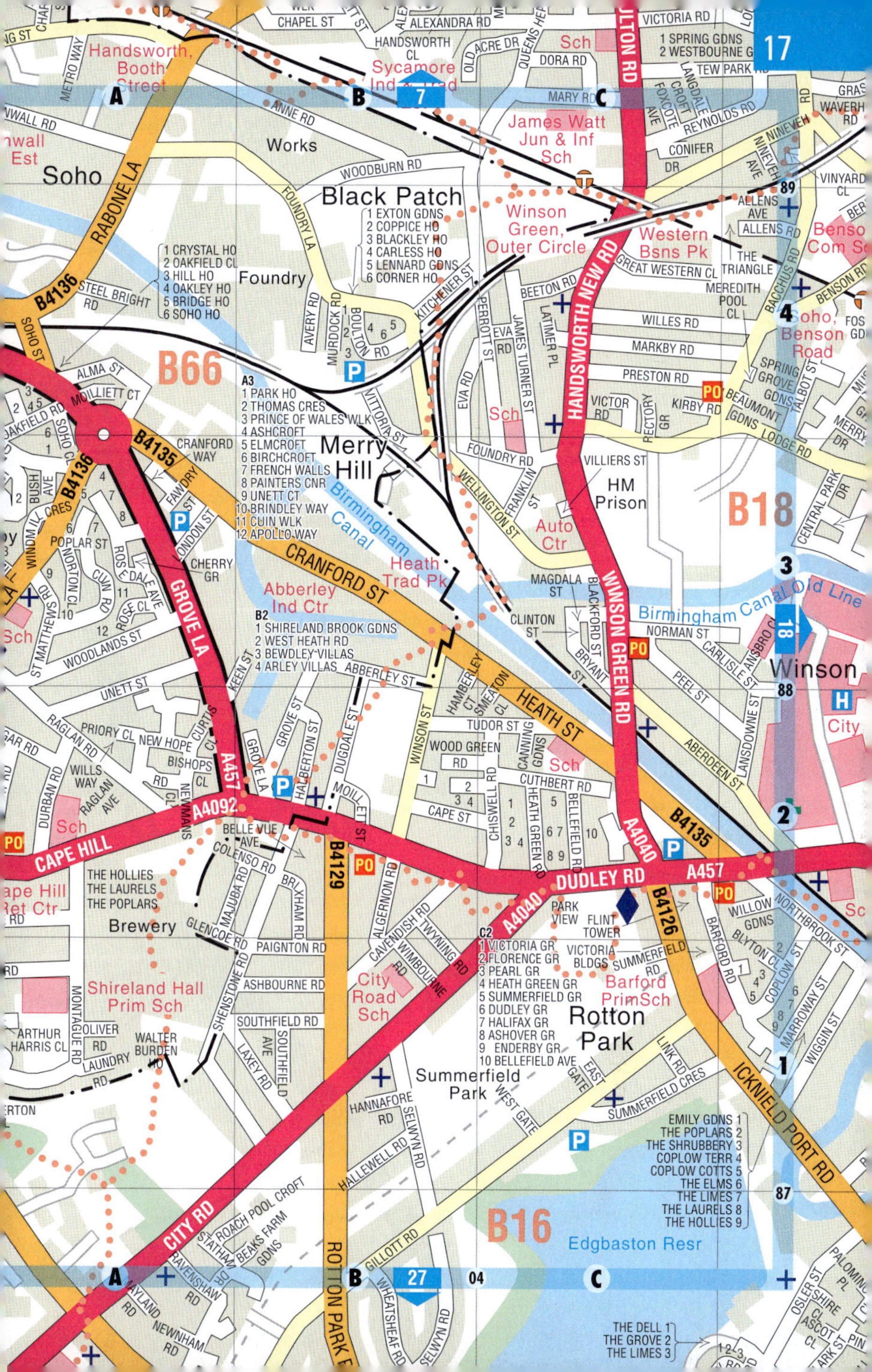
CHAPEL ST
ALEXANDRA RD
VICTORIA RD
HANDSWORTH CL
OLD ACRE DR
QUEENS HEAD
Sch
1 SPRING GDNS
2 WESTBOURNE GR
TEW PARK RD
DORA RD
Handsworth, Booth Street
Sycamore Ind & Trad
METRO WAY
A
B
7
C
MARY RD
ANNE RD
James Watt Jun & Inf Sch
FOXCOTE AVE
LANGDALE CROFT
REYNOLDS RD
NINEVEH RD
WAVERHILL RD
CONIFER DR
NINEVEH AVE
VINYARD CL
Works
Soho
WOODBURN RD
Black Patch
1 EXTON GDNS
2 COPPICE HO
3 BLACKLEY HO
4 CARLESS HO
5 LENNARD GDNS
6 CORNER HO
Winson Green, Outer Circle
Western Bsns Pk
ALLENS AVE
ALLENS RD
Benson Com Sch
RABONE LA
1 CRYSTAL HO
2 OAKFIELD CL
3 HILL HO
4 OAKLEY HO
5 BRIDGE HO
6 SOHO HO
Foundry
FOUNDRY LA
STEEL BRIGHT RD
B4136
AVERY RD
MURDOCK RD
BOULTON RD
KITCHENER ST
BEETON RD
GREAT WESTERN CL
THE TRIANGLE
MEREDITH POOL CL
BACCHUS RD
BENSON RD
Soho, Benson Road
HANDSWORTH NEW RD
WILLES RD
MARKBY RD
PRESTON RD
SPRING GROVE GDNS
TALBOT ST
PO
BEAUMONT GDNS
LODGE RD
KIRBY RD
VICTOR RD
RECTORY GR
LATIMER PL
JAMES TURNER ST
EVA RD
PERROTT ST
B66
SOHO ST
ALMA ST
MOILLIETT CT
OAKFIELD RD
SOHO CL
A3
1 PARK HO
2 THOMAS CRES
3 PRINCE OF WALES WLK
4 ASHCROFT
5 ELMCROFT
6 BIRCHCROFT
7 FRENCH WALLS
8 PAINTERS CNR
9 UNETT CT
10 BRINDLEY WAY
11 CUIN WLK
12 APOLLO WAY
Merry Hill
VITTORIA ST
Sch
FOUNDRY RD
B4135
CRANFORD WAY
FAWDRY ST
LONDON ST
VILLIERS ST
HM Prison
B18
CENTRAL PARK DR
MERRY DR
WINDMILL CRES
BUSH AVE
POPLAR ST
NORTON CL
CUIN RD
ROSEDALE AVE
ROSE CL
CHERRY GR
Birmingham Canal
CRANFORD ST
WELLINGTON ST
FRANKLIN ST
Auto Ctr
Heath Trad Pk
GROVE LA
ST MATTHEWS RD
Sch
WOODLANDS ST
Abberley Ind Ctr
B2
1 SHIRELAND BROOK GDNS
2 WEST HEATH RD
3 BEWDLEY VILLAS
4 ARLEY VILLAS
ABBERLEY ST
MAGDALA ST
CLINTON ST
BLACKFORD ST
BRYANT ST
WINSON GREEN RD
NORMAN ST
Birmingham Canal Old Line
18
Winson
ANSBRO CL
CARLISLE ST
PEEL ST
LANSDOWNE ST
88
H
City
UNETT ST
KEEN ST
GROVE ST
HALBERTON ST
DUGDALE ST
WINSON ST
HAMBERLEY CT
SMEATON CL
HEATH ST
PO
ABERDEEN ST
RAGLAN RD
PRIORY CL
NEW HOPE
CURTIS CL
BISHOPS CL
WILLS WAY
RAGLAN AVE
DURBAN RD
NEWMANS CL
A457
GROVE LA
P
MOILLETT ST
TUDOR ST
WOOD GREEN RD
CANNING GDNS
Sch
CUTHBERT RD
CAPE ST
CHISWELL RD
HEATH GREEN RD
BELLEFIELD RD
A4040
B4135
2
Sch
PO
CAPE HILL
A4092
BELLE VUE AVE
COLENSO RD
BRIXHAM RD
B4129
PO
ALGERNON RD
DUDLEY RD
A457
PO
Cape Hill Ret Ctr
THE HOLLIES
THE LAURELS
THE POPLARS
Brewery
MAJUBA RD
GLENCOE RD
PAIGNTON RD
CAVENDISH RD
TWYNING RD
WIMBOURNE RD
A4040
PARK VIEW
FLINT TOWER
B4126
BARFORD RD
WILLOW GDNS
NORTHBROOK ST
BLYTON CL
COPLOW ST
C2
1 VICTORIA GR
2 FLORENCE GR
3 PEARL GR
4 HEATH GREEN GR
5 SUMMERFIELD GR
6 DUDLEY GR
7 HALIFAX GR
8 ASHOVER GR
9 ENDERBY GR
10 BELLEFIELD AVE
VICTORIA BLDGS
SUMMERFIELD RD
Barford PrimSch
Rotton Park
MARROWAY ST
WIGGIN ST
Shireland Hall Prim Sch
SHENSTONE RD
ASHBOURNE RD
City Road Sch
MONTAGUE RD
OLIVER RD
ARTHUR HARRIS CL
LAUNDRY RD
WALTER BURDEN HO
SOUTHFIELD RD
LAXEY RD
SOUTHFIELD AVE
Summerfield Park
EAST GATE
WEST GATE
LINK RD
SUMMERFIELD CRES
ICKNIELD PORT RD
1
HANNAFORE RD
SELWYN RD
P
EMILY GDNS 1
THE POPLARS 2
THE SHRUBBERY 3
COPLOW TERR 4
COPLOW COTTS 5
THE ELMS 6
THE LIMES 7
THE LAURELS 8
THE HOLLIES 9
87
HALLEWELL RD
ROACH POOL CROFT
BEAKS FARM GDNS
STATHAM DR
CITY RD
ROTTON PARK ST
B16
Edgbaston Resr
GILLOTT RD
A
B
27
04
C
RAVENSHAW RD
WHEATSHEAF RD
SELWYN RD
NEWNHAM RD
THE DELL 1
THE GROVE 2
THE LIMES 3
OSLER ST
PALOMINO PL
ASCOT CL

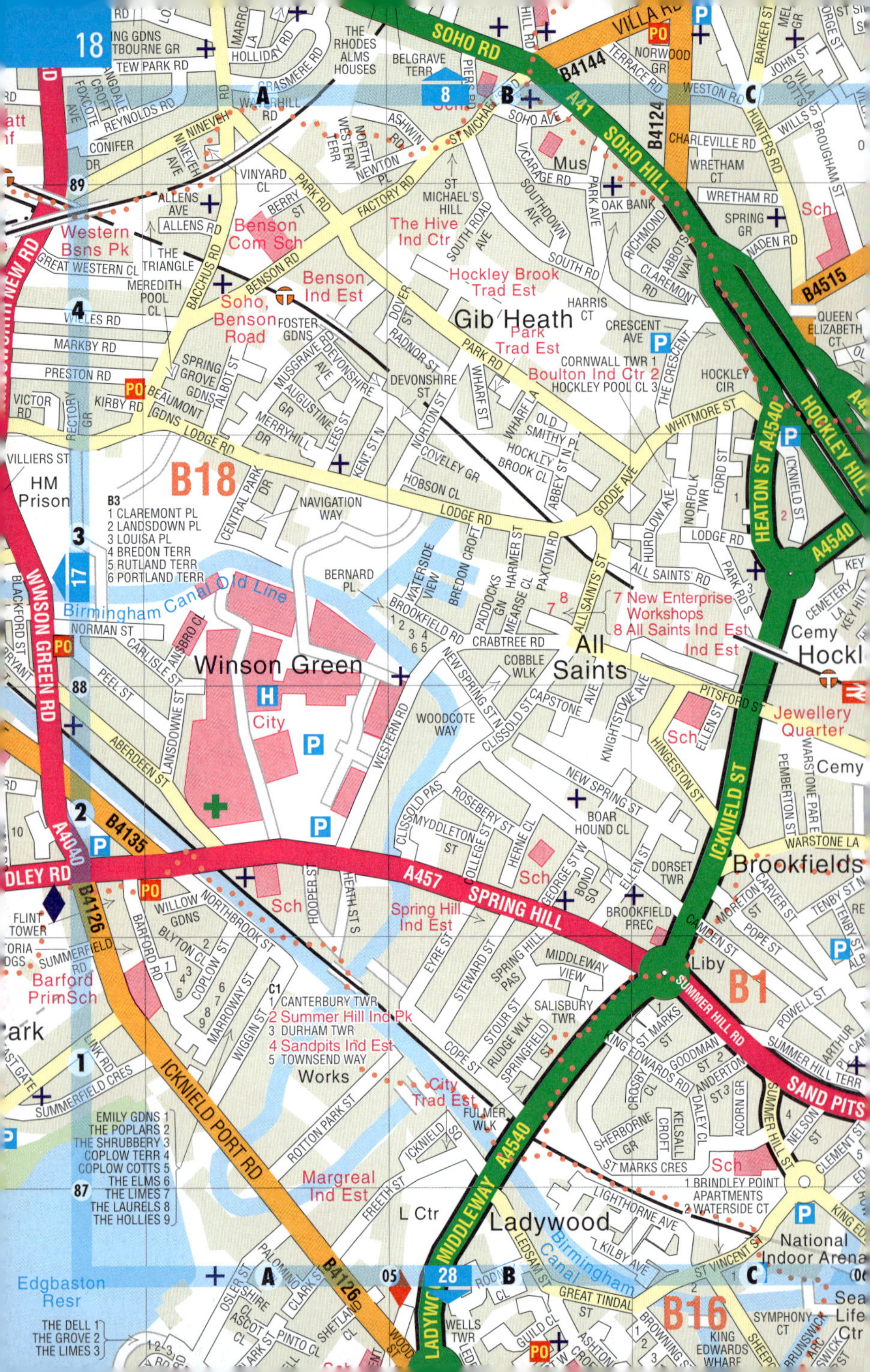
18
SOHO RD
VILLA RD
B4144
A41
SOHO HILL
B4124
WESTON RD
THE RHODES ALMS HOUSES
BELGRAVE TERR
8
A
B
C
TEW PARK RD
HOLLIDAY RD
GRASMERE RD
WAVERHILL RD
NINEVEH RD
REYNOLDS RD
CONIFER DR
FOXCOTE AVE
89
VINYARD CL
BERRY ST
PARK RD
FACTORY RD
ST MICHAEL'S HILL
SOHO AVE
VICARAGE RD
SOUTHDOWN AVE
PARK AVE
OAK BANK
Mus
CHARLEVILLE RD
WRETHAM CT
WRETHAM RD
SPRING GR
NADEN RD
Sch
B4515
HUNTERS RD
WILLS ST
BROUGHAM ST
ALLENS AVE
ALLENS RD
Western Bsns Pk
Benson Com Sch
The Hive Ind Ctr
SOUTH ROAD AVE
SOUTH RD
RICHMOND RD
ABBOTS WAY
CLAREMONT RD
Hockley Brook Trad Est
GREAT WESTERN CL
THE TRIANGLE
MEREDITH POOL CL
BACCHUS RD
BENSON RD
Benson Ind Est
Soho, Benson Road
FOSTER GDNS
DOVER ST
RADNOR ST
Gib Heath
HARRIS CT
Park Trad Est
CRESCENT AVE
THE CRESCENT
QUEEN ELIZABETH CT
4
WELES RD
MARKBY RD
PRESTON RD
VICTOR RD
RECTORY GR
KIRBY RD
PO
BEAUMONT GDNS
SPRING GROVE GDNS
TALBOT ST
MUSGRAVE RD
DEVONSHIRE AVE
DEVONSHIRE ST
AUGUSTINE GR
LEES ST
MERRYHILL DR
KENT ST N
NORTON ST
WHARF ST
WHARF LA
CORNWALL TWR 1
Boulton Ind Ctr 2
HOCKLEY POOL CL 3
HOCKLEY CIR
WHITMORE ST
HOCKLEY HILL
HEATON ST A4540
ICKNIELD ST
LODGE RD
OLD SMITHY PL
HOCKLEY BROOK CL
COVELEY GR
HOBSON CL
ABBEY ST N
GOODE AVE
VILLIERS ST
HM Prison
B18
B3
1 CLAREMONT PL
2 LANDSDOWN PL
3 LOUISA PL
4 BREDON TERR
5 RUTLAND TERR
6 PORTLAND TERR
CENTRAL PARK DR
NAVIGATION WAY
HURDLOW AVE
NORFOLK TWR
FORD ST
A4540
3
17
Birmingham Canal Old Line
BLACKFORD ST
WINSON GREEN RD
BERNARD PL
WATERSIDE VIEW
BREDON CROFT
PADDOCKS GN
HARMER ST
MEARSE CL
PAXTON RD
ALL SAINTS' ST
ALL SAINTS' RD
PARK RD S
KEY HILL
CEMETERY LA
7 New Enterprise Workshops
8 All Saints Ind Est
Cemy
Hockley
NORMAN ST
ANSBRO CL
CARLISLE ST
BROOKFIELD RD
CRABTREE RD
COBBLE WLK
All Saints
Winson Green
H
City
88
PEEL ST
LANSDOWNE ST
ABERDEEN ST
NEW SPRING ST N
CLISSOLD ST
CAPSTONE AVE
KNIGHTSTONE AVE
PITSFORD ST
ELLEN ST
Jewellery Quarter
WOODCOTE WAY
WESTERN RD
NEW SPRING ST
HINGESTON ST
PEMBERTON ST
WARSTONE PAR E
BOAR HOUND CL
ICKNIELD ST
2
B4135
A4040
CLISSOLD PAS
ROSEBERY ST
MYDDLETON ST
COLLEGE ST
HERNE CL
GEORGE ST W
BOND SQ
ELLEN ST
DORSET TWR
WARSTONE LA
Brookfields
A457
SPRING HILL
DUDLEY RD
HOOPER ST
HEATH ST S
Sch
Spring Hill Ind Est
BROOKFIELD PREC
CAMDEN ST
MORETON ST
CARVER ST
POPE ST
TENBY ST N
Liby
B1
FLINT TOWER
B4126
WILLOW GDNS
NORTHBROOK ST
BARFORD RD
BLYTON CL
COPLOW ST
EYRE ST
STEWARD ST
SPRING HILL PAS
MIDDLEWAY VIEW
SUMMER HILL RD
POWELL ST
SUMMERFIELD RD
Barford PrimSch
MARROWAY ST
WIGGIN ST
C1
1 CANTERBURY TWR
2 Summer Hill Ind Pk
3 DURHAM TWR
4 Sandpits Ind Est
5 TOWNSEND WAY
SALISBURY TWR
STOUR ST
RUDGE WLK
SPRINGFIELD ST
ST MARKS ST
KING EDWARDS RD
GOODMAN ST
ANDERTON ST
SUMMER HILL TERR
SAND PITS
ARTHUR PL
1
LINK RD
SUMMERFIELD CRES
Works
COPE ST
City Trad Est
FULMER WLK
CROSBY CL
DALEY CL
ACORN GR
KELSALL CROFT
SHERBORNE GR
SUMMER HILL ST
NELSON ST
CLEMENT ST
ICKNIELD PORT RD
EMILY GDNS 1
THE POPLARS 2
THE SHRUBBERY 3
COPLOW TERR 4
COPLOW COTTS 5
THE ELMS 6
THE LIMES 7
THE LAURELS 8
THE HOLLIES 9
87
ROTTON PARK ST
ICKNIELD SQ
Margreal Ind Est
FREETH ST
L Ctr
A4540
MIDDLEWAY
ST MARKS CRES
1 BRINDLEY POINT APARTMENTS
2 WATERSIDE CT
LIGHTHORNE AVE
Ladywood
KILBY AVE
Birmingham Canal
National Indoor Arena
ST VINCENT ST
Edgbaston Resr
PALOMINO PL
CLARK ST
28
05
LEDSAM ST
GREAT TINDAL ST
B16
SYMPHONY CT
Sea Life Ctr
KING EDWARDS WHARF
BRUNSWICK ARC
OSLER ST
SHIRE CL
ASCOT CL
PARK ST
PINTO CL
SHETLAND CL
WOOD ST
WELLS TWR
GUILD CL
ASHTON CROFT
BROWNING ST
THE DELL 1
THE GROVE 2
THE LIMES 3
LADYWOOD

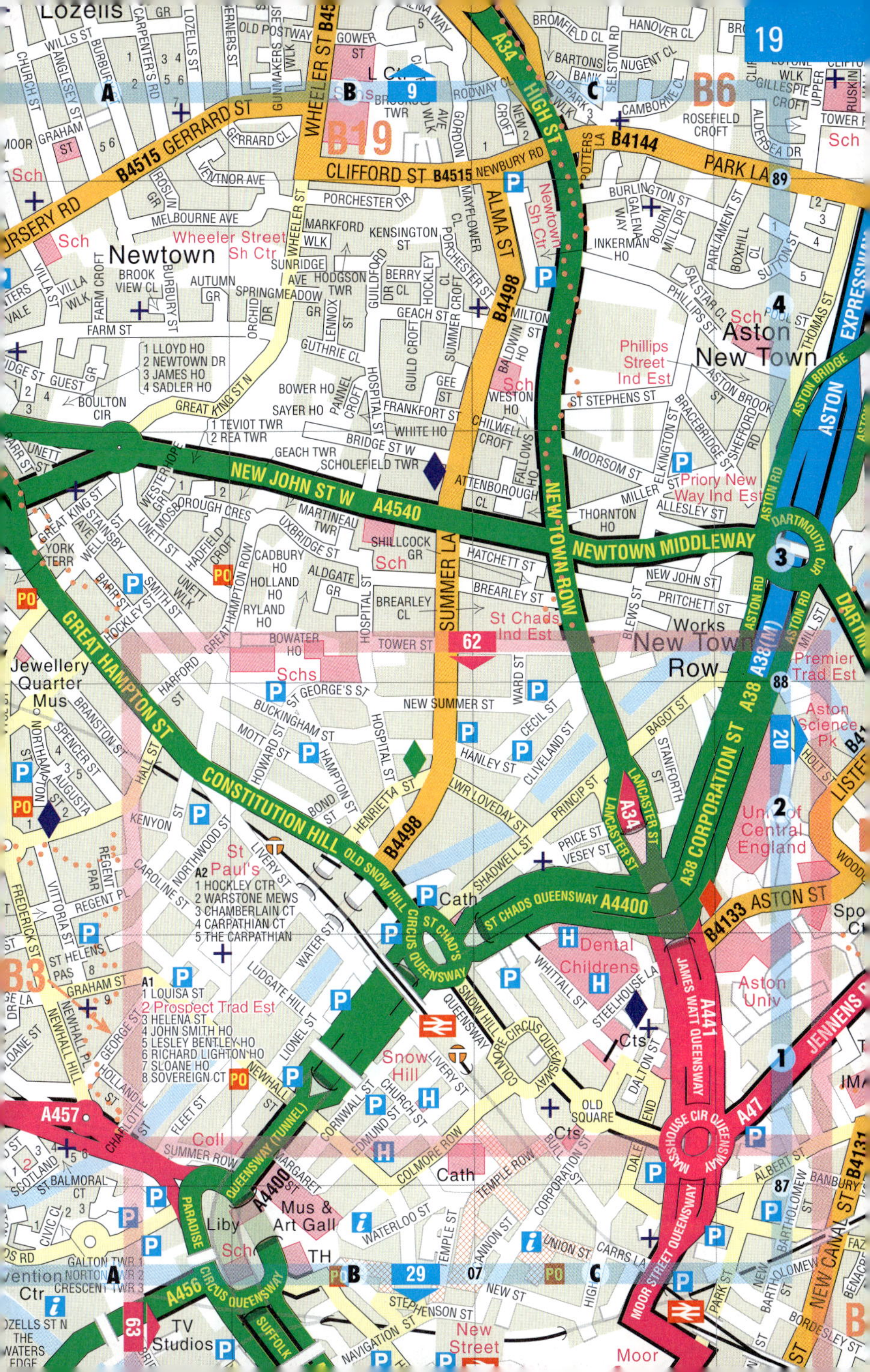
Lozells
WILLS ST
CHURCH ST
ANGLESEY ST
BURBURY ST
CARPENTER'S RD
LOZELLS ST
GUNMAKERS WLK
OLD POSTWAY
WHEELER ST
GOWER ST
9
RODWAY CL
A34 HIGH ST
BROMFIELD CL
HANOVER CL
BARTONS BANK
SELSTON RD
NUGENT CL
OLD PARK WLK
CAMBORNE CL
B6
GILLESPIE CROFT
RUSKIN
TOWER RD
ROSEFIELD CROFT
ALDERSEA DR
19
A
B
C
B4515 GERRARD ST
GERRARD CL
GRAHAM ST
B19
CLIFFORD ST B4515
NEWBURY RD
POTTERS LA
B4144
PARK LA
89
Sch
NURSERY RD
VENTNOR AVE
ROSLYN GR
MELBOURNE AVE
PORCHESTER DR
GORDON
MAYFLOWER CL
ALMA ST
Newtown Sh Ctr
BURLINGTON ST
GALENA WAY
BOURN MILL DR
PARLIAMENT ST
INKERMAN HO
Newtown
Wheeler Street Sh Ctr
MARKFORD WLK
KENSINGTON ST
SUNRIDGE AVE
HODGSON TWR
BERRY DR
GUILDFORD DR
PORCHESTER ST
BOXHILL CL
SUTTON ST
VILLA ST
VILLA WLK
FARM CROFT
BROOK VIEW CL
AUTUMN GR
SPRINGMEADOW GR
LENNOX ST
HOCKLEY CL
SUMMER CROFT
GEACH ST
B4498
MILTON ST
SALSTAR CL
PHILLIPS ST
Aston New Town
4
THOMAS ST
EXPRESSWAY
FARM ST
ORCHID DR
GUTHRIE CL
BALDWIN HO
1 LLOYD HO
2 NEWTOWN DR
3 JAMES HO
4 SADLER HO
GUEST GR
BOULTON CIR
GREAT KING ST N
BOWER HO
SAYER HO
PANNEL CROFT
GUILD CROFT
GEE ST
Phillips Street Ind Est
ST STEPHENS ST
ASTON BROOK ST
ASTON BRIDGE
ASTON
1 TEVIOT TWR
2 REA TWR
FRANKFORT ST
WHITE HO
WESTON HO
CHILWELL CROFT
BRACEBRIDGE ST
SHEFFORD RD
GEACH TWR
SCHOLEFIELD TWR
BRIDGE ST W
NEW JOHN ST W A4540
ATTENBOROUGH CL
FALLOWS HO
MOORSOM ST
ELKINGTON ST
Priory New Way Ind Est
ASTON RD
DARTMOUTH CIR
NEWTOWN ROW
MILLER ST
ALLESLEY ST
THORNTON HO
NEWTOWN MIDDLEWAY
3
GREAT KING ST
WESTERHOPE
MOSBOROUGH CRES
MARTINEAU TWR
UXBRIDGE ST
SHILLCOCK GR
HATCHETT ST
NEW JOHN ST
YORK TERR
STAINSBY AVE
WELL ST
UNETT ST
HADFIELD CROFT
GREAT HAMPTON ROW
CADBURY HO
HOLLAND HO
RYLAND HO
ALDGATE GR
HOSPITAL ST
SUMMER LA
BREARLEY ST
BREARLEY CL
PRITCHETT ST
BARR ST
HOCKLEY ST
SMITH ST
UNETT WLK
St Chads Ind Est
BLEWS ST
Works
MILL ST
A38(M)
GREAT HAMPTON ST
BOWATER HO
TOWER ST
62
New Town Row
Jewellery Quarter Mus
HARFORD ST
Schs
ST GEORGE'S ST
NEW SUMMER ST
WARD ST
88
Premier Trad Est
BRANSTON ST
BUCKINGHAM ST
MOTT ST
HOWARD ST
CECIL ST
BAGOT ST
A38
CORPORATION ST
20
Aston Science Pk
SPENCER ST
NORTHAMPTON ST
AUGUSTA ST
HALL ST
HAMPTON ST
HANLEY ST
CLIVELAND ST
STANIFORTH ST
HOLT ST
LISTER
CONSTITUTION HILL
BOND ST
HENRIETTA ST
LWR LOVEDAY ST
PRINCIP ST
LANCASTER ST
A34
2
Univ of Central England
KENYON ST
St Paul's
LIVERY ST
OLD SNOW HILL
SHADWELL ST
PRICE ST
VESEY ST
REGENT PAR
CAROLINE ST
NORTHWOOD ST
A2
1 HOCKLEY CTR
2 WARSTONE MEWS
3 CHAMBERLAIN CT
4 CARPATHIAN CT
5 THE CARPATHIAN
VITTORIA ST
REGENT PL
Cath
ST CHADS QUEENSWAY A4400
B4133 ASTON ST
FREDERICK ST
ST HELENS PAS
ST CHAD'S CIRCUS QUEENSWAY
Dental
Childrens
B3
GRAHAM ST
A1
1 LOUISA ST
2 Prospect Trad Est
3 HELENA ST
4 JOHN SMITH HO
5 LESLEY BENTLEY HO
6 RICHARD LIGHTON HO
7 SLOANE HO
8 SOVEREIGN CT
WATER ST
LUDGATE HILL
LIONEL ST
WHITTALL ST
STEELHOUSE LA
JAMES WATT QUEENSWAY
A4
Aston Univ
NEWHALL HILL
GEORGE ST
NEWHALL ST
SNOW HILL QUEENSWAY
COLMORE CIRCUS QUEENSWAY
Snow Hill
Cts
DALTON ST
JENNENS RD
1
A457
CHARLOTTE ST
HOLLAND ST
FLEET ST
QUEENSWAY (TUNNEL)
CORNWALL ST
EDMUND ST
CHURCH ST
OLD SQUARE
END
A47
Coll
SUMMER ROW
COLMORE ROW
BULL ST
CORPORATION ST
MASSHOUSE CIR QUEENSWAY
SCOTLAND ST
BALMORAL CT
MARGARET ST
A4400
TEMPLE ROW
DALE
ALBERT ST
87
B4131
BANBURY ST
CIVIC CL
PARADISE
Liby
Mus & Art Gall
WATERLOO ST
TEMPLE ST
CANNON ST
UNION ST
CARRS LA
MOOR STREET QUEENSWAY
BARTHOLOMEW ST
NEW CANAL ST
Sch
TH
29
07
HIGH
PARK ST
GALTON TWR 1
NORTON TWR 2
CRESCENT TWR 3
A456 CIRCUS QUEENSWAY
NEW ST
STEPHENSON ST
BORDESLEY ST
Ctr
OZELLS ST N
THE WATERS EDGE
63
TV Studios
SUFFOLK
NAVIGATION ST
New Street
Moor

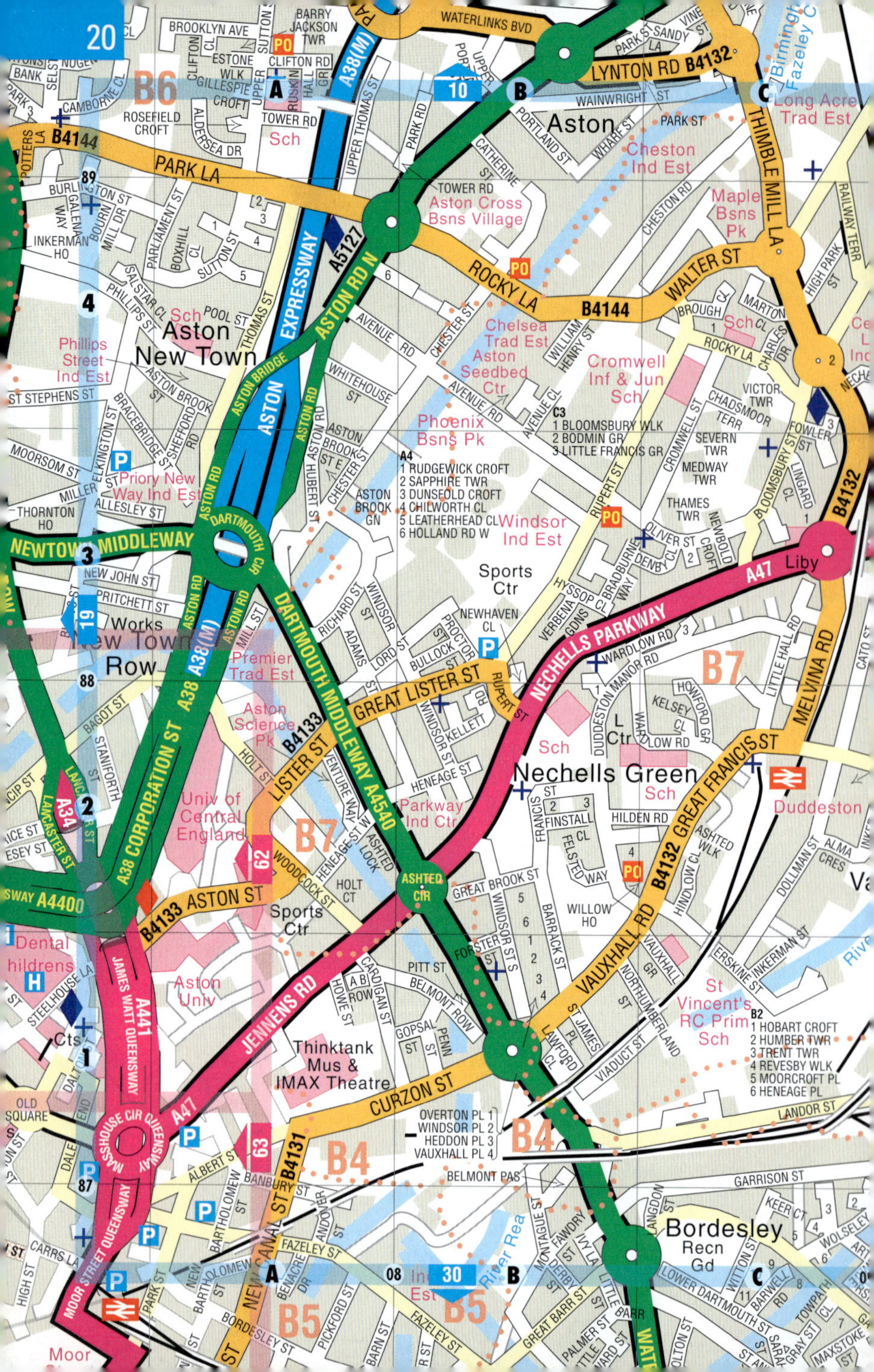
B6
B7
B4
B5
10
30
Aston
Aston New Town
Nechells Green
Bordesley
Duddeston
Birmingham Fazeley C
BROOKLYN AVE
BARRY JACKSON TWR
WATERLINKS BVD
A38(M)
LYNTON RD B4132
PARK ST
SANDY LA
WAINWRIGHT ST
Long Acre Trad Est
ROSEFIELD CROFT
CAMBORNE CL
B4144
PARK LA
TOWER RD
Sch
ASTON EXPRESSWAY
A5127
ASTON RD N
Aston Cross Bsns Village
Cheston Ind Est
CHESTON RD
Maple Bsns Pk
THIMBLE MILL LA
WALTER ST
ROCKY LA
B4144
Chelsea Trad Est
Aston Seedbed Ctr
Cromwell Inf & Jun Sch
Phoenix Bsns Pk
Phillips Street Ind Est
ST STEPHENS ST
MOORSOM ST
THORNTON HO
ASTON BRIDGE
ASTON BROOK ST
WHITEHOUSE ST
AVENUE RD
C3
1 BLOOMSBURY WLK
2 BODMIN GR
3 LITTLE FRANCIS GR
A4
1 RUDGEWICK CROFT
2 SAPPHIRE TWR
3 DUNSFOLD CROFT
4 CHILWORTH CL
5 LEATHERHEAD CL
6 HOLLAND RD W
Windsor Ind Est
Priory New Way Ind Est
ASTON BROOK GN
Sports Ctr
VICTOR TWR
SEVERN TWR
MEDWAY TWR
THAMES TWR
B4132
A47
Liby
NEWTOWN MIDDLEWAY
DARTMOUTH CIR
DARTMOUTH MIDDLEWAY A4540
NECHELLS PARKWAY
NEWHAVEN CL
Works
New Town Row
Premier Trad Est
Aston Science Pk
GREAT LISTER ST
B4133
LISTER ST
MELVINA RD
LITTLE HALL RD
A38 CORPORATION ST
A34
LANCASTER ST
Univ of Central England
ASHTED CIR
Parkway Ind Ctr
HENEAGE ST
L Ctr
GREAT FRANCIS ST
ASTON ST
B4133
Sports Ctr
A4400
Dental Hospital
JAMES WATT QUEENSWAY
A441
Aston Univ
JENNENS RD
GREAT BROOK ST
WILLOW HO
VAUXHALL RD
St Vincent's RC Prim Sch
B2
1 HOBART CROFT
2 HUMBER TWR
3 TRENT TWR
4 REVESBY WLK
5 MOORCROFT PL
6 HENEAGE PL
Cts
Thinktank Mus & IMAX Theatre
CURZON ST
OVERTON PL 1
WINDSOR PL 2
HEDDON PL 3
VAUXHALL PL 4
LANDOR ST
OLD SQUARE
MASSHOUSE CIR
QUEENSWAY
A47
B4131
BELMONT PAS
GARRISON ST
Bordesley Recn Gd
MOOR STREET QUEENSWAY
NEW CANAL ST
FAZELEY ST
River Rea
LOWER DARTMOUTH ST
Moor

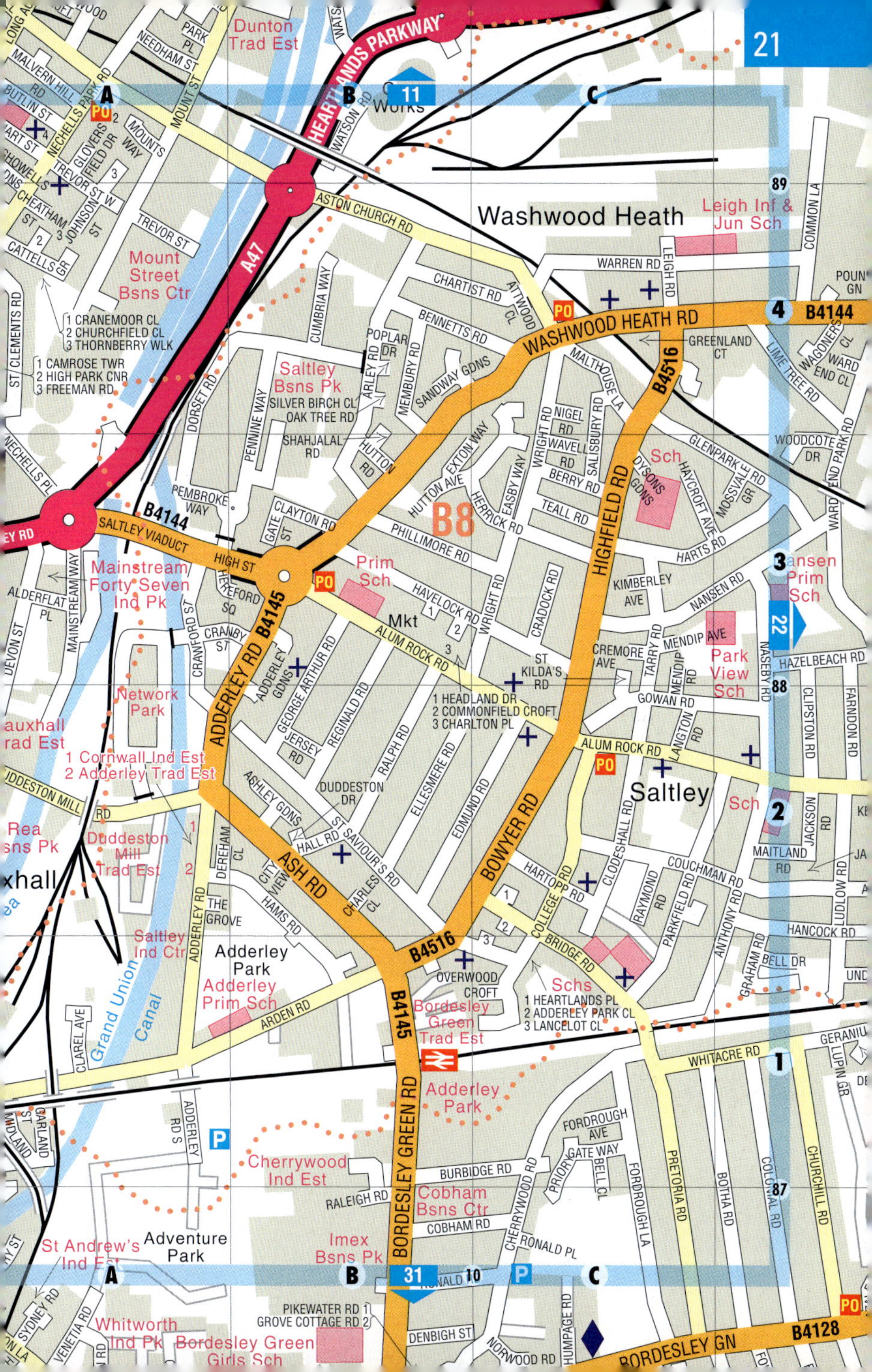
Dunton Trad Est
HEARTLANDS PARKWAY
Works
11
Washwood Heath
Leigh Inf & Jun Sch
COMMON LA
89
WARREN RD
LEIGH RD
ASTON CHURCH RD
A47
Mount Street Bsns Ctr
NEEDHAM ST
PARK PL
MALVERN HILL RD
BUTLIN ST
NECHELLS PARK RD
GLOVERS FIELD DR
MOUNTS WAY
MOUNT ST
TREVOR ST W
TREVOR ST
JOHNSON ST
CHEATHAM ST
CATTELLS GR
1 CRANEMOOR CL
2 CHURCHFIELD CL
3 THORNBERRY WLK
1 CAMROSE TWR
2 HIGH PARK CNR
3 FREEMAN RD
ST CLEMENTS RD
NECHELLS PL
CHARTIST RD
ATTWOOD CL
BENNETTS RD
CUMBRIA WAY
POPLAR DR
ARLEY RD
MEMBURY RD
SANDWAY GDNS
WASHWOOD HEATH RD
B4144
GREENLAND CT
MALTHOUSE LA
B4516
LIME TREE RD
WAGONERS CL
WARD END CL
WARD END PARK RD
WOODCOTE DR
GLENPARK RD
MOSSVALE GR
HAYCROFT AVE
DYSONS GDNS
Sch
Saltley Bsns Pk
SILVER BIRCH CL
OAK TREE RD
SHAHJALAL RD
HUTTON RD
HUTTON AVE
EXTON WAY
DORSET RD
PENNINE WAY
PEMBROKE WAY
CLAYTON RD
GATE ST
NIGEL RD
WAVELL RD
BERRY RD
WRIGHT RD
SALISBURY RD
EASBY WAY
HERRICK RD
TEALL RD
B8
PHILLIMORE RD
HIGHFIELD RD
HARTS RD
SALTLEY VIADUCT
HIGH ST
Mainstream Forty Seven Ind Pk
MAINSTREAM WAY
ALDERFLAT PL
DEVON ST
HEREFORD SQ
Prim Sch
HAVELOCK RD
Mkt
CRADOCK RD
KIMBERLEY AVE
NANSEN RD
Nansen Prim Sch
22
HAZELBEACH RD
NASEBY RD
B4145
CRANFORD ST
CRANBY ST
ADDERLEY GDNS
GEORGE ARTHUR RD
REGINALD RD
ALUM ROCK RD
1 HEADLAND DR
2 COMMONFIELD CROFT
3 CHARLTON PL
ST KILDA'S RD
CREMORE AVE
TARRY RD
MENDIP AVE
MENDIP RD
Park View Sch
88
GOWAN RD
LANGTON RD
CLIPSTON RD
FARNDON RD
Network Park
Vauxhall Trad Est
1 Cornwall Ind Est
2 Adderley Trad Est
ADDERLEY RD
JERSEY RD
RALPH RD
ELLESMERE RD
EDMUND RD
BOWYER RD
Saltley
Sch
JACKSON RD
MAITLAND RD
Rea Bsns Pk
DUDDESTON MILL RD
Duddeston Mill Trad Est
ASHLEY GDNS
DUDDESTON DR
HALL RD
ST SAVIOUR'S RD
CLODESHALL RD
HARTOPP RD
COLLEGE RD
RAYMOND RD
PARKFIELD RD
COUCHMAN RD
ANTHONY RD
LUDLOW RD
DEREHAM CL
CITY VIEW
ASH RD
HAMS RD
CHARLES CL
THE GROVE
Saltley Ind Ctr
Adderley Park
Adderley Prim Sch
ARDEN RD
OVERWOOD CROFT
B4516
BRIDGE RD
Schs
1 HEARTLANDS PL
2 ADDERLEY PARK CL
3 LANCELOT CL
GRAHAM RD
BELL DR
HANCOCK RD
Grand Union Canal
CLAREL AVE
Bordesley Green Trad Est
Adderley Park
WHITACRE RD
GERANIUM
LUPIN GR
GARLAND ST
ADDERLEY RD S
Cherrywood Ind Est
BORDESLEY GREEN RD
BURBIDGE RD
FORDROUGH AVE
GATE WAY
PRIORY
BELL CL
FORDROUGH LA
PRETORIA RD
BOTHA RD
COLONIAL RD
CHURCHILL RD
87
RALEIGH RD
Cobham Bsns Ctr
COBHAM RD
CHERRYWOOD RD
RONALD PL
St Andrew's Ind Est
Adventure Park
Imex Bsns Pk
31
RONALD RD
10
HUMPAGE RD
SYDNEY RD
VENETIA RD
Whitworth Ind Pk
PIKEWATER RD 1
GROVE COTTAGE RD 2
Bordesley Green Girls Sch
DENBIGH ST
NORWOOD RD
BORDESLEY GN
B4128
PO
P

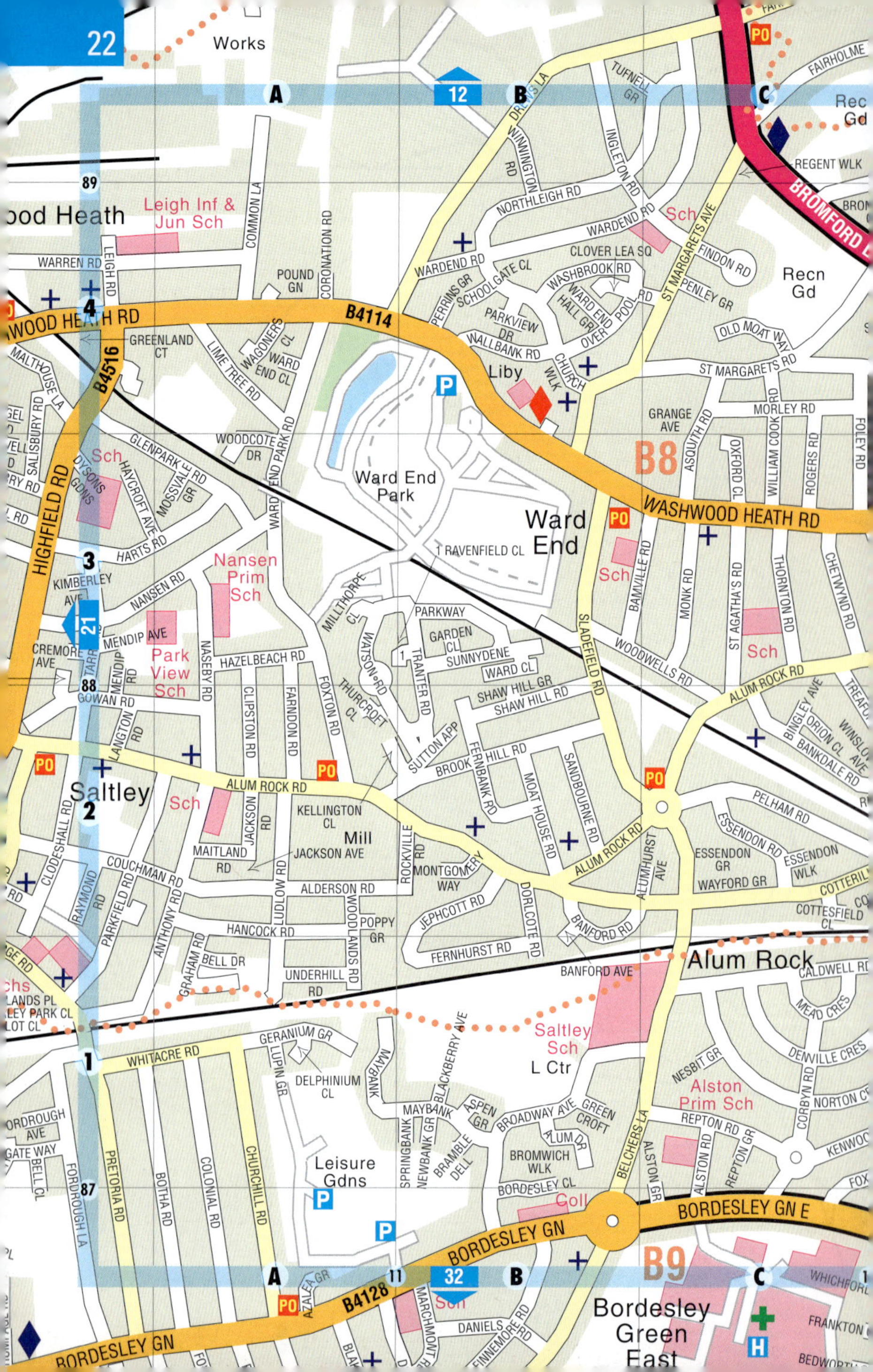
Works
A
12
B
C
Rec Gd
89
ood Heath
Leigh Inf & Jun Sch
WARREN RD
LEIGH RD
COMMON LA
POUND GN
CORONATION RD
4
WOOD HEATH RD
B4114
GREENLAND CT
B4516
LIME TREE RD
WAGONERS CL
WARD END CL
MALTHOUSE LA
SALISBURY RD
HIGHFIELD RD
Sch
DYSONS GDNS
HAYCROFT AVE
GLENPARK RD
MOSSVALE GR
WOODCOTE DR
WARD END PARK RD
HARTS RD
3
KIMBERLEY AVE
NANSEN RD
Nansen Prim Sch
21
CREMORE AVE
MENDIP AVE
MENDIP RD
Park View Sch
NASEBY RD
HAZELBEACH RD
CLIPSTON RD
FARNDON RD
FOXTON RD
88
GOWAN RD
LANGTON RD
PO
Saltley
2
Sch
ALUM ROCK RD
JACKSON RD
KELLINGTON CL
Mill
JACKSON AVE
MAITLAND RD
COUCHMAN RD
CLODESHALL RD
RAYMOND RD
PARKFIELD RD
ANTHONY RD
LUDLOW RD
ALDERSON RD
WOODLANDS RD
POPPY GR
HANCOCK RD
GRAHAM RD
BELL DR
UNDERHILL RD
Chs
LANDS PL
LEY PARK CL
LOT CL
1
WHITACRE RD
GERANIUM GR
LUPIN GR
DELPHINIUM CL
MAYBANK
BLACKBERRY AVE
ORDROUGH AVE
GATE WAY
BELL CL
FORDROUGH LA
87
PRETORIA RD
BOTHA RD
COLONIAL RD
CHURCHILL RD
Leisure Gdns
P
AZALEA GR
B4128
BORDESLEY GN
11
32
Sch
MARCHMONT RD
DANIELS RD
FINNEMORE RD
DREWS LA
WINNINGTON RD
TUFNELL GR
INGLETON RD
NORTHLEIGH RD
WARDEND RD
Sch
ST MARGARETS AVE
FINDON RD
PENLEY GR
Recn Gd
REGENT WLK
BROMFORD
FAIRHOLME
CLOVER LEA SQ
WASHBROOK RD
SCHOOLGATE CL
PERRINS GR
WARD END HALL GR
OVERPOOL RD
PARKVIEW DR
WALLBANK RD
CHURCH WLK
Liby
OLD MOAT WAY
ST MARGARETS RD
GRANGE AVE
MORLEY RD
ASQUITH RD
OXFORD CL
WILLIAM COOK RD
ROGERS RD
FOLEY RD
B8
Ward End Park
Ward End
WASHWOOD HEATH RD
1 RAVENFIELD CL
MILLTHORPE CL
PARKWAY
GARDEN CL
SUNNYDENE
WARD CL
WATSON RD
TRANTER RD
THURCROFT CL
SHAW HILL GR
SHAW HILL RD
SLADEFIELD RD
BAMVILLE RD
MONK RD
ST AGATHA'S RD
THORNTON RD
CHETWYND RD
WOODWELLS RD
ALUM ROCK RD
BINGLEY AVE
ORION CL
BANKDALE RD
WINSLOW AVE
SUTTON APP
BROOK HILL RD
FERNBANK RD
MOAT HOUSE RD
SANDBOURNE RD
PELHAM RD
ESSENDON RD
ESSENDON GR
ESSENDON WLK
WAYFORD GR
ALUMHURST AVE
ROCKVILLE RD
MONTGOMERY WAY
JEPHCOTT RD
DORLCOTE RD
FERNHURST RD
BANFORD RD
BANFORD AVE
COTTERILLS
COTTESFIELD CL
Alum Rock
CALDWELL RD
MEAD CRES
DENVILLE CRES
Saltley Sch
L Ctr
NESBIT GR
Alston Prim Sch
NORTON CL
CORBYN RD
REPTON RD
REPTON GR
ALSTON RD
ALSTON GR
BELCHERS LA
KENWOOD
MAYBANK GR
NEWBANK GR
SPRINGBANK
ASPEN GR
BRAMBLE DELL
BROADWAY AVE
GREEN CROFT
ALUM DR
BROMWICH WLK
BORDESLEY CL
Coll
BORDESLEY GN E
B9
Bordesley Green East
WHICHFORD
FRANKTON
BEDWORTH
H

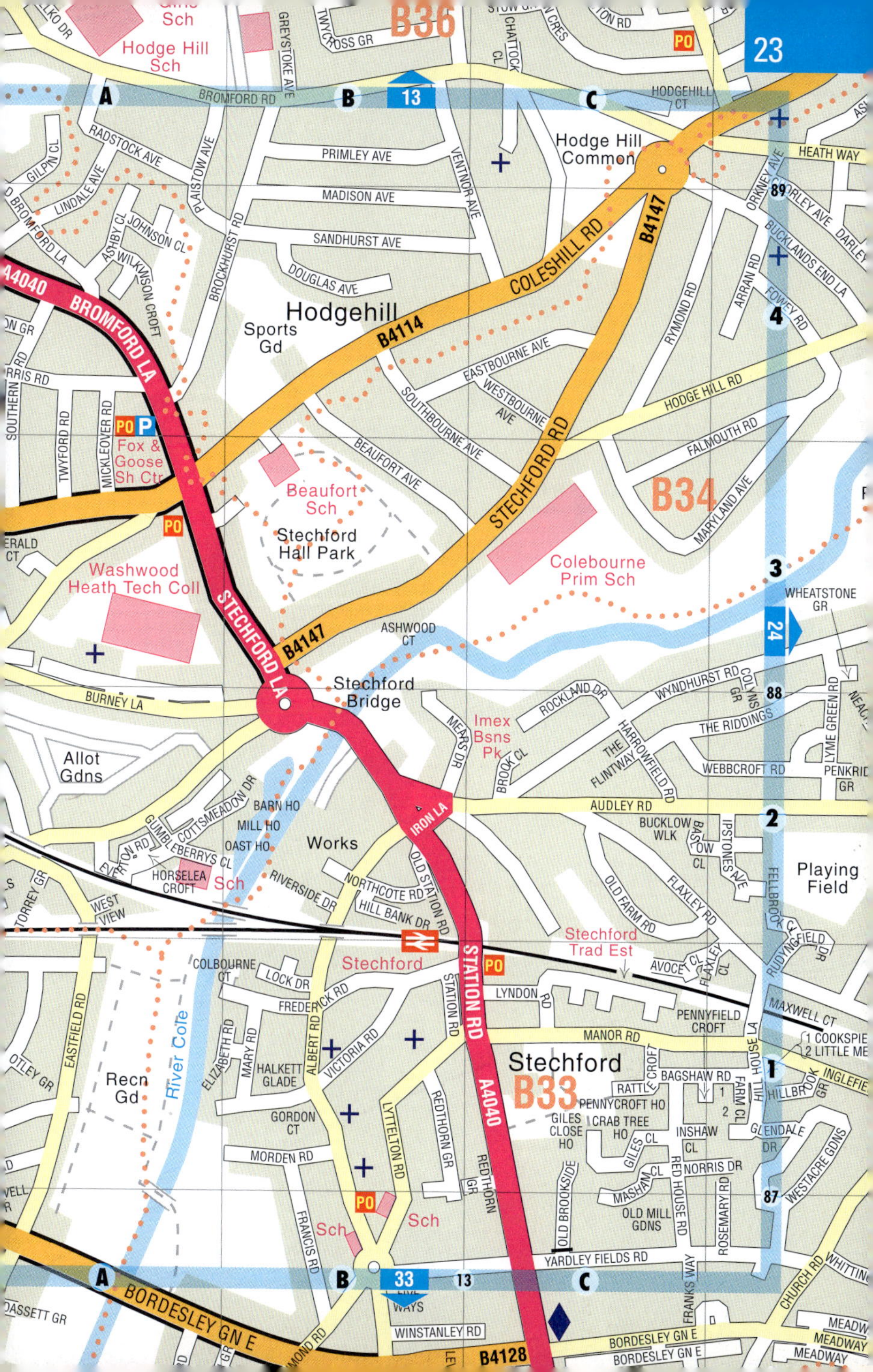
B36
Hodge Hill Sch
GREYSTOKE AVE
TWYCROSS GR
CHATTOCK CL
ION RD
PO
BROMFORD RD
A
B
13
C
HODGEHILL CT
RADSTOCK AVE
PLAISTOW AVE
PRIMLEY AVE
VENTNOR AVE
Hodge Hill Common
HEATH WAY
GILPIN CL
LINDALE AVE
MADISON AVE
ORKNEY AVE
89
ORLEY AVE
DARLEY
BROMFORD LA
ASHBY CL
JOHNSON CL
WILKINSON CROFT
BROCKHURST RD
SANDHURST AVE
DOUGLAS AVE
COLESHILL RD
B4147
BUCKLANDS END LA
ARRAN RD
RYMOND RD
FOWEY RD
4
A4040
BROMFORD LA
Hodgehill
Sports Gd
B4114
EASTBOURNE AVE
WESTBOURNE AVE
SOUTHBOURNE AVE
HODGE HILL RD
SOUTHERN RD
TWYFORD RD
MICKLEOVER RD
PO P
Fox & Goose Sh Ctr
BEAUFORT AVE
STECHFORD RD
FALMOUTH RD
B34
MARYLAND AVE
Beaufort Sch
Stechford Hall Park
PO
ERALD CT
Washwood Heath Tech Coll
STECHFORD LA
Colebourne Prim Sch
3
WHEATSTONE GR
B4147
ASHWOOD CT
24
BURNEY LA
Stechford Bridge
ROCKLAND DR
WYNDHURST RD
COLYNS GR
88
THE RIDDINGS
LYME GREEN RD
Allot Gdns
MEANS DR
Imex Bsns Pk
BROOK CL
THE FLINTWAY
HARROWFIELD RD
WEBBCROFT RD
PENKRIDGE GR
COTTSMEADOW DR
BARN HO
MILL HO
OAST HO
Works
IRON LA
AUDLEY RD
BUCKLOW WLK
BASLOW CL
IPSTONES AVE
2
Playing Field
GUMBLEBERRYS CL
EVERTON RD
HORSELEA CROFT
Sch
RIVERSIDE DR
NORTHCOTE RD
HILL BANK DR
OLD STATION RD
OLD FARM RD
FLAXLEY RD
FELLBROOK CL
RUDYNGFIELD DR
TORREY GR
WEST VIEW
Stechford Trad Est
STATION RD
PO
AVOCET CL
FLAXLEY CL
COLBOURNE CT
LOCK DR
Stechford
FREDERICK RD
LYNDON RD
PENNYFIELD CROFT
MAXWELL CT
EASTFIELD RD
ELIZABETH RD
MARY RD
ALBERT RD
VICTORIA RD
STATION RD
MANOR RD
1 COOKSPIE
2 LITTLE ME
OTLEY GR
Recn Gd
River Cole
HALKETT GLADE
Stechford
B33
CROFT
BAGSHAW RD
HOUSE LA
1
INGLEFIELD
HILLBROOK GR
GORDON CT
LYTTELTON RD
REDTHORN GR
A4040
RATTLE CROFT
PENNYCROFT HO
GILES CLOSE HO
CRAB TREE HO
FARM CL
INSHAW CL
GLENDALE DR
WESTACRE GDNS
MORDEN RD
GILES CL
MASHAM CL
RED HOUSE RD
NORRIS DR
ROSEMARY RD
87
REDTHORN GR
OLD BROOKSIDE
OLD MILL GDNS
PO
Sch
Sch
FRANCIS RD
YARDLEY FIELDS RD
FRANKS WAY
CHURCH RD
WHITTING
A
B
33
13
C
BORDESLEY GN E
FIVE WAYS
MEADW
MEADWAY
DASSETT GR
WINSTANLEY RD
BORDESLEY GN E
BORDESLEY GN E
MEADWAY
B4128

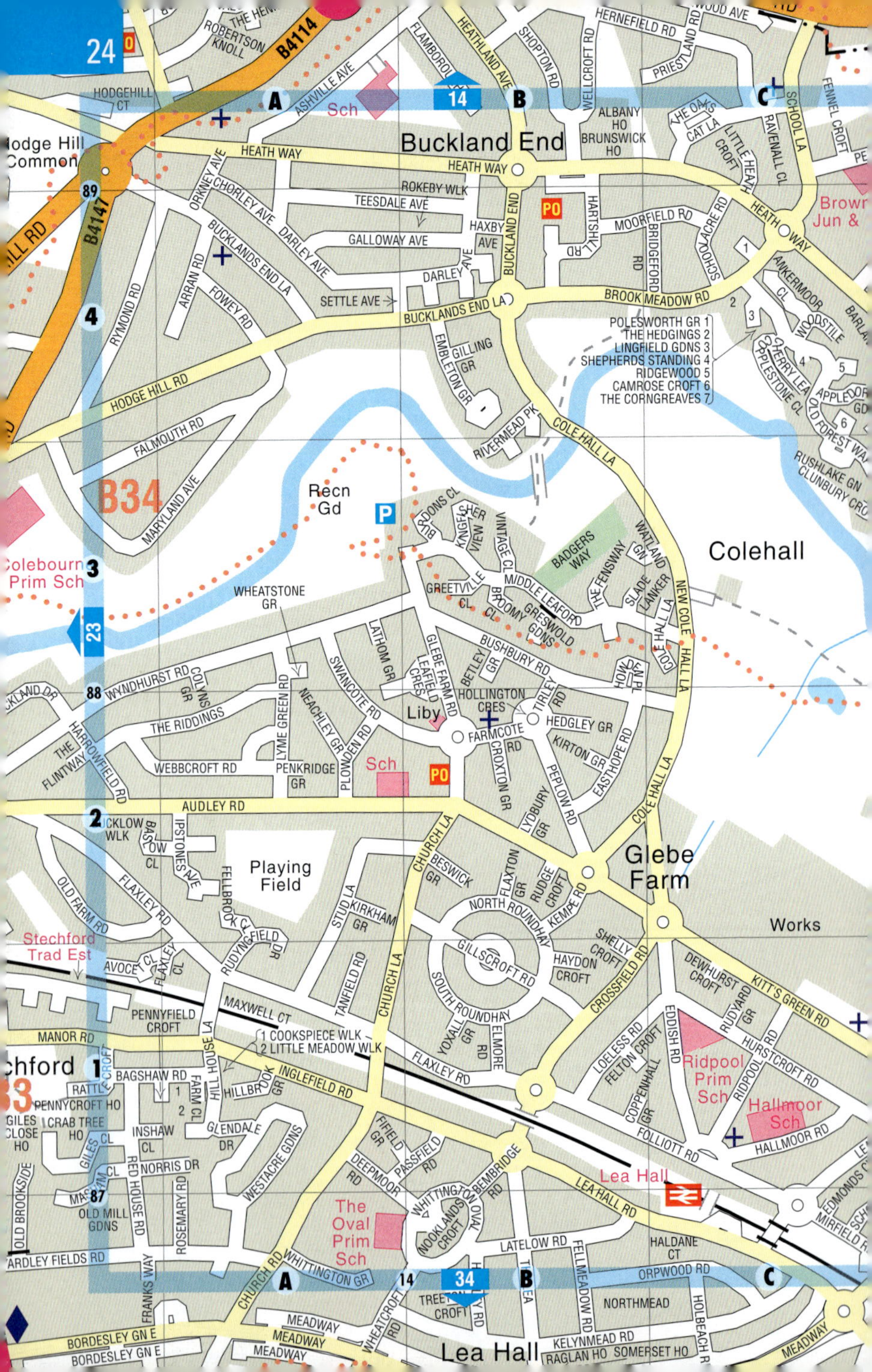
24
Buckland End
Hodge Hill Common
Colehall
Glebe Farm
Lea Hall
B34
B4114
B4147
ROBERTSON KNOLL
HODGEHILL CT
ASHVILLE AVE
Sch
FLAMBOROUGH
HEATHLAND AVE
SHOPTON RD
WELLCROFT RD
HERNEFIELD RD
PRIESTLAND RD
ALBANY HO
BRUNSWICK HO
THE OAKS
CAT LA
LITTLE HEATH CROFT
RAVENALL CL
SCHOOL LA
FENNEL CROFT
HEATH WAY
ORKNEY AVE
CHORLEY AVE
ROKEBY WLK
TEESDALE AVE
GALLOWAY AVE
HAXBY AVE
BUCKLAND END
PO
HARTSHILL RD
MOORFIELD RD
BRIDGEFORD RD
SCHOOLACRE RD
Brown Jun &
BUCKLANDS END LA
DARLEY AVE
ARRAN RD
FOWEY RD
RYMOND RD
SETTLE AVE
BROOK MEADOW RD
ANKERMOOR CL
WOODSTILE
BARLA
POLESWORTH GR 1
THE HEDGINGS 2
LINGFIELD GDNS 3
SHEPHERDS STANDING 4
RIDGEWOOD 5
CAMROSE CROFT 6
THE CORNGREAVES 7
CHERRY LEA
APPLESTONE CL
APPLEDORE
OLD FOREST WAY
RUSHLAKE GN
CLUNBURY CRO
EMBLETON GR
GILLING GR
HODGE HILL RD
FALMOUTH RD
MARYLAND AVE
RIVERMEAD PK
COLE HALL LA
Recn Gd
P
BURDONS CL
KNIGHTS CL
FISHER VIEW
VINTAGE CL
BADGERS WAY
THE FENSWAY
WATLAND GN
SLADE LANKER
Colebourn Prim Sch
WHEATSTONE GR
GREETVILLE CL
BROOMY CL
MIDDLE LEAFORD
GRESWOLD GDNS
NEW COLE HALL LA
COLE HALL LA
23
WYNDHURST RD
COLYNS GR
THE RIDDINGS
SWANCOTE RD
LATHOM GR
GLEBE FARM RD
LEAFIELD CRES
BETLEY GR
BUSHBURY RD
HOWDEN PL
HOLLINGTON CRES
TIRLEY RD
HEDGLEY GR
Liby
FARMCOTE RD
KIRTON GR
EASTHOPE RD
NEACHLEY GR
LYME GREEN RD
PLOWDEN RD
THE FLINTWAY
HARROWFIELD RD
WEBBCROFT RD
PENKRIDGE GR
Sch
PO
CROXTON GR
PEPLOW RD
LYDBURY GR
AUDLEY RD
BUCKLOW WLK
BASLOW CL
IPSTONES AVE
Playing Field
CHURCH LA
BESWICK GR
FLAXTON GR
RUDGE CROFT
KEMPE RD
OLD FARM RD
FLAXLEY RD
FELLBROOK CL
RUDYNGFIELD DR
STUD LA
KIRKHAM GR
NORTH ROUNDHAY
GILLSCROFT RD
HAYDON CROFT
SHELLY CROFT
Works
Stechford Trad Est
AVOCET CL
FLAXLEY CL
TANFIELD RD
CROSSFIELD RD
DEWHURST CROFT
KITT'S GREEN RD
RUDYARD GR
PENNYFIELD CROFT
MAXWELL CT
SOUTH ROUNDHAY
YOXALL GR
ELMORE RD
MANOR RD
1 COOKSPIECE WLK
2 LITTLE MEADOW WLK
FLAXLEY RD
LOELESS RD
FELTON CROFT
EDDISH RD
HURSTCROFT RD
Stechford
BAGSHAW RD
FARM CL
HILL HOUSE LA
HILLBROOK GR
INGLEFIELD RD
COPPENHALL GR
Ridpool Prim Sch
RIDPOOL RD
Hallmoor Sch
RATTLECROFT
PENNYCROFT HO
GILES CLOSE HO
CRAB TREE HO
INSHAW CL
GLENDALE DR
GILES CL
NORRIS DR
WESTACRE GDNS
FIFIELD GR
PASSFIELD RD
DEEPMOOR RD
BEMBRIDGE RD
FOLLIOTT RD
HALLMOOR RD
Lea Hall
LEA HALL RD
EDMONDS
MIRFIELD RD
OLD BROOKSIDE
OLD MILL GDNS
RED HOUSE RD
ROSEMARY RD
The Oval Prim Sch
WHITTINGTON OVAL
NOOKLANDS CROFT
LATELOW RD
FELLMEADOW RD
HALDANE CT
ARDLEY FIELDS RD
FRANKS WAY
CHURCH RD
WHITTINGTON GR
14
34
TREETON CROFT
ORPWOOD RD
NORTHMEAD
HOLBEACH RD
WHEATCROFT RD
MEADWAY
BORDESLEY GN E
KELYNMEAD RD
RAGLAN HO
SOMERSET HO
A
B
C
1
2
3
4
87
88
89

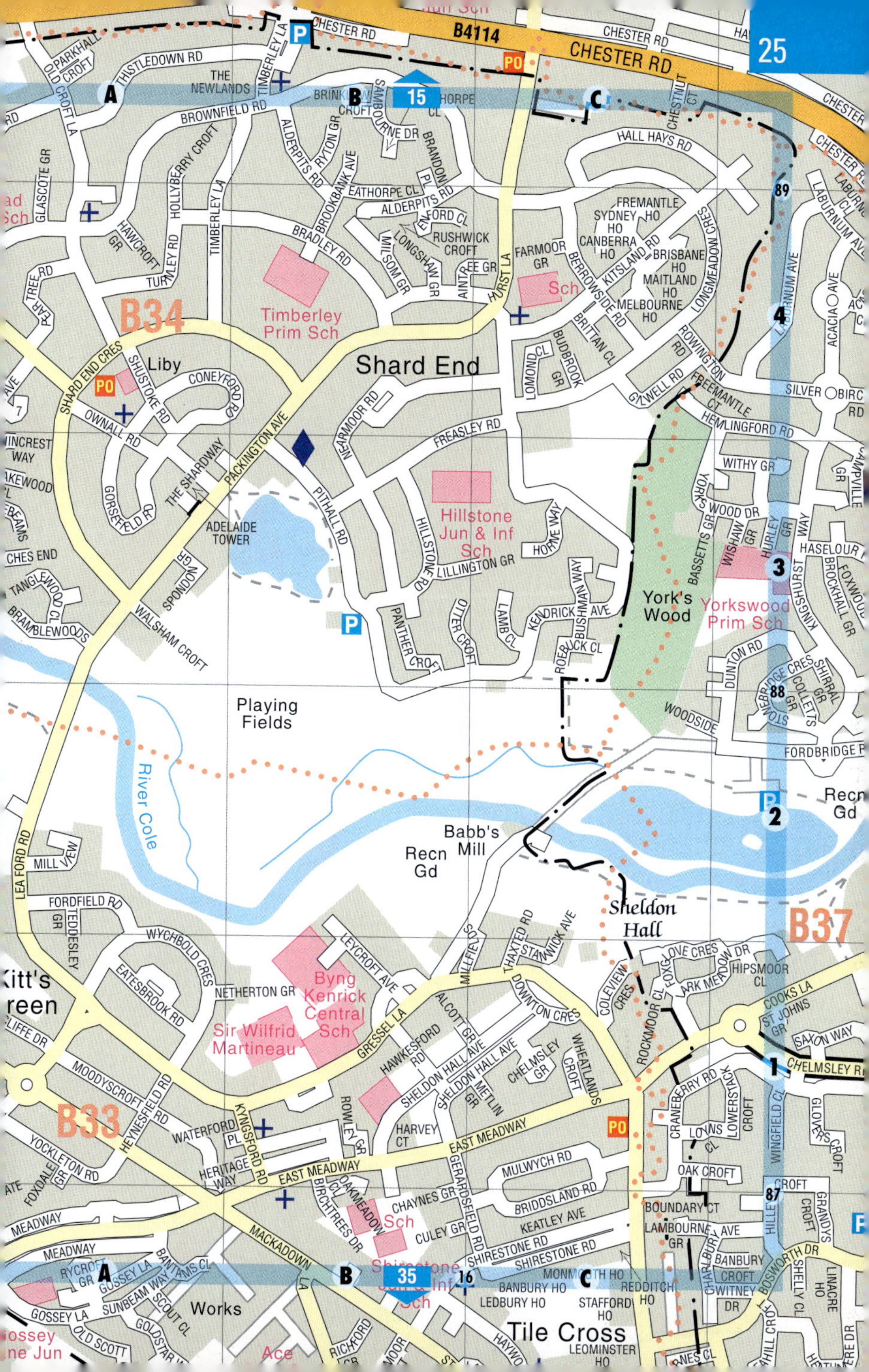
B4114
CHESTER RD
PO
THE NEWLANDS
TIMBERLEY LA
PARKHALL CROFT
OLD CROFT LA
THISTLEDOWN RD
BRINKLOW CROFT
SAMBOURNE DR
THORPE CL
BRANDON PL
15
A
B
C
CHESTNUT CT
HALL HAYS RD
BROWNFIELD RD
ALDERPITS RD
RYTON GR
BROOKBANK AVE
EATHORPE CL
ALDERPITS RD
ENFORD CL
RUSHWICK CROFT
MILSOM GR
LONGSHAW GR
AINTREE GR
HURST LA
FARMOOR GR
Sch
FREMANTLE HO
SYDNEY HO
CANBERRA HO
KITSLAND RD
BRISBANE HO
MAITLAND HO
MELBOURNE HO
LONGMEADOW CRES
BERROWSIDE RD
BRITTAN CL
89
LABURNUM AVE
ACACIA AVE
4
GLASCOTE GR
HOLLYBERRY CROFT
TIMBERLEY LA
HAWCROFT GR
TURLEY RD
BRADLEY RD
FAIRTREE RD
B34
Timberley Prim Sch
Shard End
LOMOND CL
BUDBROOK GR
ROWINGTON RD
FREEMANTLE CT
GLEWELL RD
SILVER BIRCH RD
HEMLINGFORD RD
SHARD END CRES
PO
Liby
SHUSTOKE RD
CONEYFORD RD
OWNALL RD
PACKINGTON AVE
NEARMOOR RD
FREASLEY RD
WINCREST WAY
LAKEWOOD
GORSEFIELD RD
THE SHARDWAY
ADELAIDE TOWER
PITHALL RD
Hillstone Jun & Inf Sch
HILLSTONE RD
LILLINGTON GR
HORNE WAY
WITHY GR
YORKS WOOD DR
BASSETTS GR
WISHAW GR
HURLEY GR
WAY
HASELOUR RD
BROCKHALL GR
3
KINGSHURST WAY
York's Wood
Yorkswood Prim Sch
CHES END
TANGLEWOOD CL
BRAMBLEWOODS
SPONDON GR
WALSHAM CROFT
P
PANTHER CROFT
OTTER CROFT
LAMB CL
KENDRICK AVE
BUSHMAN WAY
ROEBUCK CL
DUNTON RD
STONEBRIDGE CRES
COLLETTS GR
SHIRRAL GR
88
WOODSIDE
FORDBRIDGE RD
Playing Fields
River Cole
Recn Gd
2
Babb's Mill
Recn Gd
LEA FORD RD
MILL VIEW
FORDFIELD RD
TEDDESLEY GR
WYCHBOLD CRES
EATESBROOK RD
NETHERTON GR
LEYCROFT AVE
Byng Kenrick Central Sch
Sir Wilfrid Martineau Sch
THAXTED RD
STANWICK AVE
Sheldon Hall
B37
COLEVIEW CRES
FOXGLOVE CRES
LARK MEADOW DR
HIPSMOOR CL
COOKS LA
ST JOHNS GR
SAXON WAY
CHELMSLEY RD
1
Kitt's Green
MOODYSCROFT RD
HEYNESFIELD RD
B33
GRESSEL LA
HAWKESFORD RD
ALCOTT GR
SHELDON HALL AVE
METLIN GR
CHELMSLEY GR
DOWNTON CRES
WHEATLANDS CROFT
ROCKMOOR CL
CRANEBERRY RD
LOWERSTACK CROFT
WINGFIELD CL
GLOVERS CROFT
YOCKLETON RD
FOXDALE GR
WATERFORD PL
KYNGSFORD RD
HERITAGE WAY
ROWLEY GR
HARVEY CT
EAST MEADWAY
PO
LOWNS CL
OAK CROFT
EAST MEADWAY
BIRCHTREES DR
OAKMEADOW CL
CHAYNES GR
MULWYCH RD
BRIDDSLAND RD
87
HILLE CROFT
GRANDYS CROFT
BOUNDARY CT
LAMBOURNE AVE
MEADWAY
MEADWAY
RYCROFT GR
GOSSEY LA
BANTAMS CL
SUNBEAM WAY
SCOUT CL
MACKADOWN LA
Sch
CULEY GR
GERARDSFIELD RD
KEATLEY AVE
SHIRESTONE RD
SHIRESTONE RD
BANBURY CROFT
CHARLBURY GR
WITNEY DR
BOSWORTH DR
SHELLY CL
LINACRE HO
35
16
MONMOUTH HO
BANBURY HO
REDDITCH HO
Works
GOSSEY LA
OLD SCOTT
GOLDSTAR
Ace
RICHFORD
Shirestone Jun & Inf Sch
LEDBURY HO
STAFFORD HO
Tile Cross
LEOMINSTER HO

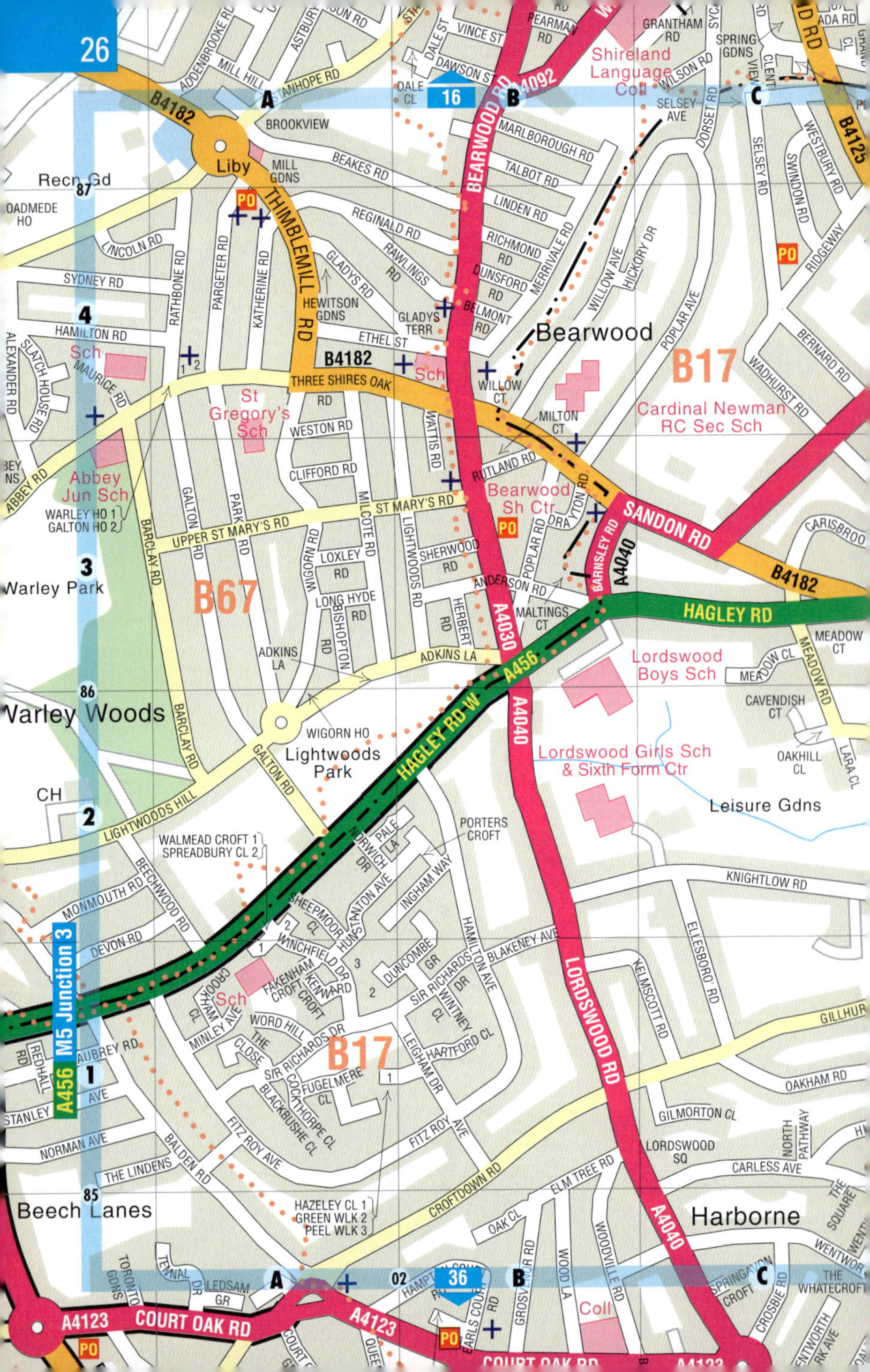
ADDENBROOKE RD
MILL HILL
ASTBURY
STANHOPE RD
DALE CL
DALE ST
VINCE ST
DAWSON ST
16
PEARMAN RD
GRANTHAM RD
SPRING GDNS
Shireland Language Coll
WILSON RD
SELSEY AVE
A
B
C
B4182
A4092
B4125
BROOKVIEW
Liby
MILL GDNS
BEAKES RD
MARLBOROUGH RD
TALBOT RD
LINDEN RD
BEARWOOD RD
Recn Gd
87
OADMEDE HO
PO
THIMBLEMILL RD
REGINALD RD
RICHMOND RD
DUNSFORD RD
MERRIVALE RD
DORSET RD
SELSEY RD
SWINDON RD
WESTBURY RD
RIDGEWAY
LINCOLN RD
SYDNEY RD
RATHBONE RD
PARGETER RD
KATHERINE RD
GLADYS RD
RAWLINGS RD
HEWITSON GDNS
GLADYS TERR
BELMONT RD
WILLOW AVE
HICKORY DR
POPLAR AVE
4
HAMILTON RD
ETHEL ST
Bearwood
Sch
SLATCH HOUSE RD
ALEXANDER RD
MAURICE RD
B4182
THREE SHIRES OAK RD
WILLOW CT
B17
BERNARD RD
WADHURST RD
St Gregory's Sch
WESTON RD
WATTIS RD
MILTON CT
Cardinal Newman RC Sec Sch
ABBEY RD
Abbey Jun Sch
CLIFFORD RD
RUTLAND RD
Bearwood Sh Ctr
DRAYTON RD
SANDON RD
CARISBROOKE
WARLEY HO 1
GALTON HO 2
UPPER ST MARY'S RD
ST MARY'S RD
MILCOTE RD
LIGHTWOODS RD
SHERWOOD RD
POPLAR RD
BARNSLEY RD
A4040
3
Warley Park
BARCLAY RD
GALTON RD
PARK RD
B67
WIGORN RD
LOXLEY RD
LONG HYDE RD
BISHOPTON RD
HERBERT RD
ANDERSON RD
MALTINGS CT
A4030
HAGLEY RD
MEADOW CT
ADKINS LA
Lordswood Boys Sch
MEADOW CL
MEADOW RD
86
Warley Woods
A456
HAGLEY RD W
A4040
CAVENDISH CT
WIGORN HO
Lightwoods Park
Lordswood Girls Sch & Sixth Form Ctr
OAKHILL CL
LARA CL
CH
2
LIGHTWOODS HILL
Leisure Gdns
WALMEAD CROFT 1
SPREADBURY CL 2
NORWICH DR
PALE LA
PORTERS CROFT
INGHAM WAY
KNIGHTLOW RD
MONMOUTH RD
BEECHWOOD RD
SHEEPMOOR CL
HUNSTANTON AVE
HAMILTON AVE
BLAKENEY AVE
ELLESBORO' RD
DEVON RD
WINCHFIELD DR
DUNCOMBE GR
SIR RICHARDS DR
WINTNEY CL
KELMSCOTT RD
M5 Junction 3
CROOKHAM CL
Sch
FAKENHAM CROFT
KENWARD CROFT
LORDSWOOD RD
GILLHURST
A456
MINLEY AVE
WORD HILL
THE CLOSE
SIR RICHARDS DR
B17
HARTFORD CL
LEIGHAM DR
1
AUBREY RD
REDHALL RD
FUGELMERE CL
COCKTHORPE CL
BLACKBUSHE CL
OAKHAM RD
STANLEY AVE
FITZ ROY AVE
GILMORTON CL
LORDSWOOD SQ
NORTH PATHWAY
NORMAN AVE
BALDEN RD
CARLESS AVE
THE LINDENS
CROFTDOWN RD
ELM TREE RD
85
Beech Lanes
HAZELEY CL 1
GREEN WLK 2
PEEL WLK 3
OAK CL
WOODVILLE RD
A4040
Harborne
THE SQUARE
WENTWORTH
TORONTO GDNS
TENNAL DR
LEDSAM GR
02
36
GROSVENOR RD
WOOD LA
SPRINGAVON CROFT
CROSBIE RD
THE WHATECROFT
A4123
COURT OAK RD
EARLS COURT RD
Coll
PO

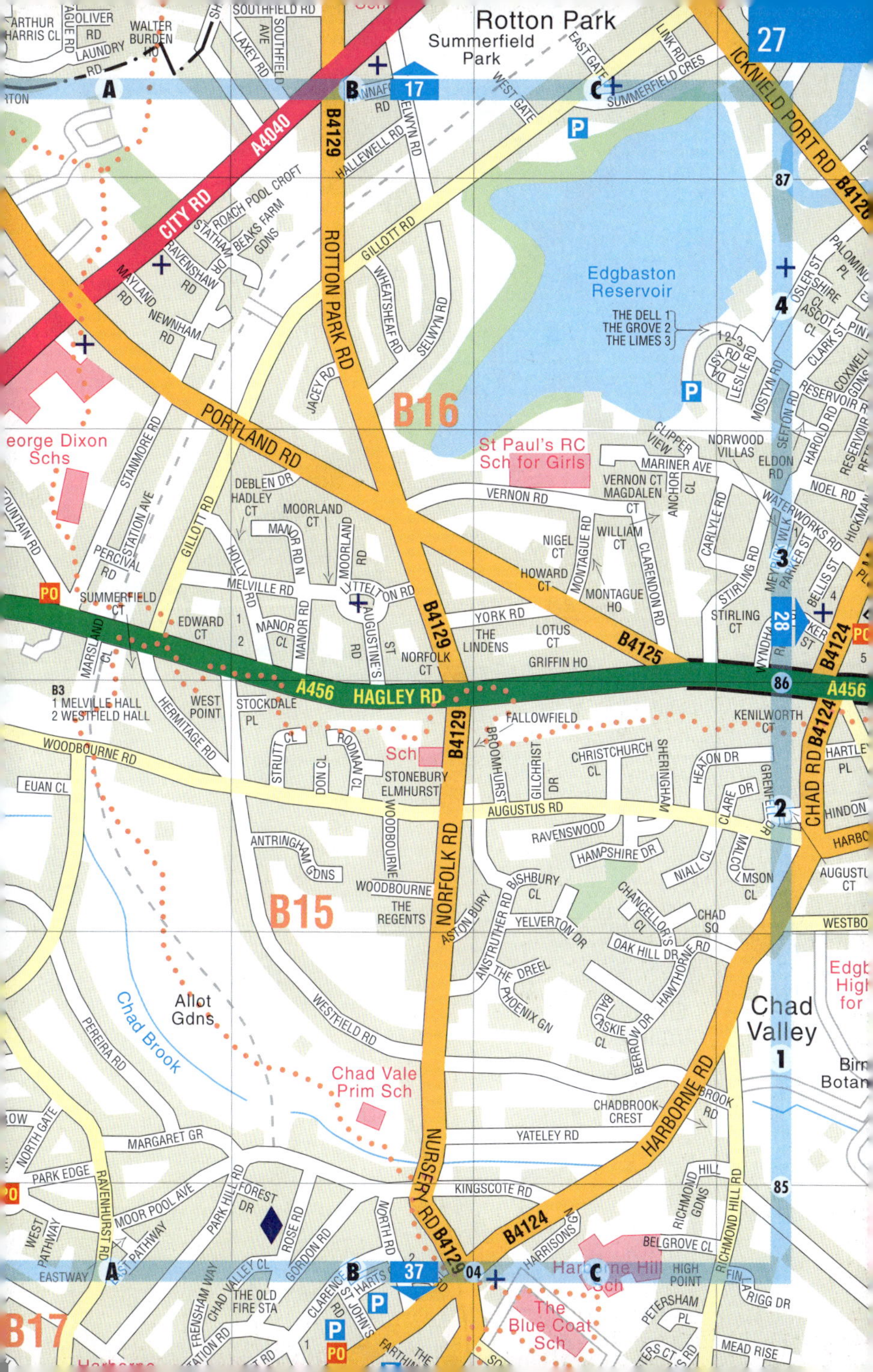
Rotton Park
Summerfield Park
Edgbaston Reservoir
THE DELL 1
THE GROVE 2
THE LIMES 3
B16
B15
B17
St Paul's RC Sch for Girls
George Dixon Schs
Chad Vale Prim Sch
Sch
Allot Gdns
Chad Brook
Chad Valley
Harborne Hill Sch
The Blue Coat Sch
CITY RD
A4040
PORTLAND RD
ROTTON PARK RD
B4129
B4125
B4124
B4126
A456
HAGLEY RD
NORFOLK RD
NURSERY RD
HARBORNE RD
CHAD RD
ICKNIELD PORT RD
GILLOTT RD
WOODBOURNE RD
AUGUSTUS RD
WESTFIELD RD
VERNON RD
YORK RD
MELVILLE RD
HERMITAGE RD
PEREIRA RD
MARGARET GR
KINGSCOTE RD
YATELEY RD
RAVENHURST RD
MOOR POOL AVE
PARK HILL RD
FOREST DR
ROSE RD
GORDON RD
NORTH RD
CLARENCE RD
ST JOHN'S RD
RICHMOND HILL RD
BELGROVE CL
PETERSHAM PL
MEAD RISE
HIGH POINT
HARRISONS GN
CHADBROOK CREST
WATERWORKS RD
RESERVOIR RD
STIRLING RD
STIRLING CT
CARLYLE RD
CLARENDON RD
MONTAGUE RD
MONTAGUE HO
MARINER AVE
CLIPPER VIEW
NORWOOD VILLAS
ELDON RD
NOEL RD
SEFTON RD
MOSTYN RD
DAISY RD
LESLIE RD
SUMMERFIELD CRES
LINK RD
EAST GATE
WEST GATE
HALLEWELL RD
SELWYN RD
WHEATSHEAF RD
JACEY RD
MAYLAND RD
RAVENSHAW RD
NEWNHAM RD
STATHAM DR
ROACH POOL CROFT
BEAKS FARM GDNS
STANMORE RD
STATION AVE
PERCIVAL RD
SUMMERFIELD CT
EDWARD CT
MARSLAND CL
WEST POINT
STOCKDALE PL
STRUTT CL
DON CL
RODMAN CL
STONEBURY
ELMHURST
ANTRINGHAM GDNS
WOODBOURNE
THE REGENTS
EUAN CL
FALLOWFIELD
BROOMHURST
GILCHRIST DR
CHRISTCHURCH CL
SHERINGHAM
HEATON DR
KENILWORTH CT
CLARE DR
GRENFELL DR
MALCOLMSON CL
RAVENSWOOD
HAMPSHIRE DR
BISHBURY CL
NIALL CL
CHANCELLOR'S CL
CHAD SQ
YELVERTON DR
OAK HILL DR
HAWTHORNE RD
ASTON BURY
ANSTRUTHER RD
THE DREEL
PHOENIX GN
BALCASKIE CL
BERROW DR
BROOK RD
DEBLEN DR
HADLEY CT
MOORLAND CT
MOORLAND RD
MANOR RD N
MANOR CL
MANOR RD
HOLLY RD
LYTTELTON RD
AUGUSTINE'S RD
NORFOLK CT
THE LINDENS
LOTUS CT
GRIFFIN HO
NIGEL CT
HOWARD CT
WILLIAM CT
VERNON CT
MAGDALEN CT
ANCHOR CL
B3
1 MELVILLE HALL
2 WESTFIELD HALL
NORTH GATE
PARK EDGE
WEST PATHWAY
EAST PATHWAY
EASTWAY
FRENSHAM WAY
CHAD VALLEY CL
THE OLD FIRE STA
HARTLEY PL
HINDON
AUGUSTUS CT
WESTBOURNE
PO
17
37
28
87
86
85
04

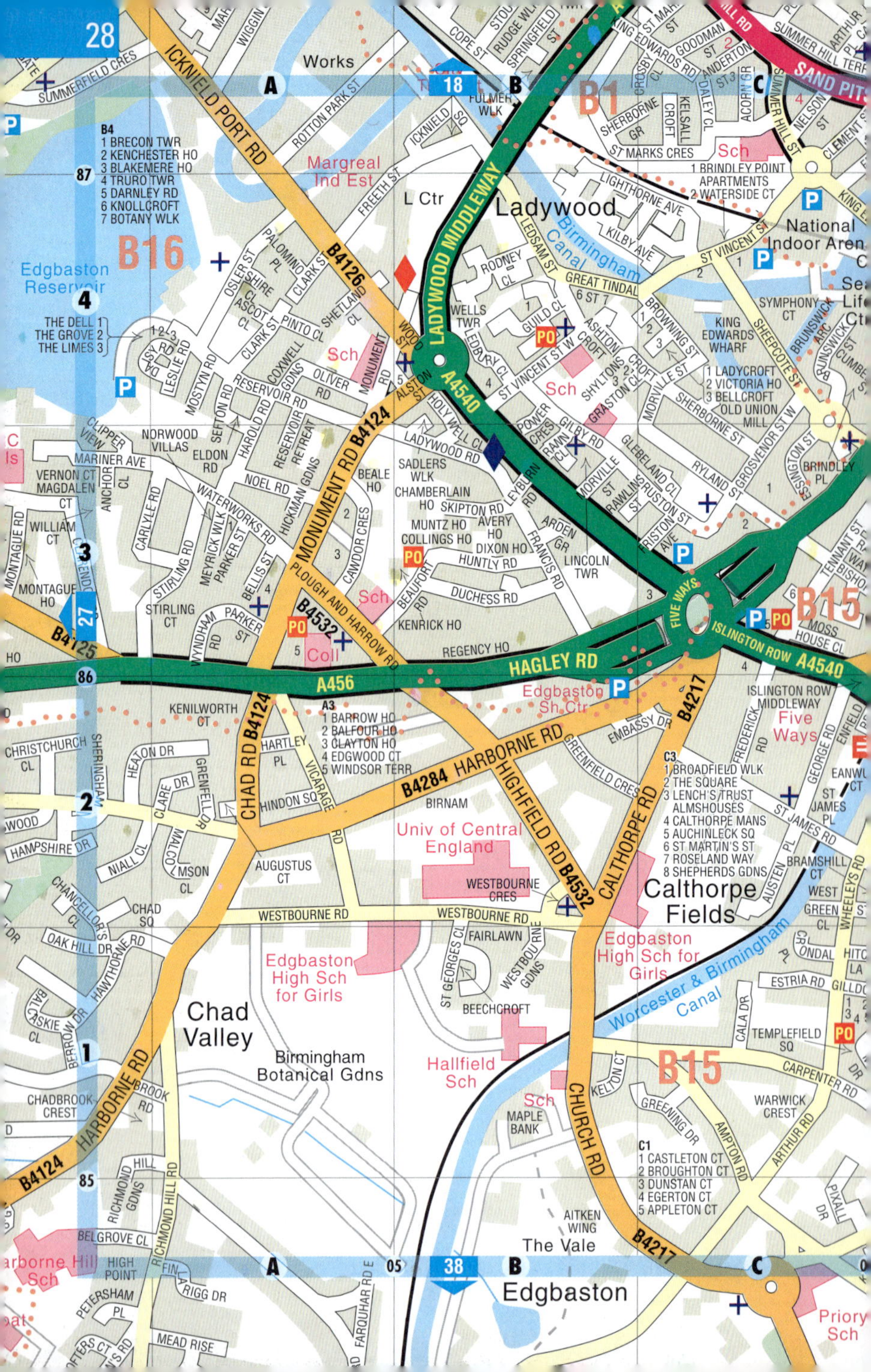
28
18
27
38
A
B
C
1
2
3
4
85
86
87
05
Works
SUMMERFIELD CRES
ICKNIELD PORT RD
ROTTON PARK ST
ICKNIELD SQ
COPE ST
RUDGE WLK
SPRINGFIELD ST
FULMER WLK
WIGGIN
B4
1 BRECON TWR
2 KENCHESTER HO
3 BLAKEMERE HO
4 TRURO TWR
5 DARNLEY RD
6 KNOLLCROFT
7 BOTANY WLK
B16
Edgbaston Reservoir
THE DELL 1
THE GROVE 2
THE LIMES 3
Margreal Ind Est
FREETH ST
L Ctr
LADYWOOD MIDDLEWAY
Ladywood
B1
KING EDWARDS RD
GOODMAN ST
ANDERTON ST
CROSBY CL
SHERBORNE GR
KELSALL CROFT
DALEY CL
ACORN GR
SUMMER HILL ST
NELSON ST
CLEMENT ST
SAND PITS
SUMMER HILL TERR
ST MARKS CRES
Sch
1 BRINDLEY POINT APARTMENTS
2 WATERSIDE CT
LIGHTHORNE AVE
KILBY AVE
Birmingham Canal
National Indoor Arena
Sea Life Ctr
ST VINCENT ST
GREAT TINDAL ST
SYMPHONY CT
KING EDWARDS WHARF
SHEEPCOTE ST
BRUNSWICK ARC
BRUNSWICK ST
CUMBERLAND ST
LEDSAM ST
RODNEY CL
WELLS TWR
LEDBURY CL
GUILD CL
PO
ASHTON CROFT
ST VINCENT ST W
SHYLTONS CROFT
GRASTON CL
MORVILLE ST
BROWNING ST
1 LADYCROFT
2 VICTORIA HO
3 BELLCROFT
OLD UNION MILL
SHERBORNE ST
GROSVENOR ST W
ESSINGTON ST
BRINDLEY PL
RYLAND ST
OSLER ST
PALOMINO PL
CLARK ST
SHIRE CL
ASCOT CL
PINTO CL
SHETLAND CL
B4126
WOOD ST
MONUMENT RD
ALSTON ST
A4540
DAISY RD
LESLIE RD
MOSTYN RD
COXWELL GDNS
OLIVER RD
RESERVOIR RD
SEFTON RD
HAROLD RD
RESERVOIR RETREAT
NORWOOD VILLAS
ELDON RD
CLIPPER VIEW
MARINER AVE
VERNON CT
MAGDALEN CT
ANCHOR CL
WILLIAM CT
MONTAGUE RD
MONTAGUE HO
CARLYLE RD
WATERWORKS RD
NOEL RD
HICKMAN GDNS
MONUMENT RD B4124
BEALE HO
SADLERS WLK
CHAMBERLAIN HO
LADYWOOD RD
HOLY WELL CL
SKIPTON RD
MUNTZ HO
AVERY HO
COLLINGS HO
DIXON HO
HUNTLY RD
POWER CRES
RANN CL
GILBY RD
MORVILLE ST
RAWLINS ST
GLEBELAND CL
RUSTON ST
FRISTON AVE
LEYBURN RD
ARDEN GR
FRANCIS RD
LINCOLN TWR
STIRLING RD
MEYRICK WLK
PARKER ST
BELLIS ST
STIRLING CT
WYNDHAM RD
PARKER ST
PLOUGH AND HARROW RD
CAWDOR CRES
BEAUFORT RD
DUCHESS RD
KENRICK HO
REGENCY HO
B4532
Coll
B4125
HAGLEY RD
A456
FIVE WAYS
ISLINGTON ROW
B15
MOSS HOUSE CL
TENNANT ST
BISHOP
KENILWORTH CT
A3
1 BARROW HO
2 BALFOUR HO
3 CLAYTON HO
4 EDGWOOD CT
5 WINDSOR TERR
Edgbaston Sh Ctr
EMBASSY DR
B4217
ISLINGTON ROW MIDDLEWAY
Five Ways
FREDERICK RD
GEORGE RD
ENFIELD RD
CHRISTCHURCH CL
SHERINGHAM
HEATON DR
GRENFELL DR
HARTLEY PL
CHAD RD B4124
VICARAGE RD
HINDON SQ
B4284 HARBORNE RD
HIGHFIELD RD B4532
GREENFIELD CRES
CALTHORPE RD
C3
1 BROADFIELD WLK
2 THE SQUARE
3 LENCH'S TRUST ALMSHOUSES
4 CALTHORPE MANS
5 AUCHINLECK SQ
6 ST MARTIN'S ST
7 ROSELAND WAY
8 SHEPHERDS GDNS
ST JAMES RD
ST JAMES PL
EANWOOD CT
BIRNAM
Univ of Central England
WESTBOURNE CRES
Calthorpe Fields
AUSTEN PL
BRAMSHILL CT
WEST GREEN CL
WHEELEYS RD
HAMPSHIRE DR
CLARE DR
NIALL CL
MALCOLMSON CL
AUGUSTUS CT
CHAD SQ
CHANCELLOR'S CL
OAK HILL DR
HAWTHORNE RD
WESTBOURNE RD
FAIRLAWN
ST GEORGES CL
WESTBOURNE GDNS
Edgbaston High Sch for Girls
CRONDAL PL
ESTRIA RD
Worcester & Birmingham Canal
BALDSKIE CL
BERROW DR
Chad Valley
Birmingham Botanical Gdns
BEECHCROFT
Hallfield Sch
CALA DR
TEMPLEFIELD SQ
CARPENTER RD
WARWICK CREST
ARTHUR RD
CHADBROOK CREST
BROOK RD
HARBORNE RD
B4124
KELTON CT
GREENING DR
AMPTON RD
MAPLE BANK
CHURCH RD
C1
1 CASTLETON CT
2 BROUGHTON CT
3 DUNSTAN CT
4 EGERTON CT
5 APPLETON CT
PIXALL DR
HILL
RICHMOND GDNS
RICHMOND HILL RD
AITKEN WING
The Vale
B4217
BELGROVE CL
Harborne Hill Sch
HIGH POINT
FINCH
RIGG DR
PETERSHAM PL
FARQUHAR RD E
Edgbaston
Priory Sch
MEAD RISE

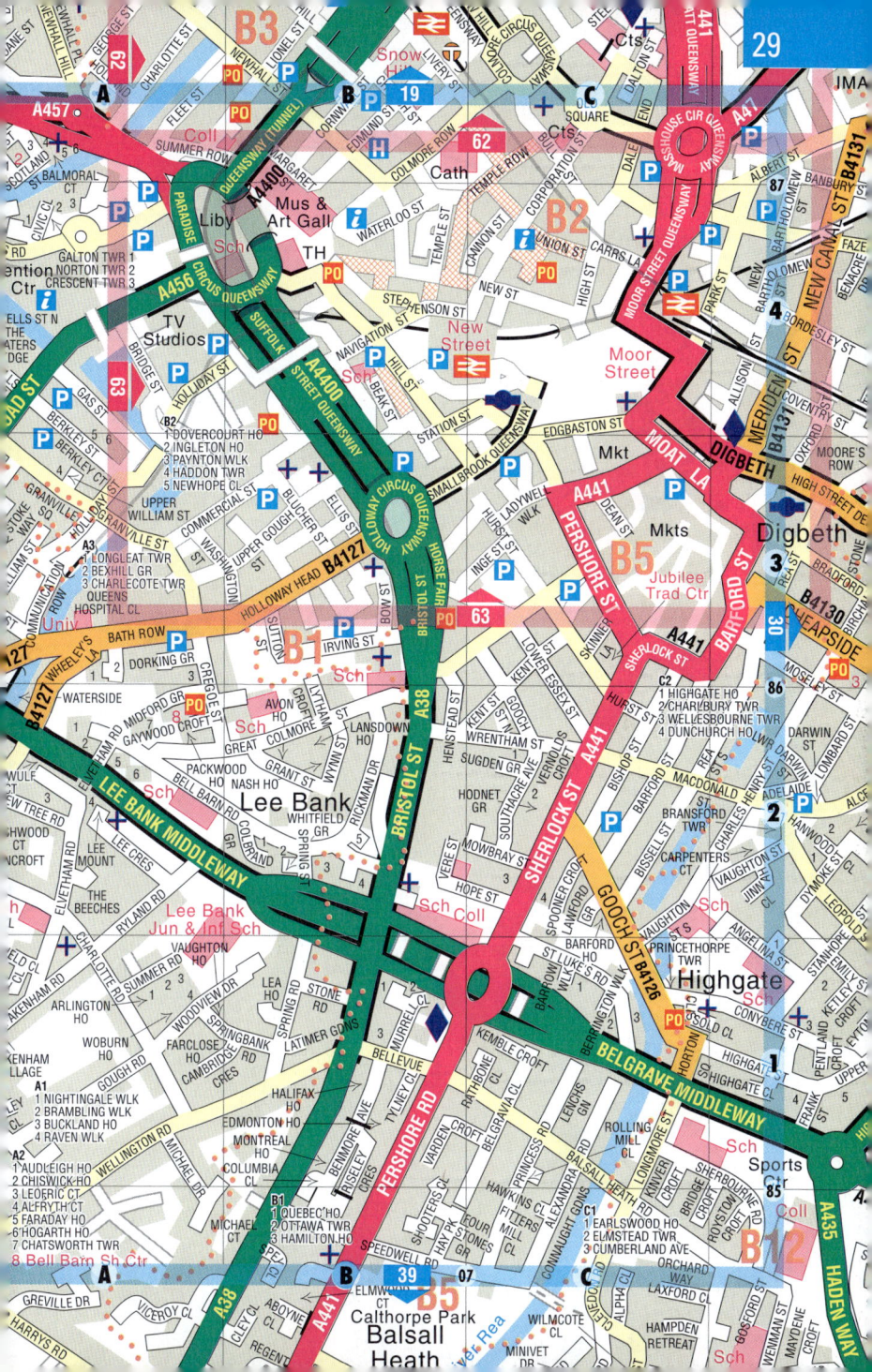

This page is a street map of Birmingham (grid 29), covering areas including Snow Hill, Digbeth, Lee Bank, Highgate, and Balsall Heath. Key labelled features include:

Roads/Routes: A457, A4400, A456, A441, A447, A38, A4130, A435, A4126, A4127, A4131, B4127, B4126, B4130, B4131, Queensway (Tunnel), Paradise Circus Queensway, Suffolk Street Queensway, Moor Street Queensway, Holloway Circus Queensway, Smallbrook Queensway, Bristol St, Pershore Rd, Sherlock St, Gooch St, Barford St, Belgrave Middleway, Lee Bank Middleway, Haden Way, New Canal St, Cheapside, High Street Deritend, Moat La, Digbeth, Holloway Head, Bath Row, Hurst St, Meriden St, Bordesley St, Coventry St, Oxford St.

Areas/Districts: Lee Bank, Digbeth, Highgate, Balsall Heath, Calthorpe Park.

Landmarks: Snow Hill station, New Street station, Moor Street station, Cathedral, Museum & Art Gallery, Library, Town Hall, TV Studios, Jubilee Trad Ctr, Markets, Lee Bank Jun & Inf Sch, Queens Hospital Cl, Univ, Sports (Coll).

B2 numbered list (62):
1 Dovercourt Ho
2 Ingleton Ho
3 Paynton Wlk
4 Haddon Twr
5 Newhope Cl

A3 list:
1 Longleat Twr
2 Bexhill Gr
3 Charlecote Twr

C2 list (86):
1 Highgate Ho
2 Charlbury Twr
3 Wellesbourne Twr
4 Dunchurch Ho

A1 list:
1 Nightingale Wlk
2 Brambling Wlk
3 Buckland Ho
4 Raven Wlk

A2 list:
1 Audleigh Ho
2 Chiswick Ho
3 Leoric Ct
4 Alfryth Ct
5 Faraday Ho
6 Hogarth Ho
7 Chatsworth Twr
8 Bell Barn Sh Ctr

B1 list (07):
1 Quebec Ho
2 Ottawa Twr
3 Hamilton Ho

C1 list (85):
1 Earlswood Ho
2 Elmstead Ho
3 Cumberland Ave

Other street names visible include George St, Charlotte St, Newhall Hill, Fleet St, Lionel St, Cornwall St, Edmund St, Margaret St, Colmore Row, Temple Row, Waterloo St, Cannon St, Temple St, New St, Union St, Carrs La, Albert St, Banbury St, Bartholomew St, Park St, Allison St, Station St, Hill St, Navigation St, Stephenson St, Beak St, Ellis St, Upper William St, Commercial St, Bucher St, Washington St, Upper Gough St, Granville St, Holliday St, Gas St, Bridge St, Berkley St, Holloway Head, Bow St, Irving St, Sutton St, Wheeley's La, Dorking Gr, Midford St, Gaywood Croft, Avon St, Lytham St, Great Colmore St, Packwood, Grant St, Bell Barn Rd, Colbran, Whitfield, Rickman Ho, Spring St, Ryland Rd, Charlotte Rd, Summer Rd, Lea Ho, Stone Rd, Kemble Croft, Rathbone, Vardon, Belgrave, Benmore Ave, Tyley Croft, Halifax Ho, Edmonton Ho, Montreal Ho, Columbia Cl, Wellington Rd, Michael Rd, Woburn Ho, Gough Rd, Arlington Ho, Woodview Dr, Cambridge Cres, Farclose Ho, Springbank, Latimer Gdns, Murrell Cl, Bellevue, Henstead St, Wrentham St, Sugden Gr, Southacre Ave, Hodnet Gr, Mowbray St, Vere St, Hope St, Spooner Croft, Lawford Cl, Bissell St, Carpenters Ct, Vaughton St, Angelina St, Princethorpe Twr, Stanhope St, Kettley St, Pentland Croft, Conybere St, Vaughton Ho, Ketley Croft, Sherbourne Rd, Royston Croft, Kinver Croft, Longmore, Balsall Heath Rd, Alexandra Rd, Hawkins Cl, Four Stones Cl, Fitters Mill, Connaught Gdns, Orchard Way, Laxford Cl, Hampden Retreat, Wilmcote Cl, Alpha Cl, Speedwell Rd, Hay Pk Rd, Shooters Cl, Haden Way, Greville Dr, Viceroy Cl, Harrys Rd, Aboyne Cl, Oley Cl, Regent, Elmtotals Ct, River Rea, Minivet Cl, Maydene Croft, Weiman St, Gosford St, Faze, Bradstone Rd, Adelaide St, Henry St, Bransford Twr, Dymoke St, Leopold, Jinks, Alcester St, Hanwood Cl, Lombard St, Darwin Lower, Moseley St, Wellesbourne Twr, Cheapside 30.

Grid references: B3, B2, B5, B1, B12, 29, 19, 39, 62, 63, 87.

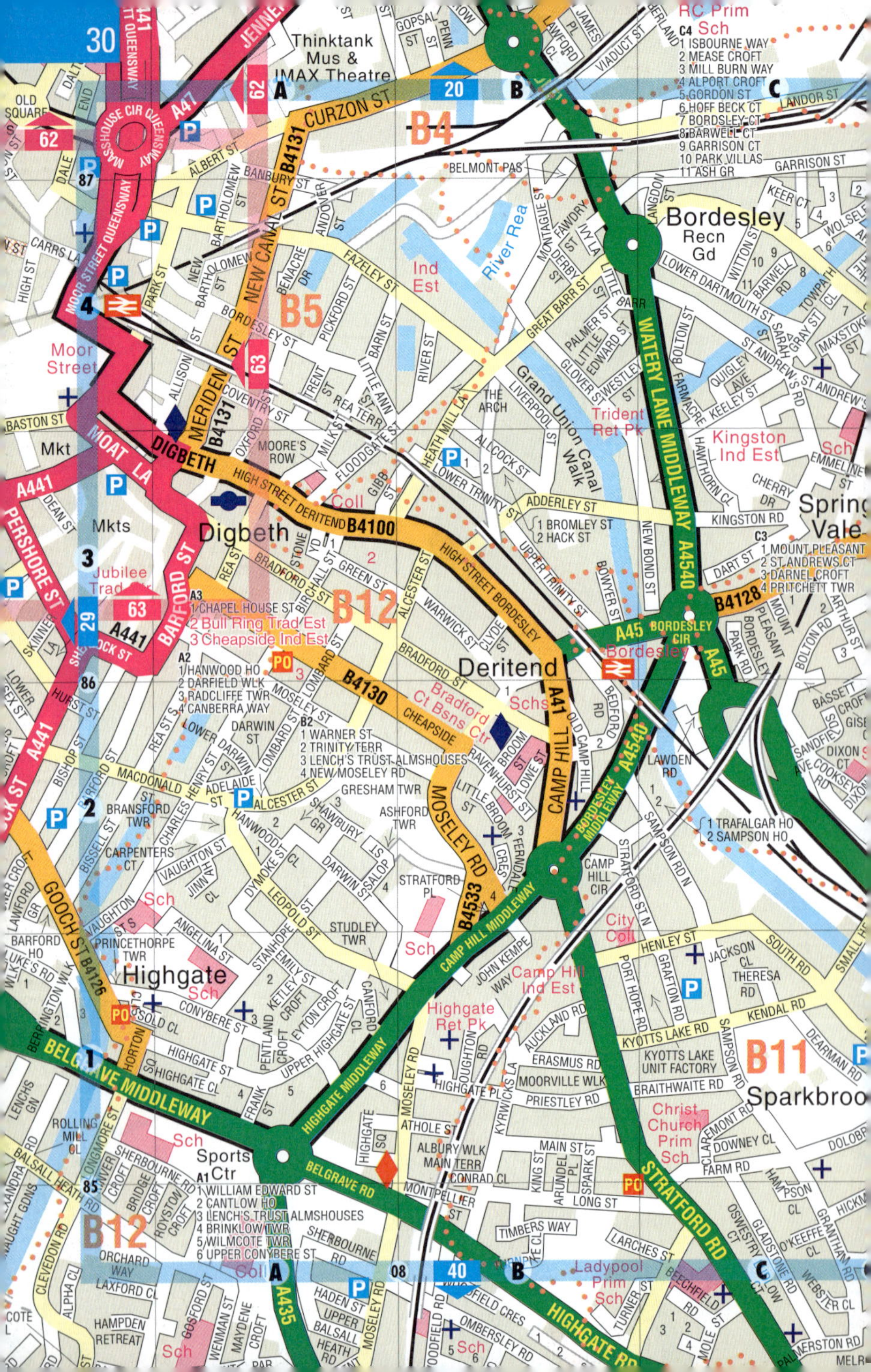
Thinktank Mus & IMAX Theatre
CURZON ST
B4
B5
B12
B11
Bordesley
Recn Gd
Ind Est
River Rea
Grand Union Canal Walk
Trident Ret Pk
Kingston Ind Est
Spring Vale
Moor Street
Mkt
Mkts
Digbeth
DIGBETH
HIGH STREET DERITEND
B4100
HIGH STREET BORDESLEY
Deritend
Bradford Ct Bsns Ctr
Schs
Jubilee Trad Ctr
Coll
City Coll
Highgate
Highgate Ret Pk
Camp Hill Ind Est
Sparkbrook
Christ Church Prim Sch
Sports Ctr
Ladypool Prim Sch
RC Prim Sch
Bordesley
BORDESLEY CIR
WATERY LANE MIDDLEWAY
A4540
A45
B4128
CAMP HILL
A41
CAMP HILL MIDDLEWAY
CAMP HILL CIR
BORDESLEY MIDDLEWAY
BELGRAVE MIDDLEWAY
HIGHGATE MIDDLEWAY
BELGRAVE RD
HIGHGATE RD
STRATFORD RD
MOSELEY RD
B4533
B4130
CHEAPSIDE
GOOCH ST
B4126
A441
PERSHORE ST
MOOR STREET QUEENSWAY
MASSHOUSE CIR QUEENSWAY
A47
MOAT LA
BARFORD ST
A435
B4131
NEW CANAL ST
MERIDEN ST
C4
1 ISBOURNE WAY
2 MEASE CROFT
3 MILL BURN WAY
4 ALPORT CROFT
5 GORDON ST
6 HOFF BECK CT
7 BORDSLEY CT
8 BARWELL CT
9 GARRISON CT
10 PARK VILLAS
11 ASH GR
C3
1 MOUNT PLEASANT
2 ST ANDREWS CT
3 DARNEL CROFT
4 PRITCHETT TWR
A3
1 CHAPEL HOUSE ST
2 Bull Ring Trad Est
3 Cheapside Ind Est
A2
1 HANWOOD HO
2 DARFIELD WLK
3 RADCLIFFE TWR
4 CANBERRA WAY
B2
1 WARNER ST
2 TRINITY TERR
3 LENCH'S TRUST ALMSHOUSES
4 NEW MOSELEY RD
1 BROMLEY ST
2 HACK ST
1 TRAFALGAR HO
2 SAMPSON HO
A1
1 WILLIAM EDWARD ST
2 CANTLOW HO
3 LENCH'S TRUST ALMSHOUSES
4 BRINKLOW TWR
5 WILMCOTE TWR
6 UPPER CONYBERE ST
62
63
20
29
40
08
85
86
87

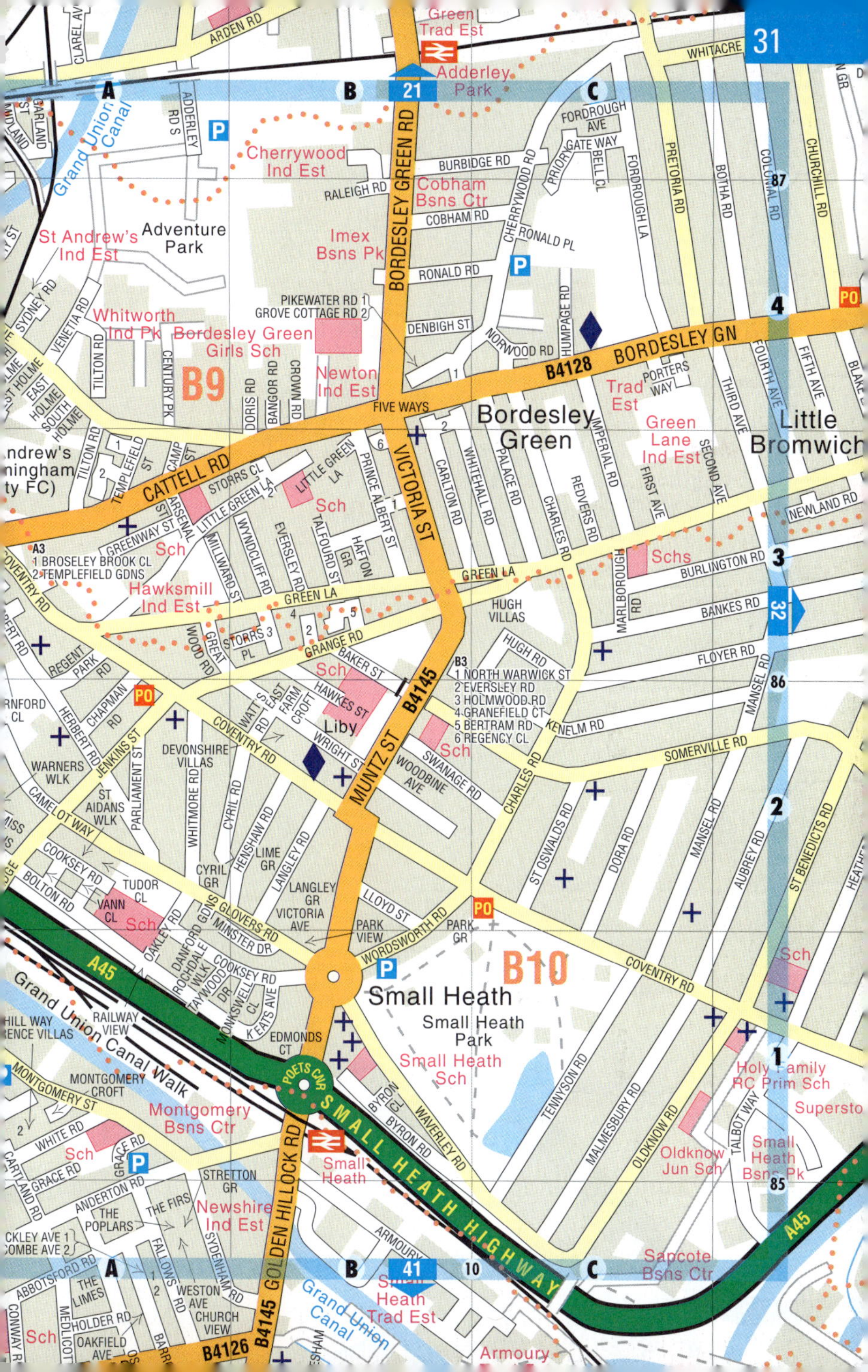
A
B
C
21
41
32
87
86
85
4
3
2
1
10
B9
B10
Bordesley Green
Little Bromwich
Small Heath
Small Heath Park
Adventure Park
Green Trad Est
Adderley Park
Cherrywood Ind Est
Cobham Bsns Ctr
Imex Bsns Pk
St Andrew's Ind Est
Whitworth Ind Pk
Bordesley Green Girls Sch
Newton Ind Est
Trad Est
Green Lane Ind Est
Hawksmill Ind Est
Sch
Schs
Liby
PO
P
Small Heath Sch
Holy Family RC Prim Sch
Supersto
Small Heath Bsns Pk
Oldknow Jun Sch
Sapcote Bsns Ctr
Montgomery Bsns Ctr
Newshire Ind Est
Small Heath Trad Est
Small Heath
Armoury
Grand Union Canal
Grand Union Canal Walk
A45
A3
B4128
B4145
B4126
SMALL HEATH HIGHWAY
POETS CNR
ARDEN RD
CLAREL AV
WHITACRE
BORDESLEY GREEN RD
BORDESLEY GN
VICTORIA ST
MUNTZ ST
GOLDEN HILLOCK RD
CATTELL RD
COVENTRY RD
FIVE WAYS
GREEN LA
GRANGE RD
ADDERLEY RD S
GARLAND ST
SYDNEY RD
RALEIGH RD
BURBIDGE RD
COBHAM RD
RONALD RD
RONALD PL
DENBIGH ST
PIKEWATER RD 1
GROVE COTTAGE RD 2
FORDROUGH AVE
GATE WAY
PRIORY
BELL CL
CHERRYWOOD RD
FORDROUGH LA
PRETORIA RD
BOTHA RD
COLONIAL RD
CHURCHILL RD
NORWOOD RD
HUMPAGE RD
PORTERS WAY
IMPERIAL RD
THIRD AVE
FOURTH AVE
FIFTH AVE
SECOND AVE
FIRST AVE
REDVERS RD
CHARLES RD
PALACE RD
WHITEHALL RD
CARLTON RD
PRINCE ALBERT ST
LITTLE GREEN LA
STORRS CL
VENETIA RD
TILTON RD
CENTURY PK
DORIS RD
BANGOR RD
CROWN RD
HOLME
EAST HOLME
SOUTH HOLME
TEMPLEFIELD ST
CAMP ST
ARSENAL ST
GREENWAY ST
WYNDCLIFF RD
MILLWARD ST
EVERSLEY RD
TALFORD ST
HAFTON GR
1 BROSELEY BROOK CL
2 TEMPLEFIELD GDNS
NEWLAND RD
BURLINGTON RD
BANKES RD
MARLBOROUGH RD
HUGH VILLAS
HUGH RD
FLOYER RD
MANSEL RD
B3
1 NORTH WARWICK ST
2 EVERSLEY RD
3 HOLMWOOD RD
4 GRANEFIELD CT
5 BERTRAM RD
6 REGENCY CL
KENELM RD
SOMERVILLE RD
BAKER ST
HAWKES ST
WRIGHT ST
STORRS PL
GREAT WOOD RD
WATT'S RD
EAST FARM CROFT
SWANAGE RD
WOODBINE AVE
REGENT PARK RD
CHAPMAN RD
HERBERT RD
JENKINS ST
PARLIAMENT ST
DEVONSHIRE VILLAS
WHITMORE RD
CYRIL RD
HENSHAW RD
LIME GR
LANGLEY RD
LANGLEY GR
VICTORIA AVE
CYRIL GR
WARNERS WLK
ST AIDANS WLK
CAMELOT WAY
COOKSEY RD
BOLTON RD
TUDOR CL
VANN CL
OAKLEY RD
DANFORD GDNS
ROCHDALE WLK
TAYWOOD DR
MONKSWELL CL
KEATS AVE
GLOVERS RD
MINSTER DR
LLOYD ST
PARK VIEW
WORDSWORTH RD
PARK GR
ST OSWALDS RD
DORA RD
AUBREY RD
ST BENEDICTS RD
TENNYSON RD
MALMESBURY RD
OLDKNOW RD
TALBOT WAY
BYRON CL
BYRON RD
WAVERLEY RD
EDMONDS CT
RAILWAY VIEW
MONTGOMERY CROFT
MONTGOMERY ST
WHITE RD
GRACE RD
CARTLAND RD
ANDERTON RD
THE POPLARS
THE FIRS
STRETTON GR
SYDENHAM RD
FALLOWS RD
WESTON AVE
CHURCH VIEW
ABBOTSFORD RD
THE LIMES
HOLDER RD
OAKFIELD AVE
MEDLICOTT
CONWAY RD
ARMOURY RD

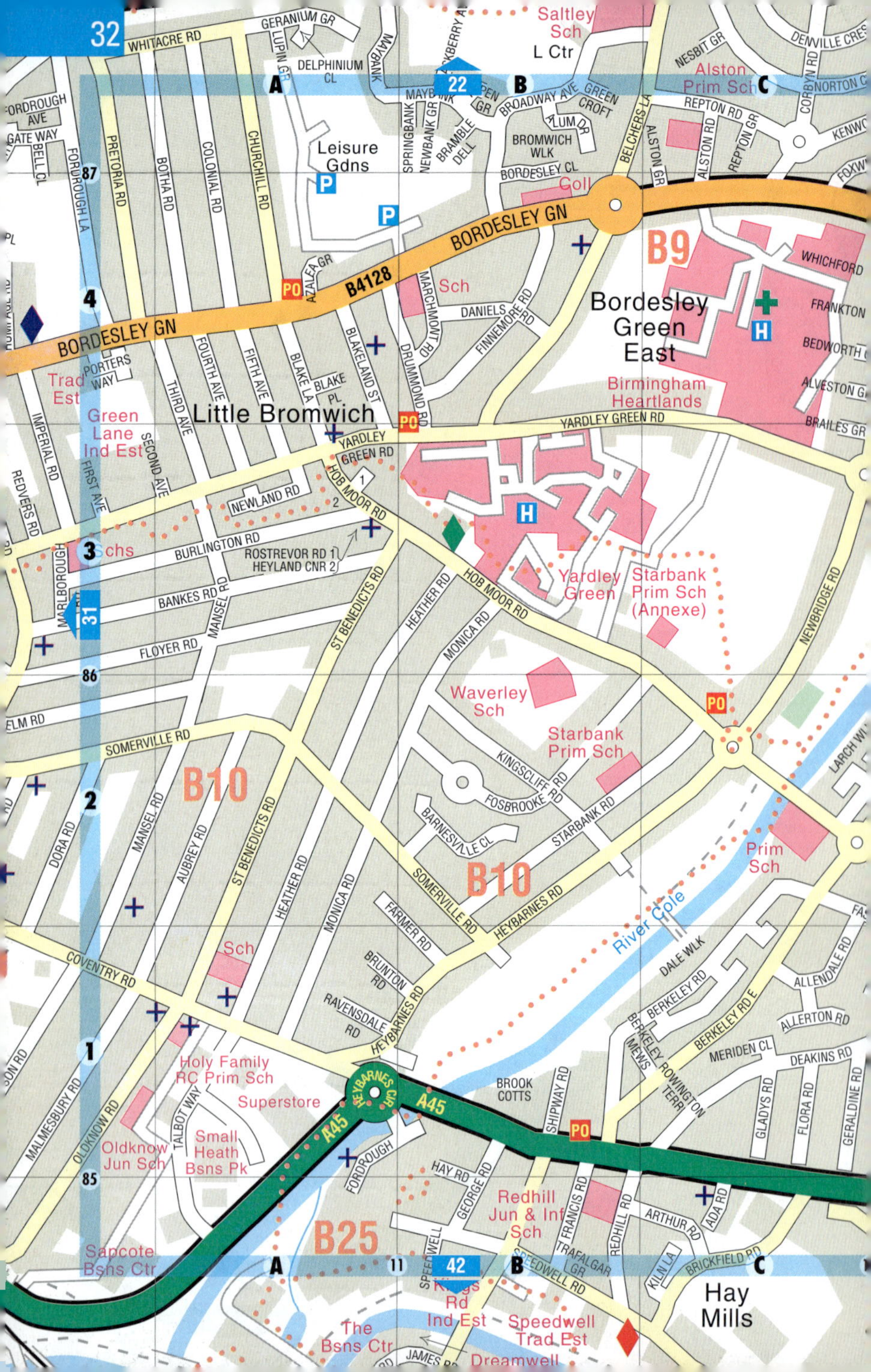
Little Bromwich
Bordesley Green East
Hay Mills
B9
B10
B10
B25
BORDESLEY GN
B4128
YARDLEY GREEN RD
HOB MOOR RD
SOMERVILLE RD
COVENTRY RD
HEYBARNES RD
HEYBARNES CIR
A45
River Cole
WHITACRE RD
GERANIUM GR
LUPIN GR
DELPHINIUM CL
MAYBANK
BLACKBERRY AV
Saltley Sch
L Ctr
Leisure Gdns
Alston Prim Sch
NESBIT GR
DENVILLE CRES
CORBYN RD
NORTON CL
REPTON RD
REPTON GR
ALSTON RD
ALSTON GR
KENWOOD
FOXW
BELCHERS LA
BROADWAY AVE
GREEN CROFT
PLUM DR
BROMWICH WLK
BORDESLEY CL
Coll
SPRINGBANK
NEWBANK GR
BRAMBLE DELL
MAYBANK
GREEN GR
FORDROUGH AVE
GATE WAY
BELL CL
FORDROUGH LA
PRETORIA RD
BOTHA RD
COLONIAL RD
CHURCHILL RD
AZALEA GR
MARCHMONT RD
Sch
DANIELS RD
FINNEMORE RD
WHICHFORD
FRANKTON
BEDWORTH
ALVESTON G
BRAILES GR
Birmingham Heartlands
PORTERS WAY
Trad Est
Green Lane Ind Est
THIRD AVE
FOURTH AVE
FIFTH AVE
BLAKE LA
BLAKE PL
BLAKELAND ST
DRUMMOND RD
IMPERIAL RD
SECOND AVE
FIRST AVE
REDVERS RD
NEWLAND RD
BURLINGTON RD
ROSTREVOR RD 1
HEYLAND CNR 2
Schs
MARLBOROUGH
BANKES RD
MANSEL RD
FLOYER RD
ST BENEDICTS RD
HEATHER RD
MONICA RD
Yardley Green
Starbank Prim Sch (Annexe)
NEWBRIDGE RD
Waverley Sch
Starbank Prim Sch
KINGSCLIFF RD
FOSBROOKE RD
BARNESVILLE CL
STARBANK RD
ELM RD
LARCH WLK
Prim Sch
DORA RD
MANSEL RD
AUBREY RD
ST BENEDICTS RD
HEATHER RD
MONICA RD
FARMER RD
BRUNTON RD
RAVENSDALE RD
Sch
DALE WLK
BERKELEY RD
BERKELEY MEWS
BERKELEY RD E
ROWINGTON TERR
ALLENDALE RD
ALLERTON RD
MERIDEN CL
DEAKINS RD
GLADYS RD
FLORA RD
GERALDINE RD
BROOK COTTS
SHIPWAY RD
Holy Family RC Prim Sch
Superstore
MALMESBURY RD
OLDKNOW RD
TALBOT WAY
Oldknow Jun Sch
Small Heath Bsns Pk
FORDROUGH
HAY RD
GEORGE RD
Redhill Jun & Inf Sch
FRANCIS RD
REDHILL RD
ARTHUR RD
ADA RD
TRAFALGAR GR
KILN LA
BRICKFIELD RD
SPEEDWELL RD
Sapcote Bsns Ctr
Kings Rd Ind Est
Speedwell Trad Est
The Bsns Ctr
JAMES RD
Dreamwell
22
31
42
87
86
85
4
3
2
1
A
B
C

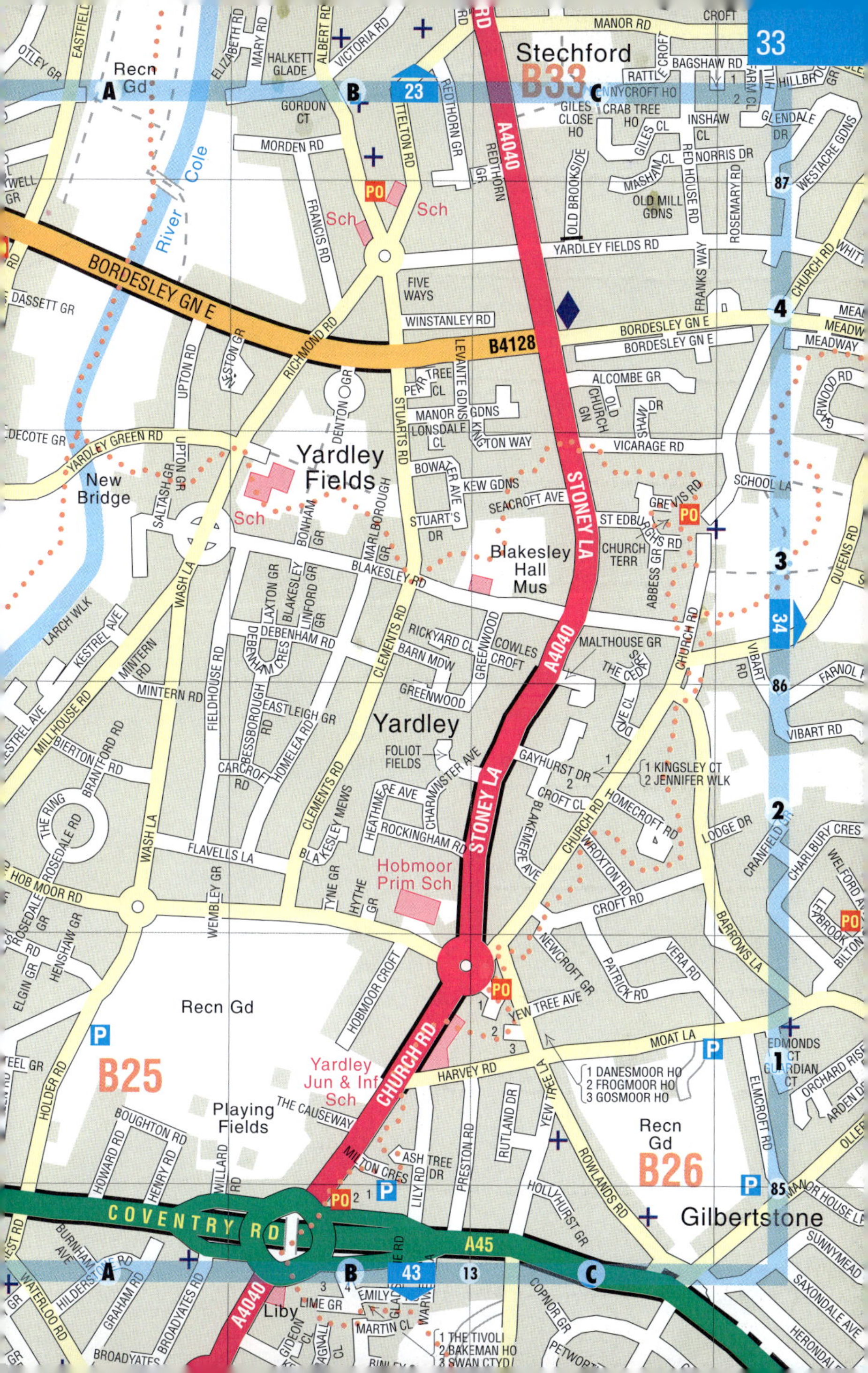
Stechford
B33
B25
B26
Yardley Fields
Yardley
New Bridge
Gilbertstone
Blakesley Hall Mus
Hobmoor Prim Sch
Yardley Jun & Inf Sch
Recn Gd
Playing Fields
Liby
Sch
PO
FIVE WAYS
River Cole
BORDESLEY GN E
B4128
A4040
STONEY LA
CHURCH RD
COVENTRY RD
A45
MANOR RD
YARDLEY FIELDS RD
YARDLEY GREEN RD
BLAKESLEY RD
HOB MOOR RD
MOAT LA
HARVEY RD
WASH LA
RICHMOND RD
VICARAGE RD
SCHOOL LA
MINTERN RD
FLAVELLS LA
CLEMENTS RD
STUARTS RD
WINSTANLEY RD
MORDEN RD
FRANCIS RD
VICTORIA RD
ALBERT RD
MARY RD
ELIZABETH RD
HALKETT GLADE
GORDON CT
REDTHORN GR
BAGSHAW RD
CRAB TREE HO
GILES CLOSE HO
NORRIS DR
INSHAW CL
OLD MILL GDNS
ROSEMARY RD
RED HOUSE RD
FRANKS WAY
CHURCH RD
WESTACRE GDNS
MEADWAY
ALCOMBE GR
VICARAGE RD
QUEENS RD
VIBART RD
FARNOL RD
KINGSLEY CT
JENNIFER WLK
GAYHURST DR
CROFT CL
HOMECROFT RD
WROXTON RD
CROFT RD
LODGE DR
BARROWS LA
CRANFIELD GR
CHARLBURY CRES
NEWCROFT GR
PATRICK RD
VERA RD
YEW TREE AVE
YEW TREE LA
DANESMOOR HO
FROGMOOR HO
GOSMOOR HO
ROWLANDS RD
HOLLYHURST GR
ELMCROFT RD
EDMONDS CT
GUARDIAN CT
ORCHARD RISE
RUTLAND DR
PRESTON RD
ASH TREE DR
MILTON CRES
THE CAUSEWAY
LILY RD
HOBMOOR CROFT
TYNE GR
HYTHE GR
ROCKINGHAM RD
CHARMINSTER AVE
HEATHMERE AVE
BLAKESLEY MEWS
FOLIOT FIELDS
GREENWOOD
RICKYARD CL
BARN MDW
COWLES CROFT
MALTHOUSE GR
DEBENHAM RD
EASTLEIGH GR
CARCROFT RD
HOMELEA RD
BESSBOROUGH RD
FIELDHOUSE RD
LAXTON GR
LINFORD GR
MARLBOROUGH GR
BONHAM GR
SALTASH GR
UPTON GR
UPTON RD
DENTON GR
PEAR TREE CL
MANOR GDNS
LONSDALE CL
BOWATER AVE
KEW GDNS
SEACROFT AVE
STUART'S DR
ST EDBURGHS RD
CHURCH TERR
ABBESS GR
GREVIS RD
MILLHOUSE RD
KESTREL AVE
LARCH WLK
BIERTON RD
BRANTFORD RD
THE RING
ROSEDALE RD
HENSHAW GR
ELGIN GR
WEMBLEY GR
HOLDER RD
HOWARD RD
HENRY RD
BOUGHTON RD
WILLARD RD
BURNHAM AVE
HILDERSTONE RD
GRAHAM RD
BROADYATES RD
WATERLOO RD
LIME GR
EMILY
MARTIN CL
GIDEON CL
COPNOR GR
PETWORTH
THE TIVOLI
BAKEMAN HO
SWAN CTYD
SUNNYMEAD
SAXONDALE AVE
HERONDALE
MANOR HOUSE LA
DASSETT GR
OTLEY GR
EASTFIELD
23
43
34
13
85
86
87

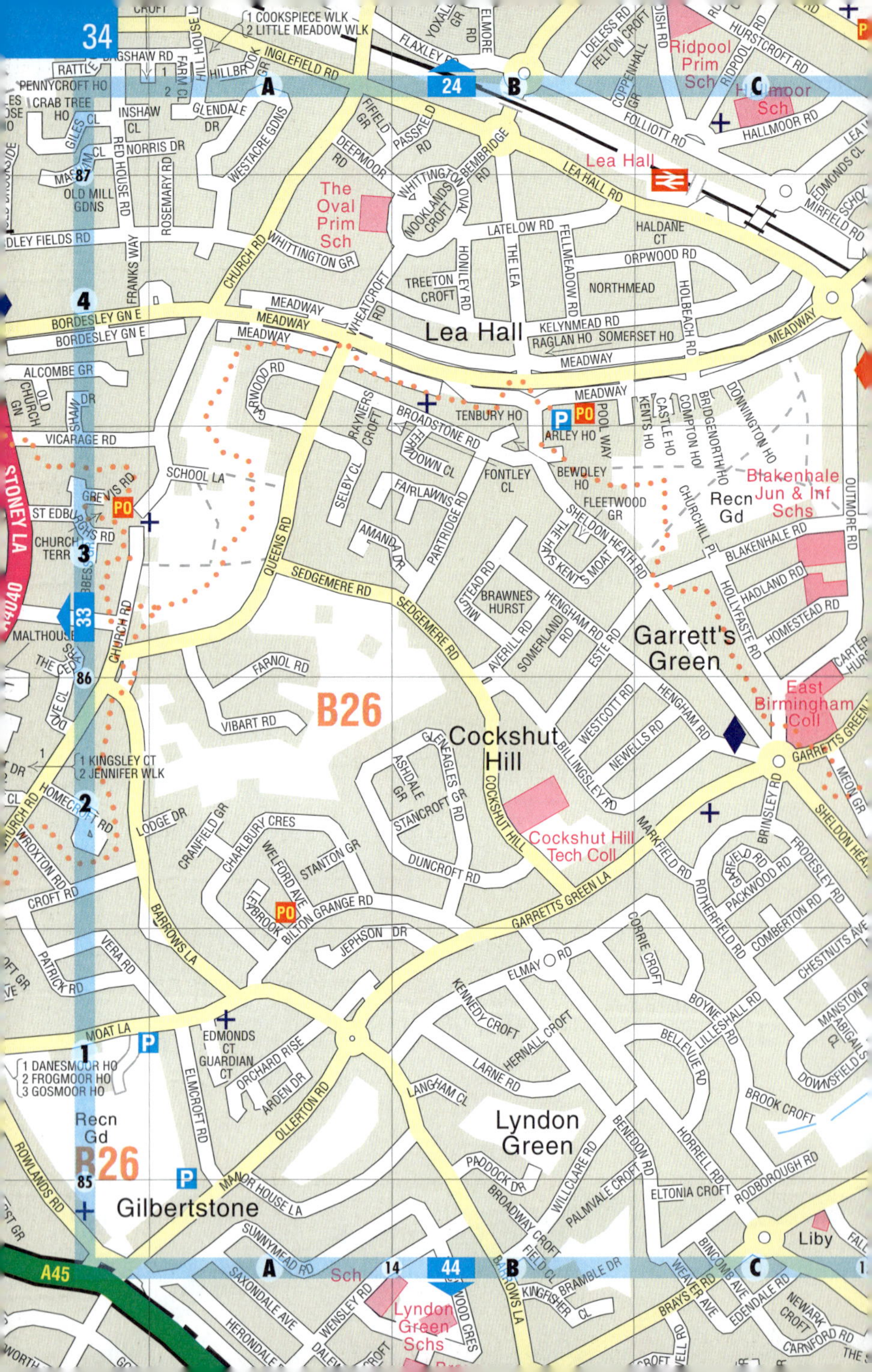
1 COOKSPIECE WLK
2 LITTLE MEADOW WLK
INGLEFIELD RD
RATTLE
BAGSHAW RD
FARM CL
HILL HOUSE LA
HILLBROOK GR
PENNYCROFT HO
CRAB TREE HO
INSHAW CL
GILES CL
GLENDALE DR
WESTACRE GDNS
NORRIS DR
RED HOUSE RD
ROSEMARY RD
87
OLD MILL GDNS
DLEY FIELDS RD
FRANKS WAY
CHURCH RD
WHITTINGTON GR
A
24
B
C
YOXALL GR
ELMORE RD
FLAXLEY RD
FIFIELD GR
PASSFIELD RD
DEEPMOOR RD
BEMBRIDGE RD
WHITTINGTON OVAL
NOOKLANDS CROFT
The Oval Prim Sch
LOELESS RD
FELTON CROFT
COPPENHALL GR
Ridpool Prim Sch
RIDPOOL RD
HURSTCROFT RD
Hallmoor Sch
HALLMOOR RD
FOLLIOTT RD
Lea Hall
LEA HALL RD
EDMONDS CL
MIRFIELD RD
LATELOW RD
HONILEY RD
THE LEA
FELLMEADOW RD
HALDANE CT
ORPWOOD RD
NORTHMEAD
HOLBEACH RD
TREETON CROFT
WHEATCROFT RD
4
BORDESLEY GN E
MEADWAY
Lea Hall
KELYNMEAD RD
RAGLAN HO
SOMERSET HO
ALCOMBE GR
OLD CHURCH GN
SHAW DR
GARWOOD RD
RAYNERS CROFT
BROADSTONE RD
TENBURY HO
PO
ARLEY HO
POOL WAY
KENTS HO
CASTLE HO
COMPTON HO
BRIDGENORTH HO
DONNINGTON HO
VICARAGE RD
STONEY LA
SCHOOL LA
SELBY CL
FERNDOWN CL
FAIRLAWNS
FONTLEY CL
BEWDLEY HO
FLEETWOOD GR
Blakenhale Jun & Inf Schs
Recn Gd
OUTMORE RD
GREVIS RD
ST EDBURGHS RD
CHURCH TERR
3
QUEENS RD
AMANDA DR
PARTRIDGE RD
SHELDON HEATH RD
THE HAYS
KENTS MOAT
CHURCHILL PL
BLAKENHALE RD
HADLAND RD
HOLLYFASTE RD
HOMESTEAD RD
A4040
33
SEDGEMERE RD
MILSTEAD RD
BRAWNES HURST
HENGHAM RD
Garrett's Green
CARTER HURST
MALTHOUSE
THE CEDARS
86
FARNOL RD
VIBART RD
B26
AVERILL RD
SOMERLAND RD
ESTE RD
WESTCOTT RD
NEWELLS RD
East Birmingham Coll
GARRETTS GREEN LA
DOVE CL
1 KINGSLEY CT
2 JENNIFER WLK
GLENEAGLES RD
ASHDALE GR
Cockshut Hill
BILLINGSLEY RD
MEON GR
2
HOMECROFT RD
LODGE DR
CRANFIELD GR
CHARLBURY CRES
STANCROFT GR
COCKSHUT HILL
Cockshut Hill Tech Coll
MARKFIELD RD
BRINSLEY RD
GARFIELD RD
PACKWOOD RD
FRODESLEY RD
SHELDON HEATH
WROXTON RD
WELFORD AVE
STANTON GR
DUNCROFT RD
ROTHERFIELD RD
COMBERTON RD
CROFT RD
BARROWS LA
LEABROOK
BILTON GRANGE RD
CORRIE CROFT
CHESTNUTS AVE
VERA RD
JEPHSON DR
ELMAY RD
PATRICK RD
KENNEDY CROFT
BOYNE RD
MANSTON RD
LILLESHALL RD
ABIGAILS CL
MOAT LA
EDMONDS CT
GUARDIAN CT
1
1 DANESMOOR HO
2 FROGMOOR HO
3 GOSMOOR HO
HERNALL CROFT
BELLEVUE RD
DOWNSFIELD
ORCHARD RISE
ARDEN DR
LARNE RD
LANGHAM CL
ELMCROFT RD
OLLERTON RD
BROOK CROFT
Recn Gd
B26
Lyndon Green
BENEDON RD
HORRELL RD
ROWLANDS RD
85
MANOR HOUSE LA
PADDOCK DR
WILLCLARE RD
PALMVALE CROFT
ELTONIA CROFT
RODBOROUGH RD
Gilbertstone
BROADWAY CROFT
FIELD CL
Liby
SUNNYMEAD RD
Sch
14
44
BINCOMB AVE
A45
SAXONDALE AVE
WENSLEY RD
BARROWS LA
KINGFISHER CL
BRAMBLE DR
WEAVER AVE
EDENDALE RD
HERONDALE
Lyndon Green Schs
BRAYS RD
NEWARK CROFT
CARNFORD RD

35

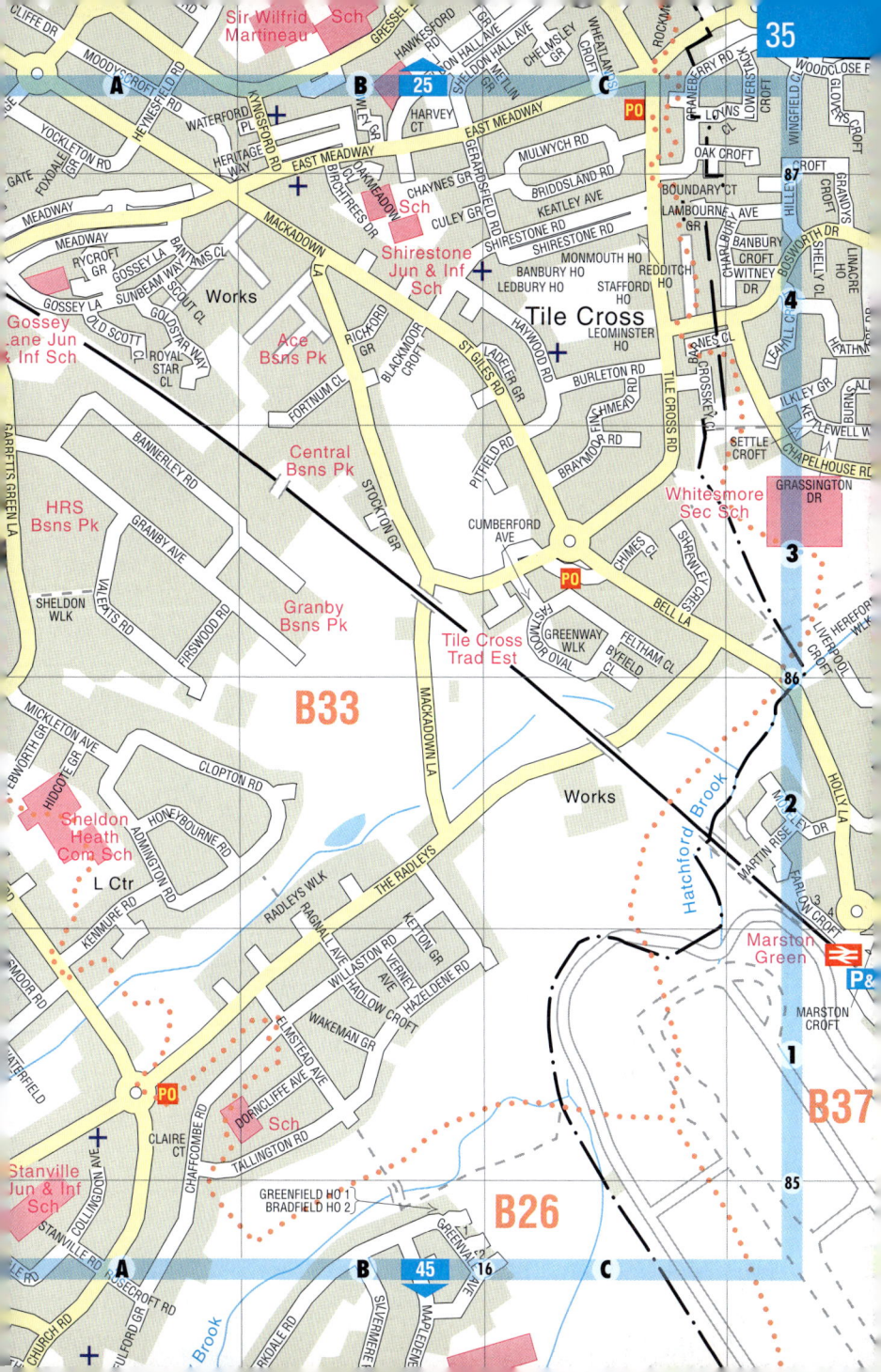

Tile Cross / B33 / B37 / B26

Roads and features visible on map:

- MOODYSCROFT
- CLIFFE DR
- HEYHESFORD RD
- YOCKLETON RD
- FOXDALE GR
- GATE
- MEADWAY
- MEADWAY
- RYCROFT
- GOSSEY LA
- GOSSEY LA
- Gossey Lane Jun & Inf Sch
- OLD SCOTT CL
- GOLDSTAR WAY
- ROYAL STAR CL
- SUNBEAM WAY
- BANTAMS CL
- SCOUT CL
- WATERFORD PL
- KYNGSFORD RD
- HERITAGE WAY
- Sir Wilfrid Martineau Sch
- GRESSEL
- HAWKESFORD RD
- SHELDON HALL AVE
- MEYLIN
- HARVEY CT
- EAST MEADWAY
- EAST MEADWAY
- BIRCHTREES DR
- OAKMEADOW
- CHAYNES GR
- GERARDSFIELD RD
- CULEY GR
- MULWYCH RD
- BRIDDSLAND RD
- KEATLEY AVE
- SHIRESTONE RD
- SHIRESTONE RD
- Sch
- Shirestone Jun & Inf Sch
- MONMOUTH HO
- BANBURY HO
- LEDBURY HO
- STAFFORD HO
- REDDITCH HO
- CHELMSLEY
- WHEATLANDS CROFT
- ROCKFORD
- CRANBERRY RD
- LOWNS
- LOWERSTACK CROFT
- WOODCLOSE R
- WINGFIELD CR
- GLOVERS CROFT
- OAK CROFT
- BOUNDARY CT
- LAMBOURNE GR
- CHARLBURY CR
- BANBURY CROFT
- WITNEY DR
- BOSWORTH DR
- HILL CR
- GRANDYS CROFT
- SHELLY CL
- LINACRE
- Tile Cross
- LEOMINSTER HO
- BANES CL
- CROSSEY CL
- LEAHILL CR
- HEATH
- MACKADOWN LA
- RICHFORD GR
- BLACKMOOR CROFT
- ST GILES RD
- HAYWOOD RD
- LADELER GR
- BURLETON RD
- FORTNUM CL
- BRAYMOOR RD
- FINSHMEAD RD
- TILE CROSS RD
- ILKLEY GR
- KEYWELL
- ALI...
- Ace Bsns Pk
- Works
- BANNERLEY RD
- Central Bsns Pk
- STOCKTON GR
- PITFIELD RD
- CUMBERFORD AVE
- BANBURY
- CHIMES CL
- SHRENLEY RES
- SETTLE CROFT
- CHAPELHOUSE RD
- Whitesmore Sec Sch
- GRASSINGTON DR
- HRS Bsns Pk
- GRANBY AVE
- Granby Bsns Pk
- VALEPATS RD
- FIRSWOOD RD
- SHELDON WLK
- GREENWAY WLK
- MOOR OVAL
- FELTHAM CL
- BYFIELD CL
- BELL LA
- LIVERPOOL CROFT
- HEREFORD
- Tile Cross Trad Est
- MICKLETON AVE
- EBWORTH GR
- CLOPTON RD
- HIDCOTE GR
- HONEYBOURNE RD
- ADMINGTON RD
- Sheldon Heath Com Sch
- L Ctr
- KENMORE RD
- Works
- Hatchford Brook
- HOLLY LA
- TALLEY DR
- MARTIN RISE
- FARLOW CROFT
- Marston Green
- MARSTON CROFT
- RADLEYS WLK
- THE RADLEYS
- KETTON GR
- RAGNAL AVE
- WILLASTON RD
- VERNEY AVE
- HADLOW CROFT
- HAZELDENE RD
- ELMSTEAD AVE
- WAKEMAN GR
- DORNCLIFFE AVE
- Sch
- CHAFFCOMBE RD
- CLAIRE CT
- TALLINGTON RD
- Stanville Jun & Inf Sch
- COLLINGDON AVE
- STANVILLE RD
- CHURCH RD
- ROSECROFT RD
- FULFORD GR
- PKDALE RD
- GREENFIELD HO 1
- BRADFIELD HO 2
- GREENWAL
- MAPLEDENE
- SILVERMERE
- B33
- B37
- B26
- 25
- 45
- 87
- 86
- 85
- 4
- 3
- 2
- 1

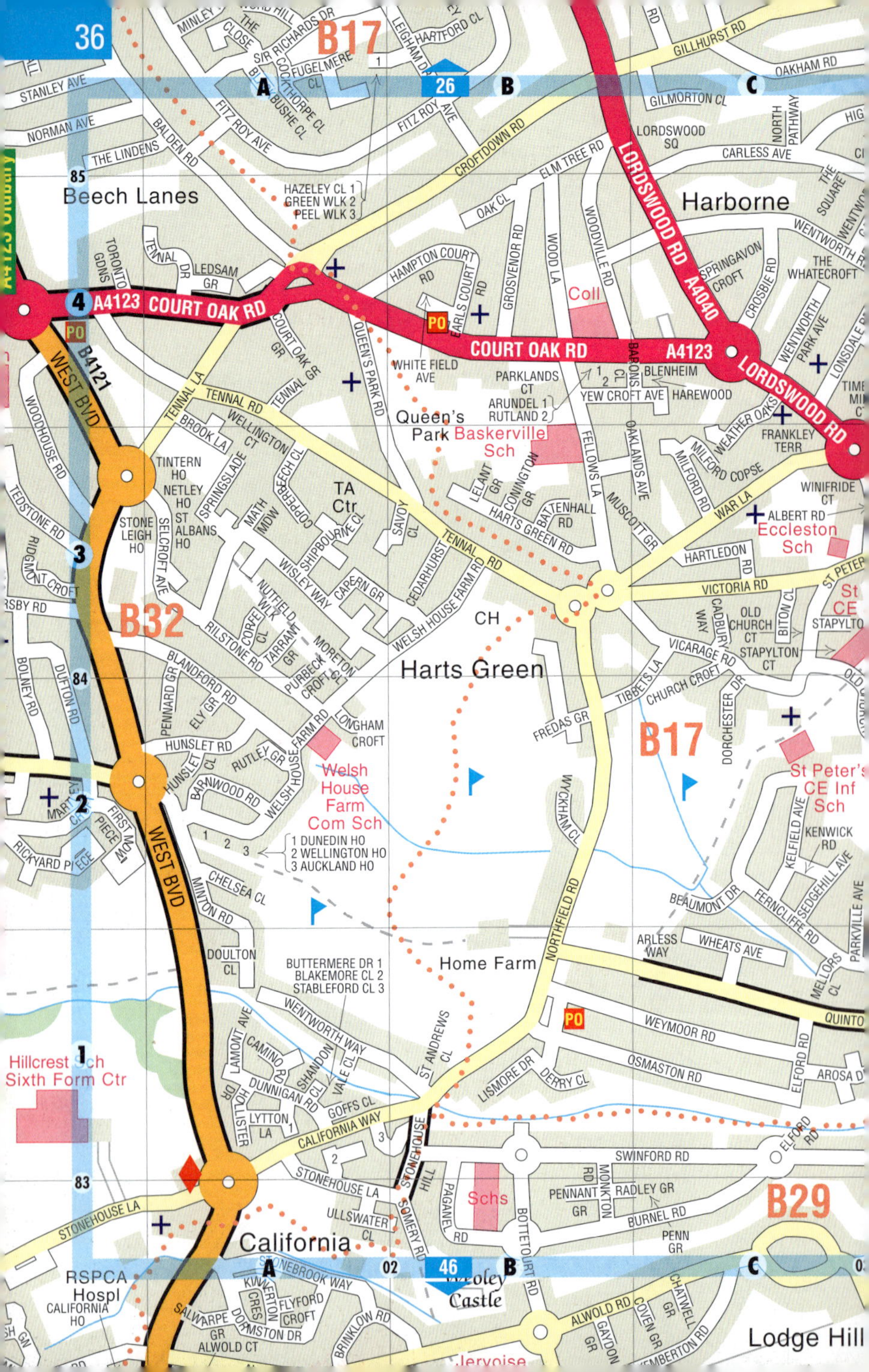
B17
26
A
B
C
46
02
85
84
83
1
2
3
4
Beech Lanes
Harborne
Queen's Park
Harts Green
Home Farm
California
Lodge Hill
Weoley Castle
B32
B17
B29
A4123 COURT OAK RD
COURT OAK RD
A4123
LORDSWOOD RD
A4040
LORDSWOOD RD
B4121
WEST BVD
WEST BVD
STANLEY AVE
NORMAN AVE
THE LINDENS
BALDEN RD
FITZ ROY AVE
FITZ ROY AVE
CROFTDOWN RD
GILLHURST RD
OAKHAM RD
GILMORTON CL
LORDSWOOD SQ
NORTH PATHWAY
CARLESS AVE
THE SQUARE
WENTWORTH RD
THE WHATECROFT
SPRINGAVON CROFT
CROSBIE RD
WENTWORTH PARK AVE
LONSDALE RD
ELM TREE RD
OAK CL
GROSVENOR RD
WOOD LA
WOODVILLE RD
HAMPTON COURT RD
EARLS COURT RD
MINLEY
THE CLOSE
SIR RICHARDS DR
LEIGHAM DR
HARTFORD CL
FUGELMERE CL
COCKTHORPE CL
BUSHE CL
HAZELEY CL 1
GREEN WLK 2
PEEL WLK 3
TORONTO GDNS
TENNAL DR
LEDSAM GR
COURT OAK GR
TENNAL GR
QUEEN'S PARK RD
WHITE FIELD AVE
PARKLANDS CT
ARUNDEL 1
RUTLAND 2
YEW CROFT AVE
BARONS CL
BLENHEIM
HAREWOOD
WEATHER OAKS
FRANKLEY TERR
MILFORD COPSE
MILFORD RD
OAKLANDS AVE
FELLOWS LA
MUSCOTT GR
WAR LA
WINIFRIDE CT
ALBERT RD
Eccleston Sch
HARTLEDON RD
VICTORIA RD
ST PETER'S
St Peter's CE
STAPYLTON
OLD CHURCH CT
STAPYLTON CT
BITON CL
CADBURY WAY
VICARAGE RD
TIBBETS LA
CHURCH CROFT
DORCHESTER DR
St Peter's CE Inf Sch
KENWICK RD
KELFIELD AVE
SEDGEHILL AVE
PARKVILLE AVE
FERNCLIFFE RD
BEAUMONT DR
ARLESS WAY
WHEATS AVE
MELLORS CL
QUINTON
WEYMOOR RD
OSMASTON RD
ELFORD RD
AROSA DR
ELFORD RD
SWINFORD RD
MONKTON RD
PENNANT GR
RADLEY GR
BURNEL RD
PENN GR
BOTTETOURT RD
Schs
PAGANEL RD
SOMERY RD
STONEHOUSE HILL
STONEHOUSE LA
ULLSWATER CL
CALIFORNIA WAY
GOFFS CL
LYTTON LA
HOLLISTER DR
DUNNIGAN RD
SHANDON CL
VALE CL
CAMINO RD
LAMONT AVE
WENTWORTH WAY
ST ANDREWS CL
LISMORE DR
DERRY CL
NORTHFIELD RD
WYCKHAM CL
FREDAS GR
CH
Coll
Baskerville Sch
LELANT GR
CONINGTON GR
HARTS GREEN RD
BATTENHALL RD
TENNAL RD
TENNAL RD
TENNAL LA
BROOK LA
WELLINGTON CT
TINTERN HO
NETLEY HO
ST ALBANS HO
STONE LEIGH HO
SELCROFT AVE
SPRINGSLADE
MATH MDW
COPPERBEECH CL
TA Ctr
SHIPBOURNE CL
SAVOY CL
CEDARHURST
WELSH HOUSE FARM RD
CAPERN GR
WISLEY WAY
NUTFIELD WLK
CORFE CL
TARRANT GR
MORETON CL
PURBECK CROFT
RILSTONE RD
BLANDFORD RD
PENNARD GR
ELY GR
HUNSLET RD
HUNSLET CL
BARNWOOD RD
RUTLEY GR
WELSH HOUSE FARM RD
LONGHAM CROFT
Welsh House Farm Com Sch
1 DUNEDIN HO
2 WELLINGTON HO
3 AUCKLAND HO
CHELSEA CL
MINTON RD
DOULTON CL
BUTTERMERE DR 1
BLAKEMORE CL 2
STABLEFORD CL 3
WOODHOUSE RD
TEDSTONE RD
RIDGMONT CROFT
RSBY RD
BOLNEY RD
DUFTON RD
MARTLEY CROFT
FIRST MDW PIECE
RICKYARD PIECE
Hillcrest Sch Sixth Form Ctr
STONEHOUSE LA
RSPCA Hospl
CALIFORNIA HO
SALWARPE GR
ALWOLD CT
DORMSTON DR
KINVERTON CRES
FLYFORD CROFT
STONEBROOK WAY
BRINKLOW RD
ALWOLD RD
COVEN GR
GAYDON GR
CHATWELL GR
PEMBERTON RD
Jervoise
PO
PO
PO

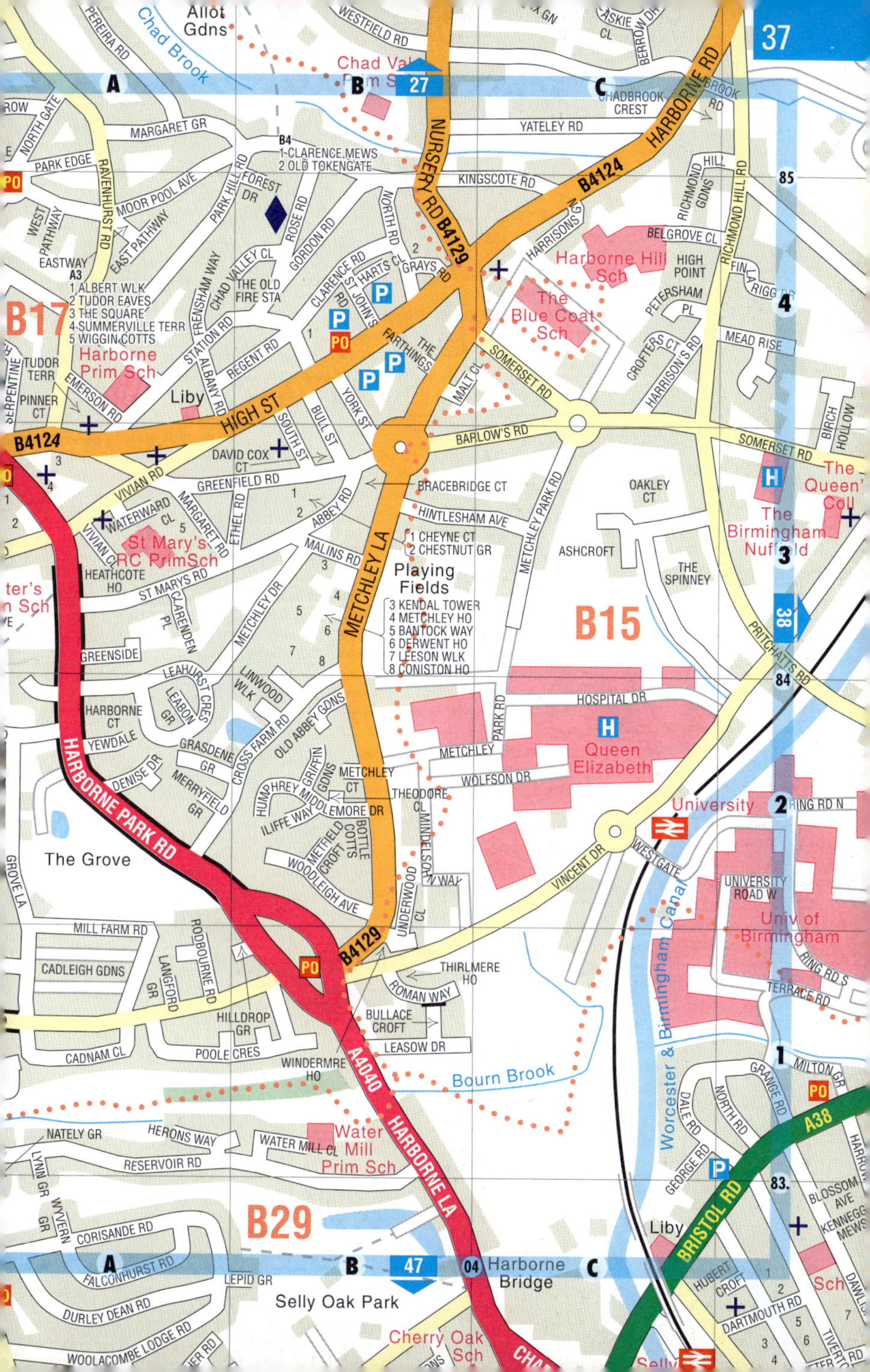
A
B
C
27
47
38
85
84
83
4
3
2
1
04
Allot Gdns
Chad Brook
Chad Valley Prim Sch
WESTFIELD RD
PEREIRA RD
BERROW DR
CHADBROOK CREST
HARBORNE RD
YATELEY RD
KINGSCOTE RD
B4124
NURSERY RD B4129
NORTH GATE
MARGARET GR
PARK EDGE
RAVENHURST RD
MOOR POOL AVE
EAST PATHWAY
WEST PATHWAY
EASTWAY
PARK HILL RD
FOREST DR
ROSE RD
GORDON RD
NORTH RD
B4
1 CLARENCE MEWS
2 OLD TOKENGATE
A3
1 ALBERT WLK
2 TUDOR EAVES
3 THE SQUARE
4 SUMMERVILLE TERR
5 WIGGIN COTTS
B17
Harborne Prim Sch
FRENSHAM WAY
CHAD VALLEY CL
THE OLD FIRE STA
CLARENCE RD
ST JOHN'S RD
HARTS CL
GRAYS RD
HARRISONS GN
Harborne Hill Sch
BELGROVE CL
HIGH POINT
RICHMOND HILL RD
RICHMOND HILL GDNS
PETERSHAM PL
FINLAY RIGG DR
The Blue Coat Sch
STATION RD
ALBANY RD
REGENT RD
THE FARTHINGS
CROFTERS CT
HARRISON'S RD
MEAD RISE
TUDOR TERR
SERPENTINE
PINNER CT
EMERSON RD
Liby
HIGH ST
SOUTH ST
BULL ST
YORK ST
MALT CL
SOMERSET RD
BARLOW'S RD
BIRCH HOLLOW
The Queen's Coll
The Birmingham Nuffield
DAVID COX CT
VIVIAN RD
GREENFIELD RD
BRACEBRIDGE CT
OAKLEY CT
WATERWARD CL
MARGARET RD
ETHEL RD
ABBEY RD
HINTLESHAM AVE
METCHLEY PARK RD
St Mary's RC Prim Sch
MALINS RD
1 CHEYNE CT
2 CHESTNUT GR
ASHCROFT
THE SPINNEY
HEATHCOTE HO
ST MARYS RD
CLARENDEN PL
METCHLEY DR
METCHLEY LA
Playing Fields
3 KENDAL TOWER
4 METCHLEY HO
5 BANTOCK WAY
6 DERWENT HO
7 LEESON WLK
8 CONISTON HO
B15
PRITCHATTS RD
GREENSIDE
LEAHURST CRES
LEABON GR
LINWOOD WLK
HOSPITAL DR
PARK RD
HARBORNE CT
YEWDALE
GRASDENE GR
CROSS FARM RD
OLD ABBEY GDNS
Queen Elizabeth
METCHLEY
WOLFSON DR
DENISE DR
MERRYFIELD GR
HUMPHREY MIDDLEMORE DR
GRIFFIN GDNS
METCHLEY CT
THEODORE CL
University
RING RD N
HARBORNE PARK RD
ILIFFE WAY
METFIELD CROFT
BOTTLE COTTS
MINDELSOHN WAY
WESTGATE
UNIVERSITY ROAD W
The Grove
GROVE LA
WOODLEIGH AVE
UNDERWOOD CL
VINCENT DR
Univ of Birmingham
MILL FARM RD
RODBOURNE RD
B4129
RING RD S
CADLEIGH GDNS
LANGFORD GR
THIRLMERE HO
ROMAN WAY
TERRACE RD
Worcester & Birmingham Canal
HILLDROP GR
BULLACE CROFT
CADNAM CL
POOLE CRES
LEASOW DR
WINDERMERE HO
A4040
Bourn Brook
MILTON GR
GRANGE RD
PO
A38
NATELY GR
HERONS WAY
WATER MILL CL
Water Mill Prim Sch
DALE RD
NORTH RD
RESERVOIR RD
HARBORNE LA
GEORGE RD
BLOSSOM AVE
LYNN GR
WYVERN GR
B29
BRISTOL RD
KENNEGG MEWS
CORISANDE RD
Liby
FALCONHURST RD
Harborne Bridge
HUBERT CROFT
Sch
LEPID GR
DAWLISH
Selly Oak Park
DURLEY DEAN RD
DARTMOUTH RD
WOOLACOMBE LODGE RD
Cherry Oak Sch
TIVERTON RD
Selly

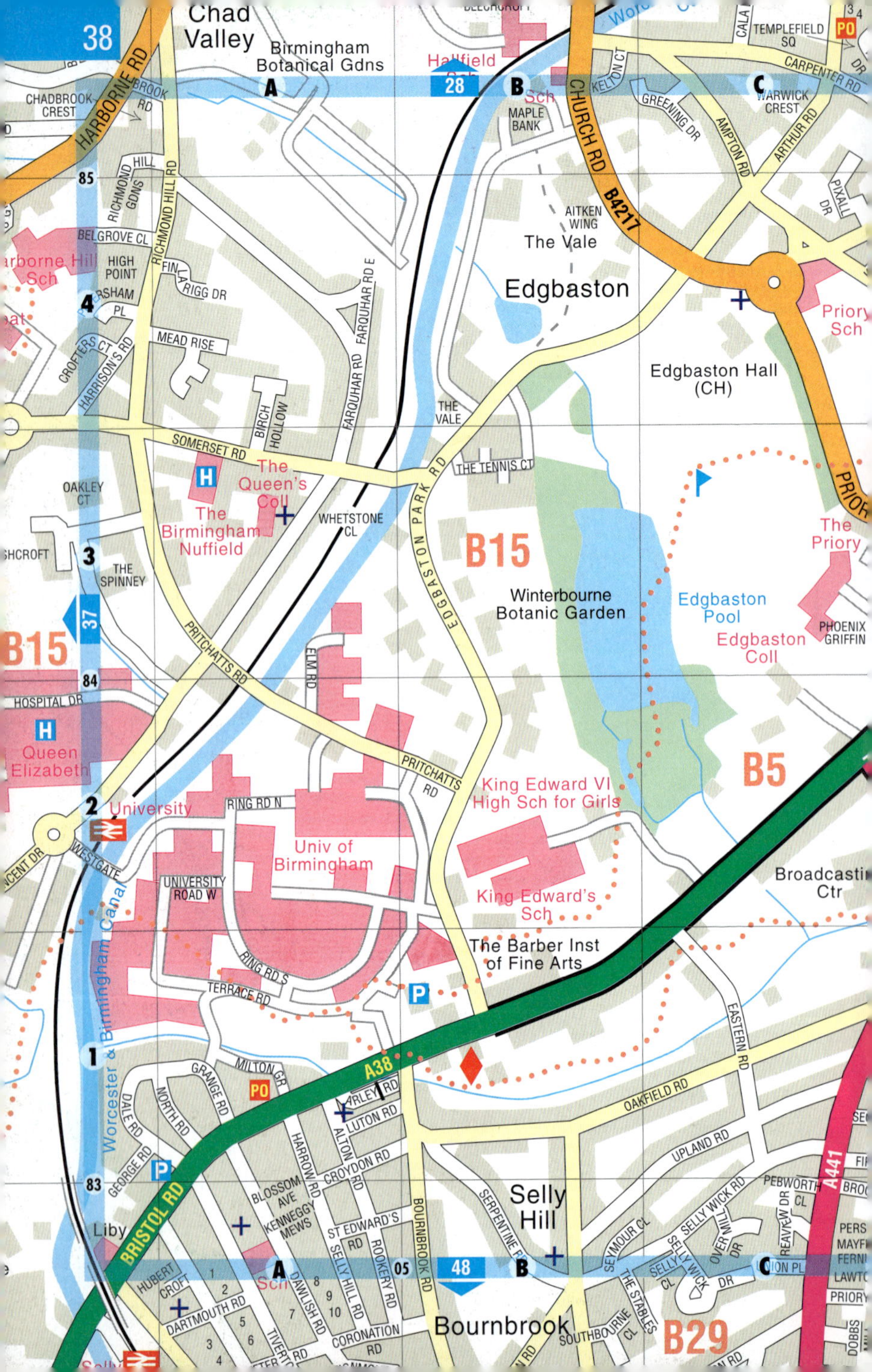

Chad Valley
Birmingham Botanical Gdns
Hallfield Sch
28
A
B
C
Sch
MAPLE BANK
CHURCH RD
B4217
KELTON CT
CALA
TEMPLEFIELD SQ
PO
CARPENTER RD
WARWICK CREST
GREENING DR
AMPTON RD
ARTHUR RD
PIXALL DR
HARBORNE RD
CHADBROOK CREST
BROOK RD
HILL
RICHMOND GDNS
RICHMOND HILL RD
85
BELGROVE CL
Harborne Hill Sch
HIGH POINT
FINLA
RIGG DR
4
PERSHAM PL
MEAD RISE
CROFTERS CT
HARRISON'S RD
BIRCH HOLLOW
FARQUHAR RD E
FARQUHAR RD
AITKEN WING
The Vale
Edgbaston
Priory Sch
Edgbaston Hall (CH)
THE VALE
SOMERSET RD
H
The Queen's Coll
The Birmingham Nuffield
OAKLEY CT
WHETSTONE CL
THE TENNIS CT
EDGBASTON PARK RD
B15
PRIORY
The Priory
3
THE SPINNEY
37
Winterbourne Botanic Garden
Edgbaston Pool
Edgbaston Coll
PHOENIX GRIFFIN
PRITCHATTS RD
ELM RD
84
HOSPITAL DR
Queen Elizabeth
B5
King Edward VI High Sch for Girls
2
University
RING RD N
Univ of Birmingham
WESTGATE
VINCENT DR
UNIVERSITY ROAD W
King Edward's Sch
Broadcasting Ctr
The Barber Inst of Fine Arts
RING RD S
TERRACE RD
P
EASTERN RD
1
Worcester & Birmingham Canal
MILTON GR
GRANGE RD
A38
PO
HARLEY RD
LUTON RD
OAKFIELD RD
DALE RD
NORTH RD
HARROW RD
ALTON RD
UPLAND RD
GEORGE RD
CROYDON RD
A441
83
BLOSSOM AVE
KENNEGGY MEWS
Selly Hill
PEBWORTH CL
SELLY WICK RD
REAVEW DR
Liby
BRISTOL RD
ST EDWARD'S RD
ROOKERY RD
BOURNBROOK RD
SERPENTINE RD
SEYMOUR CL
OVER MILL DR
SELLY CL
SELLY WICK DR
PERS
MAYF
FERN
LAWTO
PRIORY
HUBERT
CROFT
Sch
SELLY HILL RD
DAWLISH RD
05
48
UNION PL
THE STABLES
DARTMOUTH RD
TIVERTON RD
CORONATION RD
Bournbrook
SOUTHBOURNE CL
B29
DOBBS

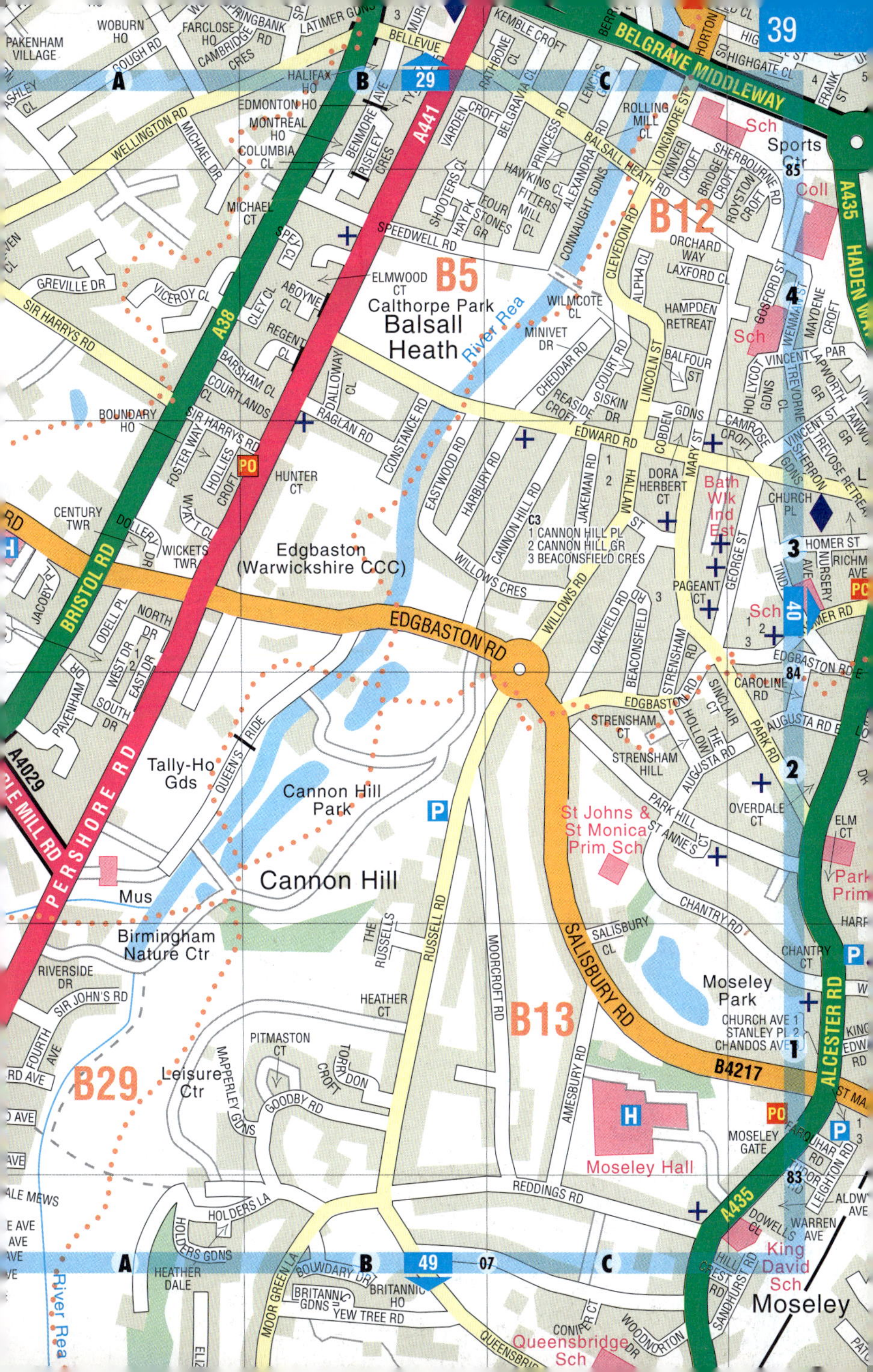

Balsall Heath
Calthorpe Park
B5
B12
B13
B29
Edgbaston (Warwickshire CCC)
Cannon Hill Park
Cannon Hill
Tally-Ho Gds
Birmingham Nature Ctr
Leisure Ctr
Moseley Park
Moseley Hall
Moseley
River Rea
EDGBASTON RD
BRISTOL RD
PERSHORE RD
BELGRAVE MIDDLEWAY
SALISBURY RD
ALCESTER RD
EDWARD RD
RUSSELL RD
A38
A441
A435
B4217
A4029
29
49
40
Sch
Coll
Mus
St Johns & St Monica Prim Sch
King David Sch
Queensbridge Sch

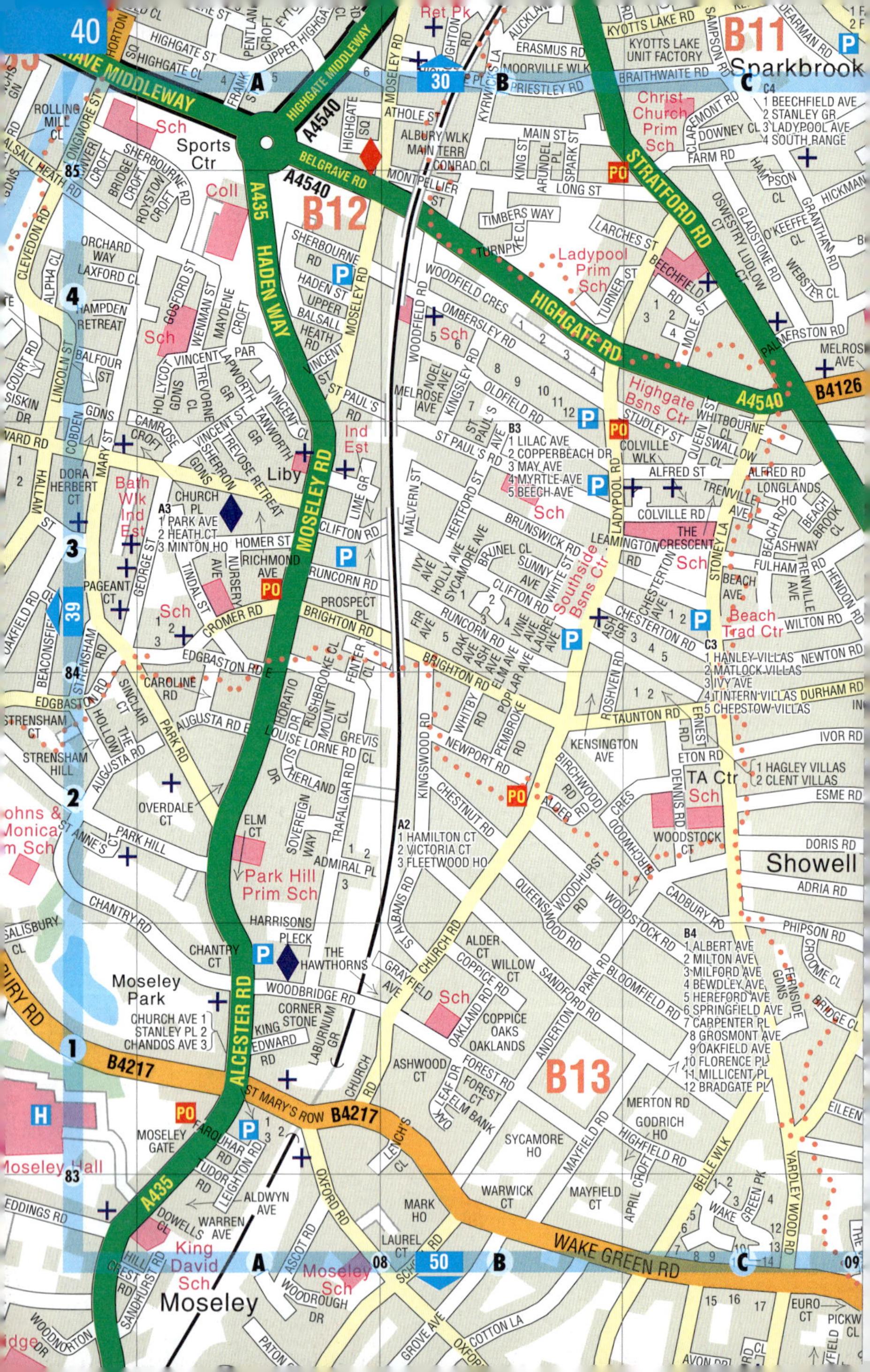

B12
B11
B13
Sparkbrook
Showell
Moseley
Moseley Park
Moseley Hall
HAVE MIDDLEWAY
HIGHGATE MIDDLEWAY
BELGRAVE RD
A4540
HIGHGATE RD
STRATFORD RD
HADEN WAY
A435
MOSELEY RD
ALCESTER RD
B4217
ST MARY'S ROW
WAKE GREEN RD
B4126
30
39
50
Sports Ctr
Coll
Sch
Liby
Ind Est
Bath Wlk Ind Est
Christ Church Prim Sch
Ladypool Prim Sch
Highgate Bsns Ctr
Southside Bsns Ctr
Beach Trad Ctr
TA Ctr
Park Hill Prim Sch
King David Sch
Moseley Sch
Ret Pk
KYOTTS LAKE RD
KYOTTS LAKE UNIT FACTORY
BRAITHWAITE RD
PRIESTLEY RD
ERASMUS RD
MOORVILLE WLK
ATHOLE ST
ALBURY WLK
MAIN TERR
CONRAD CL
MONTPELLIER ST
TIMBERS WAY
LONG ST
MAIN ST
TURNPIKE CL
WOODFIELD CRES
OMBERSLEY RD
OLDFIELD RD
ST PAUL'S RD
LADYPOOL RD
STUDLEY ST
COLVILLE WLK
ALFRED ST
ALFRED RD
COLVILLE RD
THE CRESCENT
LEAMINGTON RD
BRUNSWICK RD
CHESTERTON RD
RUNCORN RD
BRIGHTON RD
TAUNTON RD
KENSINGTON AVE
NEWPORT RD
CHESTNUT RD
WOODSTOCK RD
CADBURY RD
QUEENSWOOD RD
SANDFORD RD
BLOOMFIELD RD
CHURCH RD
WOODBRIDGE RD
EDGBASTON RD
AUGUSTA RD
PARK HILL
CHANTRY RD
CROMER RD
CLIFTON RD
HOMER ST
RICHMOND AVE
PROSPECT PL
SHERBOURNE RD
BALSALL HEATH RD
ORCHARD WAY
LAXFORD CL
HAMPDEN RETREAT
BALFOUR ST
CLEVEDON RD
STONEY LA
DURHAM RD
NEWTON RD
IVOR RD
ESME RD
DORIS RD
ADRIA RD
PHIPSON RD
YARDLEY WOOD RD
BELLE WLK
MAYFIELD RD
HIGHFIELD RD
MERTON RD
OXFORD RD
ASHWOOD CT
SYCAMORE HO
WARWICK CT
MAYFIELD CT
MARK HO
LAUREL CT
ALDWYN AVE
WARREN AVE
DOWELLS CL
MOSELEY GATE
EDDINGS RD
SALISBURY RD
CHURCH AVE 1
STANLEY PL 2
CHANDOS AVE 3
B3
1 LILAC AVE
2 COPPERBEACH DR
3 MAY AVE
4 MYRTLE AVE
5 BEECH AVE
C3
1 HANLEY VILLAS
2 MATLOCK VILLAS
3 IVY AVE
4 TINTERN VILLAS
5 CHEPSTOW VILLAS
1 HAGLEY VILLAS
2 CLENT VILLAS
A2
1 HAMILTON CT
2 VICTORIA CT
3 FLEETWOOD HO
A3
1 PARK AVE
2 HEATH CT
3 MINTON HO
C4
1 BEECHFIELD AVE
2 STANLEY GR
3 LADYPOOL AVE
4 SOUTH RANGE
B4
1 ALBERT AVE
2 MILTON AVE
3 MILFORD AVE
4 BEWDLEY AVE
5 HEREFORD AVE
6 SPRINGFIELD AVE
7 CARPENTER PL
8 GROSMONT AVE
9 OAKFIELD AVE
10 FLORENCE PL
11 MILLICENT PL
12 BRADGATE PL

Small Heath Park
Small Heath Sch
31
A
B
C
Union Canal Walk
RAILWAY VIEW
EDMONDS CT
POETS CNR
A45
SMALL HEATH HIGHWAY
MONTGOMERY ST
MONTGOMERY CROFT
Montgomery Bsns Ctr
WHITE RD
GRACE RD
CARTLAND RD
Sch
ANDERTON RD
THE POPLARS
THE FIRS
STRETTON GR
Newshire Ind Est
GOLDEN HILLOCK RD
B4145
Small Heath
BYRON RD
WAVERLEY RD
TENNYSON RD
MALMESBURY RD
OLDKNOW RD
TALBOT WAY
Holy Family RC Prim Sch
Oldknow Jun Sch
Small Heath Bsns Pk
Superst
85
B10
Sapcote Bsns Ctr
4
ARMOURY RD
Small Heath Trad Est
Grand Union Canal
Armoury Trad Est
ABBOTSFORD RD
THE LIMES
MEDLICOTT RD
HOLDER RD
OAKFIELD AVE
WESTON AVE
CHURCH VIEW
SYDENHAM RD
FALLOWS RD
BARROWS RD
CONWAY RD
Sch
WALFORD RD
B4126
OSBORN RD
PO
BENTON RD
BENTON AVE
PRIMROSE AVE
APPLESHAM CL
HANGLETON DR
ANSELL RD
A3
1 ROSARY VILLAS
2 LABURNUM VILLAS
3 INGLESIDE VILLAS
4 ORIEL VILLAS
RODERICK RD
WITHDEAN CL
Golden Hillock Sch &
City Coll
MADELEY RD
A41
WEATHEROAK RD
AVON ST
BARD ST
SHAKESPEARE ST
STRATFORD ST
GOUGH RD
MEDLEY RD
TOMEY RD
HOLTE RD
BERTHA RD
ALBION RD
FRASER RD
B11
Atlas Trad Est
Tyseley Ind Est
RIVER LEE RD
Tyseley Locomotive Wks Vistor Ctr
3
Greet
BAKER ST
JOHNS RD
JOHNSON CL
MOUNTFORD ST
BLUNDELL RD
DOLPHIN RD
COLEBROOK RD
SEELEYS RD
COWLEY RD
COWLEY GR
MORCOM RD
ROMA RD
42
B4145
BLACKFORD RD
CASTLEFORD GR
CASTLEFORD RD
LEA RD
OLD GRANGE RD
MANOR FARM RD
84
Warwick Road Trad Est
WARWICK RD
A41
HAVELOCK RD
BOSCOMBE RD
MEDINA RD
Steph Ind
Yardleys
2
FERNLEY RD
RYLAND RD
Greet Prim Sch
1 KINVER CT
2 ENDWOOD CT
3 SADLER CRES
4 FOX CRES
WESTWOOD AVE
BATTERY WAY
WESTON LA
BELVIDERE GDNS
EVELYN RD
LIME CT
FREDERICK RD
COURT RD
Sch
Liby
AVONDALE RD
PERCY RD
Sparkhill
Startpoint Trad Est
Weston Ind Est
PO
Green
CLARENCE RD
St John's CE Prim Sch
HILLFIELD RD
SHOWELL GREEN LA
The Birmingham & Midland
PENTOS DR
Formans Trad Est
THORNHILL RD
FORMANS RD
OLTON BVD
PARK RD
Sparkhill Park
MATLOCK RD
1
RHONE CL
LYONS GR
PHILIP SIDNEY RD
NORA RD
GEOFFREY RD
GEOFFREY PL
OAKWOOD RD
NANSEN RD
STRATFORD RD
SOLIHULL RD
KNOWLE RD
River Cole
BROMYARD RD
LEOMINSTER RD
RUNNYMEDE RD
TETLEY RD
REDDINGS LA
SPRING RD
SPRINGCROFT RD
LYNCROFT RD
ALLCROFT RD
83
GRESWOLDE RD
PO
Fox Mill Est
GROVE RD
WOODLANDS RD
B4217
MACKENZIE RD
A
Sch
B
51
10
C
COLLEGE RD
SHAFTMOOR LA
HILLMOUNT CL
CATESWELL
PASSEY RD
B13
B28
BRANDON RD

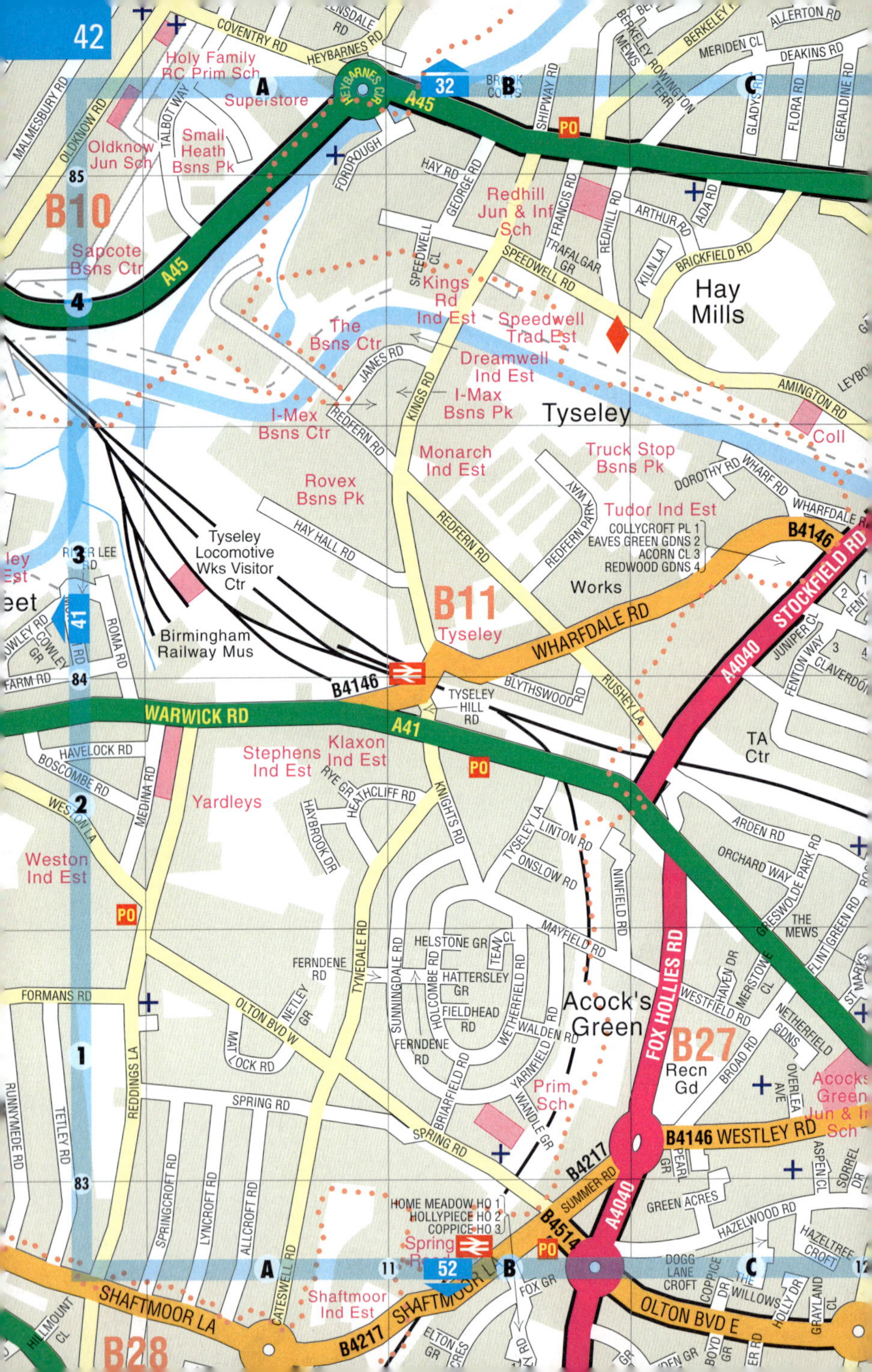
COVENTRY RD
HEYBARNES RD
HEYBARNES CIR
A45
32
B
BROOK COTTS
SHIPWAY RD
PO
BERKELEY MEWS
ROWINGTON TERR
BERKELEY
MERIDEN CL
ALLERTON RD
DEAKINS RD
C
GLADYS RD
FLORA RD
GERALDINE RD
Holy Family RC Prim Sch
A
Superstore
MALMESBURY RD
OLDKNOW RD
TALBOT WAY
Oldknow Jun Sch
Small Heath Bsns Pk
FORDROUGH
85
B10
HAY RD
GEORGE RD
Redhill Jun & Inf Sch
FRANCIS RD
REDHILL RD
ARTHUR RD
ADA RD
Sapcote Bsns Ctr
SPEEDWELL CL
SPEEDWELL RD
TRAFALGAR GR
KILN LA
BRICKFIELD RD
Hay Mills
4
Kings Rd Ind Est
Speedwell Trad Est
The Bsns Ctr
JAMES RD
Dreamwell Ind Est
AMINGTON RD
LEYBOURNE
I-Max Bsns Pk
KINGS RD
Tyseley
I-Mex Bsns Ctr
REDFERN RD
Coll
Monarch Ind Est
Truck Stop Bsns Pk
Rovex Bsns Pk
DOROTHY RD
WHARF RD
WHARFDALE RD
HAY HALL RD
REDFERN PARK WAY
Tudor Ind Est
COLLYCROFT PL 1
EAVES GREEN GDNS 2
ACORN CL 3
REDWOOD GDNS 4
B4146
STOCKFIELD RD
Tyseley Locomotive Wks Visitor Ctr
3
RIVER LEE RD
Works
B11
Tyseley
41
ROMA RD
COWLEY RD
COWLEY GR
WHARFDALE RD
Birmingham Railway Mus
JUNIPER CL
FENTON WAY
CLAVERDON
A4040
FARM RD
84
B4146
BLYTHSWOOD RD
RUSHEY LA
TYSELEY HILL RD
WARWICK RD
A41
TA Ctr
HAVELOCK RD
Stephens Ind Est
Klaxon Ind Est
PO
BOSCOMBE RD
RYE GR
HEATHCLIFF RD
2
WESTON LA
MEDINA RD
Yardleys
HAYBROOK DR
KNIGHTS RD
TYSELEY LA
LINTON RD
ARDEN RD
ORCHARD WAY
GRESWOLDE PARK RD
Weston Ind Est
ONSLOW RD
NINFIELD RD
PO
MAYFIELD RD
THE MEWS
FLINTGREEN RD
HELSTONE GR
TEAM CL
FERNDENE RD
TYNEDALE RD
SUNNINGDALE RD
HOLCOMBE RD
HATTERSLEY GR
WETHERFIELD RD
HAVEN DR
MERSTOWE CL
WESTFIELD RD
ST MARYS
FORMANS RD
FIELDHEAD RD
Acock's Green
FOX HOLLIES RD
NETLEY GR
OLTON BVD W
MATLOCK RD
FERNDENE RD
WALDEN RD
YARNFIELD RD
NETHERFIELD GDNS
B27
1
Recn Gd
BROAD RD
OVERLEA AVE
Acocks Green Jun & Inf Sch
RUNNYMEDE RD
TETLEY RD
REDDINGS LA
SPRING RD
BRIARFIELD RD
Prim Sch
WANDLE GR
SPRING RD
B4217
B4146 WESTLEY RD
PEARL GR
ASPEN CL
SORREL DR
83
SPRINGCROFT RD
LYNCROFT RD
ALLCROFT RD
HOME MEADOW HO 1
HOLLYPIECE HO 2
COPPICE HO 3
SUMMER RD
A4040
GREEN ACRES
HAZELWOOD RD
HAZELTREE CROFT
B4514
Spring Road
PO
A
CATESWELL RD
11
52
B
DOGG LANE CROFT
COPPICE DR
THE WILLOWS
C
HOLLY DR
GRAYLAND CL
SHAFTMOOR LA
Shaftmoor Ind Est
SHAFTMOOR LA
FOX GR
OLTON BVD E
HILLMOUNT CL
B28
B4217
ELTON GR
BOYD GR

B25
B26
B27
B92
Yardley Jun & Inf Sch
Playing Fields
Recn Gd
Gilbertstone
COVENTRY RD
A4040
CHURCH RD
HARVEY RD
MOAT LA
THE CAUSEWAY
BOUGHTON RD
HOWARD RD
HENRY RD
WILLARD RD
MILTON CRES
ASH TREE DR
LILY RD
PRESTON RD
RUTLAND DR
YEW TREE LA
ROWLANDS RD
HOLLYHURST GR
ELMCROFT RD
MANOR HOUSE
SUNNYMEAD
SAXONDALE AV
HERONDALE RD
A45
STEEL GR
HOLDER RD
KATHLEEN RD
BURNHAM AVE
HILDERSTONE RD
GRAHAM RD
BROADYATES RD
BROADYATES GR
FOREST RD
WATERLOO RD
Liby
LIME GR
EMILY RD
GLADSTONE RD
WARWELL LA
MARTIN CL
GIDEON CL
BAGNALL CL
BINLEY CL
KENNERLEY RD
DAVIS GR
KINWARTON CL
1 THE TIVOLI
2 BAKEMAN HO
3 SWAN CTYD
4 CHARLES EDWARD RD
COPNOR GR
PETWORTH GR
GOTHAM RD
South Yardley
Cemy
Crem
A3
1 SYCAMORE WAY
2 CYPRESS SQ
3 LAUREL GDNS
4 ASH MEWS
5 CHERRY TREE CROFT
6 SNOWBERRY GDNS
7 RYE CROFT
8 HONEYSUCKLE GR
9 BLOSSOMVILLE WAY
ALDERSHAW RD
STEYNING RD
DERRON AVE
BRYN ARDEN RD
GILBERTSTONE AVE
BREAN AVE
WICHNOR RD
HANSON GR
RETFORD GR
DURLEY GR
ELSWORTH GR
TIFFIELD RD
MANSFIELD RD
SWAN COPSE
YARDLEY RD
B4146
Stockfield
Wynford Rd Ind Est
KILMORIE RD
Grand Union Canal
Grand Union Canal Walk
Gilbertstone Prim Sch
BIRCHTREES CROFT
CLAY LA
TRENTHAM GR
MEASHAM GR
LIME TREE RD
WYNFORD RD
AUGUSTA RD
LANGWORTH AVE
FRANCIS RD
BRAMLEY RD
BRAMLEY MEWS
EATON WOOD DR
BRINDLE CL
OAK MEADOW CL
LENTON CROFT
WHEELDON HO
LANGDON WLK
LONGLEY CRES
LOWDEN CROFT
HAZEL GDNS
CEDARS AVE
CHESTNUT CL
DALSTON RD
Cottesbrook Jun Sch
FLORENCE RD
Cottesbrook Inf Sch
ROVER DR
WOLSELEY AVE
BEECHES AVE
COTTESBROOK RD
Eastbourne House Sch
MORRIS CL
CAMBRIDGE WAY
AUSTIN CL
ALEXANDER RD
ELMDON RD
COLWALL WLK
RINGSWOOD RD
SHALFORD RD
BOSWORTH RD
MALVERN CT
MALVERN RD
MARLEY HTS
COWLEY DR
OXFORD DR
WOODCOCK LA N
SUNLEIGH GR
HARDWICK RD
AMBERLEY RD
WAGON LA
SHERBOURNE DR
SHERBOURNE RD
AVERY DR
Acocks Green
THE VINERIES
SHAWLEY CROFT
FLINTHAM CL
ROCK GR
BARN LA
WENTWORTH RD
SHARON CT
DUDLEY PARK RD
TEALL CT
STATION RD
Holy Souls RC Prim Sch
TANYARDS
ROBERTS RD
OXFORD RD
HENBURY RD
THE AVENUE
WOODCOCK LA
CONYWORTH CL
HANBURY CROFT
HOWARD RD
ROCK RD
LINCOLN RD N
MALLARD CL
DAGNALL RD
A1
1 EVERENE HO
2 LOUISE CT
3 DIGBY CT
LINCOLN CL
MALFIELD DR
PIERCE AVE
Archbishop Ilsley RC Sch
WARWICK RD
A41
WOODBERRY WLK
WOODCOCK LA
BERICOTE CROFT
1 RAYLEIGH HO
2 NEEDWOOD HO
OLTON CROFT
SCOTT GR
GLYDE CT
VICTORIA RD
DOLPHIN LA
ANSON GR
CULHAM CL
1 HARTSHILL HO
2 HILLSBOROUGH HO
FERNHILL RD
BADDESLEY RD
SCOTT RD
CHAPEL FIELDS
BOTTEVILLE RD
CEARL CT
OLTON BVD E
B4514
LINCOLN RD
HILLBOROUGH RD
RICHMOND RD
St Margaret CE Prim Sch
VICTORIA RD
HURON
WILDFELL RD
BRETTON RD
HARRIER RD
HALL RD
SHRUBROOK CL
BARTLEY CL
PO
33
44
53
85
84
83
13

44

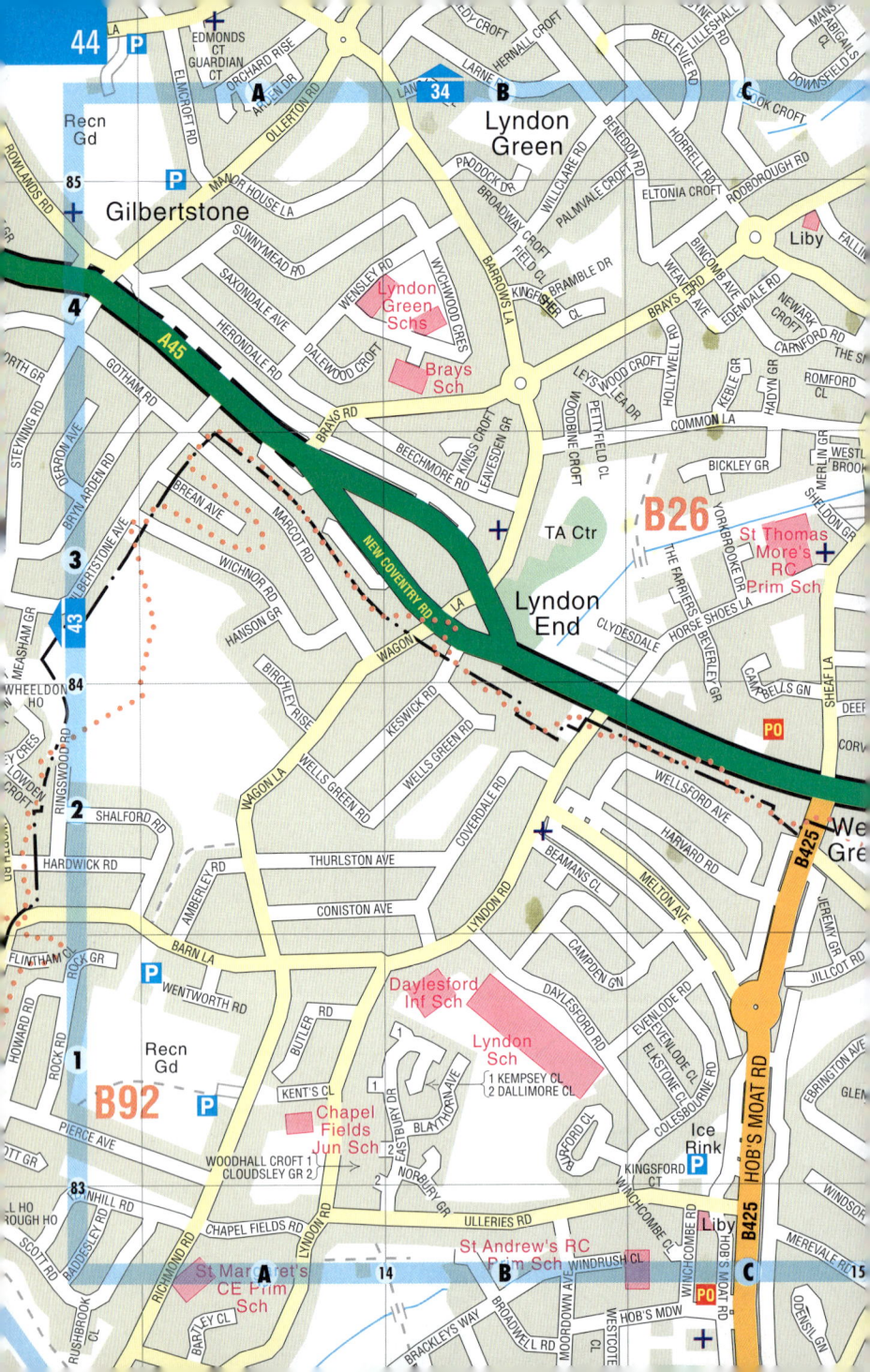

Lyndon Green
Gilbertstone
Lyndon End

A45 · **New Coventry Rd**
B26 · **B92** · **B425** · **Hob's Moat Rd**

Schools
- Lyndon Green Schs
- Brays Sch
- St Thomas More's RC Prim Sch
- Daylesford Inf Sch
- Lyndon Sch
- Chapel Fields Jun Sch
- St Andrew's RC Prim Sch
- St Margaret's CE Prim Sch

Other features
- Recn Gd
- TA Ctr
- Ice Rink
- Liby
- PO

Streets (selection)
Edmonds Ct, Guardian Ct, Orchard Rise, Elmcroft Av, Arden Dr, Ollerton Rd, Larne Rd, Hernall Croft, Bellevue Rd, Lilleshall, Mans, Abigails, Downsfield Cl, Cook Croft, Rowlands Rd, Manor House La, Paddock Dr, Willcare Rd, Benedon Rd, Horrell Rd, Rodborough Cl, Eltonia Croft, Palmvale Croft, Sunnymead Rd, Wensley Rd, Wychwood Cres, Barrows La, Kingfisher Cl, Bincomb Av, Edendale Rd, Newark Croft, Romford Cl, Falling, Saxondale Av, Herondale Rd, Dalewood Croft, Field Cl, Bramble Dr, Weavers, Carnford Rd, The Sh, Gotham Rd, Brays Rd, Leys Wood Croft, Hollywell Rd, Pettyfield Cl, Common La, Keble Gr, Hadyn Cr, Westl, North Gr, Steyning Rd, Bryn Arden Rd, Devron Av, Brean Av, Marcot Rd, Beechmore Rd, Kings Croft, Leavesden Gr, Woodbine Croft, Bickley Gr, Merlin Gr, Brook, Libertstone Av, Wichnor Rd, York Brooke Dr, The Farriers, Horse Shoes La, Beverley Gr, Sheldon Gr, Measham Gr, Wheeldon Ho, Hanson Gr, Sheaf La, Deef, Ringswood Rd, Birchley Rise, Keswick Rd, Wells Green Rd, Clydesdale, Campbells Gn, Corv, Lowden Croft, Wagon La, Coverdale Rd, Wellsford Av, Shalford Rd, Thurlston Av, Beamans Cl, Harvard Rd, Hardwick Rd, Amberley Rd, Coniston Av, Lyndon Rd, Melton Av, Flintham Cl, Rock Gr, Barn La, Wentworth Rd, Daylesford Rd, Campden Gn, Evenlode Rd, Elkstone Cl, Colesbourne Rd, Jillcot Rd, Butler Rd, Kent's Cl, Kempsey Cl, Dallimore Cl, Evenlode Cl, Ebrington Av, Glen, Howard Rd, Rock Rd, Eastbury Dr, Blaythorn Av, Kingsford Ct, Woodhall Croft, Cloudsley Gr, Norbury Gr, Rayford Cl, Pierce Av, Nhill Rd, Baddesley Rd, Richmond Rd, Lyndon Rd, Ulleries Rd, Winchcombe Cl, Windsor, Rushbrook Rd, Scott Cl, Bartley Cl, Chapel Fields Rd, Broadwell Rd, Mordown Rd, Westcote, Merevale Rd, Odensla, Brackley's Way, Hob's Mdw, Windrush Cl

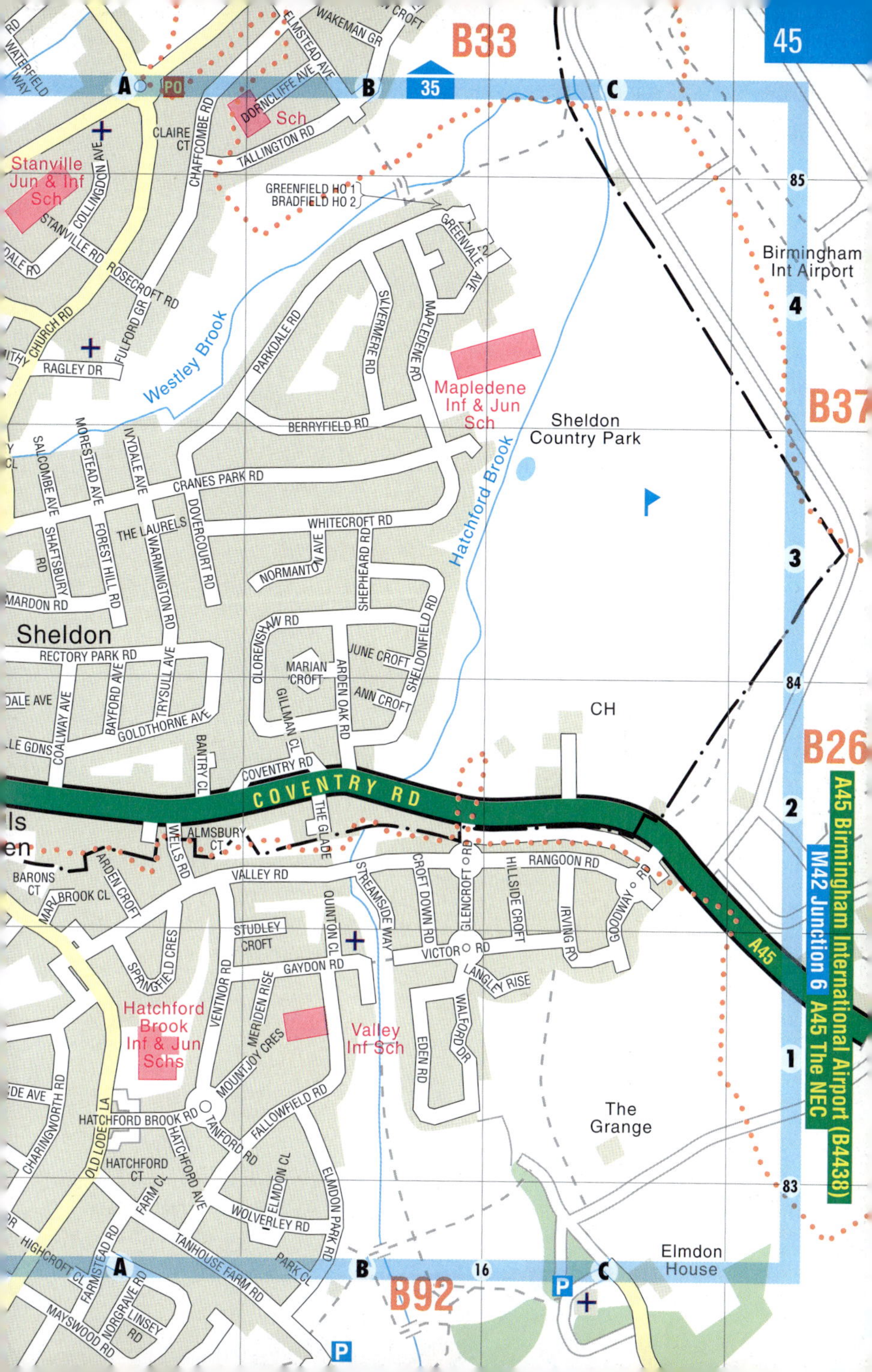
B33
35
B37
B26
B92
16
85
84
83
4
3
2
1
A
B
C
Birmingham Int Airport
Sheldon Country Park
Sheldon
Stanville Jun & Inf Sch
Mapledene Inf & Jun Sch
Hatchford Brook Inf & Jun Schs
Valley Inf Sch
Sch
CH
The Grange
Elmdon House
Westley Brook
Hatchford Brook
COVENTRY RD
A45
A45 Birmingham International Airport (B4438)
M42 Junction 6
A45 The NEC
GREENFIELD HO 1
BRADFIELD HO 2
WAKEMAN GR
ELMSTEAD AVE
DORNCLIFFE AVE
TALLINGTON RD
CHAFFCOMBE RD
CLAIRE CT
COLLINGDON AVE
STANVILLE RD
ROSECROFT RD
CHURCH RD
FULFORD GR
RAGLEY DR
WATERFIELD WAY
GREENVALE AVE
PARKDALE RD
SILVERMERE RD
MAPLEDENE RD
BERRYFIELD RD
SALCOMBE AVE
MORESTEAD AVE
IVYDALE AVE
CRANES PARK RD
DOVERCOURT RD
WHITECROFT RD
THE LAURELS
WARMINGTON RD
FOREST HILL RD
SHAFTSBURY RD
MARDON RD
NORMANTON AVE
SHEPHEARD RD
SHELDONFIELD RD
OLORENSHAW RD
MARIAN CROFT
JUNE CROFT
ANN CROFT
ARDEN OAK RD
GILLMAN CL
RECTORY PARK RD
BAYFORD AVE
TRYSULL AVE
GOLDTHORNE AVE
COALWAY AVE
BANTRY CL
COVENTRY RD
THE GLADE
WELLS RD
LALMSBURY CT
BARONS CT
ARDEN CROFT
MARLBROOK CL
VALLEY RD
STREAMSIDE WAY
CROFT DOWN RD
GLENCROFT RD
HILLSIDE CROFT
RANGOON RD
GOODWAY RD
IRVING RD
QUINTON CL
STUDLEY CROFT
SPRINGFIELD CRES
VICTOR RD
LANGLEY RISE
GAYDON RD
VENTNOR RD
MERIDEN RISE
MOUNTJOY CRES
WALFORD DR
EDEN RD
CHARINGWORTH RD
HATCHFORD BROOK RD
TANFORD RD
FALLOWFIELD RD
OLD LODE LA
HATCHFORD CT
HATCHFORD AVE
ELMDON CL
ELMDON PARK RD
FARM CL
WOLVERLEY RD
TANHOUSE FARM RD
PARK CL
HIGHCROFT CL
FARMSTEAD RD
NORGRAVE RD
LINSEY RD
MAYSWOOD RD

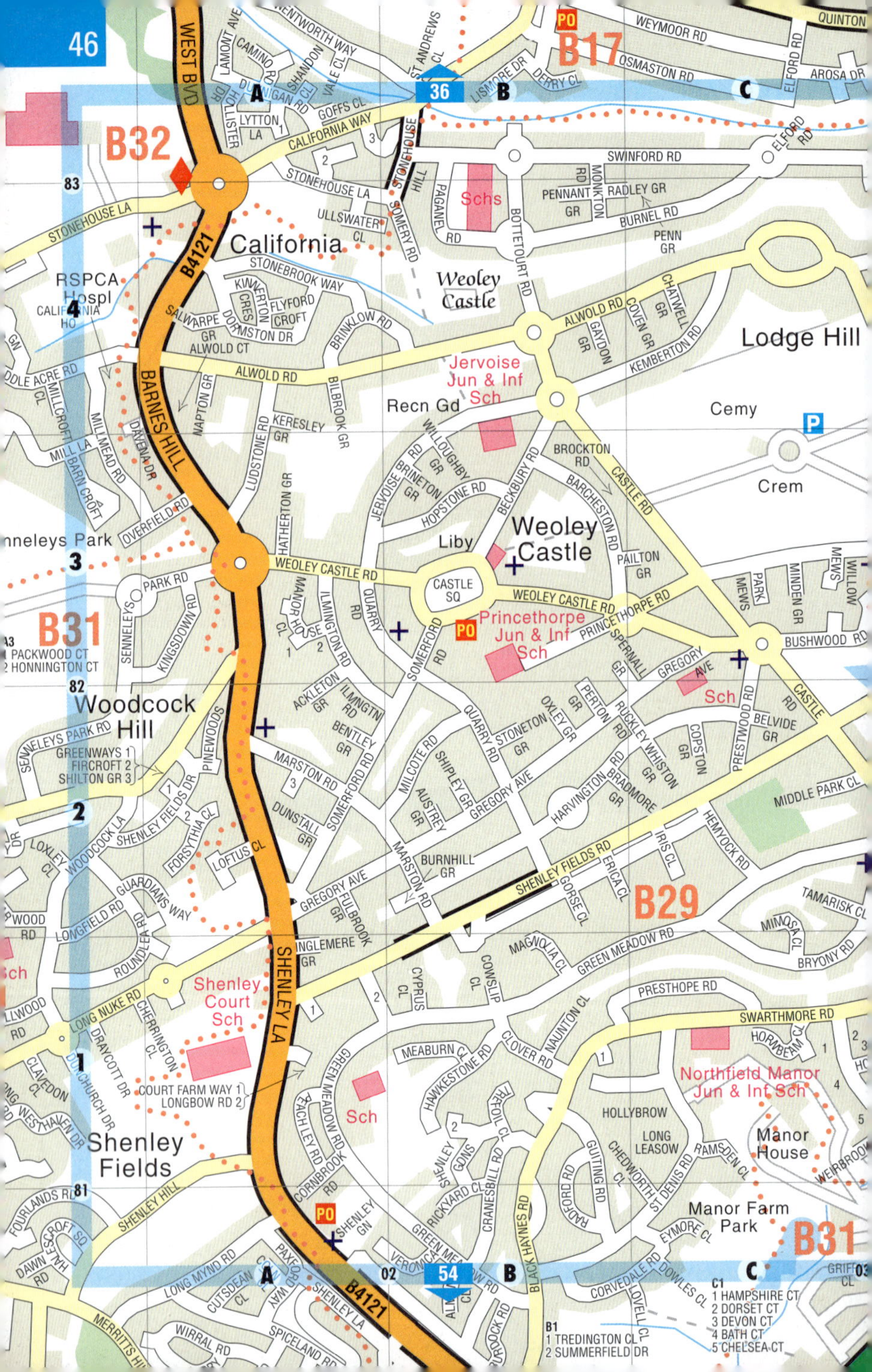
B17
B32
B31
B29
B31
36
54
A
B
C
A
B
C
83
82
81
02
03
4
3
2
1
PO
WEST BVD
QUINTON
WEYMOOR RD
OSMASTON RD
ELFORD RD
AROSA DR
LAMONT AVE
CAMINO RD
WENTWORTH WAY
SHANDON CL
VALE CL
ST ANDREWS CL
LISMORE DR
DERRY CL
HOLLISTER DR
DUNIGAN RD
LYTTON LA
GOFFS CL
CALIFORNIA WAY
STONEHOUSE HILL
SWINFORD RD
STONEHOUSE LA
PAGANEL RD
Schs
MONKTON RD
PENNANT GR
RADLEY GR
BURNEL RD
PENN GR
ULLSWATER CL
SOMERY RD
BOTTETOURT RD
California
RSPCA Hospl
CALIFORNIA HO
B4121
STONEBROOK WAY
KINVERTON CRES
FLYFORD CROFT
SALWARPE GR
DORMSTON DR
ALWOLD CT
BRINKLOW RD
Weoley Castle
ALWOLD RD
GAYDON GR
COVEN GR
CHATWELL GR
KEMBERTON RD
Lodge Hill
Jervoise Jun & Inf Sch
Recn Gd
Cemy
Crem
MIDDLE ACRE RD
MILLCROFT CL
MILLMEAD RD
MILL LA
BARN CROFT
DAVENA DR
BARNES HILL
NAPTON GR
LUDSTONE RD
KERESLEY GR
BILBROOK GR
HATHERTON GR
WILLOUGHBY GR
BRINETON GR
JERVOISE RD
HOPSTONE RD
BECKBURY RD
BROCKTON RD
BARCHESTON RD
CASTLE RD
OVERFIELD RD
Senneleys Park
Liby
Weoley Castle
PAILTON GR
WEOLEY CASTLE RD
CASTLE SQ
WEOLEY CASTLE RD
PRINCETHORPE RD
MEWS
PARK
MINDEN GR
MEWS
WILLOW
PARK RD
SENNELEYS
KINGSDOWN RD
MANOR HOUSE CL
ILMINGTON RD
QUARRY RD
SOMERFORD RD
Princethorpe Jun & Inf Sch
SPERNALL GR
GREGORY AVE
BUSHWOOD RD
PACKWOOD CT
HONNINGTON CT
Woodcock Hill
SENNELEYS PARK RD
GREENWAYS 1
FIRCROFT 2
SHILTON GR 3
PINEWOODS
ACKLETON GR
ILMNGTN RD
BENTLEY GR
QUARRY RD
STONETON GR
OXLEY GR
PERTON GR
RUCKLEY RD
WHISTON GR
COPSTON GR
PRESTWOOD RD
Sch
BELVIDE GR
CASTLE
MARSTON RD
MILCOTE RD
SHIPLEY GR
AUSTREY GR
GREGORY AVE
HARVINGTON RD
BRADMORE GR
MIDDLE PARK CL
SHENLEY FIELDS DR
FORSYTHIA CL
WOODCOCK LA
LOXLEY CL
DUNSTALL GR
SOMERFORD RD
MARSTON RD
BURNHILL GR
SHENLEY FIELDS RD
IRIS CL
HEMYOCK RD
LOFTUS CL
GUARDIANS WAY
LONGFIELD RD
ROUNDLEA RD
GREGORY AVE
FULBROOK GR
GORSE CL
ERICA CL
TAMARISK CL
MIMOSA CL
BRYONY RD
WOOD RD
Sch
INGLEMERE GR
MAGNOLIA CL
GREEN MEADOW RD
SHENLEY LA
Shenley Court Sch
CYPRUS CL
COWSLIP CL
PRESTHOPE RD
SWARTHMORE RD
LONG NUKE RD
CHERRINGTON CL
LLWOOD RD
NAUNTON CL
CLOVER RD
HORNBEAM CL
MEABURN CL
HAWKESTONE RD
Northfield Manor Jun & Inf Sch
DRAYCOTT DR
DUNCHURCH DR
CLAVEDON CL
WESTHAVEN DR
COURT FARM WAY 1
LONGBOW RD 2
Sch
GREEN MEADOW RD
TREFOIL CL
HOLLYBROW
LONG LEASOW
RAMSDEN CL
Manor House
WEIRBROOK
Shenley Fields
BEACHLEY RD
SHENLEY GDNS
CRANESBILL RD
GUITTING RD
CHEDWORTH CL
ST DENIS RD
RADFORD RD
FOURLANDS RD
SHENLEY HILL
CORNBROOK RD
RICKYARD CL
Manor Farm Park
EYMORE CL
HALESCROFT SQ
DAWN RD
PO
SHENLEY GN
GREEN MEADOW RD
VERONICA
BLACK HAYNES RD
LONG MYND RD
CUTSDEAN CL
PAXFORD WAY
SHENLEY LA
B4121
CORVEDALE RD
DOWLES CL
LOVELL CL
GRIFF CL
C1
1 HAMPSHIRE CT
2 DORSET CT
3 DEVON CT
4 BATH CT
5 CHELSEA CT
B1
1 TREDINGTON CL
2 SUMMERFIELD DR
MERRITTS HILL
WIRRAL RD
SPICELAND RD

Map: Selly Oak / Bournville area

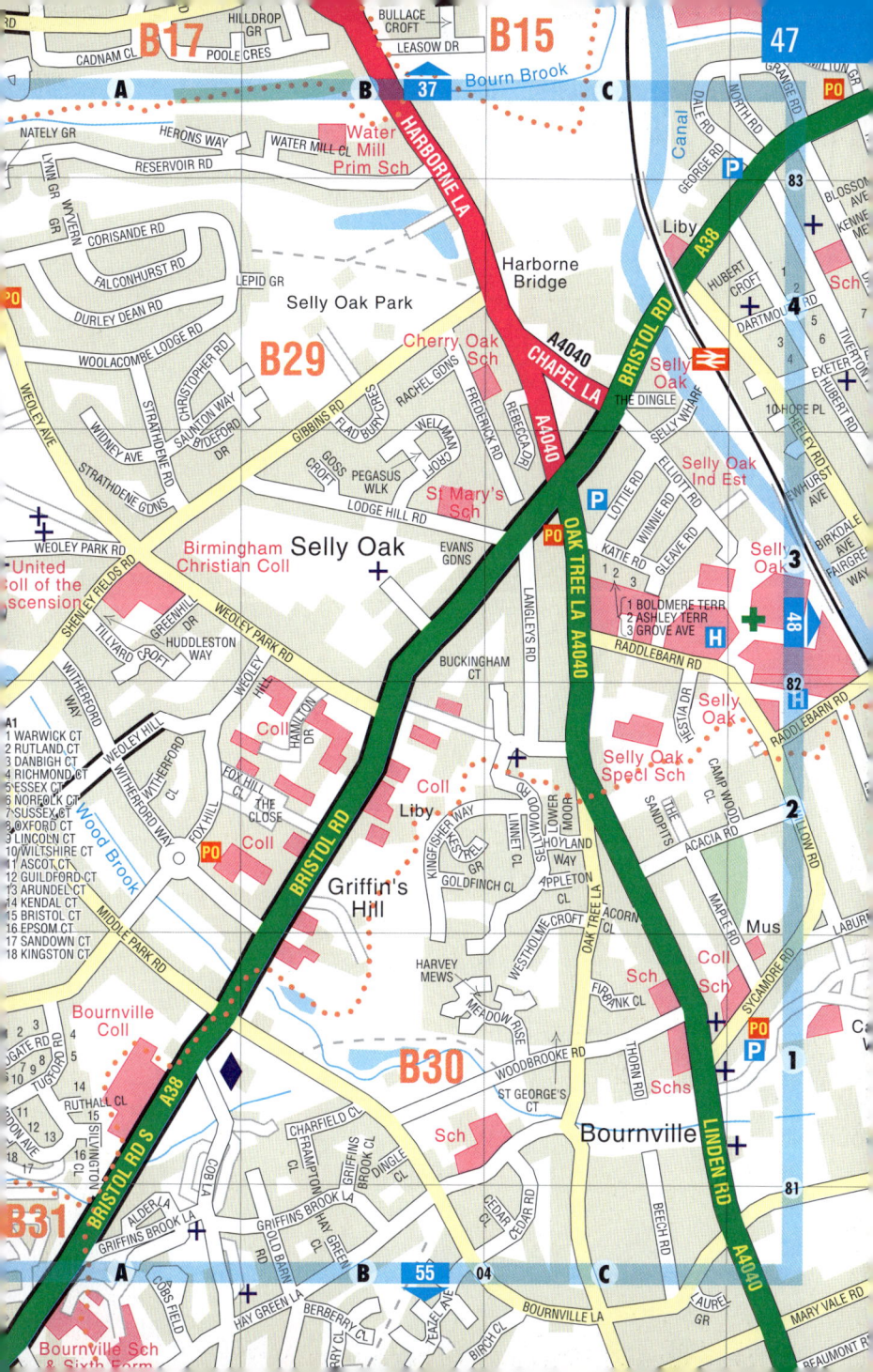

Grid references: B17, B15, 47, B29, B31, B30

Key locations and labels

- Selly Oak
- Selly Oak Park
- Harborne Bridge
- Cherry Oak Sch
- St Mary's Sch
- Water Mill Prim Sch
- Birmingham Christian Coll
- United Coll of the Ascension
- Selly Oak Ind Est
- Selly Oak Wharf
- The Dingle
- Selly Oak Spec Sch
- Griffin's Hill
- Bournville Coll
- Bournville
- Bournville Sch & Sixth Form
- Harvey Mews
- Liby (Library)

Major roads

- Harborne La
- Chapel La (A4040)
- Bristol Rd (A38)
- Bristol Rd S (A38)
- Oak Tree La (A4040)
- Linden Rd (A4040)
- Weoley Park Rd
- Raddlebarn Rd
- Middle Park Rd
- Woodbrooke Rd
- Bournville La

Streets (selection)

- Cadnam Cl, Hilldrop Gr, Poole Cres, Bullace Croft, Leasow Dr
- Nately Gr, Herons Way, Water Mill Cl, Reservoir Rd
- Lynn Gr, Wyven Gr, Corisande Rd, Falconhurst Rd, Lepid Gr
- Durley Dean Rd, Woolacombe Lodge Rd, Christopher Rd, Saunton Way, Deford Dr
- Strathdene Rd, Widney Ave, Strathdene Gdns, Weoley Ave
- Gibbins Rd, Rachel Gdns, Frederick Rd, Rebecca Dr
- Flavbury, Welliman Croft, Goss Croft, Pegasus Wlk, Lodge Hill Rd
- Weoley Fields Rd, Shenley Fields Rd, Greenhill Dr, Tillyard Croft, Huddleston Way
- Witherford Way, Witherford Cl, Weoley Hill, Weoley Ford, Hamilton Dr
- Fox Hill, The Close, Fox Hill Cl
- Lottie Rd, Winnie Rd, Elliot Rd, Gleave Rd, Katie Rd
- Boldmere Terr, Ashley Terr, Grove Ave
- Evans Gdns, Langleys Rd, Buckingham Ct
- Kingfisher Way, Kestrel Gr, Linnet Cl, Goldfinch Cl, Oak Tree La, Odomytis, Lower Moor, Hoyland Way, Appleton
- Westholme Croft, Meadow Rise, Harvey Mews
- Acorn Cl, Firbank Cl, Maple Rd, Sycamore Rd, Laburnum
- Sandpits, Acacia Rd, Camp Wood, Willow Rd
- Hista Dr, Thorn Rd, Charfield Cl, Frampton Cl, Griffins Brook La, Dingle Cl
- St George's Ct, Cedar Rd, Beech Rd
- Ruthall Cl, Silvington Cl, Cob La, Alder La, Griffins Brook La, Old Barn Rd, Hay Green La, Berberry Cl, Pearl La
- Laurel Gr, Mary Vale Rd, Beaumont Rd
- Bourn Brook, Wood Brook, Canal
- Dale Rd, George Rd, North Rd, Grange Rd, Hamilton Gr
- Hubert Croft, Dartmouth Rd, Tiverton Rd, Exeter Rd, Hubert Rd, Hope Pl, Weoley Hurst Ave, Birkdale Ave, Fairgreen Way, Newhurst Ave
- Blossom Ave, Kenne...

A1 index (lower left)

1. Warwick Ct
2. Rutland Ct
3. Danbigh Ct
4. Richmond Ct
5. Essex Ct
6. Norfolk Ct
7. Sussex Ct
8. Oxford Ct
9. Lincoln Ct
10. Wiltshire Ct
11. Ascot Ct
12. Guildford Ct
13. Arundel Ct
14. Kendal Ct
15. Bristol Ct
16. Epsom Ct
17. Sandown Ct
18. Kingston Ct

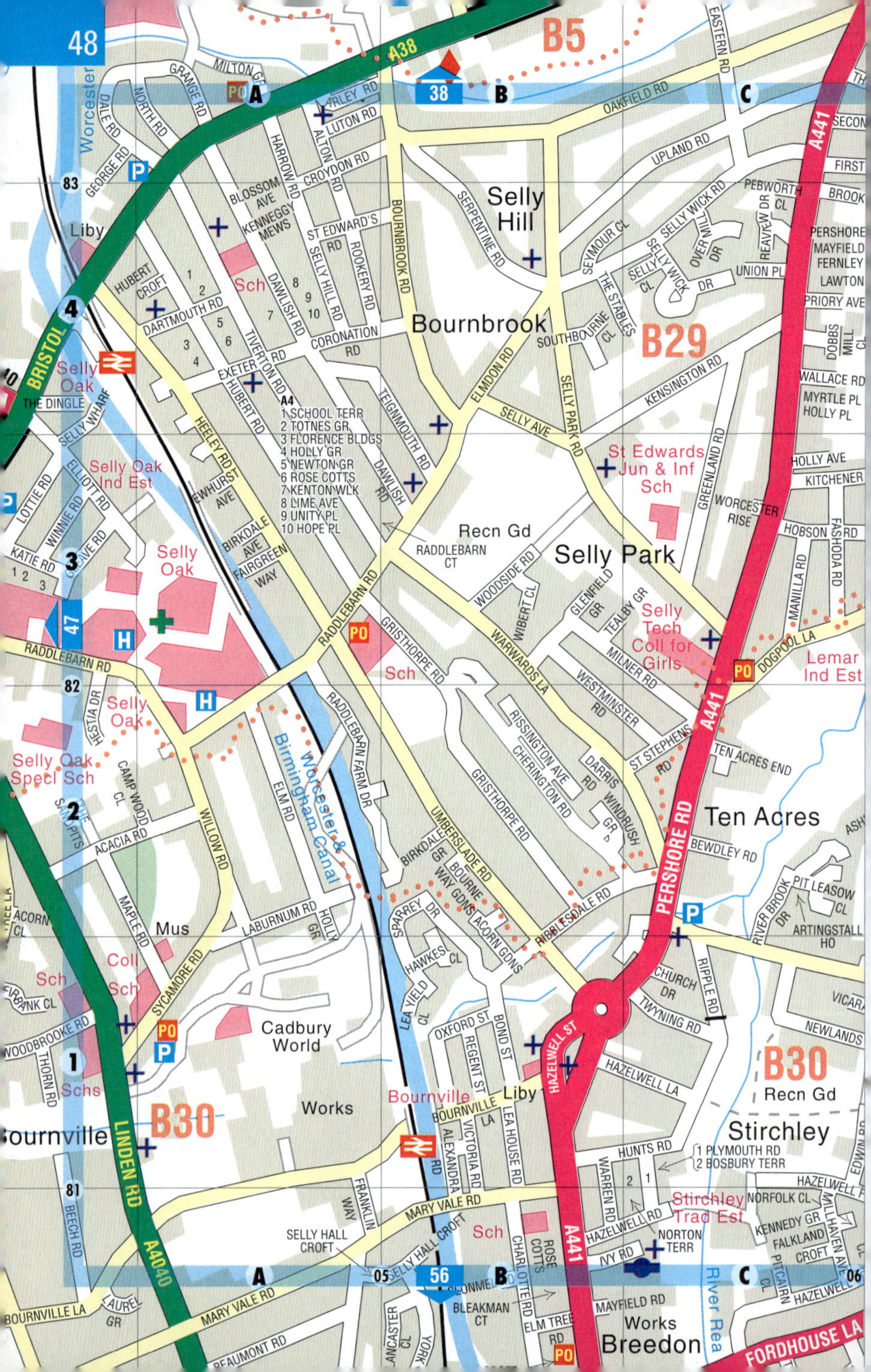

48
B5
A38
38
A
B
C
MILTON GR
GRANGE RD
NORTH RD
DALE RD
Worcester
GEORGE RD
83
P
PO
ARLEY RD
LUTON RD
ALTON RD
CROYDON RD
HARROW RD
BLOSSOM AVE
KENNEGGY MEWS
OAKFIELD RD
EASTERN RD
UPLAND RD
SECON
FIRST
BROOK
PEBWORTH CL
A441
Selly Hill
SERPENTINE RD
BOURNBROOK RD
ST EDWARD'S RD
SELLY HILL RD
ROOKERY RD
Liby
Sch
HUBERT CROFT
DARTMOUTH RD
DAWLISH RD
CORONATION RD
Bournbrook
SEYMOUR CL
THE STABLES
SELLY CL
SELLY WICK RD
SELLY WICK DR
OVER MILL DR
REAVIEW DR
UNION PL
PERSHORE
MAYFIELD
FERNLEY
LAWTON
PRIORY AVE
DOBBS MILL CL
SOUTHBOURNE CL
B29
4
BRISTOL
Selly Oak
THE DINGLE
SELLY WHARF
EXETER RD
HUBERT RD
TIVERTON RD
A4
1 SCHOOL TERR
2 TOTNES GR
3 FLORENCE BLDGS
4 HOLLY GR
5 NEWTON GR
6 ROSE COTTS
7 KENTON WLK
8 LIME AVE
9 UNITY PL
10 HOPE PL
TEIGNMOUTH RD
ELMDON RD
SELLY AVE
SELLY PARK RD
KENSINGTON RD
WALLACE RD
MYRTLE PL
HOLLY PL
HEELEY RD
ST
Selly Oak Ind Est
LOTTIE RD
WINNIE RD
ELLIOTT RD
EWHURST AVE
BIRKDALE AVE
FAIRGREEN WAY
St Edwards Jun & Inf Sch
GREENLAND RD
HOLLY AVE
KITCHENER
WORCESTER RISE
HOBSON RD
Recn Gd
RADDLEBARN CT
Selly Park
MANILLA RD
FASHODA RD
KATIE RD
3
GROVE RD
Selly Oak
47
H
RADDLEBARN RD
WOODSIDE RD
WIBERT CL
GLENFIELD GR
TEALBY GR
Selly Tech Coll for Girls
DOGPOOL LA
Lemar Ind Est
GRISTHORPE RD
WARWARDS LA
MILNER RD
WESTMINSTER RD
82
HESTIA DR
Selly Oak
Selly Oak Specl Sch
CAMP WOOD CL
Worcester & Birmingham Canal
RADDLEBARN FARM DR
RISSINGTON AVE
CHERINGTON RD
DARRIS RD
WINDRUSH GR
ST STEPHENS RD
TEN ACRES END
Ten Acres
PERSHORE RD
BEWDLEY RD
2
SAPPITS
ACACIA RD
WILLOW RD
ELM RD
BIRKDALE GR
UMBERSLADE RD
BOURNE WAY
GDNS
RIBBLESDALE RD
RIVER BROOK DR
PIT LEASOW CL
ARTINGSTALL HO
ACORN CL
MAPLE RD
Mus
LABURNUM RD
HOLLY GR
SPARREY DR
ACORN GDNS
HAWKES CL
CHURCH DR
RIPPLE RD
Coll
Sch
SYCAMORE RD
LEA YIELD CL
TWYNING RD
NEWLANDS
VICARA
WOODBROOKE RD
THORN RD
1
Schs
Cadbury World
OXFORD ST
REGENT ST
BOND ST
HAZELWELL ST
HAZELWELL LA
B30
Recn Gd
B30
Bournville
LINDEN RD
Works
Bournville
BOURNVILLE LA
ALEXANDRA RD
VICTORIA RD
LEA HOUSE RD
Stirchley
HUNTS RD
1 PLYMOUTH RD
2 BOSBURY TERR
WARREN RD
81
BEECH RD
A4040
FRANKLIN WAY
MARY VALE RD
SELLY HALL CROFT
SELLY HALL CROFT
Sch
CHARLOTTE RD
ROSE COTTS
HAZELWELL RD
Stirchley Trad Est
NORFOLK CL
HAZELWELL
NORTON TERR
KENNEDY GR
FALKLAND CROFT
MILLHAVEN AVE
IVY RD
05
56
06
PITCAIRN CL
HAZELWELL
River Rea
BOURNVILLE LA
LAUREL GR
MARY VALE RD
BEAUMONT RD
ANCASTER CL
YORK
BLEAKMAN CT
ELM TREE RD
MAYFIELD RD
Works
Breedon
FORDHOUSE LA

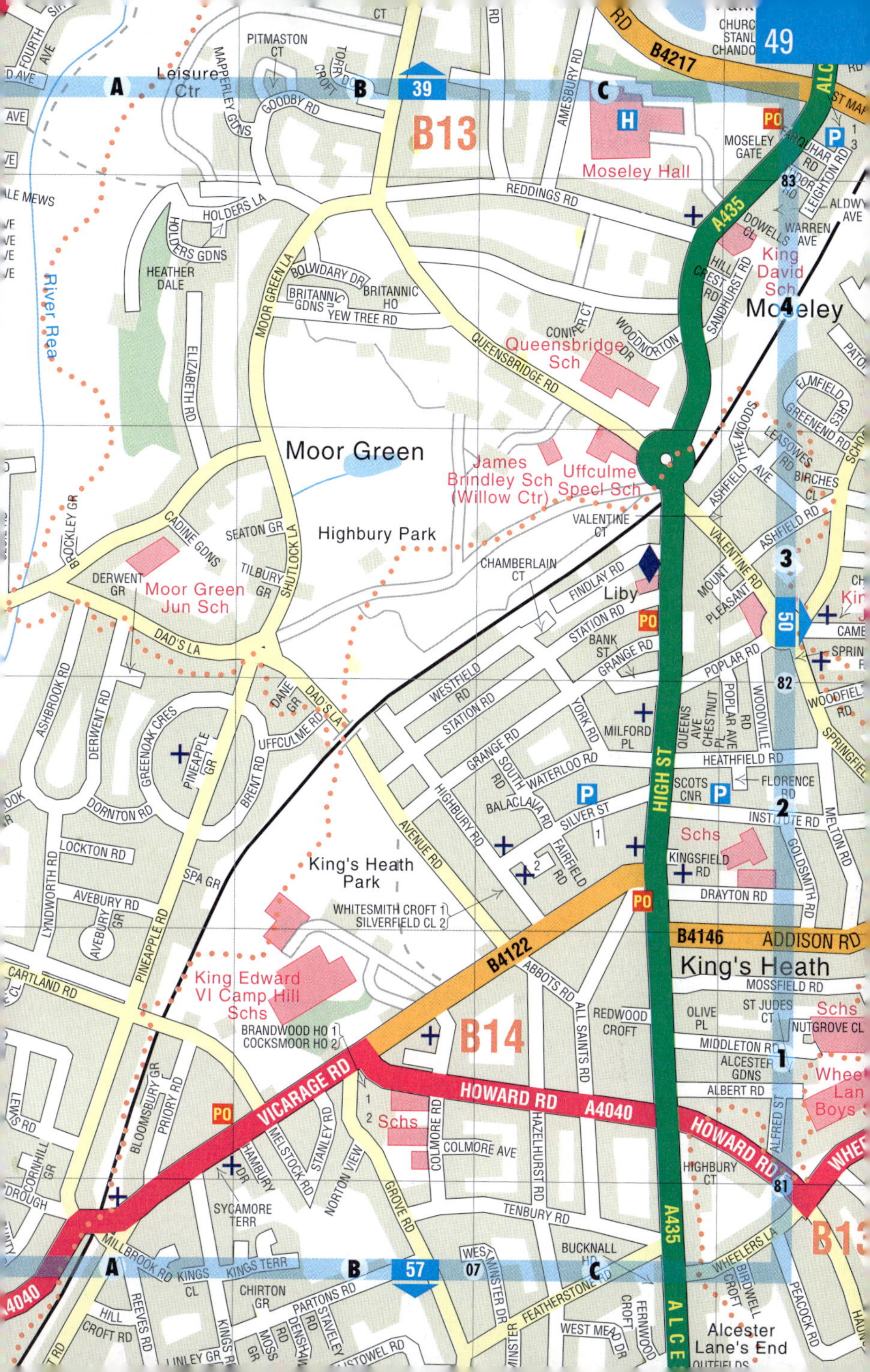
B13
B14
39
57
50
Leisure Ctr
PITMASTON CT
MAPPERLEY GDNS
GOODBY RD
TORRY CROFT
AMESBURY RD
Moseley Hall
MOSELEY GATE
B4217
CHURCH
STANL
CHANDO
FARQUHAR RD
LEIGHTON RD
TUDOR RD
ALDWYN AVE
REDDINGS RD
HOLDERS LA
HOLDERS GDNS
HEATHER DALE
ALE MEWS
River Rea
MOOR GREEN LA
BOUNDARY DR
BRITANNIC GDNS
BRITANNIC HO
YEW TREE RD
QUEENSBRIDGE RD
CONIFER CT
WOODNORTON DR
Queensbridge Sch
A435
DOWELLS CL
WARREN AVE
HILLCREST RD
SANDHURST RD
King David Sch
Moseley
ELIZABETH RD
ELMFIELD CRES
GREENEND RD
LEASOWES RD
THE WOODS
ASHFIELD AVE
BIRCHES CL
Moor Green
James Brindley Sch (Willow Ctr)
Uffculme Specl Sch
VALENTINE CT
VALENTINE RD
MOUNT PLEASANT
ASHFIELD RD
Highbury Park
CHAMBERLAIN CT
FINDLAY RD
Liby
BROCKLEY GR
CADINE GDNS
SEATON GR
SHUTLOCK LA
TILBURY GR
DERWENT GR
Moor Green Jun Sch
DAD'S LA
STATION RD
BANK ST
GRANGE RD
POPLAR RD
CAMDEN
SPRING
WOODFIELD RD
SPRINGFIELD
ASHBROOK RD
DERWENT RD
GREENOAK CRES
PINEAPPLE GR
DANE GR
UFFCULME RD
BRENT RD
WESTFIELD RD
YORK RD
MILFORD PL
QUEENS AVE
CHESTNUT PL
POPLAR AVE
WOODVILLE RD
HEATHFIELD RD
DORNTON RD
SOUTH RD
WATERLOO RD
HIGHBURY RD
BALACLAVA RD
SILVER ST
SCOTS CNR
FLORENCE RD
INSTITUTE RD
MELTON RD
HIGH ST
LOCKTON RD
SPA GR
King's Heath Park
AVENUE RD
FAIRFIELD RD
Schs
KINGSFIELD RD
GOLDSMITH RD
LYNDWORTH RD
AVEBURY RD
AVEBURY GR
PINEAPPLE RD
WHITESMITH CROFT 1
SILVERFIELD CL 2
DRAYTON RD
B4146
ADDISON RD
B4122
King's Heath
CARTLAND RD
King Edward VI Camp Hill Schs
ABBOTS RD
ALL SAINTS RD
REDWOOD CROFT
OLIVE PL
MOSSFIELD RD
ST JUDES CT
NUTGROVE CL
BRANDWOOD HO 1
COCKSMOOR HO 2
MIDDLETON RD
ALCESTER GDNS
LEWIS RD
BLOOMSBURY GR
PRIORY RD
VICARAGE RD
HOWARD RD
A4040
Wheelers Lane Boys
ALBERT RD
ALFRED ST
CORNHILL GR
HAMBURY DR
MELSTOCK RD
STANLEY RD
NORTON VIEW
COLMORE RD
COLMORE AVE
HAZELHURST RD
HIGHBURY CT
SYCAMORE TERR
GROVE RD
TENBURY RD
DROUGH
MILLBROOK RD
KINGS CL
KINGS TERR
WESTMINSTER DR
BUCKNALL HO
WHEELERS LA
BIRDWELL CROFT
PEACOCK RD
CHIRTON GR
PARTONS RD
STAVELEY RD
HILL CROFT RD
REEVES RD
FEATHERSTONE RD
CROFT
FERNWOOD
WEST MEAD DR
Alcester Lane's End
LINLEY GR
MOSS GR
DENSHAW RD
ISTOWEL RD
07
81
82
83
PO
H
P

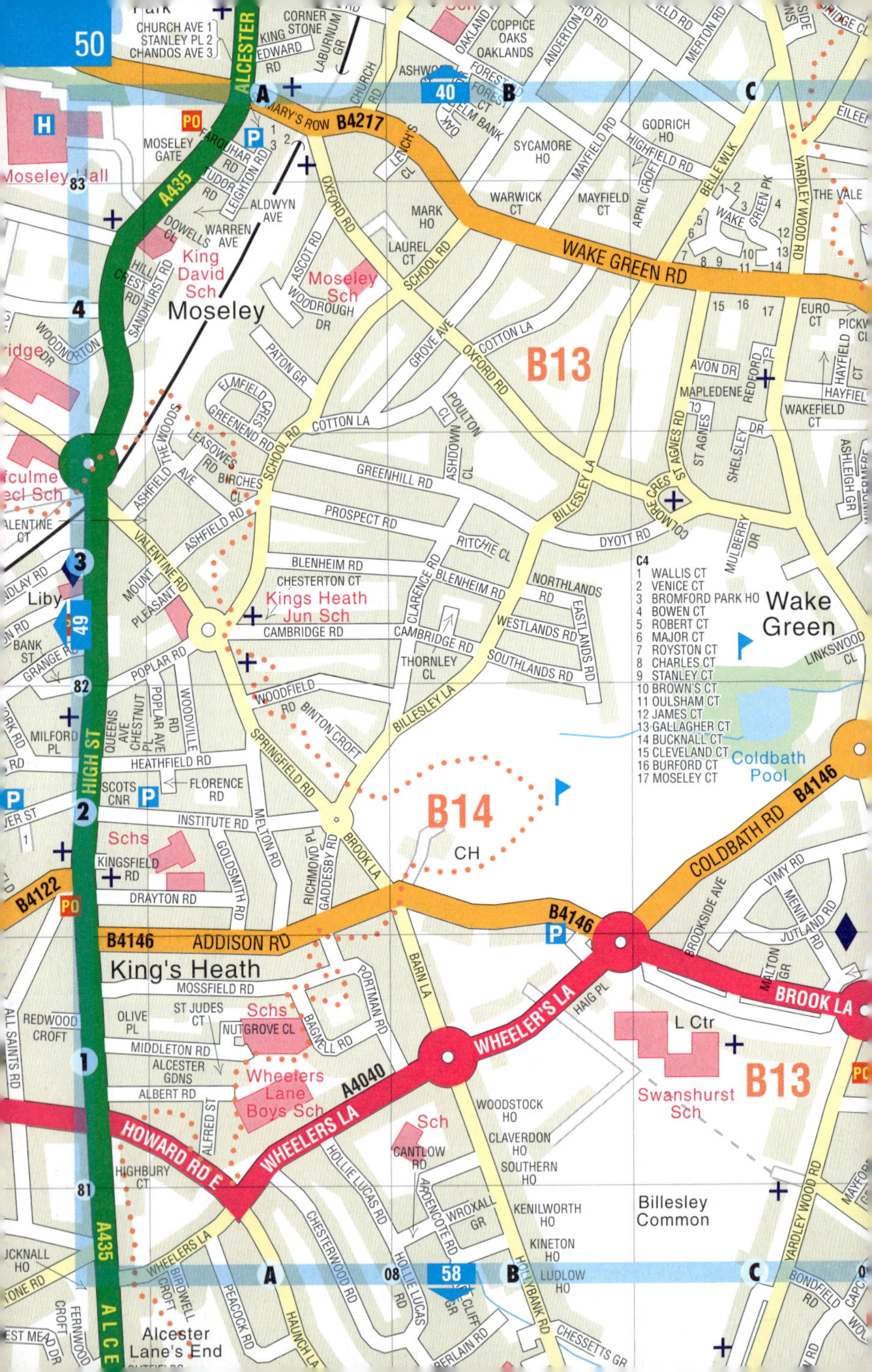
CHURCH AVE 1
STANLEY PL 2
CHANDOS AVE 3
ALCESTER
CORNER STONE
KING EDWARD RD
LABURNUM GR
OAKLAND
COPPICE OAKS
OAKLANDS
ANDERTON RD
MERTON RD
ASHWOOD
FOREST
40
A
B
C
MARY'S ROW
B4217
CHURCH RD
LENCH'S CL
ELM BANK
SYCAMORE HO
MAYFIELD RD
GODRICH HO
HIGHFIELD RD
BELLE WLK
YARDLEY WOOD RD
THE VALE
H
PO
P
MOSELEY GATE
FARQUHAR RD
LEIGHTON RD
TUDOR RD
Moseley Hall
83
A435
ALDWYN AVE
WARREN AVE
DOWELLS CL
OXFORD RD
MARK HO
WARWICK CT
MAYFIELD CT
APRIL CROFT
WAKE GREEN PK
WAKE GREEN RD
LAUREL CT
King David Sch
HILLCREST RD
SANDHURST RD
ASCOT RD
Moseley Sch
WOODROUGH DR
SCHOOL RD
Moseley
4
WOODNORTON DR
GROVE AVE
COTTON LA
OXFORD RD
B13
EURO CT
PICKWICK CL
AVON DR
REDFORD CL
MAPLEDENE
HAYFIELD CT
WAKEFIELD CT
PATON GR
ELMFIELD CRES
GREENEND RD
POULTON CL
ASHDOWN CL
ST AGNES RD
ST AGNES CL
SHELSLEY DR
ASHLEIGH GR
THE WOODS
LEASOWES RD
ASHFIELD AVE
BIRCHES CL
GREENHILL RD
BILLESLEY LA
COLMORE CRES
Culme Sch
VALENTINE CT
PROSPECT RD
ASHFIELD RD
RITCHIE CL
DYOTT RD
MULBERRY DR
VALENTINE RD
BLENHEIM RD
CLARENCE RD
NORTHLANDS RD
3
Liby
MOUNT PLEASANT
CHESTERTON CT
Kings Heath Jun Sch
C4
1 WALLIS CT
2 VENICE CT
3 BROMFORD PARK HO
4 BOWEN CT
5 ROBERT CT
6 MAJOR CT
7 ROYSTON CT
8 CHARLES CT
9 STANLEY CT
10 BROWN'S CT
11 OULSHAM CT
12 JAMES CT
13 GALLAGHER CT
14 BUCKNALL CT
15 CLEVELAND CT
16 BURFORD CT
17 MOSELEY CT
Wake Green
LINKSWOOD CL
49
CAMBRIDGE RD
WESTLANDS RD
EASTLANDS RD
BANK ST
GRANGE RD
POPLAR RD
THORNLEY CL
SOUTHLANDS RD
82
WOODFIELD RD
BINTON CROFT
QUEENS AVE
CHESTNUT PL
POPLAR AVE
WOODVILLE RD
MILFORD PL
HIGH ST
Coldbath Pool
HEATHFIELD RD
SPRINGFIELD RD
FLORENCE RD
SCOTS CNR
B4146
2
INSTITUTE RD
B14
CH
COLDBATH RD
Schs
KINGSFIELD RD
GOLDSMITH RD
MELTON RD
RICHMOND PL
GADDESBY RD
BROOK LA
VIMY RD
MENIN RD
BROOKSIDE AVE
JUTLAND RD
B4122
DRAYTON RD
ADDISON RD
MALTON GR
King's Heath
MOSSFIELD RD
PORTMAN RD
BARN LA
HAIG PL
ALL SAINTS RD
REDWOOD CROFT
OLIVE PL
ST JUDES CT
NUTGROVE CL
BAGNELL RD
WHEELER'S LA
L Ctr
MIDDLETON RD
ALCESTER GDNS
Wheelers Lane Boys Sch
A4040
1
ALBERT RD
ALFRED ST
WHEELERS LA
HOWARD RD E
Sch
CANTLOW RD
WOODSTOCK HO
Swanshurst Sch
CLAVERDON HO
SOUTHERN HO
HIGHBURY CT
81
HOLLIE LUCAS RD
ARDENCOTE RD
WROXALL GR
KENILWORTH HO
Billesley Common
KINETON HO
CHESTERWOOD RD
BUCKNALL HO
BIRDWELL CROFT
08
58
LUDLOW HO
HOLLYBANK RD
BONDFIELD RD
FERNWOOD CROFT
PEACOCK RD
HAUNCH LA
CHESSETTS GR
Alcester Lane's End

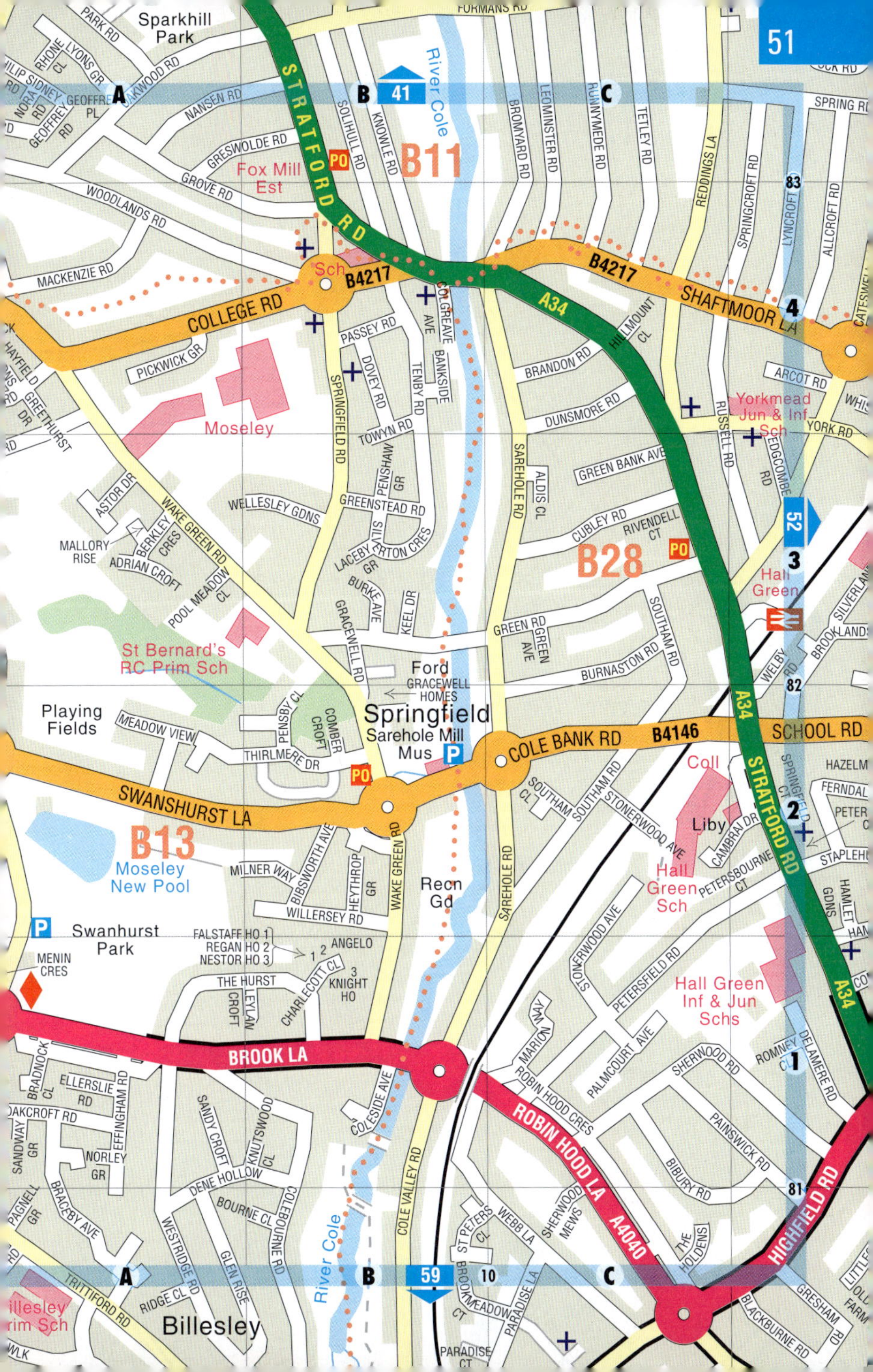
Sparkhill Park
STRATFORD RD
River Cole
B11
Fox Mill Est
COLLEGE RD
B4217
SHAFTMOOR LA
A34
Moseley
Yorkmead Jun & Inf Sch
B28
Hall Green
St Bernard's RC Prim Sch
Playing Fields
Springfield
Sarehole Mill Mus
Ford
GRACEWELL HOMES
COLE BANK RD
B4146
SCHOOL RD
SWANSHURST LA
B13
Moseley New Pool
Swanhurst Park
Recn Gd
Coll
Liby
Hall Green Sch
Hall Green Inf & Jun Schs
BROOK LA
ROBIN HOOD LA
A4040
HIGHFIELD RD
COLE VALLEY RD
Billesley
Billesley Prim Sch
41
52
59

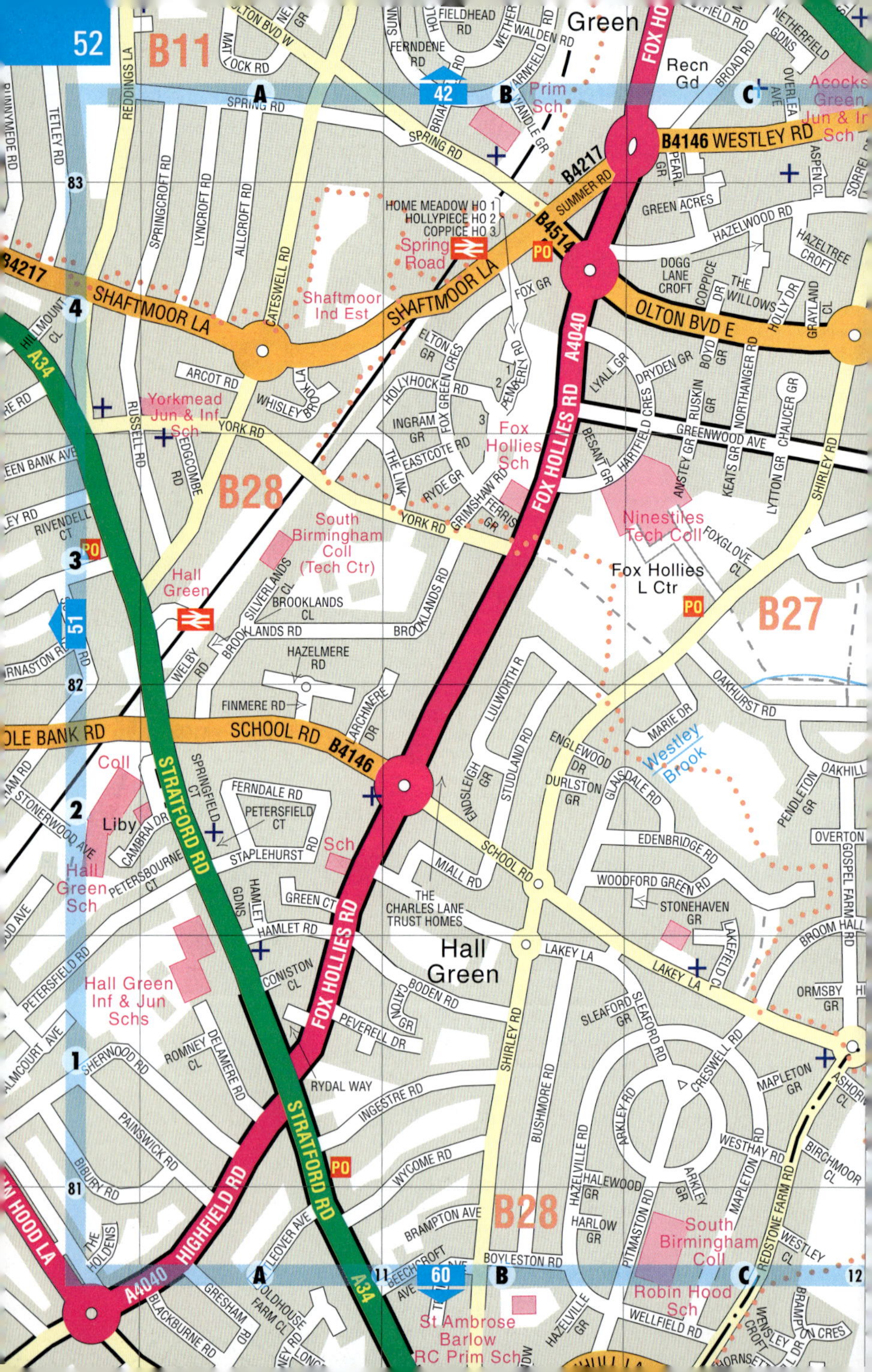
B11
B28
B27
Green
Recn Gd
Acocks Green Jun & Inf Sch
Prim Sch
B4146 WESTLEY RD
B4217
SUMMER RD
B4514
SPRING RD
Spring Road
HOME MEADOW HO 1
HOLLYPIECE HO 2
COPPICE HO 3
PO
Shaftmoor Ind Est
SHAFTMOOR LA
OLTON BVD E
GREEN ACRES
HAZELWOOD RD
HAZELTREE CROFT
DOGG LANE CROFT
COPPICE DR
THE WILLOWS
HOLLY DR
GRAYLAND CL
A34
A4040
FOX HOLLIES RD
Yorkmead Jun & Inf Sch
YORK RD
ARCOT RD
Fox Hollies Sch
South Birmingham Coll (Tech Ctr)
Hall Green
Ninestiles Tech Coll
Fox Hollies L Ctr
GREENWOOD AVE
SHIRLEY RD
BROOKLANDS RD
SCHOOL RD
B4146
STRATFORD RD
Coll
Liby
Hall Green Sch
Hall Green Inf & Jun Schs
Sch
THE CHARLES LANE TRUST HOMES
Hall Green
Westley Brook
LAKEY LA
OAKHURST RD
HIGHFIELD RD
South Birmingham Coll
Robin Hood Sch
St Ambrose Barlow RC Prim Sch
BOYLESTON RD
REDSTONE FARM RD
42
51
60
A
B
C
1
2
3
4
81
82
83
11
12

WARWICK RD
A41
OLTON BVD E
B4514
B27
B92
B91
B90
Archbishop Ilsley RC Sch
Oaklands Prim Sch
Fox Hollies Pk
Kineton Green Inf Sch
Severne Jun & Inf Sch
Kineton Green
Olton
Olton Resr
Our Lady of Compassion RC Prim Sch
Convent
Reynalds Cross Sch
Langley Sch
Langley Prim Sch
Recn Gd
Sports Club
Friary
Oak Cottage Prim Sch
St Margaret's CE Prim Sch
M42 Junction 5
GOSPEL LA
KINETON GREEN RD
ST BERNARD'S RD
GRANGE RD
LANGLEY HALL RD
BROOK LA
ULVERLEY GREEN RD
RICHMOND RD
LINCOLN RD
OLTON WHARF
MASON'S WAY
HAWKESWELL CL
MONASTERY DR
1 RAYLEIGH HO
2 NEEDWOOD HO
1 HARTSHILL HO
2 HILLSBOROUGH HO
1 WARWICK CT
2 ELIZABETH CT
1 OLD WARWICK CT
2 ST MARGARET'S RD
3 ST MARGARET'S CT
4 BROMFORD MERE
BURLISH AVE 1
OLTON BRIDGE 2
BRADBURY RD 3

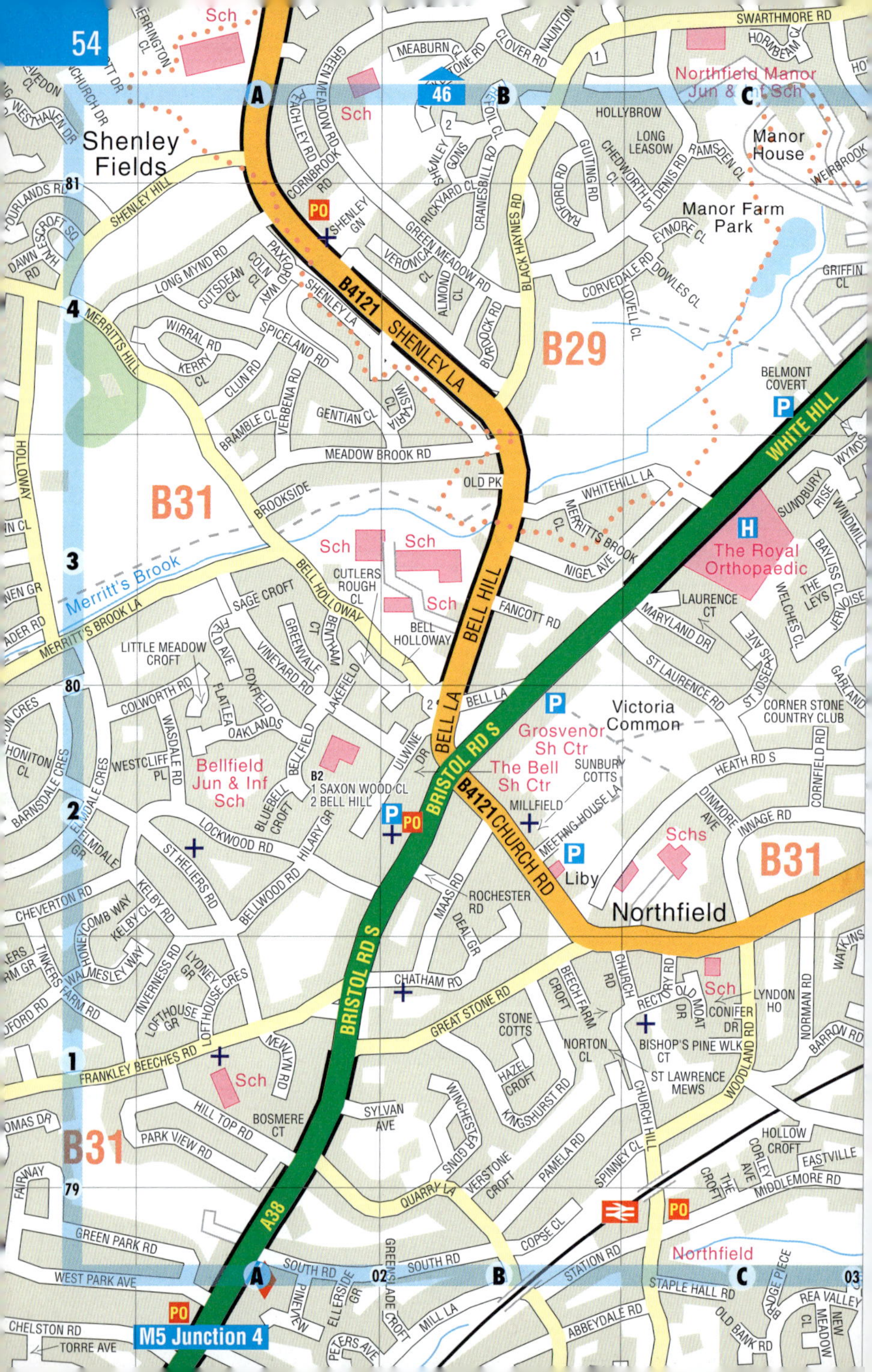
Shenley Fields
B4121
SHENLEY LA
B29
B31
Merritt's Brook
Manor Farm Park
Manor House
Northfield Manor Jun & Inf Sch
Belmont Covert
WHITE HILL
The Royal Orthopaedic
Victoria Common
Grosvenor Sh Ctr
The Bell Sh Ctr
Northfield
Bellfield Jun & Inf Sch
BELL HILL
BELL LA
BRISTOL RD S
CHURCH RD
A38
M5 Junction 4
46
SWARTHMORE RD
HOLLYBROW
LONG LEASOW
CHEDWORTH CL
ST DENIS RD
RAMSDEN CL
WEIRBROOK
GUITING RD
RADFORD RD
BLACK HAYNES RD
CRANESBILL RD
RICKYARD CL
GREEN MEADOW RD
VERONICA CL
ALMOND CL
BURDOCK RD
CORVEDALE RD
EYMORE CL
DOWLES CL
LOVELL CL
GRIFFIN CL
MEABURN CL
CLOVER RD
NAUNTON
HORNBEAM CL
SHENLEY GDNS
PEACHLEY RD
CORNBROOK RD
SHENLEY GN
SHENLEY HILL
FOURLANDS RD
HALESCROFT SQ
DAWNEY RD
LONG MYND RD
CUTSDEAN CL
COLN CL
PAXFORD WAY
SPICELAND RD
WIRRAL RD
KERRY CL
CLUN RD
BRAMBLE CL
VERBENA RD
GENTIAN CL
WISTARIA CL
MEADOW BROOK RD
OLD PK
MERRITTS HILL
HOLLOWAY
BROOKSIDE
WHITEHILL LA
MERRITTS BROOK CL
NIGEL AVE
SUNDBURY RISE
WYNDS
WINDMILL
BAYLISS CL
THE LEYS
JERVOISE
WELCHES CL
LAURENCE CT
MARYLAND DR
ST LAURENCE RD
ST JOSEPHS AVE
GARLAND
CORNER STONE COUNTRY CLUB
FANCOTT RD
CUTLERS ROUGH CL
BELL HOLLOWAY
SAGE CROFT
FIELD AVE
GREENVALE
BENTHAM CT
VINEYARD RD
FOXFIELD
FLATLEA
OAKLANDS
LAKEFIELD
LITTLE MEADOW CROFT
MERRITT'S BROOK LA
COLWORTH RD
WASDALE RD
WESTCLIFF PL
BELLFIELD
BLUEBELL CROFT
HILARY GR
ULWINE DR
B2
1 SAXON WOOD CL
2 BELL HILL
HEATH RD S
CORNFIELD RD
DINMORE AVE
INNAGE RD
SUNBURY COTTS
MILLFIELD
MEETING HOUSE LA
Schs
Liby
Sch
PO
HONITON CL
BARNSDALE CRES
ELMDALE CRES
ELMDALE GR
LOCKWOOD RD
ST HELIERS RD
BELLWOOD RD
CHEVERTON RD
HONEYCOMB WAY
KELBY CL
KELBY RD
WALMESLEY WAY
TINKERS FARM RD
INVERNESS RD
LYDNEY GR
LOFTHOUSE CRES
LOFTHOUSE GR
MAAS RD
ROCHESTER RD
DEAL GR
CHATHAM RD
GREAT STONE RD
BEECH FARM CROFT
STONE COTTS
CHURCH RD
RECTORY RD
OLD MOAT DR
CONIFER DR
LYNDON HO
NORMAN RD
WATKINS
BARROW RD
NORTON CL
BISHOP'S PINE WLK
CT
ST LAWRENCE MEWS
WOODLAND RD
HAZEL CROFT
KINGSHURST RD
FRANKLEY BEECHES RD
NEWLYN RD
HILL TOP RD
BOSMERE CT
PARK VIEW RD
SYLVAN AVE
WINCHESTER GDNS
VERSTONE CROFT
PAMELA RD
SPINNEY CL
CHURCH HILL
HOLLOW CROFT
CORLEY AVE
THE CROFT
EASTVILLE
MIDDLEMORE RD
QUARRY LA
FAIRWAY
GREEN PARK RD
WEST PARK AVE
SOUTH RD
ELLERSIDE GR
GREENSLADE CROFT
PINEVIEW
COPSE CL
STATION RD
STAPLE HALL RD
BRIDGE PIECE
REA VALLEY
NEW MEADOW CL
OLD BANK RD
ABBEYDALE RD
MILL LA
PETERS AVE
CHELSTON RD
TORRE AVE
A
B
C
81
4
3
80
2
1
79
02
03

55
47
56
Bournville Coll
Bournville
Bournville Sch & Sixth Form
St Francis CE Prim Sch
St Josephs RC Prim Sch
King's Norton Girls Sch
Playing Fields
B30
Cotteridge
B31
B38
B4121
A38
A4040
Works
Allot Gdns
St Thomas Aquinas RC Sch
Parkview Trad Est
King's Norton
Merecroft Pool
River Rea
Sch
Schs
PO
BRISTOL RD S
LINDEN RD
WATFORD RD
BOURNVILLE LA
WOODBROOKE RD
MEADOW RISE
THORN RD
ST GEORGE'S CT
CHARFIELD CL
FRAMPTON CL
GRIFFINS BROOK CL
GRIFFINS BROOK LA
DINGLE CL
HAY GREEN CL
HAY GREEN LA
OLD BARN RD
COB LA
COBS FIELD
ALDER LA
RUTHALL CL
SILVINGTON CL
TUGFORD RD
CEDAR CL
CEDAR RD
BEECH RD
AUREL GR
MARY VALE RD
BEAUMONT RD
BERBERRY CL
TEAZEL AVE
BIRCH CL
BLACKTHORN CL
BLACKTHORN RD
RYEBANK CL
MYTTON RD
MULBERRY RD
WINDMILL CL
THE DAVIDS
HOLE LA
HOLE FARM RD
THE PADDOCK
ROWHEATH HO
LONG WOOD
SELLY OAK RD
HIGH HEATH CL
HEATH RD
HEATH CL
WOODLANDS PARK RD
PENDENNIS CL
ESMOND CL
THACKERAY RD
HAWTHORNE RD
OAK FARM RD
BOURNVILLE MEWS
NURSERY CL
NURSERY DR
FRANKLIN
CLAINES RD
SOMERDALE RD
KINGSLEY RD
WYNDHAM GDNS
KINGS GDN
BADSEY CL
KNIGHTON RD
NEWENT RD
REDMEAD CL
NORTHFIELD RD
STATION RD
FOXES MDW
DOMINIC CL
TENNIS CT
MIDDLETON HALL
SYCAMORE CT
BEECH CT
BIRCH CT
BUNBURY RD
MIDDLETON HALL RD
WINGATE CL
BROMFORD DELL
LINDSEY AVE
MASEFIELD SQ
LADY BRACKNELL MEWS
BUNBURY GDNS
MIDDLETON GDNS
HOOD GR
STEEPWOOD CROFT
FRADLEY CL
ARNOLD GR
REDWOOD CL
CHESTERFIELD CT
REDWOOD RD
KIPLING RD
LONGFELLOW RD
LORRAINE DR
MIDDLETON GRANGE
INGOLDSBY RD
OVERBURY RD
OVERBURY CL
HAZLITT GR
ASHFIELD CT
SEDGE AVE
CAMP LA
ECKERSALL RD
1 SHELLY TOWER
2 BROWNING TOWER
PENSFORD RD
FARLOW RD
POPES LA
WYCHALL RD
WESTCROFT GR
LAKEHOUSE GR
RIVERSIDE CT
D2
1 WITLEY RD
2 GRIMLEY RD
WYCHALL LA
PINEHURST DR
WESTHILL RD
KINGSWAY DR
King's Norton Park
BIRD
ST NICOLAS GDNS
Bank Top Farm
STAPLE LODGE RD
CRABTREE CL
MOOR LEASOWS
FURLONG MDW
SHRAWLEY RD
MONKSWOOD RD
MIDDLE FIELD RD
CHADDESLEY RD
KINVER RD
NORTUNE CL
CLUB VIEW
THE FAIRWAY
MARBURY CL
WYCHALL PARK GR
DOWNCROFT AVE
WOODGLADE CROFT
MEADOW HILL RD
ANNSCROFT
SPOON DR
REDGATE CL
CHIP CL
ASHCOTT
KINGSHILL DR
OLD TOWN CL
WEST END VILLAS
BEAKS HILL RD
OCKAM CROFT
PLECK
A
B
C
81
80
79
04
1
2
3
4

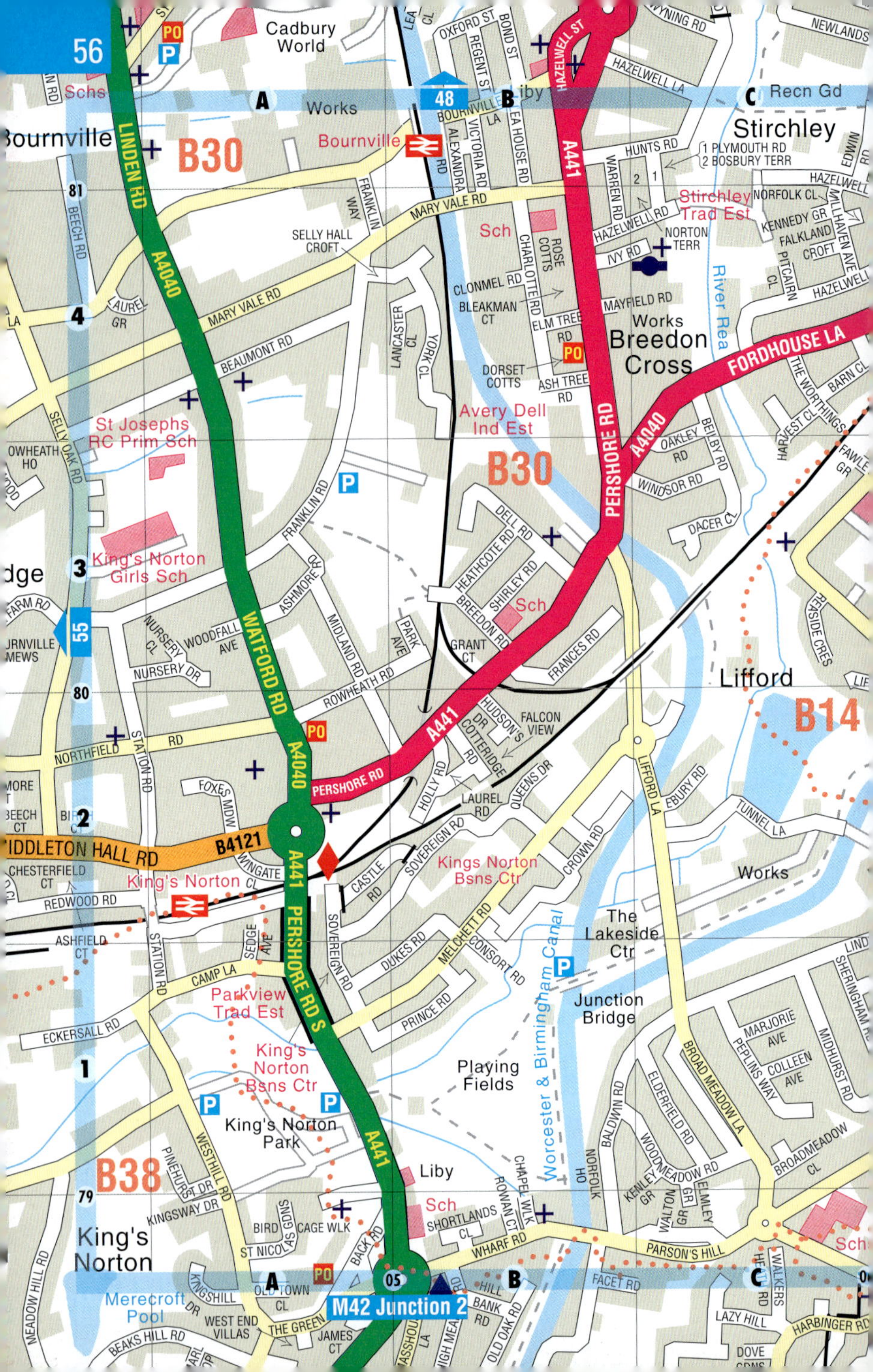

Cadbury World
Bournville
Schs
Works
Bournville
B30
LINDEN RD
A4040
MARY VALE RD
BEECH RD
LAUREL GR
BEAUMONT RD
SELLY HALL CROFT
FRANKLIN WAY
LANCASTER CL
YORK CL
CLONMEL RD
BLEAKMAN CT
CHARLOTTE RD
ROSE COTTS
ELM TREE RD
DORSET COTTS
ASH TREE RD
Avery Dell Ind Est
St Josephs RC Prim Sch
SELLY OAK RD
King's Norton Girls Sch
FRANKLIN RD
ASHMORE RD
MIDLAND RD
PARK AVE
WOODFALL AVE
NURSERY CL
NURSERY DR
WATFORD RD
ROWHEATH RD
NORTHFIELD RD
STATION RD
FOXES MDW
MIDDLETON HALL RD
B4121
CHESTERFIELD CT
King's Norton
REDWOOD RD
ASHFIELD CT
WINGATE CL
SEDGE AVE
CAMP LA
ECKERSALL RD
Parkview Trad Est
King's Norton Bsns Ctr
King's Norton Park
B38
PINEHURST DR
WESTHILL RD
KINGSWAY DR
BIRD CAGE WLK
NICOLAS GDNS
ST NICOLAS
King's Norton
MEADOW HILL RD
KINGSHILL DR
Merecroft Pool
WEST END VILLAS
BEAKS HILL RD
THE GREEN
JAMES CT
OLD TOWN CL
M42 Junction 2
05
PERSHORE RD S
A441
SOVEREIGN RD
CASTLE RD
Liby
Sch
BACK RD
SHORTLANDS CL
ROWAN CT
CHAPEL WLK
WHARF RD
HILL BANK RD
OLD OAK RD
Playing Fields
DUKES RD
MELCHETT RD
CONSORT RD
PRINCE RD
Kings Norton Bsns Ctr
SOVEREIGN RD
LAUREL RD
QUEENS DR
HOLLY RD
COTTERIDGE RD
HUDSON'S DR
FALCON VIEW
PERSHORE RD
CROWN RD
Worcester & Birmingham Canal
The Lakeside Ctr
Junction Bridge
NORFOLK RD
BALDWIN RD
ELDERFIELD RD
WOODMEADOW RD
KENLEY GR
WALTON GR
ELMLEY GR
PARSON'S HILL
FACET RD
LIFFORD LA
EBURY RD
TUNNEL LA
Works
BROAD MEADOW LA
MARJORIE AVE
COLLEEN AVE
PEPLINS WAY
MIDHURST RD
SHERINGHAM RD
BROADMEADOW CL
HEATH RD
WALKERS
LAZY HILL
HARBINGER RD
DOVE GDNS
Sch
Lifford
B14
FRANCES RD
GRANT CT
BREEDON RD
SHIRLEY RD
HEATHCOTE RD
DELL RD
Sch
B30
A4040
OAKLEY RD
BEILBY RD
WINDSOR RD
DACER CL
FORDHOUSE LA
THE WORTHINGS
HARVEST CL
BARN CL
FAWLEY GR
RESIDE CRES
Breedon Cross
Works
MAYFIELD RD
River Rea
IVY RD
NORTON TERR
HAZELWELL RD
WARREN RD
HUNTS RD
1 PLYMOUTH RD
2 BOSBURY TERR
Stirchley
Stirchley Trad Est
NORFOLK CL
KENNEDY GR
FALKLAND CROFT
PITCAIRN CL
MILLHAVEN AVE
HAZELWELL
EDWIN RD
Recn Gd
NEWLANDS
WYNING RD
HAZELWELL LA
HAZELWELL ST
A441
Liby
OXFORD ST
REGENT ST
BOND ST
BOURNVILLE LA
ALEXANDRA RD
VICTORIA RD
TEA HOUSE RD
48
55
Sch
81
80
79
4
3
2
1
A
B
C

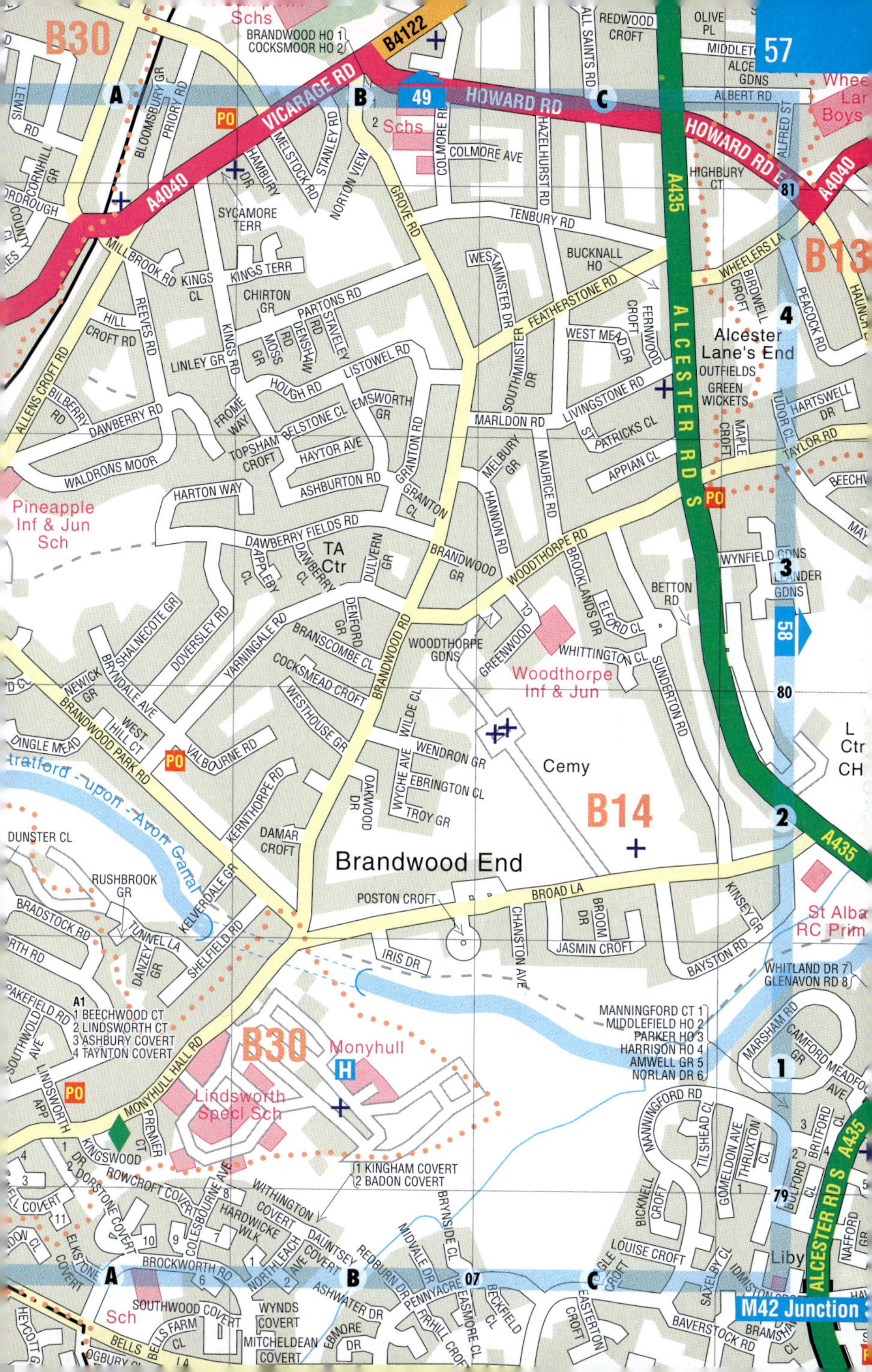
57
B30
B14
B13
A
B
C
49
58
A4040
A435
B4122
VICARAGE RD
HOWARD RD
HOWARD RD E
ALCESTER RD S
Schs
BRANDWOOD HO 1
COCKSMOOR HO 2
REDWOOD CROFT
OLIVE PL
MIDDLETON
ALCESTER GDNS
ALBERT RD
ALFRED ST
ALL SAINTS RD
Wheelers Lane Boys
LEWIS RD
BLOOMSBURY GR
PRIORY RD
PO
HAMBURY DR
MELSTOCK RD
STANLEY RD
NORTON VIEW
GROVE RD
COLMORE RD
COLMORE AVE
HAZELHURST RD
HIGHBURY CT
81
CORNHILL GR
BORROUGH
COUNTY CL
SYCAMORE TERR
TENBURY RD
WHEELERS LA
MILLBROOK RD
KINGS CL
KINGS TERR
CHIRTON GR
PARTONS RD
STAVELEY RD
DENSHAW RD
MOSS GR
REEVES RD
HILL CROFT RD
KINGS RD
WESTMINSTER DR
BUCKNALL HO
FEATHERSTONE RD
WEST MEAD DR
FERNWOOD CROFT
BIRDWELL CROFT
PEACOCK RD
4
Alcester Lane's End
OUTFIELDS
GREEN WICKETS
HARTSWELL DR
TUDOR CL
MAPLE CROFT
TAYLOR RD
ALLENS CROFT RD
BILBERRY RD
DAWBERRY RD
LINLEY GR
FROME WAY
HOUGH RD
LISTOWEL RD
EMSWORTH GR
SOUTHMINSTER DR
LIVINGSTONE RD
ST PATRICKS CL
APPIAN CL
MARLDON RD
WALDRONS MOOR
TOPSHAM CROFT
BELSTONE CL
HAYTOR AVE
ASHBURTON RD
GRANTON RD
GRANTON CL
MELBURY GR
HANNON RD
MAURICE RD
BEECH
Pineapple Inf & Jun Sch
HARTON WAY
DAWBERRY FIELDS RD
APPLEBY CL
DAWBERRY CL
TA Ctr
DULVERN GR
BRANDWOOD GR
WOODTHORPE RD
BROOKLANDS DR
WYNFIELD GDNS
LEANDER GDNS
3
BETTON RD
ELFORD CL
SHALNECOTE GR
DOVERSLEY RD
YARNINGALE RD
BRANSCOMBE CL
DENFORD GR
BRANDWOOD RD
WOODTHORPE GDNS
GREENWOOD CL
WHITTINGTON CL
SUNDERTON RD
80
Woodthorpe Inf & Jun
NEWICK GR
BRYNDALE AVE
COCKSMEAD CROFT
WESTHOUSE GR
WILDE CL
WEST HILL CT
DINGLE MEAD
BRANDWOOD PARK RD
VALBOURNE RD
WENDRON GR
WYCHE AVE
EBRINGTON CL
Cemy
L Ctr
CH
Stratford - upon - Avon Canal
KERNTHORPE RD
OAKWOOD DR
TROY GR
DAMAR CROFT
2
DUNSTER CL
Brandwood End
RUSHBROOK GR
KELVERDALE GR
POSTON CROFT
BROAD LA
BROOM DR
KINSEY GR
St Albans RC Prim
BRADSTOCK RD
TUNNEL LA
SHELFIELD RD
CHANSTON AVE
JASMIN CROFT
BAYSTON RD
RTH RD
DANZEY GR
IRIS DR
WHITLAND DR 7
GLENAVON RD 8
PAKEFIELD RD
A1
1 BEECHWOOD CT
2 LINDSWORTH CT
3 ASHBURY COVERT
4 TAYNTON COVERT
MANNINGFORD CT 1
MIDDLEFIELD HO 2
PARKER HO 3
HARRISON HO 4
AMWELL GR 5
NORLAN DR 6
MARSHAM RD
CAMFORD GR
MEADFOOT AVE
SOUTHWOLD AVE
Monyhull
H
1
LINDSWORTH APP
MONYHULL HALL RD
Lindsworth Specl Sch
MANNINGFORD RD
TILSHEAD CL
GOMELDON AVE
THRUXTON CL
BRITFORD CL
BULFORD CL
PREMIER CT
KINGSWOOD DR
ROWCROFT COVERT
COLESBOURNE AVE
1 KINGHAM COVERT
2 BADON COVERT
BRYNSIDE CL
BICKNELL CROFT
79
NAFFORD GR
DORSTONE COVERT
WITHINGTON COVERT
HARDWICKE WLK
DAUNTSEY COVERT
LOUISE CROFT
SAXELBY CL
IDMISTON CROFT
Liby
ELL COVERT
ELKSTONE COVERT
NORTHLEACH AVE
REDBURN DR
MIDVALE DR
EAGLE CROFT
BROCKWORTH RD
ASHWATER DR
PENNYACRE
07
FIRHILL CROFT
EASMORE CL
BECKFIELD CL
EASTERTON CROFT
M42 Junction
Sch
SOUTHWOOD COVERT
WYNDS COVERT
BELLS FARM CL
MITCHELDEAN COVERT
ELMORE DR
BAVERSTOCK RD
BRAMSHAW CL
HEYCOTT GR
BELLS LA

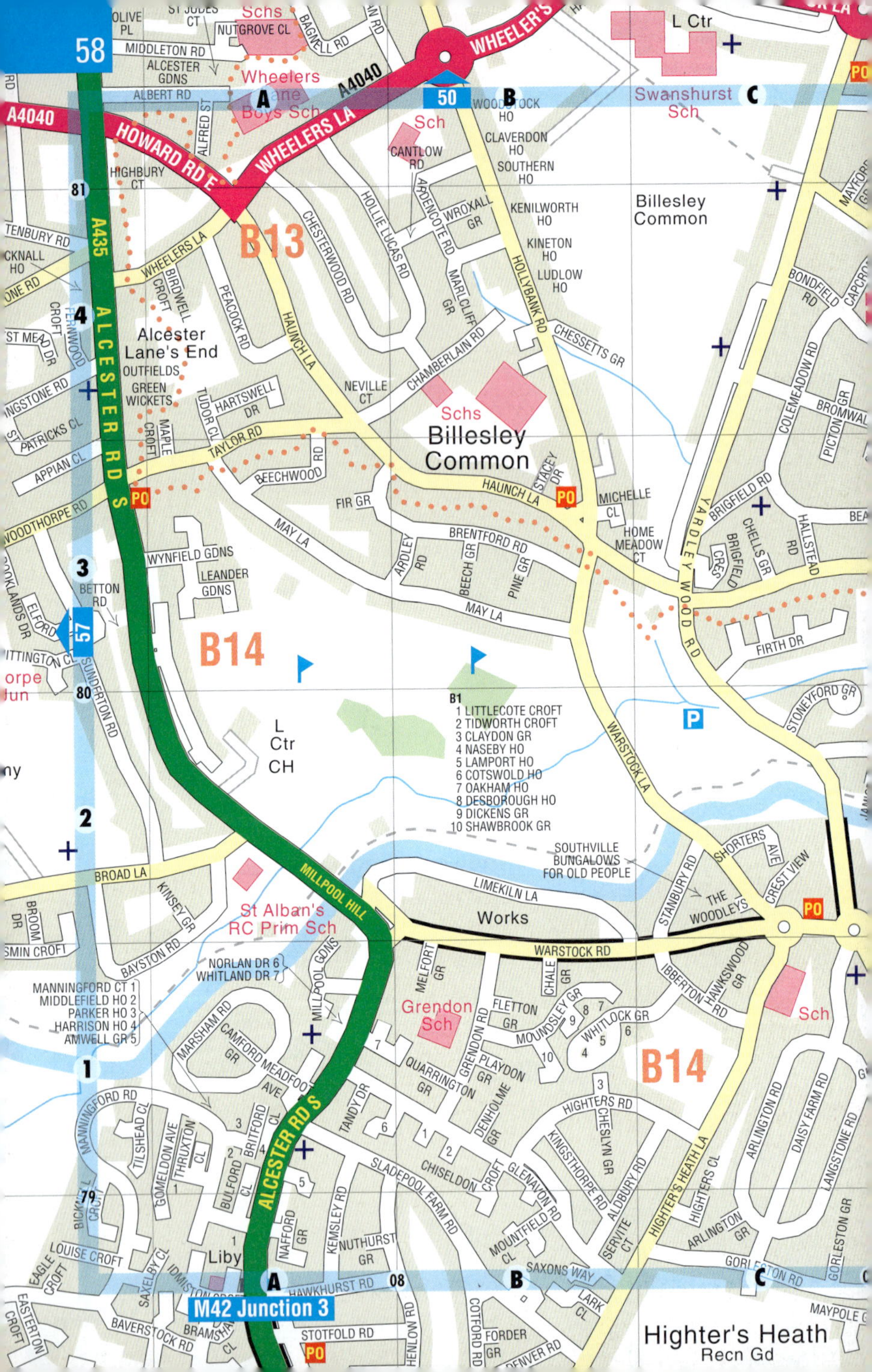
58
OLIVE PL
ST JUDES CT
Schs
NUTGROVE CL
BAGNELL RD
MIDDLETON RD
ALCESTER GDNS
Wheelers Lane Boys Sch
ALBERT RD
A
A4040
WHEELER'S
50
B
WOODSTOCK HO
Swanshurst Sch
C
L Ctr
PO
HOWARD RD E
WHEELERS LA
ALFRED ST
Sch
CANTLOW RD
CLAVERDON HO
SOUTHERN HO
HIGHBURY CT
81
A435
TENBURY RD
CKNALL HO
ONE RD
B13
CHESTERWOOD RD
HOLLIE LUCAS RD
ARDENCOTE RD
WROXALL GR
KENILWORTH HO
KINETON HO
LUDLOW HO
Billesley Common
MAYFORD GR
WHEELERS LA
BIRDWELL CROFT
PEACOCK RD
HAUNCH LA
MARLCLIFF GR
HOLLYBANK RD
BONDFIELD RD
CAPCROFT
4
ALCESTER RD S
FERNWOOD CROFT
ST MEAD DR
Alcester Lane's End
OUTFIELDS
GREEN WICKETS
CHAMBERLAIN RD
CHESSETTS GR
COLEMEADOW RD
BROMWAL
INGSTONE RD
ST PATRICKS CL
APPIAN CL
TUDOR CL
HARTSWELL DR
MAPLE CROFT
NEVILLE CT
Schs
Billesley Common
PICTON GR
TAYLOR RD
BEECHWOOD RD
STACEY DR
YARDLEY WOOD RD
BRIGFIELD RD
WOODTHORPE RD
PO
FIR GR
HAUNCH LA
PO
MICHELLE CL
HOME MEADOW CT
CHELLS GR
HALLSTEAD RD
BEA
MAY LA
BRENTFORD RD
BRIGFIELD CRES
WYNFIELD GDNS
3
BETTON RD
LEANDER GDNS
ARDLEY RD
BEECH GR
PINE GR
OOKLANDS DR
ELFORD
57
MAY LA
FIRTH DR
ITTINGTON CL
orpe Jun
B14
SUNDERTON RD
80
B1
1 LITTLECOTE CROFT
2 TIDWORTH CROFT
3 CLAYDON GR
4 NASEBY HO
5 LAMPORT HO
6 COTSWOLD HO
7 OAKHAM HO
8 DESBOROUGH HO
9 DICKENS GR
10 SHAWBROOK GR
STONEYFORD GR
P
L Ctr CH
WARSTOCK LA
ny
2
SOUTHVILLE BUNGALOWS FOR OLD PEOPLE
SHORTERS AVE
CREST VIEW
STANBURY RD
BROAD LA
MILLPOOL HILL
LIMEKILN LA
THE WOODLEYS
PO
KINSEY GR
St Alban's RC Prim Sch
Works
BROOM DR
SMIN CROFT
BAYSTON RD
WARSTOCK RD
NORLAN DR 6
WHITLAND DR 7
MILLPOOL GDNS
MELFORT GR
CHALE GR
IBBERTON RD
HAWKSWOOD GR
MANNINGFORD CT 1
MIDDLEFIELD HO 2
PARKER HO 3
HARRISON HO 4
AMWELL GR 5
Grendon Sch
FLETTON GR
MOUNDSLEY GR
WHITLOCK GR
Sch
MARSHAM RD
CAMFORD GR
GRENDON RD
PLAYDON GR
B14
1
MEADFOOT AVE
QUARRINGTON GR
DENHOLME GR
HIGHTERS RD
MANNINGFORD RD
TILSHEAD CL
GOMELDON AVE
THRUXTON CL
BRITFORD CL
ALCESTER RD S
TANDY DR
CHESLYN GR
KINGSTHORPE RD
ALDBURY RD
HIGHTER'S HEATH LA
HIGHTERS CL
ARLINGTON RD
DAISY FARM RD
LANGSTONE RD
CHISELDON CROFT
GLENAVON RD
SLADEPOOL FARM RD
BULFORD CL
79
BICKNELL CROFT
NAFFORD GR
KEMSLEY RD
NUTHURST GR
MOUNTFIELD CL
SERVITE CT
ARLINGTON GR
GORLESTON GR
LOUISE CROFT
EAGLE CROFT
SAXELBY CL
IDMISTON CROFT
Liby
A
HAWKHURST RD
08
B
SAXONS WAY
C
GORLESTON RD
M42 Junction 3
LARK CL
MAYPOLE
EASTERTON CROFT
BAVERSTOCK RD
BRAMSHAW CL
STOTFOLD RD
PO
HENLOW RD
COTFORD RD
FORDER GR
DENVER RD
Highter's Heath Recn Gd

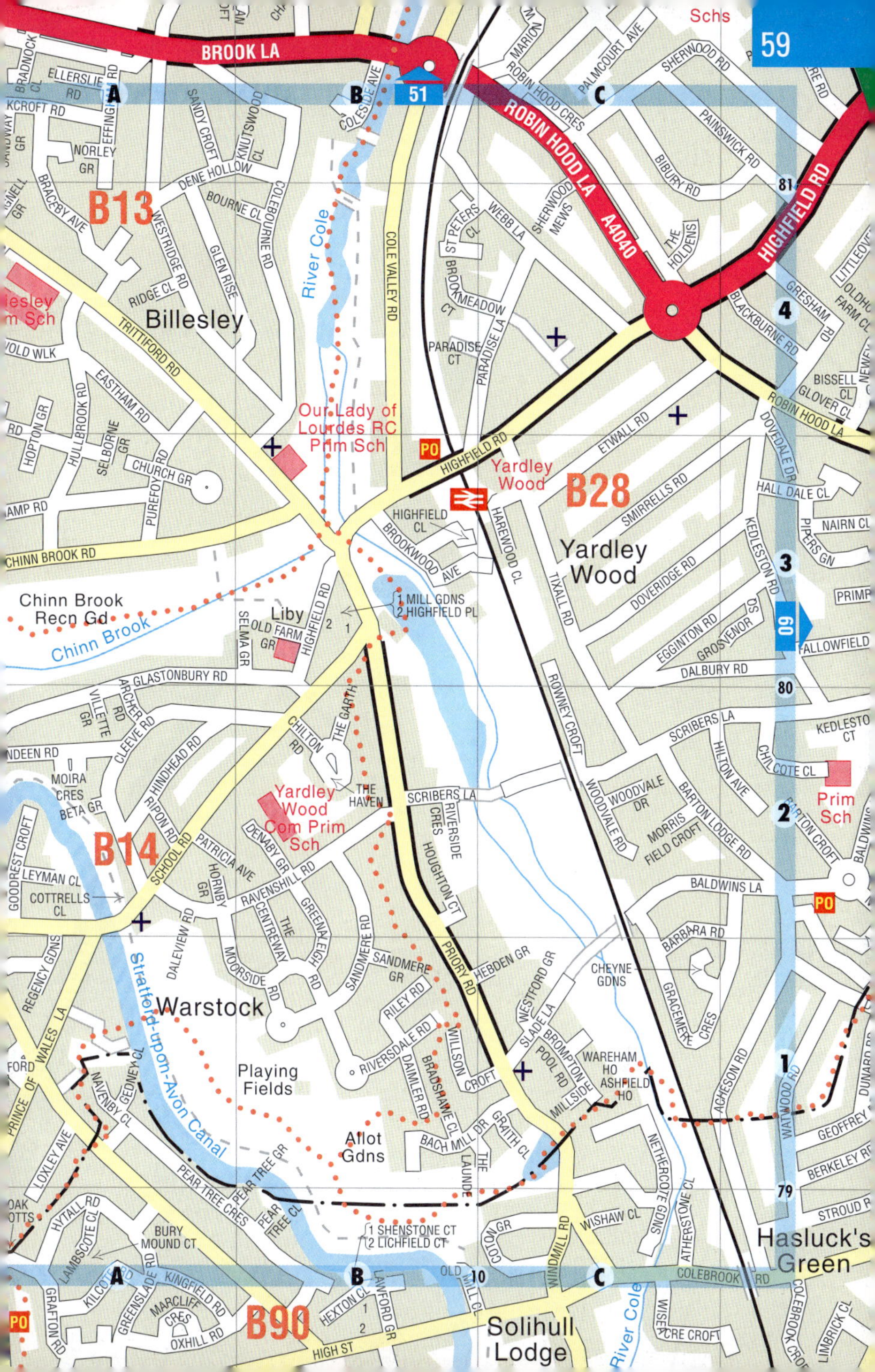
BROOK LA
51
ROBIN HOOD LA
A4040
HIGHFIELD RD
B13
B28
B14
B90
Billesley
Yardley Wood
Warstock
Hasluck's Green
Solihull Lodge
River Cole
Chinn Brook
Chinn Brook Recn Gd
Stratford-upon-Avon Canal
Our Lady of Lourdes RC Prim Sch
Yardley Wood Com Prim Sch
Playing Fields
Allot Gdns
Liby
Prim Sch
Schs
PO
TRITTIFORD RD
COLE VALLEY RD
CHINN BROOK RD
GLASTONBURY RD
SCHOOL RD
PRIORY RD
SCRIBERS LA
BALDWINS LA
DALBURY RD
COLEBROOK RD
HIGH ST
WINDMILL RD
HAREWOOD CL
ROMNEY CROFT
TIXALL RD
SMIRRELLS RD
ETWALL RD
DOVERIDGE RD
EGGINTON RD
KEDLESTON RD
ROBIN HOOD CRES
PALMCOURT AVE
SHERWOOD RD
PAINSWICK RD
BIBURY RD
THE HOLDENS
BLACKBURNE RD
GRESHAM RD
SHERWOOD MEWS
WEBB LA
ST PETERS CL
BROOKMEADOW CT
PARADISE CT
PARADISE LA
HIGHFIELD CL
BROOKWOOD AVE
1 MILL GDNS
2 HIGHFIELD PL
ELLERSLIE RD
NORLEY GR
BRACEBY AVE
SANDY CROFT
KNUTSWOOD CL
DENE HOLLOW
BOURNE CL
COLEBOURNE RD
WESTRIDGE RD
GLEN RISE
RIDGE CL
EASTHAM RD
HOPTON GR
HULLBROOK RD
SELBORNE GR
CHURCH GR
PUREFOY RD
SELMA GR
OLD FARM GR
HIGHFIELD RD
CHILTON RD
THE GARTH
THE HAVEN
VILLETTE GR
ARCHER RD
CLEEVE RD
MOIRA CRES
BETA GR
HINDHEAD RD
RIPON RD
PATRICIA AVE
HORNBY GR
DENBY GR
RAVENSHILL RD
CENTREWAY
THE GREENLEIGH RD
MOORSIDE RD
DALEVIEW RD
SANDMERE RD
SANDMERE GR
RILEY RD
RIVERSDALE RD
DAIMLER RD
BRADSHAWE CL
WILLSON CROFT
HEBDEN GR
WESTFORD GR
SLADE LA
BROMPTON POOL RD
MILLSIDE
WAREHAM HO
ASHFIELD HO
CHEYNE GDNS
RIVERSIDE CRES
HOUGHTON CT
WOODVALE RD
WOODVALE DR
MORRIS FIELD CROFT
BARTON LODGE RD
HILTON AVE
CHILCOTE CL
BARBARA RD
GRACEMERE CRES
ACHESON RD
WATWOOD RD
NETHERCOTE GDNS
ATHERSTONE CL
WISHAW CL
COTON GR
BACH MILL DR
LAUNDE
GRAITH CL
GEDNEY CL
NAVENBY CL
PRINCE OF WALES LA
LOXLEY AVE
REGENCY GDNS
LEYMAN CL
COTTRELLS CL
GOODREST CROFT
PEAR TREE CRES
PEAR TREE GR
PEAR TREE CL
HYTALL RD
LAMBSCOTE CL
BURY MOUND CT
KILCOTE RD
GREENSLADE RD
KINGFIELD RD
MARCLIFF CRES
OXHILL RD
GRAFTON RD
HEXTON CL
LAWFORD GR
1 SHENSTONE CT
2 LICHFIELD CT
OLD MILL CL
WISE CRE CROFT
COLEBROOK CROFT
LIMBRICK CL
STROUD RD
BERKELEY RD
GEOFFREY RD
DUNARD RD
FALLOWFIELD
KEDLESTON CT
PRIMP
NAIRN CL
PIPERS GN
HALL DALE CL
DOVEDALE DR
BISSELL CL
GLOVER CL
ROBIN HOOD LA
LITTLEOVER
OLDHOUSE FARM CL
GROSVENOR SQ
MARION WAY
60
81
80
79
10
1
2
3
4
A
B
C

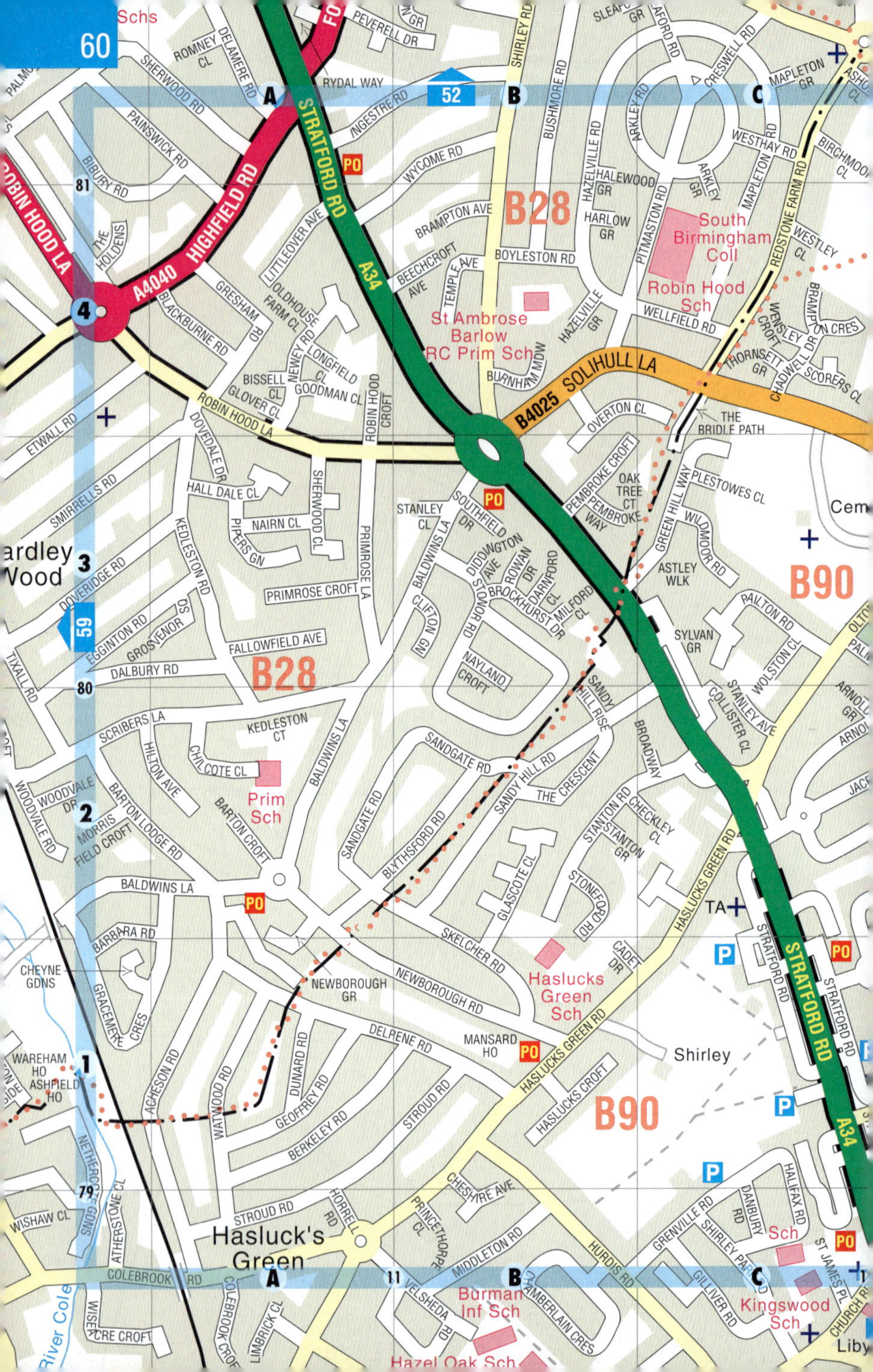
60
52
59
11
A
B
C
1
2
3
4
79
80
81
Schs
ROMNEY CL
DELAMERE RD
SHERWOOD RD
PAINSWICK RD
BIBURY RD
THE HOLDENS
ROBIN HOOD LA
A4040
HIGHFIELD RD
RYDAL WAY
PEVERELL DR
STRATFORD RD
A34
INGESTRE RD
WYCOME RD
SHIRLEY RD
BUSHMORE RD
CRESWELL RD
MAPLETON GR
ARKLEY RD
ARKLEY GR
HAZELVILLE RD
HALEWOOD GR
HARLOW GR
PITMASTON RD
WESTHAY RD
MAPLETON RD
REDSTONE FARM RD
BIRCHMOOR CL
WESTLEY CL
B28
South Birmingham Coll
Robin Hood Sch
BRAMPTON AVE
LITTLEOVER AVE
BEECHCROFT AVE
TEMPLE AVE
BOYLESTON RD
HAZELVILLE GR
WELLFIELD RD
WENSLEY CROFT
BRAMPTON CRES
CHADWELL DR
SCORERS CL
THORNSETT GR
St Ambrose Barlow RC Prim Sch
GRESHAM RD
BLACKBURNE RD
OLDHOUSE FARM CL
NEWEY RD
LONGFIELD CL
GOODMAN CL
BISSELL CL
GLOVER CL
ROBIN HOOD CROFT
BURNHAM MDW
B4025
SOLIHULL LA
OVERTON CL
THE BRIDLE PATH
ETWALL RD
ROBIN HOOD LA
DOVEDALE DR
HALL DALE CL
SHERWOOD CL
NAIRN CL
PIPERS GN
SMIRRELLS RD
KEDLESTON RD
STANLEY CL
SOUTHFIELD DR
PEMBROKE CROFT
OAK TREE CT
PEMBROKE WAY
GREEN HILL WAY
PLESTOWES CL
WILDMOOR RD
Cem
ASTLEY WLK
B90
Yardley Wood
DOVERIDGE RD
PRIMROSE CROFT
PRIMROSE LA
BALDWINS LA
DIDDINGTON AVE
ROWAN DR
DARNFORD CL
BROCKHURST DR
MILFORD CL
STONOR RD
CLIFTON GN
NAYLAND CROFT
SYLVAN GR
PAILTON RD
WOLSTON CL
EGGINTON RD
GROSVENOR SQ
FALLOWFIELD AVE
DALBURY RD
TIXALL RD
SANDY HILL RISE
COLLISTER CL
STANLEY AVE
ARNOLD GR
SCRIBERS LA
KEDLESTON CT
HILTON AVE
CHILCOTE CL
Prim Sch
BALDWINS LA
SANDGATE RD
SANDY HILL RD
THE CRESCENT
BROADWAY
WOODVALE DR
WOODVALE RD
MORRIS FIELD CROFT
BARTON LODGE RD
BARTON CROFT
BLYTHSFORD RD
STANTON RD
STANTON GR
CHECKLEY CL
HASLUCKS GREEN RD
BALDWINS LA
GLASCOTE CL
STONEFORD RD
TA
BARBARA RD
SKELCHER RD
CADET DR
CHEYNE GDNS
NEWBOROUGH GR
NEWBOROUGH RD
Haslucks Green Sch
GRACEMERE CRES
DELRENE RD
MANSARD HO
Shirley
WAREHAM HO
ASHFIELD HO
ACHESON RD
WATWOOD RD
DUNARD RD
GEOFFREY RD
STROUD RD
BERKELEY RD
HASLUCKS GREEN RD
HASLUCKS CROFT
NETHERCOTE GDNS
ATHERSTONE CL
WISHAW CL
STROUD RD
HORRELL RD
CHESHIRE AVE
PRINCETHORPE CL
MIDDLETON RD
HURDIS RD
GRENVILLE RD
SHIRLEY PARK RD
DANBURY RD
HALIFAX RD
Sch
ST JAMES PL
CHURCH RD
Hasluck's Green
COLEBROOK RD
VELSHEDA RD
Burman Inf Sch
CHAMBERLAIN CRES
GILLIVER RD
Kingswood Sch
River Cole
WISE ACRE CROFT
COLEBROOK CROFT
LIMBRICK CL
Hazel Oak Sch
Liby

61

B92
- Langley Hall
- Hornbrook Gr
- Langley Sch
- Reynalds Cross Sch
- Recn Gd
- Compassion RC Prim Sch
- Convent
- St Bernard's Rd
- Sports Club
- Grange Rd
- Bryanston Ct
- Dove House Ct
- Warwic Grange
- Dunsmo
- Thorpe
- Greyfriars Cl
- Friary
- St Francis Ave
- Dovebridge Cl
- Wellington Gr
- Greswolde Rd
- Netherwood Cl
- Oak Cotta Prim Sch
- Bryanston Rd
- CH
- Langley Prim Sch
- Monastery Dr
- Halford Rd
- Wroxall Rd
- Haseley Rd
- Stoneleigh Rd
- Beechwood Park Rd
- Chesterton Cl
- Stonor Park Rd
- Sports Gd
- Streetsbrook Rd
- Mall Park Rd
- Streetsbrook Rd
- Cheltondale Rd
- Streetsbrook Rd

B91
- Brown's Coppice
- Northbrook Ct
- Northbrook Rd
- Nebsworth Cl
- Linwood Cres
- Ashlawn Cres
- Brown's Coppice Ave
- Woodside Way
- Beaumont Gr
- Oaken Dr
- B402
- Palmers Rough
- Recn Gd
- Cornbury Gr
- Fairford Gr
- Brobury Cl
- Rothwell Dr
- Baxterley Gn
- Ryefield Cl
- Woodlea Dr
- Birch Tree Gr
- Verstone Rd
- Kenley Way
- Prospect La
- Compton Cl
- Yewhurst Rd
- Sharmans Cross
- Ralph Rd
- Blackthorne Cl
- Sharmans Cross Rd
- CH
- Streetsbrook Inf Sch
- Pow Grove
- Welford Rd
- Sharmans Cross Jun Sch
- Stanway Rd
- Ashwell Dr
- Swinbrook Way
- Claverdon Cl
- Welcombe Gr
- Rushbury Dr
- Heathcote Ave
- Waverley Gr
- Cropthorne Rd
- Shirley
- Solihull Rd
- Ufton Cres
- Ufton Cl
- Cambridge Ave
- Aldebrook Rd
- Thornyfield Cl
- Radbourne Rd
- Brentwood Cl
- Hollyfield Ave
- Eastcote Cl
- Brentwood Rd
- Spring Cl
- Blossomfield Inf Sch
- Thornyfield Rd
- Danford La
- Newnham Rise
- Lawnswood Ave
- Freasley Cl
- Stockley Cres

B90
- Wayfield Rd
- Mollington Cres
- Brentford Rd
- Kingslea Rd
- Westwood Gr
- Mancetter Rd
- Moorlands Dr
- Winford Gr
- Bidford Cl
- Yoxall Rd
- Rowden Dr
- Fieldon Cl
- Bramley Croft
- Blenheim Rd
- Headley Rise
- Barford Cl
- Willow Rd
- St Gerards Rd
- Endwood
- Monwood Gr

M42 Junction 4
- Sutherland Ave
- Moreton Rd
- Longmore Rd
- Witherford Croft
- Charles Rd
- Blossomfield
- St Audries Ct
- B4102

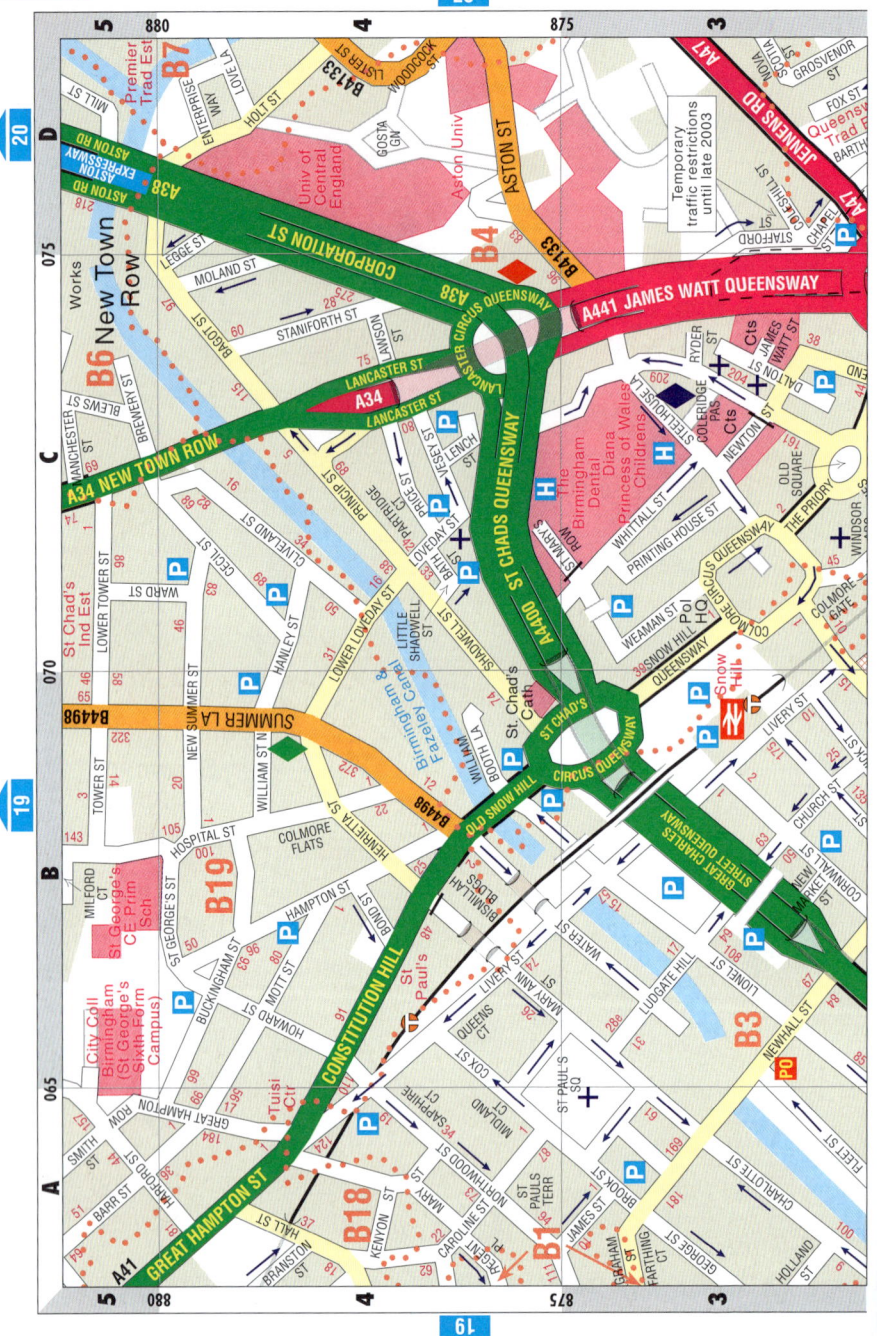

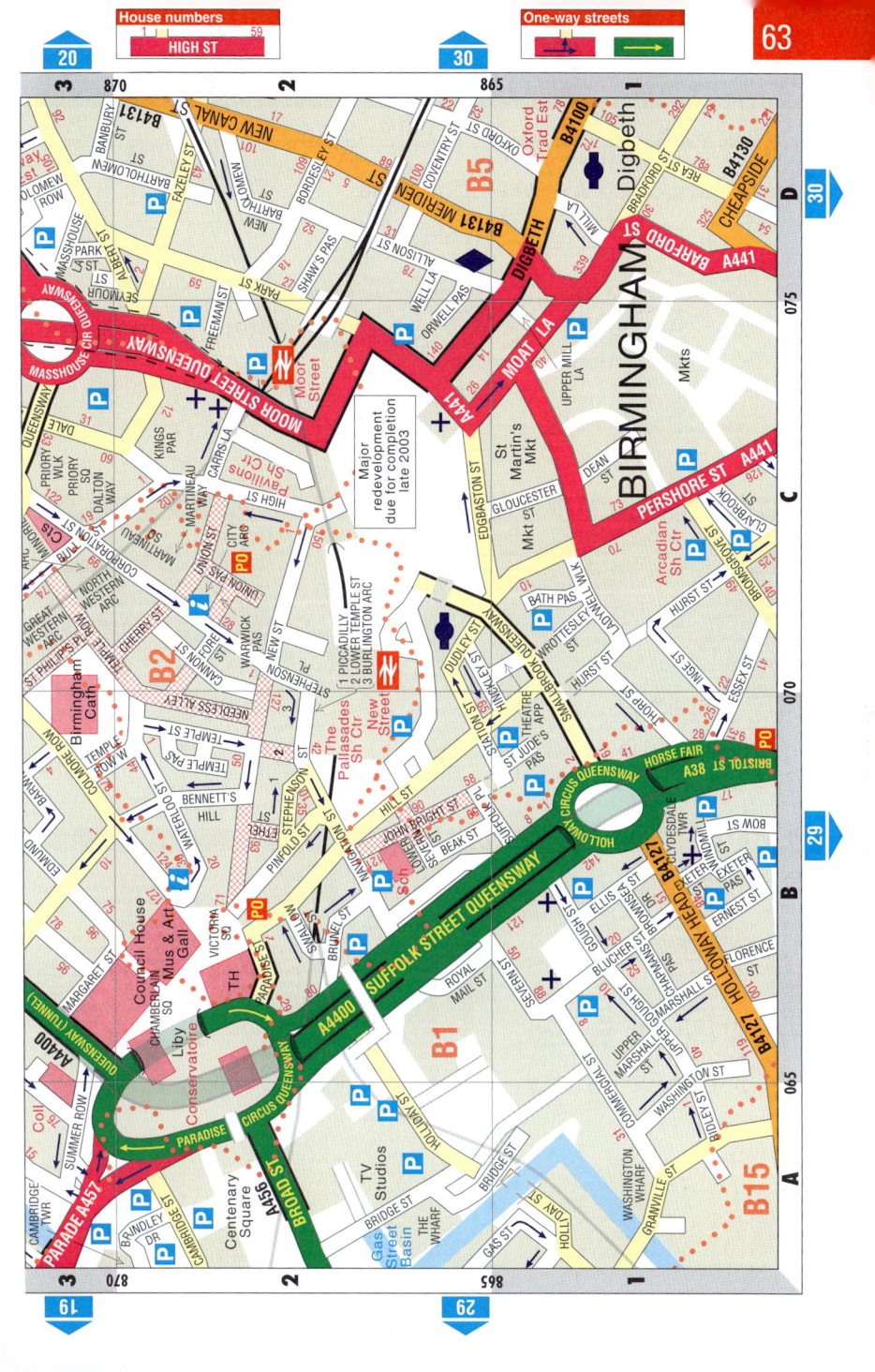

Index

Street names are listed alphabetically and show the locality, the Postcode District, the page number and a reference to the square in which the name falls on the map page

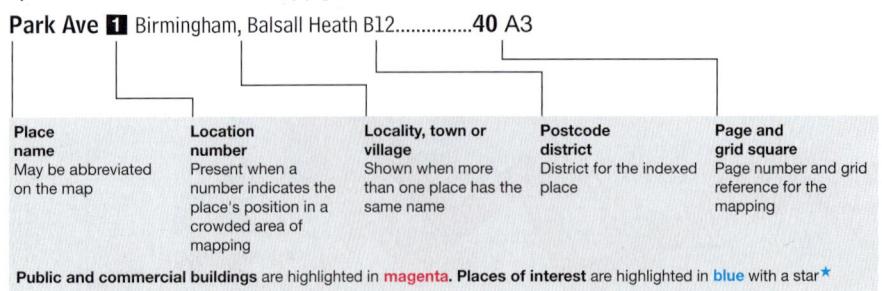

Park Ave [1] Birmingham, Balsall Heath B12..............**40** A3

- **Place name** — May be abbreviated on the map
- **Location number** — Present when a number indicates the place's position in a crowded area of mapping
- **Locality, town or village** — Shown when more than one place has the same name
- **Postcode district** — District for the indexed place
- **Page and grid square** — Page number and grid reference for the mapping

Public and commercial buildings are highlighted in magenta. **Places of interest** are highlighted in blue with a star ★

Abbreviations used in the index

Acad	Academy	Comm	Common	Gd	Ground	L	Leisure	Prom	Prom
App	Approach	Cott	Cottage	Gdn	Garden	La	Lane	Rd	Road
Arc	Arcade	Cres	Crescent	Gn	Green	Liby	Library	Recn	Recreation
Ave	Avenue	Cswy	Causeway	Gr	Grove	Mdw	Meadow	Ret	Retail
Bglw	Bungalow	Ct	Court	H	Hall	Meml	Memorial	Sh	Shopping
Bldg	Building	Ctr	Centre	Ho	House	Mkt	Market	Sq	Square
Bsns, Bus	Business	Ctry	Country	Hospl	Hospital	Mus	Museum	St	Street
Bvd	Boulevard	Cty	County	HQ	Headquarters	Orch	Orchard	Sta	Station
Cath	Cathedral	Dr	Drive	Hts	Heights	Pal	Palace	Terr	Terrace
Cir	Circus	Dro	Drove	Ind	Industrial	Par	Parade	TH	Town Hall
Cl	Close	Ed	Education	Inst	Institute	Pas	Passage	Univ	University
Cnr	Corner	Emb	Embankment	Int	International	Pk	Park	Wk, Wlk	Walk
Coll	College	Est	Estate	Intc	Interchange	Pl	Place	Wr	Water
Com	Community	Ex	Exhibition	Junc	Junction	Prec	Precinct	Yd	Yard

Index of localities, towns and villages

Acock's Green 42 B1	Bromford 13 B3	Gib Heath 18 B4	Lea Hall 34 B4	Sandwell 6 B1	Stockfield 43 A3
All Saints 18 B3	Brookfields 18 C2	Gilbertstone 43 C4	Lee Bank 29 B2	Selly Hill 48 B4	Stockland Green 3 A2
Alum Rock 22 C1	Buckland End 14 B1	Glebe Farm 24 C2	Lifford 56 C3	Selly Oak 47 B3	Sutton Coldfield 5 C4
Aston 10 B1	California 46 A4	Gravelly Hill 11 C3	Little Bromwich ...32 A4	Selly Park 48 B3	Ten Acres 48 C2
Aston New Town 20 A4	Calthorpe Fields 28 C2	Greet 41 C3	Lodge Hill 46 C4	Shard End 25 B4	Tile Cross 35 C4
Balsall Heath 39 B2	Cannon Hill 39 B2	Griffin's Hill 47 B2	Lyndon End 44 B3	Sharmons Cross ...61 C2	Tyburn 5 C1
Bearwood 26 B4	Cape Hill 16 C2	Hall Green 52 B1	Lyndon Green 34 B1	Sheldon 45 A3	Tyseley 42 B4
Billesley 59 A4	Castle Bromwich ...15 B2	Handsworth 7 A3	Merry Hill 17 B3	Shirley 61 A1	Upper Witton 2 C3
Billesley Common ..58 B3	Chad Valley 28 A1	Harborne 36 C4	Moor Green 49 B3	Showell Green ...40 C2	Wake Green 50 C3
Birches Green ...12 B4	Chester Road 4 C4	Harts Green 36 B3	Moseley 50 A4	Small Heath 31 B1	Ward End 22 B3
Birchfield 9 C3	Church Hill 8 C3	Hay Mills 42 C4	Nechells 11 B2	Smethwick 16 B2	Warstock 59 A1
Black Patch 17 B4	Cockshut Hill 34 B2	Highgate 29 C1	Nechells Green ...20 B2	Soho 7 A1	Washwood Heath ...21 C4
Bordesley 30 C4	Colehall 24 C3	Hockley 18 C3	Newtown 19 A4	South Yardley 43 B4	Wells Green 44 C2
Bordesley Green ..31 C4	Cotteridge 55 C3	Hodgehill 23 B4	New Town Row ...19 C3	Sparkbrook 30 C1	Weoly Castle 46 B3
Bordesley Green East ..32 B4	Deritend 30 B3	Kineton Green 53 C2	Northfield 54 B2	Sparkhill 41 B2	Winson Green ...18 A3
Bournbrook 48 B4	Digbeth 30 A3	King's Heath 49 C1	Olton 53 C3	Spring Vale 30 C3	Witton 2 B1
Bournville 47 C1	Edgbaston 38 B4	King's Norton 56 A1	Pype Hayes 5 B3	Springfield 51 B2	Yardley 33 B2
Brandwood End ..57 B2	Erdington 4 B2	Kitt's Green 25 C1	Rotton Park 17 C1	Stechford 23 C1	Yardley Fields ...33 B3
Breedon Cross ...56 B4	Garrett's Green ...34 C3	Ladywood 28 B4	Saltley 21 C2	Stirchley 48 C1	Yardley Wood 59 C3

A

A1 Trad Est B66 6 B1
Abberley Ind Ctr B66 17 B3
Abberley St B66 17 B3
Abberton Ct B23 11 A4
Abbess Gr B25 33 C3
Abbey Mans 2 B24 4 C4
Abbey RC Prim Sch B23 4 B3
Abbey Rd
Birmingham, Edgbaston B17 37 B3
Birmingham, Gravelly Hill B23 11 B4
Abbey St N B18 18 B3
Abbotsford Rd B11 41 A4
Abbots Rd B14 49 C1
Abbots Way B18 18 C4
Abbotts Rd B24 12 A3
Abdon Ave B29 47 A1
Aberdeen St B18 17 C2
Abigails Cl B26 34 C1
Aboyne Cl B5 39 B4
A B Row B4 20 A1
Acacia Rd B30 47 C2
Ace Bsns Pk B33 35 B4
Acheson Rd B28,B90 60 A1
Ackleton Gr B29 46 A3
Acocks Green Inf Sch B27 42 C1
Acocks Green Jun Sch B27 42 C1
Acocks Green Sta B27 43 A2
Acorn Cl
Birmingham, Bournville B30 47 C2
Birmingham, Stockfield B27 42 C3
Acorn Gdns B30 48 B1
Acorn Gr B1 18 C1
Adams St B7 20 A3
Ada Rd Birmingham B25 42 C4
Smethwick B66 16 C1
Addenbrooke Rd B67 16 A1
Adderley Gdns B8 21 B3
Adderley Park Cl B8 21 C2
Adderley Park Sta B8 21 B1
Adderley Prim Sch B8 21 B2
Adderley Rd B8 21 A2
Adderley Rd S B8 21 A1
Adderley St B9 30 B3
Adderley Trad Est B8 21 A2
Addison Rd
Birmingham, King's Heath B14 50 A1
Birmingham, Nechells B7 11 A2
Adelaide St B12 30 A2
Adelaide Tower B34 25 A3
Adkins La B67 26 B3
Admington Rd B33 35 A2
Admiral Pl B13 40 A2
Adrian Croft B13 51 A3
Adrian Ct 1 B24 4 C4
Adria Rd B11 40 C2
Ainsdale Gdns B24 5 A3
Aintree Gr B34 25 B4
Aitken Wing B15 38 B4
Albany Ho B34 14 B1
Albany Rd B17 37 A4
Albert Ave 1 B12 40 B4
Albert Rd
Birmingham, Aston B6 10 A2
Birmingham, Gravelly Hill B23 3 B1
Birmingham, Handsworth B21 7 C3
Birmingham, Harborne B17 36 C3
Birmingham, King's Heath B14 50 A1
Birmingham, Stechford B33 23 B1
Albert St B5 62 D3
Albert Wlk 1 B17 37 A3
Albion Jun Sch B71 6 B3
Albion Rd
Birmingham, Handsworth B21 7 C3
Birmingham, Sparkhill B11 41 B3
West Bromwich, Handsworth B71 6 C2
Albion St B1 19 A1
Albury Wlk B11 30 B1
Alcester Gdns B14 50 A1
Alcester Rd B13 40 A1
Alcester Rd S B14 57 C4
Alcester St B12 30 A2
Alcombe Gr B33 33 C4
Alcott Gr B33 25 C1
Aldbury Rd B14 58 B1
Alder Ct B13 40 B1
Alderflat Pl B7 21 A3
Alder La B30 55 A4
Alderpits Rd B34 25 B4
Alder Rd B12 40 B2
Aldersea Dr B6 10 A1
Aldershaw Rd B26 43 C4
Alderson Rd B8 22 A2
Aldgate Gr B19 19 B3
Aldis Cl B28 51 C3
Aldwyn Ave B13 50 A4
Alexander Rd B27 43 A2
Alexander Terr B67 16 A4
Alexandra Ave B21 7 B1
Alexandra Rd
Birmingham, Handsworth B21 7 B1
Birmingham, Highgate B5 29 C1
Birmingham, Stirchley B30 48 B1
Alfred Rd
Birmingham, Handsworth B21 7 C2
Birmingham, Sparkhill B11 40 C3
Alfred St
Birmingham, Aston B6 10 C2
Birmingham, King's Heath B14 50 A1
Birmingham, Sparkbrook B12 40 C3
Smethwick B66 7 A1
Alfryth Ct 4 B15 29 A2
Algernon Rd B16 17 B2
Al Hira Sch B12 40 B4
Allan Cl 2 B66 16 C3
Allcock St B9 30 B3
Allcroft Rd B11 52 A4
Allendale Rd B25 32 C1
Allen Dr B70 6 A3
Allens Ave B18 18 A4
Allens Croft Rd B14 57 A4
Allens Rd B18 18 A4
Allerton Rd B25 32 C1
Allesley Rd B92 53 B2
Allesley St B6 19 C3
Alleyne Gr B24 12 B4
Alleyne Rd B24 12 B3
Allison St B5 63 D2
Allman Rd B24 4 C2
All Saints Ind Est B18 18 B3
All Saints' Rd B18 18 C3
All Saints Rd B14 49 C1
All Saints' St B18 18 B3
Alma Cres B7 20 C2
Alma St Birmingham B19 19 C4
Smethwick B66 17 A4
Alma Way B19 9 B1
Almhouses B24 4 B2
Almond Cl B29 54 B4
Almsbury Ct B26 45 A2
Almshouses B67 16 A3
Alnwick Ho B23 4 A4
Alpha Cl B12 39 C4
Alport Croft 4 B9 30 C4
Alston Gr B9 32 C4
Alston Prim Sch B9 22 C1
Alston Rd B9 22 C1
Alston St B16 28 B4
Alton Rd B29 38 A1
Alum Dr B9 22 B1
Alumhurst Ave B8 22 C2
Alum Rock Rd
Birmingham B8 22 C2
Birmingham, Saltley B8 21 C2
Alveston Gr B9 32 C4
Alwold Ct B29 46 A4
Alwold Rd B29 46 B4
Alwynn Wlk B23 3 A1
Amal Way B6 10 A4
Amanda Dr B26 34 A3
Amberley Gr B6 2 B1
Amberley Rd B92 44 A2
Amesbury Rd B13 39 C1
Amington Rd B25 42 C4
Amiss Gdns B10 31 A2
Amity Cl B66 16 C3
Ampton Rd B15 28 C1
Amwell Gr B14 58 A1
Anchorage Rd B23 3 B1
Anchor Cl B16 27 C3
Anderson Rd
Birmingham B23 3 C4
Smethwick B66 26 B3
Anderton Park Prim Sch B12 40 C2
Anderton Park Rd B13 40 B1
Anderton Rd B11 41 A4
Anderton St B1 18 C1
Andover St B5 30 A4
Andrew Gdns B21 7 C3
Angelina St B12 30 A1
Angelo Ho B13 51 B1
Anglesey Prim Sch B19 9 A1
Anglesey St B19 9 A1
Anita Croft B23 11 C4
Ankermoor Cl B34 24 C4
Ann Croft B26 45 B2
Anne Rd B66 7 B1
Annesley Rd B66 16 C3
Ansbro Cl B18 18 A3
Ansell Rd
Birmingham, Gravelly Hill B24 12 A3
Ansell Rd *continued*
Birmingham, Sparkbrook B11 41 A4
Anslow Rd B23 3 A3
Anson Gr B27 53 B4
Anstey Gr B27 52 C3
Anstruther Rd B15 27 C2
Anthony Rd B8 22 A2
Antringham Gdns B15 27 B2
Antrobus Rd B21 7 C3
Apollo Croft B24 5 B1
Apollo Way
Birmingham B20 9 B3
12 Smethwick B66 17 A3
Appian Cl B14 57 C3
Appleby Cl B14 57 B3
Appledore Gdns B34 24 C4
Applesham Cl B11 41 B4
Appleton Cl B30 47 C2
Appleton Ct 5 B15 28 C1
Apple Tree Cl B23 2 C2
April Croft B13 40 C1
Apsley Gr B24 12 B4
Arcadian Sh Ctr B5 63 C1
Archbishop Ilsley RC Sch B27 43 A1
Archer Rd B14 59 A2
Archibald Rd B19 9 A2
Arch The B5 30 B4
Arcot Rd B28 52 A4
Ardencote Rd B13 58 B4
Arden Croft B92 45 A2
Arden Dr B26 34 A1
Arden Gr
Birmingham, Ladywood B16 28 B3
8 Birmingham, Lozells B19 9 A2
Arden Jun & Inf Sch B11 41 A3
Arden Oak Rd B26 45 B2
Arden Rd
Birmingham, Acock's Green B27 42 C2
Birmingham, Aston B6 9 B2
Birmingham, Saltley B8 21 B1
Smethwick B67 16 B3
Ardley Rd B14 58 B3
Argyle St B7 11 B2
Arkle Croft B36 13 A2
Arkley Gr B28 52 C1
Arkley Rd B28 52 C1
Arless Way B17 36 C1
Arley Ho B33 34 B3
Arley Rd
Birmingham B29 38 A1
Birmingham, Saltley B8 21 B4
Arley Villas 4 B18 17 B2
Arlington Ho B15 29 A1
Arlington Rd B14 58 C1
Armada Cl B23 11 B3
Armoury Rd B11 41 B4
Armoury Trad Est B11 41 C4
Arnold Gr
Birmingham B30 55 B2
Solihull B90 60 C2
Arnold Rd B90 61 A2
Arnside Ct B23 2 C2
Arosa Dr B17 36 C1
Arran Rd B34 24 A4
Arsenal St B9 31 A3
Arthur Harris Cl B66 17 A1
Arthur Pl B1 18 C1
Arthur Rd
Birmingham, Edgbaston B15 28 C1
Birmingham, Erdington B24 4 C2
Birmingham, Handsworth B21 8 A2
Birmingham, Hay Mills B25 42 C4
Arthur St B10 30 C3
Artillery St B9 31 A4
Artingstall Ho B30 48 C2
Arton Croft B24 12 B4
Arundel B17 36 B4
Arundel Ct 13 B29 47 A1
Arundel Ho B23 4 A4
Arundel Pl B11 40 B4
Ascot Cl B16 28 A4
Ascot Ct 11 B29 47 A1
Ascot Rd B13 50 A4
Ash Ave B12 40 B3
Ashbourne Gr 3 B6 9 C2
Ashbourne Rd B16 17 B1
Ashbrook Gr B30 49 A2
Ashbrook Rd B30 49 A2
Ashburton Rd B14 57 B3
Ashbury Covert 3 B30 57 A1
Ashby Cl B8 23 A4
Ashcombe Gdns B24 5 B1
Ashcroft B15 37 C3
Ashcroft Gr B20 9 B4
Ashcroft 4 B66 17 A3
Ashdale Gr B26 34 B2
Ashdown Cl B13 50 B3
Ashfield Ave B14 50 A3
Ashfield Ct B38 55 C2
Ashfield Ho B28 59 C1
Ashfield Rd B14 50 A3
Ashford Twr B12 30 A2
Ash Gr
Birmingham, Balsall Heath B12 40 B3
11 Birmingham, Bordesley B9 30 C4
Ashlawn Cres B91 61 B3
Ashleigh Dr B20 8 C4
Ashleigh Gr B13 50 C3
Ashley Cl B15 29 A1
Ashley Gdns B8 21 B2
Ashley Rd B23 3 C1
Ashmead Gr B24 12 B4
Ash Mews 4 B27 43 A3
Ashmore Rd B30 56 A3
Ashold Farm Rd B24 13 B4
Asholme Cl B36 13 A1
Ashorne Cl B28 52 C1
Ashover Gr 8 B18 17 C2
Ash Rd B8 21 B2
Ashted Cir B7 20 B2
Ashted Lock B7 20 A2
Ashted Wlk B7 20 C2
Ashton Croft B16 28 B4
Ashton Rd B25 33 A1
Ash Tree Dr B26 33 B1
Ash Tree Rd B30 56 B4
Ashville Ave B34 14 A1
Ashway B11 40 C3
Ashwell Dr B90 61 B2
Ashwin Rd B21 8 B1
Ashwood Ct
Birmingham B13 40 B1
Birmingham, Stechford B34 23 B3
Aspbury Croft B36 15 B3
Aspen Cl B27 52 C4
Aspen Gdns B20 8 C3
Aspen Gr B9 22 B1
Asquith Rd B8 22 C3
Asra Cl B66 6 B2
Asra Ho B66 6 B2
Astbury Ave B67 16 A1
Astley Rd B21 7 B3
Astley Wlk B90 60 C3
Aston Bridge B6 20 A4
Aston Brook Gn B6 20 A3
Aston Brook St E B6 20 A3
Aston Bury B15 27 B1
Aston Church Rd B7, B8 21 B4
Aston Cross Bsns Village B6 20 B4
Aston Ct B23 3 A1
Aston Expressway B6 20 A4
Aston Expressway (Elevated Rd) B6 10 B2
Aston Hall★ B6 10 A2
Aston Hall Rd B6 10 C2
Aston La B20 9 C4
Aston Manor Cl B20 9 C4
Aston Manor Sch B6 20 A4
Aston Rd B6 20 A3
Aston Rd N B6 20 A4
Aston Science Pk B7 20 A2
Aston Seedbed Ctr B7 20 B4
Aston Sta B6 10 C2
Aston St B4 62 D4
Aston Tower Com Prim Sch B6 10 A1
Aston Univ B5 62 D4
Astor Dr B13 51 A3
Astwell Prep Sch B20 8 C2
Athole St B12 30 B1
Atlas Trad Est B11 41 B3
Attenborough Cl B19 19 C3
Attwood Cl B8 21 C4
Aubrey Rd B10 32 A2
Auchinleck Sq 5 B15 28 C3
Auckland Ho B32 36 A2
Auckland Rd B11 30 B1
Audleigh Ho 1 B15 29 A2
Audley Jun Sch B33 24 A2
Audley Rd B33 24 A2
Augusta Rd
Birmingham, Acock's Green B27 43 A3
Birmingham, Moseley B13 39 C2
Augusta Rd E B13 40 A2
Augusta St B18 19 A2
Augustine Gr B18 18 A4
Augustus Ct B15 28 A2
Augustus Rd B15 27 C2
Austen Pl B15 28 C2
Austin Cl B27 43 B2
Austin Croft B36 15 C3
Austin Rd B21 7 A3
Austrey Gr B29 46 B2
Austy Cl B36 13 C2
Auto Ctr B18 17 C3
Autumn Gr B19 19 A4
Avalon Cl B24 4 C2
Avebury Gr B30 49 A1
Avebury Rd B30 49 A2
Avenue Cl B7 20 B4
Avenue Rd
Birmingham, Aston B7,B6 20 B4
Birmingham, Erdington B23 4 A2
Birmingham, Handsworth B21 7 B4
Birmingham, King's Heath B14 49 B2
Avenue The
Birmingham, Acock's Green B27 43 B1
2 Birmingham, Lozells B19 9 A2
Averill Rd B26 34 B3
Avery Croft B35 14 A4
Avery Dell Ind Est B30 56 B4
Avery Dr B27 43 A2
Avery Ho B16 28 B3
Avery Rd B66 17 B4
Avocet Cl B33 23 C1
Avondale Rd B11 41 B2
Avon Dr B13 50 C4
Avon Ho B15 29 B2
Avon St B11 41 A3
Ayala Croft 2 B36 13 C2
Aylesford Rd B21 7 B3
Aylesmore Cl B92 53 C2
Ayre Rd B24 4 C2
Ayrshire Cl B36 13 B2
Azalea Gr B9 32 A4

B

Babington Rd B21 7 C1
Bacchus Rd B18 18 A4
Bach Mill Dr B28 59 B1
Baddesley Rd B92 53 C4
Bader Wlk B35 14 A4
Badgers Way B34 24 B3
Badsey Cl B31 55 A2
Bagnall Cl B25 43 B4
Bagnell Rd B13 50 A1
Bagot St B4 62 C4
Bagshaw Rd B33 23 C1
Bakeman Ho B26 43 B4
Baker St
Birmingham, Handsworth B21 8 A2
Birmingham, Small Heath B10 31 B3
Birmingham, Sparkhill B11 41 A3
Balaclava Rd B14 49 C2
Balcaskie Cl B15 27 C1
Balden Rd B32 26 A1
Baldmoor Lake Rd B23 4 A4
Baldwin Ho B19 19 C4
Baldwin Rd B30 56 B1
Baldwins La B28 60 A2
Baldwin St B66 16 C4
Balfour Ho 2 B16 28 A3
Balfour St B12 39 C4
Ballot St B66 16 C3
Balmoral Ct B1 19 A1
Balmoral Rd B23 4 A3
Balsall Heath Rd B12 29 C1
Bamville Rd B8 22 B3
Banbury Ho B33 35 C4
Banbury St B5 30 A4
Banford Ave B8 22 B2
Banford Rd B8 22 B2
Bangor Rd B9 31 B4
Bankdale Rd B8 22 C2
Bankes Rd B10 32 A3
Bankside B13 51 B4
Bank St B14 49 C3
Bannerley Rd B33 35 A3
Banners Gr B23 4 B4
Bantams Cl B33 35 A4
Bantock Way B17 37 B3
Bantry Cl B26 45 A2
Barbara Rd B28 59 C2
Barber Inst of Fine Arts The★ B15 38 B1
Barcheston Rd B29 46 B3
Bard St B11 41 A3
Barford Ho B5 29 C2
Barford Prim Sch B16 18 A1
Barford Rd B16 18 A1
Barford St B5 29 C2
Barker St B19 8 C1
Barlands Croft B34 25 A4
Barlow Dr B70 6 A3
Barlow's Rd B15 37 C3
Barnabas Rd B23 4 A2
Barn Cl B30 56 C4
Barnes Cl B37 35 C4
Barnes Hill B29 46 A4
Barnesville Cl B10 32 B2
Barnet Rd B23 3 B3
Barnford Cl B10 31 A3
Barn Ho B8 23 B2
Barn La
Birmingham, Handsworth B21 7 C1
Birmingham, King's Heath B13 50 B1
Barn La *continued*
Solihull B92 44 A1
Barn Mdw B25 33 B3
Barnsbury Ave B72 5 A4
Barnsley Rd B17 26 B3
Barnstaple Rd B66 16 C3
Barn St B5 30 A4
Barnwood Rd B32 36 A2
Barons Cl B17 36 C4
Barons Ct B92 45 A2
Barrack St B7 20 B1
Barron Rd B31 54 C1
Barrow Ho 1 B16 28 A3
Barrows La B26 44 B4
Barrows Rd B11 41 A4
Barrow Wlk B5 29 C1
Barr St B19 19 A3
Barry Jackson Tower B6 10 A1
Barsham Cl B5 39 A4
Bartholomew Row B5 62 D3
Bartholomew St B5 63 D2
Barton Croft B28 60 A2
Barton Lodge Rd B28 59 C2
Bartons Bank B6 9 C1
Barwell Ct 8 B9 30 C4
Barwell Rd B9 30 C4
Barwick St B3 63 B3
Baskerville Sch B17 36 B3
Baslow Cl B33 23 C2
Bassett Croft B10 30 C2
Bassetts Gr B37 25 C3
Bath Ct 4 B29 46 C1
Bath Pas B5 63 C1
Bath Row B15 29 A3
Bath St B4 62 C4
Bath Wlk Ind Est B12 39 C3
Battenhall Rd B17 36 B3
Battery Way B11 41 C2
Baughan Ho B24 5 B1
Baxterley Gn B91 61 B2
Bayford Ave B26 45 A2
Bayley Tower 3 B36 13 C2
Bayliss Cl B31 54 C3
Bayston Rd B14 57 C1
Bayswater Rd B20 9 B3
Beach Ave B12 40 C3
Beach Brook Cl B11 40 C3
Beach Rd B11 40 C3
Beach Trad Ctr B12 40 C3
Beacon Cl B66 6 B1
Beacon Hill B6 9 C2
Beaconsfield Cres 3 B12 39 C3
Beaconsfield Rd B12 39 C3
Beakes Rd B67 16 A1
Beaks Farm Gdns B16 27 B4
Beak St B1 63 B2
Beale Cl B35 14 B4
Beale Ho B16 28 A3
Beales St B6 10 C2
Beamans Cl B92 44 B2
Bearwood Ho B66 16 B2
Bearwood Prim Sch B66 26 B4
Bearwood Rd B66 16 B1
Bearwood Sh Ctr B66 26 B3
Beauchamp Rd B13 59 A3
Beaudesert Rd B20 8 C2
Beaufort Ave B34 23 B3
Beaufort Rd
Birmingham, Gravelly Hill B23 11 C4
Birmingham, Ladywood B16 28 B3
Beaufort Sch B34 23 B3
Beaumont Dr B17 36 C2
Beaumont Gdns B18 18 A4
Beaumont Rd B30 56 A4
Beckbury Rd B29 46 B3
Beck Cl B66 16 B2
Beckford Ct B23 11 A4
Bedford Ho 7 B24 4 A2
Bedford Rd B12 30 B2
Bedford Terr 4 B19 9 B2
Bedworth Gr B9 32 C4
Beech Ave 6 B12 40 B3
Beechcroft Ave B28 60 B4
Beechcroft B15 28 B1
Beechcroft Rd B36 14 C2
Beech Ct B30 55 C2
Beech Dene Gr B23 3 C3
Beeches Ave B27 43 A2
Beeches Dr B24 5 A3
Beeches The B15 29 A2
Beech Farm Croft B31 54 B1
Beechfield Ave 1 B11 40 C4
Beechfield Rd
Birmingham B11 40 C4
Smethwick B67 16 A2
Beech Gr B14 58 B3
Beechmore Rd B26 44 B3
Beechmount Dr B23 4 B4
Beech Rd B30 55 C4
Beech Way B66 16 C3

66 Bee – Buc

Beechwood Ct 1 B30 57 A1
Beechwood Park Rd B91 61 C3
Beechwood Rd
Birmingham, King's Heath B14 58 A3
Smethwick B67 26 A2
Beeston Cl B6 10 B1
Beeton Rd B18 17 C4
Beilby Rd B30 56 C3
Belchers La B8,B9 22 B1
Belgrave Middleway B5,B12 29 C1
Belgrave Rd B12 40 A4
Belgrave Terr B21 8 B1
Belgravia Cl B5 29 C1
Belgrove Cl B15 37 C4
Bell Barn Rd B15 29 A2
Bell Barn Sh Ctr 8 B15 29 A2
Bell Cl B9 21 C1
Bellcroft B16 28 C4
Bell Dr B9 22 A1
Bellefield Ave 10 B18 17 C2
Bellefield Rd B18 17 C2
Belle Vue Ave B16 17 B2
Bellevue B5 29 B1
Bellevue Rd B26 34 C1
Belle Wlk B13 40 C1
Bellfield B31 54 A2
Bellfield Jun & Inf Sch B31 54 A2
Bell Hill B31 54 B3
Bell Holloway B31 54 A3
Bellis St B16 28 A3
Bell La
Birmingham, Kitt's Green B33 35 C3
Birmingham, Northfield B31 54 B2
Bell Sh Ctr The B31 54 B2
Bellwood Rd B31 54 A2
Belmont Covert B31 54 C4
Belmont Pas B4 20 B1
Belmont Rd B21 7 A2
Belmont Rd E B21 7 A2
Belmont Rd B66 26 B4
Belmont Row B4 20 B1
Belstone Cl B14 57 B4
Belvedere Rd B24 12 C4
Belvide Gr B29 46 C2
Belvidere Gdns B11 41 A2
Bembridge Rd B33 24 B1
Benacre Dr B5 30 A4
Benedon Rd B26 34 C1
Benmore Ave B5 29 B1
Bennett's Hill B2 63 B2
Bennetts Rd B8 21 B4
Bennett St B19 9 B2
Benson Com Sch B18 18 A4
Benson Ind Est B18 18 A4
Benson Rd B18 18 A4
Bentham Ct B31 54 A3
Bentley Gr B29 46 A2
Bentley Rd B36 15 B1
Benton Ave B11 41 A4
Benton Rd B11 41 A4
Bentons Mill Croft B7 11 A2
Berberry Cl B30 55 B4
Bericote Croft B27 43 B1
Berkeley Ho B23 4 A4
Berkeley Mews B25 32 C1
Berkeley Rd B25 32 C1
Berkeley Rd E B25 32 C1
Berkeley Rd B90 60 A1
Berkley Cres B13 51 A3
Berkley Ct B1 29 A3
Berkley St B1 29 A3
Berkswell Rd B24 4 C2
Bernard Pl B18 18 A3
Bernard Rd B17 26 C4
Berners St B19 9 B1
Bernhard Dr B21 7 C2
Berrandale Rd B36 14 A3
Berrington Wlk B5 29 C1
Berrow Dr B15 27 C1
Berrowside Rd B34 25 C4
Berry Cl B19 19 B4
Berry Dr B66 16 B4
Berryfield Rd B26 45 B4
Berry Rd B8 21 C3
Berry St B18 18 A4
Bertha Rd B11 41 B3
Bertram Rd 5 B10 31 B3
Berwood Farm Rd B72 5 A4
Berwood Gdns B24 5 A4
Berwood La B24 5 C1
Berwood Pk B35 14 B4
Berwood Rd B72 5 B4
Besant Gr B27 52 B3
Bessborough Rd B25 33 B2
Beswick Gr B33 24 B2
Beta Gr B14 59 A2
Betley Gr B33 24 B3
Betton Rd B14 57 C3
Bevan Way B66 6 A1
Beverley Croft B23 11 B4
Beverley Gr B26 44 C3
Bevington Rd B6 10 A2
Bewdley Ave 4 B12 40 B4
Bewdley Ho B26 34 B3
Bewdley Rd B30 48 C2
Bewdley Villas 3 B18 17 B2
Bexhill Gr 2 B15 29 A3
Bibsworth Ave B13 51 B2
Bibury Rd B28 51 C1
Bickenhill Park Rd B92 53 C3
Bickford Rd B6 10 B3
Bickley Ave B11 41 A4
Bickley Gr B26 44 C3
Bickton Cl B24 5 A3
Bideford Dr B29 47 A3
Bideford Rd B66 16 C3
Bierton Rd B25 33 A2
Bilberry Rd B14 57 A4
Bilbrook Gr B29 46 A4
Billesley La B13 50 B3
Billesley Prim Sch B13 59 A4
Billingsley Rd B26 34 B2
Bilton Grange Rd B26 34 A2
Bincomb Ave B26 44 C4
Bingley Ave B8 22 C2
Binley Cl B26 43 B4
Binton Croft B13 50 A2
Birchall St B12 30 A3
Birch Cl B30 55 C4
Birchcroft 6 B66 17 A3
Birch Croft B24 5 B3
Birch Ct B30 55 C2
Birchdale Ave B23 3 C1
Birchdale Rd B23 3 B3
Birches Cl B13 50 A3
Birches Green Inf Sch B24 12 C4
Birches Green Jun Sch B24 4 C1
Birches Green Rd B24 12 C4
Birchfield Com Sch B20 9 B3
Birchfield Gdns 8 B6 9 B2
Birchfield Rd B20 9 B4
Birchfield Tower 1 B20 9 B3
Birch Hollow B15 38 A4
Birchley Rise B92 44 A2
Birchmoor Cl B28 52 C1
Birch Rd B6 10 B4
Birch Rd E B6 10 C4
Birchtrees Croft B26 43 B3
Birchtrees Dr B33 35 B4
Birchtrees B24 5 B2
Birchwood Cres B12 40 C2
Birchwood Rd B12 40 B2
Birdwell Croft B13 58 A4
Birkdale Ave B29 48 A3
Birkdale Gr B29 48 B2
Birmingham Christian Coll B29 47 A3
Birmingham Coll of Food, Tourism & Creative Studies B3 62 A3
Birmingham Conservatoire B1 63 B2
Birmingham Dental Hospl The B4 62 C4
Birmingham Heartlands Hospl B9 32 C4
Birmingham Int Convention Ctr★ B1 29 A4
Birmingham International Convention Ctr★ B1 29 A4
Birmingham & Midland Hospl For Women The B11 41 A1
Birmingham Mus & Art Gal★ B3 63 B2
Birmingham Nature Ctr★ B5 39 A1
Birmingham Nuffield Hospl The B15 38 A3
Birmingham Rd
Birmingham B36 14 B2
West Bromwich B71 6 B3
Birmingham Sch of Speech & Drama B15 28 B1
Birmingham Youth Offending Services B24 11 C4
Birnam B15 28 B2
Bishbury Cl B15 27 C2
Bishop Challoner RC Sch B14 50 A2
Bishops Cl B66 17 A2
Bishop's Ct B31 54 C1
Bishopsgate St B15 28 C3
Bishop St B5 29 C2
Bishopton Rd B67 26 A3
Bisley Gr B24 12 C4
Bismillah Bldgs B19 62 B4
Bissell Cl B28 60 A4
Bissell St B5 29 C2
Biton Cl B17 36 C3
Blackberry Ave B9 22 B1
Blackburne Rd B28 60 A4
Blackbushe Cl B17 26 A1
Blackford Rd B11 41 A2
Blackford St B18 17 C3
Black Haynes Rd B29 54 B4
Blackley Ho B66 17 B4
Blackmoor Croft B33 35 B4
Blackrock Rd B23 2 C4
Blackthorn Cl B30 55 A4
Blackthorne Cl B91 61 C2
Blackthorn Rd
Birmingham, Bournville B30 55 B4
Birmingham, Castle Bromwich B36 15 A2
Blake La B9 32 A4
Blakeland St B9 32 A4
Blakemere Ave B25 33 C2
Blakemere Ho 3 B16 28 B4
Blakemore Cl B32 36 A1
Blakeney Ave B17 26 B1
Blakenhale Jun & Inf Schs B33 34 C3
Blakenhale Rd B33 34 C3
Blake Pl B9 32 A4
Blakesley Gr B25 33 B3
Blakesley Hall Mus★ B25 33 C3
Blakesley Hall Prim Sch B25 33 B3
Blakesley Mews B25 33 B2
Blakesley Rd B25 33 B3
Blakewood Cl B34 25 A3
Blandford Ave B36 15 C3
Blandford Rd B32 36 A3
Blaythorn Ave B92 44 B1
Bleak Hill Rd B23 3 A3
Bleakman Ct B30 56 B4
Bleak St B67 16 A4
Blenheim B17 36 C4
Blenheim Rd B13 50 A3
Blenheim Way B35 14 C4
Bletchley Rd B24 5 C2
Blewitt Cl B36 15 B4
Blews St B6 19 C3
Blithfield Gr B24 5 A3
Bloomfield Rd B13 40 C1
Bloomsbury Gr B14 49 A1
Bloomsbury St B7 20 C3
Bloomsbury Wlk 1 B7 20 C3
Blossom Ave B29 48 A4
Blossomfield Inf Sch B90 61 B1
Blossom Gr B36 13 C2
Blossom Hill B24 4 B2
Blossom Rd B24 5 A2
Blossomville Way 9 B27 43 A3
Blounts Rd B23 3 B3
Blucher St B1 63 B1
Bluebell Croft B31 54 A2
Blue Coat Sch The B17 37 C4
Blundell Rd B11 41 B3
Blythsford Rd B28 60 B2
Blythswood Rd B11 42 B2
Blyton Cl B16 18 A1
Boar Hound Cl B18 18 B2
Boden Rd B28 52 B1
Bodmin Gr 2 B7 20 C3
Bolton Rd B10 31 A2
Bolton St B9 30 C4
Bondfield Rd B13 58 C4
Bond Sq B18 18 B2
Bond St
Birmingham, Ladywood B19 62 B4
Birmingham, Stirchley B30 48 B1
Bonham Gr B25 33 B3
Bonsall Rd B23 4 B4
Booth St B21 7 B1
Bordesley Cir B10 30 C3
Bordesley Cl B9 32 B4
Bordesley Gn B9 31 C4
Bordesley Gn E B9,B33 33 A4
Bordesley Green Girls Sch B9 31 B4
Bordesley Green Prim Sch B9 32 B4
Bordesley Green Rd B8 31 B4
Bordesley Green Trad Est B9 21 B1
Bordesley Middleway B12 30 B2
Bordesley Park Rd B10 30 C3
Bordesley Sta B10 30 B3
Bordesley St B5 63 D2
Bordsley Ct 7 B9 30 C4
Bosbury Terr B30 48 C1
Boscombe Ave B11 41 A4
Boscombe Rd B11 41 C2
Bosmere Ct B31 54 A1
Boswell Rd B44 2 A4
Bosworth Rd B26 43 C2
Botany Wlk 7 B16 28 B4
Botha Rd B9 32 A4
Bottetourt Rd B29 46 B4
Botteville Rd B27 53 A4
Bottle Cotts B17 37 B2
Boughton Rd B25 33 A1
Boulton Cir B19 19 A4
Boulton Ind Ctr B18 18 C3
Boulton Rd
Birmingham B21 7 C1
Smethwick B66 17 B4
Boulton Retreat B21 7 C1
Boulton Wlk B23 2 C2
Boundary Ct B37 35 C4
Boundary Dr B13 49 B4
Boundary Ho B5 39 A3
Boundary Pl B21 6 C3
Bournbrook Rd B29 48 B4
Bourne Cl B13 59 B4
Bourne Rd B6 10 C1
Bourne Way Gdns B29 48 B2
Bourn Mill Dr B6 19 C4
Bournville Coll of F Ed
Birmingham B30 48 A1
Birmingham B31 47 A1
Bournville Inf Sch B30 47 C1
Bournville Jun Sch B30 47 C1
Bournville La B30 55 C4
Bournville Mews B30 55 C3
Bournville Sch & Sixth Form B30 55 A4
Bournville Sta B30 48 B1
Bowater Ave B33 33 B3
Bowater Ho B19 19 B3
Bowcroft Gr B24 5 A4
Bowen Ct 4 B13 50 C4
Bower Ho B19 19 B4
Bowling Green La B20 8 B2
Bowshot Cl B36 15 B3
Bow St B1 63 B1
Bowyer Rd B8 21 C2
Bowyer St B10 30 B3
Boxhill Cl B6 20 A4
Boyd Gr B27 52 C4
Boyleston Rd B28 60 B4
Boyne Rd B26 34 C1
Bracadale Ave B24 4 B2
Bracebridge Ct B17 37 B3
Bracebridge Rd B24 12 A3
Bracebridge St B6 19 C4
Braceby Ave B13 59 A4
Bracken Rd B24 13 A4
Brackley Ave B20 9 A3
Bradburne Way B7 20 B3
Bradewell Rd B36 15 B3
Bradfield Ho B26 45 B4
Bradford Court Bsns Ctr B12 30 B2
Bradford Rd B36 14 C1
Bradford St B12,B5 30 A3
Bradgate Pl 12 B12 40 B4
Bradley Rd B34 25 B4
Bradmore Gr B29 46 B2
Bradnock Cl B13 51 A1
Bradshawe Cl B28 59 B1
Bradstock Rd B30 57 A2
Braemar Dr B23 2 C3
Braemar Rd B92 53 C3
Bragg Rd B20 9 B4
Braidwood Specl Sch B23 2 C4
Brailes Gr B9 32 C3
Brailsford Dr B66 16 B3
Braithwaite Rd B11 30 C1
Bramble Cl
Birmingham, Aston B6 9 C1
Birmingham, Shenley Fields B31 54 A4
Bramble Dell B9 22 B1
Bramble Dr B26 44 B4
Bramblewoods B34 25 A3
Brambling Wlk 2 B15 29 A4
Bramley Mews Ct B27 43 A2
Bramley Rd B27 43 A3
Brampton Ave B28 60 B4
Brampton Cres B90 60 C4
Bramshill Ct B15 28 C2
Brandon Pl B34 15 B1
Brandon Rd B28 51 C4
Brandon Thomas Ct B6 10 C2
Brandwood Gr B14 57 B3
Brandwood Ho B14 49 B1
Brandwood Park Rd B14 57 A2
Brandwood Rd B14 57 B3
Branksome Ave B21 8 A2
Branscombe Cl B14 57 B3
Bransford Twr B12 30 A2
Branston St B18 19 A2
Brantford Rd B25 33 A2
Brantley Rd B6 10 B4
Brasshouse Inf Sch B66 6 B1
Brasshouse La B66 6 B1
Brawnes Hurst B26 34 B3
Braymoor Rd B33 35 C3
Brays Rd B26 44 C4
Brays Sch B26 44 B4
Brean Ave B92 44 A3
Brearley Cl B19 19 C3
Brearley St
Birmingham, Handsworth B21 7 B2
Birmingham, Hockley B19 19 B3
Brecon Rd B20 8 C2
Brecon Tower 1 B16 28 B4
Bredon Croft B18 18 B3
Bredon Terr 4 B18 18 B3
Breedon Rd B30 56 B3
Brentford Rd
Birmingham B14 58 B3
Solihull B91 61 C1
Brent Rd B30 49 B2
Brentwood Cl B91 61 C1
Bretby Gr B23 4 B4
Bretton Rd B27 53 B4
Brewery St
Birmingham, Handsworth B21 7 B2
Birmingham, New Town Row B6 62 C5
Smethwick B67 16 A4
Briar Cl B24 4 B2
Briarfield Rd B11 42 B1
Briars The B23 3 B4
Brickfield Rd B25 42 C4
Briddsland Rd B33 35 C4
Bridge Cl B11 40 C1
Bridge Croft B12 39 C4
Bridgeford Rd B34 24 C4
Bridge Ho B66 17 A4
Bridgelands Way B20 9 B3
Bridgeman Croft B36 15 A2
Bridgemeadow Ho 5 B36 13 C2
Bridgenorth Ho B33 34 C4
Bridge Rd B8 21 C1
Bridge Specl Sch The B23 3 C2
Bridge St B1 63 A2
Bridge St N B66 6 C1
Bridge St S B66 16 C4
Bridge St W B19 19 B3
Bridge Trad Est The B66 16 C4
Bridle Path The B90 60 C4
Brigfield Cres B13 58 C3
Brigfield Rd B13 58 C3
Brighton Rd B12 40 B3
Brindle Cl B26 43 C3
Brindle Ct B23 2 C1
Brindley Dr B1 63 A2
Brindley Pl B1 28 C4
Brindley Point Apartments B16 28 C4
Brindley Way 10 B66 17 A3
Brineton Gr B29 46 B3
Brinklow Croft B34 15 B1
Brinklow Rd B29 46 A4
Brinklow Twr 4 B12 30 A1
Brinsley Rd B26 34 C2
Brisbane Ho B34 25 C4
Bristol Ct 15 B29 47 A1
Bristol Rd
Birmingham, Balsall Heath B5 39 A3
Birmingham, Gravelly Hill B23 3 C1
Bristol St B15 29 B2
Britannic Gdns B13 49 B4
Britannic Ho B13 49 B4
Britford Cl B14 58 A1
Brittan Cl B34 25 C4
Brixham Rd B16 17 B2
Broadfield Wlk 1 B16 28 C3
Broad La B14 57 C2
Broadmeadow Cl B30 56 C1
Broad Meadow La B30 56 C1
Broad Rd B27 42 C1
Broad St B15,B1 29 A4
Broadstone Rd B26 34 B3
Broadwalk 4 B1 29 A3
Broadway Ave B9 22 B1
Broadway Croft B26 44 B4
Broadway Sch B20 9 C4
Broadway Sch The (Aston Campus) B6 9 C2
Broadway B90 60 C2
Broadway The B20 9 C4
Broadyates Gr B25 43 A4
Broadyates Rd B25 43 A4
Brobury Croft B91 61 B2
Brockhurst Dr B28 60 B3
Brockhurst Rd B36 23 B4
Brockley Gr B13 49 A3
Brockley Pl B7 11 A1
Brockton Rd B29 46 B3
Bromfield Cl B6 9 C1
Bromford Cl
Birmingham, Erdington B23 3 C3
Birmingham, Handsworth B20 8 B4
Bromford Cres B24 12 B4
Bromford Ct B8 22 C4
Bromford Dell B31 55 A2
Bromford Dr B36 13 B2
Bromford Jun & Inf Schs B36 13 B1
Bromford La B8,B36 23 A4
Bromford Mere 4 B92 53 C3
Bromford Park Ho 3 B13 50 C4
Bromford Rd B36 13 B1
Bromley St B9 30 B3
Brompton Pool Rd B28 59 C1
Bromsgrove St B5 63 C1
Bromwall Rd B13 58 C4
Bromwich Wlk B9 22 B1
Bromyard Rd B11 41 C1
Brookbank Ave B34 25 B4
Brook Cl B33 23 C2
Brook Cotts B25 32 B1
Brook Croft B26 34 C1
Brookfield Prec B18 18 C2
Brookfield Rd B18 18 B3
Brookfields Prim Sch B18 18 C2
Brookfield Way B92 53 B1
Brook Hill Rd B8 22 B2
Brook La
Birmingham, Billesley B13 50 C1
Birmingham, Harborne B32 36 A3
Brooklands Cl B28 52 A3
Brooklands Dr B14 57 C3
Brooklands Rd B28 52 A3
Brook La B92 53 B2
Brooklyn Ave B6 10 A1
Brookmeadow Ct B28 59 B4
Brook Meadow Rd B34 24 C4
Brook Rd B15 27 C1
Brooks Croft B35 14 B4
Brookside Ave B13 50 C1
Brookside B31 54 A3
Brook St B3 62 A3
Brooks Tower B19 9 B1
Brook St B66 16 C4
Brookvale Gr B92 53 B3
Brookvale Mews B29 48 C4
Brookvale Park Rd B23 2 C2
Brookvale Prim Sch B23 2 C1
Brookvale Rd
Birmingham B23,B6 2 B1
Solihull B92 53 B3
Brookvale Trad Est B6 2 B1
Brook View Cl B19 19 A4
Brookview B67 16 A1
Brookwood Ave B28 59 B3
Broomdene Ave B34 14 B1
Broom Dr B14 57 C2
Broome Ct B36 15 A2
Broomfield Rd B23 11 B4
Broomfield B67 16 A3
Broom Hall Cres B27 52 C2
Broom Hall Gr B27 53 A2
Broomhurst B15 27 C2
Broom St B12 30 B2
Broomy Cl B34 24 B3
Broseley Brook Cl 1 B9 31 A3
Brougham St B19 8 C1
Brough Cl B7 20 C4
Broughton Ct 2 B15 28 C1
Broughton Rd B20 8 B2
Browning St B16 28 C4
Browning Tower B31 55 A1
Brownmead Jun & Inf Sch B34 14 C1
Brown's Coppice Ave B91 61 C3
Brown's Ct 10 B13 50 C4
Brownsea Dr B1 63 B1
Brownsover Cl B36 14 C3
Brueton Dr B24 4 B1
Brunel Cl B12 40 B3
Brunel St B1 63 B2
Brunswick Arc B1 28 C4
Brunswick Gdns B21 8 A3
Brunswick Ho B34 14 B1
Brunswick Rd
Birmingham, Handsworth B21 8 A3
Birmingham, Sparkbrook B12 40 B3
Brunswick St B1 28 C4
Brunton Rd B10 32 A1
Bryant St B18 17 C3
Brylan Croft B44 2 A4
Bryn Arden Rd B26 43 C3
Bryndale Ave B14 57 A2
Bryony Rd B29 46 C1
Bsns Ctr The B11 42 A4
Buckingham Ct
Birmingham, Griffin's Hill B29 47 B2
Birmingham, Selly Oak B29 47 B3
Buckingham St B19 62 B4

Buc – Col 67

Buckland End B34 24 B4
Buckland Ho 3 B15 29 A1
Bucklands End La B34 24 A4
Bucklow Wlk B33 23 C2
Bucknall Ct 14 B13 50 C4
Bucknall Ho B14 57 C4
Budbrook Gr B34 25 C4
Bullace Croft B15 37 B1
Bullock St B7 20 B3
Bull Ring Trad Est 2 B12 30 A3
Bull St
Birmingham, Brookfields B4 63 C3
Birmingham, Harborne B17 37 B3
Bulwell Cl B6 10 B1
Bunbury Gdns B30 55 B2
Bunbury Rd B30,B31 55 A2
Burbidge Rd B9 21 C1
Burbury St
Birmingham, Lozells B19 9 A1
Birmingham, Newtown B19 19 A4
Burcombe Twr B23 4 C4
Burcote Rd B24 5 B1
Burdock Rd B29 54 B4
Burdons Cl B34 24 B3
Burford Cl B92 44 B1
Burford Ct 16 B13 50 C4
Burke Ave B13 51 B3
Burleton Rd B33 35 C4
Burlington Arc B2 63 B2
Burlington Rd B10 32 A3
Burlington St B6 19 C4
Burnaston Rd B28 51 C3
Burnbank Gr B24 4 C2
Burn Cl B66 16 B2
Burnel Rd B29 46 C4
Burney La B8 23 A2
Burnham Ave B25 43 A4
Burnham Ct B23 11 A4
Burnham Mdw B28 60 B4
Burnhill Gr B29 46 B2
Burrow Hill Cl B36 15 A2
Burton Wood Dr B20 9 B4
Bush Ave B66 17 A3
Bushbury Rd B33 24 B3
Bush Gr B21 7 A3
Bushman Way B34 25 C3
Bushmore Rd B28 52 B1
Bushwood Ct B15 29 A2
Bushwood Rd B29 46 C3
Butler Rd B92 44 A1
Butlin St B7 11 A1
Buttermere Dr B32 36 A1
Buttress Way B66 16 B4
Byfield Cl B33 35 C3
Byng Kenrick Central Sch B33 25 B1
Byron Ave B23 2 C1
Byron Cl B10 31 B1
Byron Rd B10 31 B1

C

C4 B28 60 C4
Cadbury Dr B35 14 B4
Cadbury Ho B19 19 B3
Cadbury Rd B13 40 C2
Cadbury Way B17 36 C3
Cadbury World★ B30 48 A1
Cadet Dr B90 60 B1
Cadine Gdns B13 49 A3
Cadleigh Gdns B17 37 A1
Cadnam Cl B17 37 A1
Cala Dr B15 28 C1
Caldecote Gr B9 33 A3
Calder Gr B20 8 A4
Calder Tower 2 B20 9 B3
Caldwell Rd B9 22 C1
California Way B32 36 A1
Calthorpe Mans 4 B15 28 C3
Calthorpe Rd
Birmingham, Edgbaston B15 28 C2
Birmingham, Handsworth Wood B20 9 A2
Calthorpe Specl Sch B12 30 B2
Camberley Gr B23 3 C4
Camborne Cl B6 9 C1
Cambrai Dr B28 52 A2
Cambridge Ave B91 61 C1
Cambridge Cres B15 29 B1
Cambridge Rd
Birmingham B13 50 A3
Smethwick B66 6 B1
Cambridge St B1 63 A2
Cambridge Tower B1 63 A2
Cambridge Way B27 43 B2
Camden Cl B36 14 B2
Camden Dr B1 19 A1
Camden St B18,B1 18 C2
Camelot Way B10 31 A2
Camford Gr B14 58 A1
Camino Rd B32 36 A1
Campbells Gn B26 44 C2
Campden Gn B92 44 B1
Camp Hill B12 30 B2
Camp Hill Cir B12 30 B2
Camp Hill Ind Est B12 30 B1
Camp Hill Middleway B12 30 B1
Camp La
Birmingham, Handsworth B21 7 A4
Birmingham, King's Norton B38 56 A1
Camp St B9 31 A3
Camp Wood Cl B30 48 A2
Camrose Croft
Birmingham, Balsall Heath B12 40 A3
Birmingham, Castle Bromwich B34 24 C4
Camrose Tower B7 20 C4
Canal La B24 12 B3
Canary Gr B19 9 A2
Canberra Ho B34 25 C4
Canberra Way 4 B12 30 A2
Canford Cl B12 30 A1
Canning Gdns B18 17 C2
Cannon Hill Gr 2 B12 39 C3
Cannon Hill Pl 1 B12 39 C3
Cannon Hill Rd B12 39 C3
Cannon St B2 63 C2
Canterbury Cross Prim Sch B20 9 B3
Canterbury Rd B20 9 B3
Canterbury Tower 1 B1 18 C1
Cantlow Ho 2 B12 30 A1
Cantlow Rd B13 58 B4
Capcroft Rd B13 58 C4
Cape Hill Ret Ctr B66 17 A2
Cape Hill B66 17 A2
Cape Prim Sch B66 17 A2
Capern Gr B32 36 A3
Cape St B18 17 B2
Capethorn Rd B66 16 B1
Capstone Ave B18 18 B2
Carcroft Rd B25 33 B2
Cardigan St B4 20 A1
Cardinal Newman RC Sec Sch B17 26 B4
Carisbrooke Rd B17 26 C3
Carless Ave B17 26 C1
Carless Ho B66 17 B4
Carlisle St B18 18 A3
Carlton Ave B21 7 C3
Carlton Mews B36 15 B1
Carlton Mews Flats B36 15 B1
Carlton Rd
Birmingham B9 31 B3
Smethwick B66 6 C2
Carlyle Rd
Birmingham, Edgbaston B16 27 C3
Birmingham, Lozells B19 9 A2
Carnford Rd B26 44 C4
Caroline Rd B13 40 A2
Caroline St B3 62 A4
Carpathian Ct 4 B18 19 A2
Carpathian The 5 B18 19 A2
Carpenter Pl 7 B12 40 B4
Carpenter Rd B15 28 C1
Carpenters Ct B12 30 A2
Carpenter's Rd B19 9 A1
Carrs La B4 63 C2
Carters Hurst B33 34 C3
Cartland Rd
Birmingham, Sparkbrook B11 41 A4
Birmingham, Stirchley B14,B30 49 A1
Cartmel Ct B23 2 C2
Carver Ct B24 5 A4
Carver St B1 18 C2
Castello Dr B36 15 B3
Castle Bromwich Bsns Pk B35 14 B3
Castle Bromwich Hall Gdns★ B36 14 B2
Castle Bromwich Inf Sch B36 15 C2
Castle Bromwich Jun Sch B36 15 C1
Castle Cres B36 15 A2
Castleford Gr B11 41 A2
Castleford Rd B11 41 A2
Castlehills Dr B36 14 B2
Castle Ho B33 34 C4
Castle Rd
Birmingham, Kings Norton B30 56 A2
Birmingham, Weoley Castle B29 46 C3
Castle Sq B29 46 B3
Castleton Ct 1 B15 28 C1
Cateswell Rd B11,B28 52 A4
Catherine Ct B24 5 A2
Catherine St B6 10 B1
Cat La B34 14 C1
Caton Gr B28 52 B1
Cato St B7 20 C3
Cato St N B7 21 A3
Cattell Rd B9 31 A3
Cattells Gr B7 21 A4
Causeway The B25 33 B1
Cavendish Ct B17 26 C2
Cavendish Rd B16 17 B2
Cawdor Cres B16 28 A3
Cayton Gr B23 4 A4
Cearl Ct B27 53 A4
Cecil Rd
Birmingham, Gravelly Hill B24 4 A1
Birmingham, Selly Park B13 49 A3
Cecil St B19 62 C4
Cedar Ave B36 15 A2
Cedar Cl B30 55 C4
Cedar Dr B24 5 A3
Cedar Ho B36 14 A2
Cedarhurst B32 36 B3
Cedar Rd B30 55 C4
Cedars Ave B27 43 A2
Cedars The B25 33 C3
Cemetery La B18 18 C3
Cemetery Rd B67 16 A2
Centenary Dr B21 7 C3
Centenary Sq B1 63 A2
Central Bsns Pk B33 35 B3
Central Gr B27 53 A4
Central Park Dr B18 18 A3
Central Sq B23 4 B2
Centre Link Ind Est B7 20 C4
Centreway The B14 59 B2
Century Pk B9 31 A4
Century Twr B5 39 A3
Chadbrook Crest B15 27 C1
Chad Rd B15 28 A2
Chadshunt Cl B36 15 B4
Chadsmoor Terr B7 20 C4
Chad Sq B15 27 C2
Chad Vale Prim Sch B15 27 B1
Chad Valley Cl B17 37 B4
Chadwell Dr B90 60 C4
Chaffcombe Rd B26 35 A1
Chain Wlk B19 9 B1
Chale Gr B14 58 B1
Chalfont Rd B20 9 A3
Chamberlain Ct
3 Birmingham, Hockley B18 19 A2
Birmingham, King's Heath B14 49 C3
Chamberlain Ho B16 28 B3
Chamberlain Rd B13 58 B4
Chamberlain Sq B3 63 B2
Chamberlain Wlk 1 B66 16 C3
Chancellor's Cl B15 27 C2
Chancel Way B6 2 A3
Chandos Ave B13 40 A1
Chandos Prim Sch B12 29 C2
Chanston Ave B14 57 C2
Chantry Ct B13 40 A1
Chantry Rd
Birmingham, Handsworth B21 8 A2
Birmingham, Moseley B13 39 C2
Chapel Fields Jun Sch B92 44 A1
Chapel House St 1 B12 30 A3
Chapel La B29 47 C4
Chapel St
Birmingham B5 62 D3
Birmingham, Handsworth B21 7 B1
Chapel View B67 16 A2
Chapman Ctr The (Birmingham Sch of Speech & Drama) B1 63 B2
Chapman Rd B10 31 A2
Chapmans Pas B1 63 B1
Charfield Cl B30 47 B1
Charingworth Rd B92 45 A1
Charlbury Cres B26 34 A2
Charlbury Twr 2 B5 29 C2
Charlecote Tower 3 B15 29 A3
Charlecott Cl B13 51 B1
Charles Burns Sch B13 49 C3
Charles Cl B8 21 B2
Charles Ct 8 B13 50 C4
Charles Dr B7 20 C4
Charles Edward Rd B26 43 B4
Charles Henry St B12 30 A2
Charles Lane Trust Homes The B28 52 B2
Charles Pearson Ct B66 16 C3
Charles Rd
Birmingham, Aston B6 10 B3
Charles Rd *continued*
Birmingham, Bordesley Green B9,B10 31 C3
Birmingham, Handsworth B20 9 A3
Charles St B66 7 A1
Charleville Rd B19 8 C1
Charlotte Rd
Birmingham, Edgbaston B15 29 A1
Birmingham, Stirchley B30 56 B4
Charlotte St B3 62 A3
Charlton Pl B8 21 B3
Charminster Ave B25 33 B2
Chartist Rd B8 21 B4
Chartley Rd B23 11 B3
Chase Gr B24 5 B4
Chatham Rd B31 54 B1
Chatsworth Twr 7 B15 29 A2
Chattaway St B7 11 A1
Chattock Cl B36 13 C1
Chatwell Gr B29 46 C4
Chatwin St B66 6 A1
Chaucer Cl B23 2 C1
Chaucer Gr B27 52 C4
Chaynes Gr B33 35 B4
Cheapside B5,B12 63 D1
Cheapside Ind Est 3 B12 30 A3
Cheatham St B7 21 A4
Checkley Cl B90 60 C2
Cheddar Rd B12 39 C4
Chedworth Cl B29 54 C4
Chells Gr B13 58 C3
Chelmsley Gr B33 25 C1
Chelsea Cl B32 36 A2
Chelsea Ct 5 B29 46 C1
Chelsea Trad Est B7 20 B4
Cheltenham Dr B36 13 B2
Chepstow Villas 5 B12 40 C3
Cherington Rd B29 48 B2
Cheriton Wlk B23 2 C1
Cherrington Cl B31 46 A1
Cherry Cres B24 4 A1
Cherry Dr B9 30 C3
Cherry Gr B66 17 A3
Cherry Lea B34 24 C4
Cherry Oak Sch B29 47 B4
Cherry St B2 63 C2
Cherry Tree Croft 5 B27 43 A3
Cherrywood Ind Est B9 21 B1
Cherrywood Rd B9 31 C4
Cherwell Gdns 7 B6 9 B2
Cheshire Ho 8 B66 16 C3
Cheshire Rd
Birmingham B6 10 B4
Smethwick B67 16 B2
Cheslyn Gr B14 58 B1
Chessetts Gr B13 58 B4
Chesterfield Ct B38 55 C2
Chestergate Croft B24 5 B2
Chester Hayes Ct B24 5 A3
Chester Rd
Birmingham, Castle Bromwich B36 15 C1
Sutton Coldfield B23,B24, B35,B73 5 C2
Chester St B6 20 B4
Chesterton Ave B12 40 C3
Chesterton Cl B91 61 C3
Chesterton Ct B13 50 A3
Chesterton Rd B12 40 C3
Chesterwood Gdns B20 9 B4
Chesterwood Rd B13 58 A4
Chestnut Cl
Birmingham B27 43 A2
Solihull B92 53 B2
Chestnut Ct B36 15 C1
Chestnut Dr
Birmingham, Buckland End B36 14 C1
Birmingham, Erdington B24 5 A2
Chestnut Gr B17 37 B3
Chestnut Pl B14 49 C2
Chestnut Rd B13 40 B2
Chestnuts Ave B26 34 C1
Cheston Ind Est B7 10 C1
Cheston Rd B7 20 C4
Chetwynd Rd B8 22 C3
Cheyne Ct B17 37 B3
Cheyne Gdns B28 59 C1
Chilcote Cl B28 60 A2
Chilcote Prim Sch B28 60 A2
Chillinghome Rd B36 13 B2
Chillinghome Twr B36 14 A3
Chilton Ct B23 11 A4
Chilton Rd B14 59 B2
Chilwell Croft B19 19 C4
Chilworth Cl 4 B6 20 A4
Chimes Cl B33 35 C3
Chinn Brook Rd B13 59 A3
Chipperfield Rd B36 13 C2
Chirton Gr B14 57 B4
Chiseldon Croft B14 58 B1
Chisholm Gr B27 53 A2
Chiswell Rd B18 17 C2
Chiswick Ct 1 B23 11 C4
Chiswick Ho 2 B15 29 A2
Chivenor Ho B35 14 B4
Chivenor Jun & Inf Sch B35 14 B4
Chorley Ave B34 24 A4
Christchurch Cl B15 27 C2
Christ Church Prim Sch B11 30 C1
Christopher Rd B29 47 A4
Chudleigh Rd B23 3 C2
Church Ave
Birmingham, Handsworth B20 9 A3
Birmingham, Moseley B13 40 A1
Church Croft B17 36 C2
Churchdown Ct B23 11 A4
Church Dr B30 48 C1
Churchfield Cl B7 21 A4
Church Gdns B67 16 B2
Church Gn B20 8 B4
Church Gr B13 59 A3
Church Hill B31 54 C1
Church Hill Rd B20 9 A3
Church Hill St B67 16 A4
Churchill Pl B33 34 C3
Churchill Rd B9 22 A1
Church La
Birmingham, Aston B6 10 B2
Birmingham, Handsworth B20 8 B4
Birmingham, Kitt's Green B33 24 B1
Churchover Cl B76 5 B4
Church Pl B12 40 A3
Church Rd
Birmingham, Aston B6 10 C1
Birmingham, Edgbaston B15 28 B1
Birmingham, Erdington B24 4 B2
Birmingham, Moseley B13 40 B1
Birmingham, Northfield B31 54 B2
Birmingham, Sheldon B26 45 A4
Birmingham, South Yardley B25 33 C2
Birmingham, Stechford B33 34 A4
Smethwick B67 16 B2
Church St
Birmingham B3 62 B3
Birmingham, Lozells B19 9 A1
Church Vale B20 8 C3
Church View B11 41 A4
Church Wlk B8 22 B4
Circle The B17 37 A4
Circular Rd B27 53 A4
City Arc B2 63 C2
City Coll
Birmingham, Sparkbrook B11 30 B1
Birmingham, Sparkhill B11 41 B3
City Coll Birmingham (St George's Sixth Form Campus) B19 62 B5
City Hospl B18 18 A2
City Rd B16 27 A4
City Road Prim Sch B16 17 B1
City Trad Est B16 18 B1
City View B8 21 B2
Civic Cl B1 29 A4
Claines Rd B31 55 A2
Claire Ct B26 35 A1
Clare Dr B15 28 A2
Clarel Ave B8 21 A1
Claremont Pl 1 B18 18 B3
Claremont Rd
Birmingham, Hockley B18 18 C4
Birmingham, Sparkbrook B11 30 C1
Smethwick B66 16 C2
Clarence Ave B21 7 A2
Clarence Mews 1 B17 37 B4
Clarence Rd
Birmingham, Gravelly Hill B23 3 B1
Birmingham, Handsworth B21 7 A2
Birmingham, Harborne B17 37 B4
Birmingham, King's Heath B13 50 B3
Birmingham, Sparkhill B11 41 B2
Clarenden Pl B17 37 A3
Clarendon Rd
Birmingham B16 27 C3
Clarendon Rd *continued*
Smethwick B67 16 A2
Clark St B16 28 A4
Claverdon Cl B91 61 C1
Claverdon Gdns B27 42 C3
Claverdon Ho B13 50 B1
Claybrook St B5 63 C1
Claydon Gr 3 B14 58 B1
Clay La B26 43 C3
Clayton Dr B36 15 A1
Clayton Ho 3 B16 28 A3
Clayton Rd B8 21 B3
Clayton Wlk B35 14 B4
Cleeve Ho B24 12 B4
Cleeve Rd B14 59 A2
Clements Rd B25 33 B2
Clement St B1 18 C1
Clent Rd B21 7 B3
Clent View B66 16 C1
Clent Villas B12 40 C2
Clevedon Ave B36 15 C2
Clevedon Rd B12 39 C4
Cleveland Ct 15 B13 50 C4
Cley Cl B5 39 B4
Cliffe Dr B33 25 A1
Clifford Rd B67 26 A3
Clifford St B19 9 B1
Clifford Wlk B19 9 B1
Clifton Cl B6 10 A1
Clifton Gn B28 60 B3
Clifton Jun Sch B12 40 B3
Clifton Rd
Birmingham, Aston B6 10 A1
Birmingham, Balsall Heath B12 40 B3
Birmingham, Castle Bromwich B36 15 C2
Smethwick B67 16 A2
Clifton Road Ind Est B12 40 A3
Clifton Terr B23 4 A2
Clinton St B18 17 C3
Clipper View B16 27 C3
Clipston Rd B8 22 A2
Clissold Cl B12 29 C1
Clissold Pas B18 18 B2
Clissold St B18 18 B2
Cliveland St B19 62 C4
Clodeshall Rd B8 21 C2
Clonmel Rd B30 56 B4
Clopton Rd B33 35 A2
Close The
Birmingham, Beech Lanes B17 26 A1
Birmingham, Griffin's Hill B29 47 B2
Cloudsley Gr B92 44 A1
Clover Lea Sq B8 22 B4
Clover Rd B29 46 B1
Clunbury Croft B34 24 C3
Clun Rd B31 54 A4
Clydesdale B26 44 C3
Clydesdale Tower B1 63 B1
Clyde St B12 30 B3
Clyde Tower 3 B19 9 B1
Coalway Ave B26 45 A2
Cobble Wlk B18 18 B3
Cobden Gdns B12 39 C4
Cobham Bsns Ctr B9 31 B4
Cobham Rd B9 31 B4
Cob La B30 55 A4
Cobs Field B30 55 A4
Cockshut Hill B26 34 B2
Cockshut Hill Tech Coll B26 34 B2
Cocksmead Croft B14 57 B3
Cocksmoor Ho B14 49 B1
Cockthorpe Cl B17 26 A1
Colbourne Ct B33 23 B1
Colbrand Gr B15 29 B2
Coldbath Rd B13 50 C2
Coldstream Way B42,B6 2 A1
Cole Bank Rd B28 51 C2
Colebourne Prim Sch B33 23 C3
Colebourne Rd B13 59 B4
Colebrook Rd B11 41 B3
Cole Hall La B34 24 B3
Colemeadow Rd B13 58 C4
Colenso Rd B16 17 B2
Coleridge Pas B4 62 C3
Colesbourne Rd B92 44 C1
Coleshill Rd B34,B36 23 C4
Coleshill St B5 62 D3
Coleside Ave B13 51 B1
Cole Valley Rd B28 59 B4
Coleview Cres B33 25 C1
Colgreave Ave B13 51 B4
Colleen Ave B30 56 C1
College Dr B20 8 A4
College High Sch The B44 2 C4
College Rd
Birmingham, Alum Rock B8 21 C2

68 Col – Edm

College Rd *continued*
Birmingham, Handsworth
B20 ....7 C4
Birmingham, Moseley
B13 ....51 A4
College St B18 ....18 B2
Colliery Rd
Smethwick B71 ....6 B2
West Bromwich B71 ....6 B3
Collingbourne Ave
B36 ....13 C2
Collingdon Ave B26 ....45 A4
Collings Ho B16 ....28 B3
Collister Cl B90 ....60 C2
Collycroft Pl B27 ....42 C3
Colmore Ave B14 ....49 B1
Colmore Circus Queensway
B4 ....62 C3
Colmore Cres B13 ....50 C3
Colmore Flats B19 ....62 B4
Colmore Gate B2 ....62 C3
Colmore Inf Sch B14 ....49 B1
Colmore Jun Sch B14 ....49 B1
Colmore Rd B14 ....49 B1
Colmore Row B3 ....63 B3
Coln Cl B31 ....54 A4
Colonial Rd B9 ....32 A4
Colston Rd B24 ....12 C4
Coltishall Croft B35 ....14 A4
Columbia Cl B5 ....29 B1
Colville Rd B12 ....40 C3
Colville Wlk B12 ....40 C3
Colwall Wlk B27 ....43 B2
Colworth Rd B31 ....54 A2
Colyns Gr B33 ....24 A3
Comber Croft B13 ....51 B2
Comberton Rd B26 ....34 C2
Commercial St B1 ....63 A1
Commonfield Croft B8 21 B3
Common La
Birmingham, Sheldon
B26 ....44 C4
Birmingham, Washwood Heath
B8 ....22 A4
Communication Row
B15 ....29 A3
Compton Cl B91 ....61 B2
Compton Ho B33 ....34 C4
Compton Rd B24 ....11 C3
Concorde Tower B35 ....14 A4
Coneyford Rd B34 ....25 A4
Conifer Ct B13 ....49 C4
Conifer Dr
Birmingham, Handsworth
B21 ....7 C1
Birmingham, Northfield
B31 ....54 C1
Conington Gr B17 ....36 B3
Coniston Ave B92 ....44 A2
Coniston Cl B28 ....52 A1
Coniston Ho B17 ....37 B3
Coniston Rd B23 ....3 B2
Connaught Gdns B5 ....39 C4
Conrad Cl B11 ....30 B1
Consort Rd B30 ....56 B1
Constance Rd B5 ....39 B3
Constitution Hill B19 ....62 B4
Conway Prim Sch B11 41 A4
Conway Rd B11 ....41 A4
Conybere St B12 ....30 A1
Conyworth Cl B27 ....43 B2
Cooksey Rd B10 ....31 A2
Cookspiece Wlk B33 ....24 A1
Cook St B7 ....11 A1
Coombe Rd B20 ....9 C3
Cooper's La B67 ....16 B3
Copeley Hill B23 ....11 B3
Cope St B18 ....18 B1
Coplow Cotts B16 ....18 A1
Coplow St B16 ....18 A1
Coplow Terr B16 ....18 A1
Copnor Gr B26 ....43 C4
Coppenhall Gr B33 ....24 B1
Copperbeach Dr 2
B12 ....40 B3
Copperbeech Cl B32 ....36 A3
Copper Beech Gdns
B20 ....8 B4
Coppice Ash Croft B19 .9 B2
Coppice Cl 1 B24 ....4 A1
Coppice Dr B27 ....52 C4
Coppice Ho
Birmingham, Acock's Green
B27 ....52 B4
Birmingham, Handsworth
B66 ....17 B4
Coppice Oaks B13 ....40 B1
Coppice Rd B13 ....40 B1
Coppice The B20 ....8 B4
Copplestone Cl B34 ....24 C4
Copston Gr B29 ....46 C2
Copthall Rd B21 ....7 A4
Corbett Inf Sch B66 ....16 C3
Corbett St B66 ....16 C2
Corbyn Rd B9 ....22 C1
Corfe Cl B32 ....36 A3
Corisande Rd B29 ....47 A4
Corley Ave B31 ....54 C1
Cornbrook Rd B29 ....46 A1
Cornbury Gr B91 ....61 B2
Corner Ho B66 ....17 B4
Cornerstone B13 ....40 A1
Corner Stone Country Club
B31 ....54 C3
Cornfield Rd B31 ....54 C2
Corngreaves The B34 ....24 C4
Cornhill Gr B30 ....49 A1
Cornwall Ind Est
Birmingham B8 ....21 A2
Smethwick B66 ....7 A1
Cornwall Rd
Birmingham, Handsworth
B20 ....8 A4
Smethwick B66 ....7 A1
Cornwall St B3 ....62 B3
Cornwall Tower B18 ....18 C3
Coronation Rd
Birmingham, Selly Oak
B29 ....48 A4
Birmingham, Washwood Heath
B8 ....22 A4
Corporation St
Birmingham B2 ....63 C3
Birmingham, New Town Row
B4 ....62 C4
Corpus Christi RC Prim Sch
B33 ....33 B4
Corrie Croft B26 ....34 C1
Corvedale Rd B29 ....54 B4
Corville Gdns B26 ....45 A2
Coton La B23 ....4 A2
Cotswold Ho 6 B14 ....58 B1
Cottages The B24 ....12 A2
Cotteridge Inf & Jun Sch
B30 ....56 B3
Cotteridge Rd B30 ....56 B2
Cotterills Ave B8 ....23 A2
Cotterills La B8 ....23 A2
Cottesbrook Inf Sch
B27 ....43 B2
Cottesbrook Jun Sch
B27 ....43 A2
Cottesbrook Rd B27 ....43 B2
Cottesfield Cl B8 ....22 C2
Cotton La B13 ....50 B4
Cottrells Cl B14 ....59 A2
Cottsmeadow Dr B8 ....23 A2
Couchman Rd B8 ....21 C2
Council House★ B3 ....63 B2
County Cl B30 ....57 A4
Court Farm Prim Sch
B23 ....3 C4
Court Farm Rd B23 ....3 C4
Court Farm Way B29 ....46 A1
Courtlands Cl B5 ....39 A4
Court Oak Gr B32 ....36 A4
Court Oak Rd B17 ....36 B4
Court Rd
Birmingham, Balsall Heath
B12 ....39 C4
Birmingham, Sparkhill
B11 ....41 A2
Coveley Gr B18 ....18 B3
Coven Gr B29 ....46 C4
Coventry Rd B10,B25,
B26 ....43 A4
Coventry St B5 ....63 D2
Coverdale Rd B92 ....44 B2
Cowles Croft B25 ....33 C3
Cowley Dr B27 ....43 B2
Cowley Gr B11 ....41 C3
Cowley Rd B11 ....41 C3
Cowslip Cl B29 ....46 B1
Cox St B3 ....62 B4
Coxwell Gdns B16 ....28 A4
Crab Tree Ho B33 ....23 C1
Crabtree Rd B18 ....18 B3
Cradock Rd B8 ....21 C3
Cranbrook Rd B21 ....7 A4
Cranby St B8 ....21 A3
Craneberry Rd B37 ....25 C1
Cranemoor Cl B7 ....21 A4
Cranesbill Rd B29 ....54 B4
Cranes Park Rd B26 ....45 A3
Cranfield Gr B26 ....34 A2
Cranford St B66 ....17 A3
Cranford Way B66 ....17 A3
Cranleigh Ho B23 ....4 A4
Cranmore Ave B21 ....7 B1
Cranmore Rd B36 ....15 C3
Cranwell Gr B24 ....5 B1
Crawford Ave B67 ....16 A2
Crawford St B8 ....21 A3
Crawshaws Rd B36 ....15 A3
Cregoe St B15 ....29 A2
Cremore Ave B8 ....21 C3
Crescent Ave B18 ....18 C4
Crescent The
Birmingham, Hockley
B18 ....18 C4
Birmingham, Sparkbrook
B12 ....40 C3
Solihull, Shirley B90 ....60 B2
Crescent Tower B1 ....29 A4
Cresswell Gr B24 ....5 B2
Crest View B14 ....58 C2
Creswell Rd B28 ....52 C1
Crick La B20 ....8 B2
Crocketts Ave B21 ....7 B1
Crocketts Lane Inf Sch
B66 ....16 C3
Crockett's La B66 ....16 B4
Crocketts Rd B21 ....7 B2
Croft Cl B25 ....33 C2
Croft Ct B36 ....14 C2
Croftdown Rd B17 ....26 B1
Croft Down Rd B92 ....45 B2
Crofters Ct B15 ....37 C4
Croft Rd B26 ....33 C2
Cromer Rd B12 ....40 A3
Crompton Ave B20 ....9 A3
Crompton Rd
Birmingham, Handsworth
B20 ....9 A3
Birmingham, Nechells B7 11 A2
Cromwell Inf & Jun Sch
B7 ....20 C4
Cromwell St B7 ....20 C3
Crondal Pl B15 ....28 C1
Crookham Cl B17 ....26 A1
Croome Cl B11 ....40 C1
Cropthorne Rd B90 ....61 A1
Crosbie Rd B17 ....36 C4
Crosby Cl B1 ....18 C1
Cross Farm Rd B17 ....37 B2
Crossfield Rd B33 ....24 B1
Crosskey Cl B33 ....35 C4
Cross St Birmingham B21 .7 A2
Smethwick B66 ....16 B4
Crossway La B44 ....2 A4
Crown Rd
Birmingham, Bordesley Green
B9 ....31 B4
Birmingham, King's Heath
B30 ....56 B2
Crowther Rd B23 ....3 B3
Croxall Way B66 ....16 C3
Croxton Gr B33 ....24 B2
Croydon Rd
Birmingham, Bournbrook
B29 ....38 A1
Birmingham, Erdington
B24 ....12 B4
Crystal Ho B66 ....17 A4
Cubley Rd B28 ....51 C3
Cuckoo Rd B7 ....11 B2
Cuin Rd B66 ....17 A3
Cuin Wlk 11 B66 ....17 A3
Culey Gr B33 ....35 B4
Culham Cl B27 ....53 B4
Cumberford Ave B33 ....35 C3
Cumberland Ave 3
B5 ....29 C1
Cumberland St B1 ....28 C4
Cumbria Way B8 ....21 B4
Curtis Cl B66 ....17 A2
Curzon St B4 ....20 B1
Cuthbert Rd B18 ....17 C2
Cutlers Rough Cl B31 ....54 A3
Cutler St B66 ....16 C4
Cutsdean Cl B31 ....54 A4
Cutshill Cl B36 ....15 A2
Cygnet Gr B23 ....2 C4
Cypress Sq 2 B27 ....43 A3
Cyprus Cl B29 ....46 B1
Cyril Gr B10 ....31 A2
Cyril Rd B10 ....31 B2

D

Dacer Cl B30 ....56 C3
Dad's La B13 ....49 A3
Dagnall Rd B27 ....43 B1
Daimler Rd B14 ....59 B1
Daisy Dr B23 ....2 B3
Daisy Farm Rd B14 ....58 C1
Daisy Rd B16 ....28 A4
Dalbury Rd B28 ....59 C3
Dale Cl B66 ....16 B1
Dale End B4 ....63 C3
Dale Rd B29 ....37 C1
Dale St B66 ....16 B1
Daleview Rd B14 ....59 A2
Dale Wlk B25 ....32 C1
Dalewood Croft B26 ....44 A4
Daley Cl B1 ....18 C1
Dallas Rd B23 ....3 B3
Dallimore Cl B92 ....44 B1
Dalloway Cl B5 ....39 B4
Dalston Rd B27 ....43 A2
Dalton Ct B23 ....2 C1
Dalton St B4 ....62 C3
Dalton Way B4 ....63 C3
Damar Croft B14 ....57 B2
Dame Elizabeth Cadbury
Sch & Sixth Form
B30 ....47 B1
Dame Ellen Pinsent Specl
Sch B13 ....50 B1
Damien Cl B67 ....16 A3
Danbigh Ct 3 B29 ....47 A1
Danby Gr B24 ....12 C4
Dane Gr B13 ....49 B2
Danesmoor Ho B26 ....33 C1
Danford Gdns B10 ....31 A2
Danford La B91 ....61 C1
Daniels Rd B9 ....32 B4
Danzey Gr B14 ....57 A1
Danzey Green Rd B36 ....14 C3
Dare Rd B23 ....3 C2
Darfield Wlk 2 B12 ....30 A2
Darley Ave B34 ....24 A4
Darnel Croft 3 B10 ....30 C3
Darnford Cl B28 ....60 B3
Darnley Rd 5 B16 ....28 B4
Darris Rd B29 ....48 B2
Dartmouth Cir B6 ....20 A3
Dartmouth Middleway
B7 ....20 A2
Dartmouth Rd
Birmingham B29 ....48 A4
Smethwick B66 ....6 A2
Dart St B9 ....30 C3
Darwin St B12 ....30 A2
Dassett Gr B9 ....33 A4
Davey Rd B20 ....9 C3
David Cox Ct B17 ....37 B3
David Rd B20 ....8 C4
Davids The B31 ....55 A3
Davis Gr B25 ....43 B4
Davison Rd B67 ....16 A1
Dawberry Cl B14 ....57 B3
Dawberry Fields Rd
B14 ....57 B3
Dawberry Rd B14 ....57 A4
Dawlish Rd
Birmingham B29 ....48 A4
Smethwick B66 ....16 C3
Dawson Rd B21 ....8 A2
Dawson St B66 ....16 B1
Daylesford Inf Sch B92 44 B1
Daylesford Rd B92 ....44 B1
Deakin Rd B24 ....4 B1
Deakins Rd B25 ....32 C1
Deal Gr B31 ....54 B1
Dean Rd B23 ....4 A3
Dean St B5 ....63 C1
Dearman Rd B11 ....30 C1
Debenham Cres B25 ....33 B3
Debenham Rd B25 ....33 B3
Deblen Dr B16 ....27 B3
Deeley Cl B15 ....29 A1
Deepdale Ave B26 ....44 C2
Deepmoor Rd B33 ....24 A1
De Havilland Dr B35 ....14 B4
Delamere Cl B36 ....15 B3
Delamere Rd B28 ....52 A1
Dell Rd B30 ....56 B3
Dell The B16 ....28 A4
Delphinium Cl B9 ....22 A1
Delrene Rd B28,B90 ....60 A1
Denaby Gr B14 ....59 B2
Denbigh St B9 ....31 B2
Denby Cl B7 ....20 C3
Dene Hollow B13 ....51 A1
Denewood Ave B20 ....8 C4
Denford Gr B14 ....57 B3
Denham Ct B23 ....11 A4
Denham Rd B27 ....43 A3
Denholme Gr B14 ....58 B1
Denise Dr B17 ....37 A2
Dennis Rd B12 ....40 C2
Denshaw Rd B14 ....57 B4
Denton Gr B33 ....33 B4
Denville Cres B9 ....22 C1
Derby St B9 ....30 B4
Dereham Cl B8 ....21 A2
Derron Ave B26 ....43 C3
Derry Cl B17 ....36 B1
Derrydown Cl B23 ....3 C1
Derwent Gr B13 ....49 A3
Derwent Ho B17 ....37 B3
Derwent Rd B30 ....49 A2
Desborough Ho 8
B14 ....58 B1
Devereux Cl B36 ....15 A2
Devon Cl B20 ....8 A4
Devon Ct 3 B29 ....46 C1
Devonshire Ave B18 ....18 A4
Devonshire Rd B20 ....8 A4
Devonshire St B18 ....18 B4
Devonshire Villas B10 .31 B2
Devon St B7 ....21 A3
Dewhurst Croft B33 ....24 C1
Dexter Ho B67 ....16 A4
Deykin Ave B6 ....10 C4
Deykin Avenue Jun & Inf
Sch B6 ....10 C4
Diana Princess of Wales
Childrens Hospl B4 ....62 C3
Dibble Rd B67 ....16 A4
Dickens Gr 9 B14 ....58 B1
Diddington Ave B28 ....60 B3
Digbeth B5 ....63 D1
Digby Ct 3 B27 ....43 A1
Dingle Cl B30 ....47 B1
Dingle Mead B14 ....57 A2
Dingle The B29 ....47 C4
Dinmore Ave B31 ....54 C2
Dixon Cl B35 ....14 B4
Dixon Ho B16 ....28 B3
Dixon Rd B10 ....30 C2
Dobbs Mill Cl B29 ....48 C4
Dogge Lane Croft B27 52 C4
Dogpool La B30 ....48 C3
Doidge Rd B23 ....3 B1
Dollery Dr B5 ....39 A3
Dollman St B7 ....20 C2
Dolman Rd B6 ....9 C2
Dolobran Rd B11 ....30 C1
Dolphin La B27 ....53 A3
Dolphin Rd B11 ....41 B3
Dominic Cl B30 ....55 B2
Doncaster Way B36 ....13 A2
Don Cl B15 ....27 B2
Donnington Ho B33 ....34 C4
Dora Herbert Ct B12 ....39 C3
Doranda Way B71 ....6 A3
Dora Rd
Birmingham, B10 ....31 C2
Birmingham, Handsworth
B21 ....7 C1
Dorchester Dr B17 ....36 C2
Doreen Gr B24 ....12 C4
Doris Rd
Birmingham, B11 ....40 C2
Birmingham, Bordesley Green
B9 ....31 B4
Dorking Gr B15 ....29 A3
Dorlcote Rd B8 ....22 B2
Dormston Dr B29 ....46 A4
Dorncliffe Ave B33 ....35 B1
Dornton Rd B30 ....49 A2
Dorothy Gdns B20 ....8 B4
Dorothy Rd
Birmingham B11 ....42 C3
Smethwick B67 ....16 B2
Dorset Cotts B30 ....56 B4
Dorset Ct 2 B29 ....46 C1
Dorset Rd
Birmingham B8 ....21 A4
Smethwick B17 ....16 C1
Dorset Tower B18 ....18 C2
Dorsheath Gdns B23 ....4 A2
Dorsington Rd B27 ....53 B3
Douay Rd B24 ....4 C4
Douglas Ave B36 ....23 B4
Douglas Rd
Birmingham, B27 ....43 A2
Birmingham, Handsworth
B21 ....8 A2
Doulton Cl B32 ....36 A1
Doulton Dr B66 ....16 B4
Dove Cl B25 ....33 C2
Dovedale Dr B28 ....60 A3
Dovehouse Pool Rd 1
B6 ....9 C2
Dovercourt Ho 1 B15 ....29 B2
Dovercourt Rd B26 ....45 A3
Doveridge Cl B91 ....61 C4
Doveridge Rd B28 ....59 C3
Doversley Rd B14 ....57 A3
Dover St B18 ....18 B4
Dovey Rd B13 ....51 B4
Dowells Cl B13 ....50 A4
Dowles Cl B29 ....54 C4
Downey Cl B11 ....30 C1
Downing St B66 ....7 A1
Downsfield Rd B26 ....34 C1
Downside Rd B24 ....11 C3
Downton Cres B33 ....25 C1
Drake Rd B23 ....3 A1
Draycott Ave B23 ....3 B3
Drayton Rd
Birmingham B14 ....50 A2
Smethwick B66 ....26 B3
Dreamwell Ind Est B11 42 B4
Dreel The B15 ....27 C1
Dreghorn Rd B36 ....14 A2
Drem Croft B35 ....14 B4
Drews La B8 ....12 B1
Drive The
Birmingham, Gravelly Hill
B23 ....11 C4
Birmingham, Handsworth
B20 ....8 C4
Drummond Rd B9 ....32 B4
Dryden Gr B27 ....52 C4
Drylea Gr B36 ....14 A2
Duchess Rd B16 ....28 B3
Duddeston Dr B8 ....21 B2
Duddeston Manor Rd
B7 ....20 B2
Duddeston Mill Rd B7,
B8 ....21 A2
Duddeston Mill Trad Est
B8 ....21 A2
Duddeston Sta B7 ....20 C2
Dudley Gr 6 B18 ....17 C2
Dudley Park Rd B27 ....43 A1
Dudley Rd B18 ....17 C2
Dudley St B5 ....63 C2
Dugdale St B18 ....17 B2
Dukes Rd B30 ....56 B1
Dulvern Gr B14 ....57 B3
Dulverton Rd B6 ....10 C3
Dunard Rd B90 ....60 A1
Dunchurch Ho 4 B5 ....29 C2
Duncombe Gr B17 ....26 B1
Duncroft Rd B26 ....34 B2
Dunedin Ho B32 ....36 A2
Dunley Ct B23 ....11 A4
Dunlin Cl B23 ....11 A4
Dunlop Way B35 ....14 A4
Dunnigan Rd B32 ....36 A1
Dunsfold Croft 3 B6 ....20 A4
Dunsford Rd B66 ....26 B4
Dunsink Rd B6 ....10 A3
Dunsmore Rd B28 ....51 C4
Dunstall Gr B29 ....46 A2
Dunstan Ct 3 B15 ....28 C1
Dunster Cl B30 ....57 A2
Dunton Trad Est B7 ....11 B1
Dunvegan Rd B24 ....4 B2
Durban Rd B66 ....17 A2
Durham Rd B11 ....40 C2
Durham Tower 3 B1 ....18 C1
Durley Dean Rd B29 ....47 A4
Durley Rd B25 ....43 A4
Durlston Gr B28 ....52 B2
Dymoke St B12 ....30 A2
Dynes Wlk B67 ....16 B3
Dyott Rd B13 ....50 B3
Dysons Gdns B8 ....21 C3

E

Eagle Gdns B24 ....12 B4
Eanwulf Ct B15 ....29 A2
Earlsbury Gdns B20 ....9 B3
Earls Court Rd B17 ....36 B4
Earlsmead Rd B21 ....7 A1
Earlswood Ct B20 ....8 B4
Earlswood Ho 1 B5 ....29 C1
Easby Way B8 ....21 C3
East Birmingham Coll
B33 ....34 C2
East Birmingham Coll
Bordesley Green Campus
B9 ....32 B4
Eastbourne Ave B34 ....23 C4
Eastbourne House Sch
B27 ....43 A2
Eastbury Dr B92 ....44 B1
Eastcote Cl B90 ....61 B1
Eastcote Rd B27 ....52 B3
Eastdean Cl B23 ....3 B4
East Dr B5 ....39 A2
Eastern Rd B29 ....38 C1
East Farm Croft B10 ....31 B2
Eastfield Rd B9 ....23 A1
East Gate B16 ....17 C1
Eastham Rd B13 ....59 A4
East Holme B9 ....31 A4
Easthope Rd B33 ....24 B2
Eastlands Rd B13 ....50 B3
Eastleigh Gr B25 ....33 B2
East Meadway B33 ....25 C1
Easton Gr B27 ....53 A3
East Pathway B17 ....37 A4
Eastville B31 ....54 C1
Eastway B17 ....37 A4
Eastwood Rd B12 ....39 B3
Eatesbrook Rd B33 ....25 A1
Eathorpe Cl B34 ....25 B4
Eaton Wood Dr B26 ....43 B3
Eaton Wood B24 ....5 B2
Eaves Green Gdns B27 42 C3
Ebrington Ave B92 ....44 C1
Ebrington Cl B14 ....57 B2
Ebury Rd B30 ....56 C2
Eccleston Sch B17 ....36 C3
Eckersall Rd B38 ....55 C1
Eddish Rd B33 ....24 C1
Edenbridge Rd B28 ....52 C2
Edencroft B15 ....29 A2
Edendale Rd B26 ....44 C4
Eden Rd B92 ....45 B1
Edgbaston Coll B5 ....38 C3
Edgbaston High Sch for
Girls
Birmingham B15 ....28 A1
Birmingham, Calthorpe Fields
B15 ....28 C2
Edgbaston Park Rd
B15 ....38 B3
Edgbaston Rd B12 ....39 B3
Edgbaston Rd E B12 ....40 A3
Edgbaston Rd B66 ....16 B2
Edgbaston Sh Ctr B16 .28 B2
Edgbaston St B5 ....63 C2
Edgbaston (Warwickshire
Cty Cricket Club) B5 .39 B3
Edgcombe Rd B28 ....52 A3
Edgware Rd B23 ....3 B3
Edgwood Ct 4 B16 ....28 A3
Edinburgh Ct B24 ....5 B2
Edith Rd B66 ....17 A1
Edmonds Cl B33 ....34 C4
Edmonds Ct
Birmingham, Gilbertsone
B26 ....34 A1
Birmingham, Small Heath
B10 ....31 B1
Edmonton Ho B5 ....29 B1

Edm – Gol 69

Edmund Rd B8 ... 21 B2
Edmund St B3 ... 63 B3
Edsome Way B36 ... 14 A2
Edstone Mews B36 ... 14 A2
Edward Ct B16 ... 27 A3
Edward Rd
Birmingham, Balsall Heath
B12 ... 39 C3
Smethwick B67 ... 16 B2
Edwards Rd B24 ... 4 B2
Edward St B1 ... 19 A1
Edwin Rd B30 ... 48 C1
Effingham Rd B13 ... 51 A1
Egbert Cl B6 ... 10 C2
Egerton Ct 4 B15 ... 28 C1
Egerton Rd B24 ... 5 C1
Egginton Rd B28 ... 59 C3
Eileen Rd B11 ... 41 A1
Elderfield Rd B30 ... 56 C1
Elder Way B23 ... 11 C4
Eldon Rd B16 ... 28 A4
Electra Park Ind Pk B6 10 C3
Electric Ave B6 ... 10 C3
Elford Cl B14 ... 57 C3
Elford Rd B17,B29 ... 36 C1
Elgin Gr B25 ... 33 A1
Eliot St B7 ... 11 A2
Elizabeth Ct 2 B27 ... 53 A4
Elizabeth Rd
Birmingham, Moseley
B13 ... 49 A4
Birmingham, Stechford
B33 ... 23 B1
Elkington St B6 ... 19 C3
Elkstone Cl B92 ... 44 C1
Elland Gr B27 ... 53 B4
Ellen St B18 ... 18 C2
Ellerby Gr B24 ... 5 C2
Ellerslie Rd B13 ... 51 A1
Ellesboro' Rd B17 ... 26 C1
Ellesmere Rd B8 ... 21 B2
Elliott Rd B29 ... 47 C3
Elliott Way B6 ... 2 A1
Ellis St B1 ... 63 B1
Elm Ave B12 ... 40 B3
Elmay Rd B26 ... 34 B1
Elm Bank B13 ... 40 B1
Elmcroft Rd B26 ... 34 A1
Elmcroft 5 B66 ... 17 A3
Elm Ct B13 ... 40 A2
Elmdon Rd
Birmingham, Acock's Green
B27 ... 43 B2
Birmingham, Selly Park
B29 ... 48 B4
Elmfield Cres B13 ... 50 A4
Elmhurst B15 ... 27 B2
Elmhurst Rd B21 ... 7 C3
Elmley Ct B23 ... 11 A4
Elmore Rd B33 ... 24 B1
Elm Rd
Birmingham, Bournville
B30 ... 48 A2
Birmingham, Edgbaston
B15 ... 38 A3
Elms Farm Prim Sch
B33 ... 35 B1
Elmstead Ave B33 ... 35 B1
Elmstead Twr 2 B5 ... 29 C1
Elms The B16 ... 18 A1
Elm Tree Rd
Birmingham, Harborne
B17 ... 26 B1
Birmingham, Stirchley
B30 ... 56 B4
Elmwood Ct B5 ... 39 B4
Elmwood Gdns B20 ... 8 C4
Elmwood Rd B24 ... 13 A4
Elphinstone End B24 ... 5 A4
Elstree Rd B23 ... 3 B3
Elsworth Gr B25 ... 43 A4
Elton Gr B27 ... 52 B4
Eltonia Croft B26 ... 44 C4
Elvetham Rd B15 ... 29 A2
Ely Gr B32 ... 36 A2
Embassy Dr B15 ... 28 C2
Embleton Gr B34 ... 24 B4
Emerald Ct B8 ... 23 A3
Emerson Rd B17 ... 37 A4
Emery Cl B23 ... 11 B3
Emily Gdns B16 ... 18 A1
Emily Rd B26 ... 43 B4
Emily St B12 ... 30 A1
Emmeline St B9 ... 30 C3
Emscote Rd B6 ... 10 A3
Emsworth Gr B14 ... 57 B4
Enderby Gr 9 B18 ... 17 C2
Endicott Rd B6 ... 10 A3
Endmoor Gr B23 ... 3 B4
Endsleigh Gr B28 ... 52 B2
Endwood Court Rd B20 . 8 B4
Endwood Ct
Birmingham B11 ... 41 B2
Birmingham, Handsworth Wood
B20 ... 8 B4
Enfield Cl B23 ... 4 A4
Enfield Rd B15 ... 28 C2
Enford Cl B34 ... 25 B4
Engine St B66 ... 16 C4
Englewood Dr B28 ... 52 B2
English Martyrs Prim Sch
B11 ... 41 A2
Enterprise Way B7 ... 62 D4
Enville Gr B11 ... 41 B3
Epsom Ct 16 B29 ... 47 A1
Epwell Gr B44 ... 2 A4
Epwell Rd B44 ... 2 A4
Erasmus Rd B11 ... 30 B1
Ercall Cl B23 ... 2 B4
Erdington Coll B24 ... 4 B2
Erdington Hall Prim Sch
B24 ... 12 A3
Erdington Hall Rd B24 12 A4
Erdington Sta B23 ... 4 A3
Erica Cl B29 ... 46 B2
Ermington Cres B36 ... 13 C1
Ernest Rd B12 ... 40 C2
Ernest St B1 ... 63 B1
Erskine St B7 ... 20 C1
Esme Rd B11 ... 40 C2
Esmond Cl B30 ... 55 B3
Essendon Gr B8 ... 22 C2
Essendon Rd B8 ... 22 C2
Essendon Wlk B8 ... 22 C2
Essex Ct 5 B29 ... 47 A1
Essex St B5 ... 63 C1
Essington St B16 ... 28 C3
Este Rd B26 ... 34 B3
Estone Wlk B6 ... 10 A1
Estria Rd B15 ... 28 C1
Ethel Rd B17 ... 37 B3
Ethel St Birmingham B2 . 63 B2
Smethwick B67 ... 26 A4
Eton Rd B12 ... 40 C2
Ettington Rd B6 ... 9 C2
Etwall Rd B28 ... 59 C4
Euan Cl B17 ... 27 A2
Euro Ct B13 ... 50 C4
Europa Ave B70 ... 6 A4
Evans Gdns B29 ... 47 B3
Eva Rd B18 ... 17 B4
Evason Ct B6 ... 9 C3
Evelyn Rd B11 ... 41 B2
Evenlode Cl B92 ... 44 C1
Evenlode Rd B92 ... 44 C1
Everene Ho 1 B27 ... 43 A1
Everest Cl B66 ... 6 A2
Eversley Dale B24 ... 12 B4
Eversley Rd 2 B9 ... 31 B3
Everton Rd B8 ... 23 A2
Ewell Rd B24 ... 4 C2
Ewhurst Ave B29 ... 48 A3
Exeter Ho 8 B24 ... 4 A2
Exeter Pas B1 ... 63 B1
Exeter Rd
Birmingham B29 ... 48 A4
Smethwick B66 ... 16 C3
Exeter St B1 ... 63 B1
Exhall Ct B23 ... 11 A4
Exton Gdns B66 ... 17 B4
Exton Way B8 ... 21 B3
Eymore Cl B29 ... 54 C4
Eyre St B18 ... 18 B1
Eyton Croft B12 ... 30 A1

F

Factory Rd B18 ... 18 B4
Fairbourne Twr B23 ... 4 B4
Faircroft Rd B36 ... 15 B3
Fairfield Rd B14 ... 49 C2
Fairford Cl B91 ... 61 B3
Fairford Rd B44 ... 2 A4
Fairgreen Way B29 ... 48 A3
Fairhill Way B11 ... 31 A1
Fairholme Rd B36 ... 12 C1
Fairlawn B15 ... 28 B1
Fairlawns B26 ... 34 B3
Fakenham Croft B17 ... 26 A1
Falconhurst Rd B29 ... 47 A4
Falcon View B30 ... 56 B2
Falkland Croft B30 ... 56 C4
Fallindale Rd B26 ... 44 C4
Fallowfield Ave B28 ... 60 A3
Fallowfield B15 ... 27 C2
Fallowfield Rd B92 ... 45 B1
Fallows Ho B19 ... 19 C3
Fallows Rd B11 ... 41 A4
Falmouth Rd B34 ... 24 A4
Falstaff Ho B13 ... 51 B1
Fanad Ho B23 ... 3 C1
Fancott Rd B31 ... 54 B3
Fanshawe Rd B27 ... 53 A3
Faraday Ho 5 B15 ... 29 A2
Farclose Ho B15 ... 29 A1
Farcroft Ave B21 ... 7 B2
Farcroft Gr B21 ... 7 B3
Farcroft Rd B21 ... 7 B3
Farley Rd B23 ... 2 C2
Farlow Rd B31 ... 55 A1
Farmacre B9 ... 30 C4
Farm Cl B33 ... 24 A1
Farmcote Rd B33 ... 24 B2
Farm Croft B19 ... 19 A4
Farmer Rd B10 ... 32 B2
Farmers Wlk B21 ... 7 B1
Farmoor Gr B34 ... 25 C4
Farm Rd B11 ... 30 C1
Farm St B19 ... 19 A4
Farndon Rd B8 ... 22 A2
Farnham Rd B21 ... 7 C4
Farnhurst Rd B36 ... 12 C1
Farnol Rd B26 ... 34 A3
Farnworth Gr B36 ... 15 C3
Farquhar Rd
Birmingham, Edgbaston
B15 ... 38 A4
Birmingham, Moseley
B13 ... 40 A1
Farquhar Rd E B15 ... 38 A4
Farriers The B26 ... 44 C3
Farrington Rd B23 ... 2 C3
Farthing Ct B3 ... 62 A3
Farthings The B17 ... 37 B4
Fashoda Rd B29 ... 48 C3
Fastmoor Oval B33 ... 35 C3
Fast Pits Rd B25 ... 33 A1
Faulkners Farm Dr B23 . 2 C4
Fawdry St
Birmingham B9 ... 30 B4
Smethwick B66 ... 17 A3
Fawley Gr B14 ... 56 C3
Fazeley St B5 ... 30 A4
Fearon Pl 4 B66 ... 16 B3
Featherstone Prim Sch
B23 ... 3 C2
Featherstone Rd B14 . 57 C4
Feldings The B24 ... 5 A2
Fellbrook Cl B33 ... 24 A2
Fell Gr B21 ... 7 A4
Fellmeadow Rd B33 ... 34 B4
Fellows La B17 ... 36 B3
Felsted Way B7 ... 20 B2
Feltham Cl B33 ... 35 C3
Felton Croft B33 ... 24 B1
Fennel Croft B34 ... 14 C1
Fensway The B34 ... 24 B3
Fenter Cl B13 ... 40 A3
Fentham Rd
Birmingham, Aston B6 ... 9 C2
Birmingham, Gravelly Hill
B23 ... 3 C1
Fenton Rd B27 ... 42 C3
Fenton Way B27 ... 42 C3
Fernbank Rd B8 ... 22 B2
Ferncliffe Rd B17 ... 36 C2
Ferndale Cres B12 ... 30 B2
Ferndale Rd B28 ... 52 A2
Ferndene Rd B11 ... 42 B1
Ferndown Cl B26 ... 34 B3
Fernhill Ct B23 ... 11 A4
Fernhill Rd B92 ... 53 C4
Fernhurst Rd B8 ... 22 B1
Fernley Ave B29 ... 48 C4
Fernley Rd B11 ... 41 A2
Fern Rd B24 ... 4 B2
Fernside Gdns B13 ... 40 C1
Fernwood Croft B14 ... 57 C4
Ferris Gr B27 ... 52 B3
Ffernfail Ct B23 ... 3 C3
Field Ave B31 ... 54 A3
Field Cl B26 ... 44 B4
Fieldhead Rd B11 ... 42 B1
Fieldhouse Rd B25 ... 33 A2
Fifield Gr B33 ... 24 A1
Fifth Ave B9 ... 32 A4
Finches End B34 ... 25 A3
Finchley Ave 1 B19 ... 9 A2
Finchmead Rd B33 ... 35 C4
Finch Rd B19 ... 9 A2
Findlay Rd B14 ... 49 C3
Findon Rd B8 ... 22 C4
Finlarigg Dr B15 ... 38 A4
Finmere Rd B28 ... 52 A2
Finnemore Rd B9 ... 32 B4
Finsbury Gr B23 ... 3 B4
Finstall Cl B7 ... 20 B2
Fir Ave B12 ... 40 B3
Firbank Cl B30 ... 47 C1
Fircroft B31 ... 46 A2
Fircroft Coll B29 ... 47 B2
Fir Gr B14 ... 58 A3
Firs Cl B67 ... 16 B3
Firs Farm Dr B36 ... 14 A1
Firs Ho B36 ... 14 A2
Firs La B67 ... 16 B3
Firs Prim Sch B36 ... 14 A2
First Ave
Birmingham, Bordesley Green
B9 ... 31 C3
Birmingham, Selly Oak
B29 ... 38 C1
Birmingham, Witton B6 . 10 A4
Firs The B11 ... 41 A4
Firswood Rd B33 ... 35 A3
Firth Dr B14 ... 58 C3
Firtree Rd B24 ... 12 C4
Fishpool Cl B36 ... 13 A2
Fitters Mill Cl B5 ... 39 C4
Fitz Roy Ave B17 ... 26 A1
Five Ways
Birmingham B33 ... 33 B4
Birmingham, Bordesley Green
B9 ... 31 B4
Five Ways *continued*
Birmingham, Ladywood
B16 ... 28 C3
Five Ways Sta B15 ... 28 C2
Fladbury Cres B29 ... 47 B3
Fladbury Gdns B20 ... 9 A2
Fladbury Pl 3 B19 ... 9 A1
Flamborough Cl B34 ... 14 B1
Flatlea B31 ... 54 A2
Flavells La B25 ... 33 A2
Flaxley Cl B33 ... 24 A1
Flaxley Rd B33 ... 23 C2
Flaxton Gr B33 ... 24 B2
Flecknoe Cl B36 ... 15 A3
Fleet St B3 ... 62 A3
Fleetwood Gr B26 ... 34 B3
Fleetwood Ho 3 B13 ... 40 A2
Fletton Gr B14 ... 58 B1
Flint Green Rd B27 ... 42 C1
Flintham Cl B92 ... 43 C1
Flint Tower B18 ... 17 C2
Flintway The B33 ... 23 C2
Floodgate St B5 ... 30 A3
Flora Rd B25 ... 32 C1
Florence Ave B11 ... 41 A3
Florence Bldgs 3 B29 48 A4
Florence Gr 2 B18 ... 17 C2
Florence Pl 10 B12 ... 40 B4
Florence Rd
Birmingham, Acock's Green
B27 ... 43 B2
Birmingham, Handsworth
B21 ... 7 B2
Birmingham, King's Heath
B14 ... 50 A2
Smethwick B66 ... 16 C2
Florence St B1 ... 63 B1
Florence Villas B11 ... 31 A1
Floyer Rd B10 ... 32 A3
Flyford Croft B29 ... 46 A4
Foley Rd B8 ... 22 C3
Foliot Fields B25 ... 33 B2
Folkestone Croft B36 . 13 C2
Folliott Rd B33 ... 24 C1
Fontley Cl B26 ... 34 B4
Fordfield Rd B33 ... 25 A2
Fordhouse La B30 ... 56 C4
Fordrough Ave B9 ... 21 C1
Fordrough B25 ... 32 A1
Fordrough La B9 ... 31 C4
Ford St Birmingham B18 18 C3
Smethwick B67 ... 16 A4
Fore St B2 ... 63 C2
Forest Ct B13 ... 40 B1
Forest Dr B17 ... 37 B4
Forest Hill Rd B26 ... 45 A3
Forest Oak Specl Sch
B36 ... 15 C3
Forest Rd
Birmingham, Moseley
B13 ... 40 B1
Birmingham, South Yardley
B25 ... 43 A4
Formans Rd B11 ... 41 C1
Formans Trad Est B11 . 41 B1
Forster St B7 ... 20 B1
Forsythia Cl B31 ... 46 A2
Fort Ind Pk The B35 ... 14 A3
Fortnum Cl B33 ... 35 B4
Fort Parkway B24,B35,
B36 ... 13 B3
Fort Sh Pk The B24 ... 13 A3
Fosbrooke Rd B10 ... 32 B2
Foster Gdns B18 ... 18 A4
Foster Way B5 ... 39 A3
Foundry La B66 ... 17 B4
Foundry Prim Sch B18 17 C4
Foundry Rd B18 ... 17 C3
Fountain Rd B17 ... 27 A3
Four Stones Gr B5 ... 39 B4
Fourth Ave
Birmingham, Bordesley Green
B9 ... 32 A4
Birmingham, Selly Oak
B29 ... 39 A1
Fowey Rd B34 ... 24 A4
Fowler Cl B66 ... 6 B2
Fowler St B7 ... 20 C4
Foxcote Ave B21 ... 7 C1
Fox Cres B11 ... 41 B2
Foxdale Gr B33 ... 25 A1
Foxes Mdw B30 ... 56 A2
Foxfield B31 ... 54 A2
Foxford Cl B36 ... 15 B3
Foxglove Cl B27 ... 52 C3
Foxglove Cres B37 ... 25 C1
Foxglove Way B21 ... 7 B1
Fox & Goose Sh Ctr
B8 ... 23 A3
Fox Gr B27 ... 52 B4
Fox Green Cres B27 ... 52 B4
Fox Hill B29 ... 47 A2
Fox Hill Cl B29 ... 47 A2
Fox Hollies L Ctr B27 ... 52 C3
Fox Hollies Rd B27,B28 52 B3
Fox Hollies Sch B27 ... 52 B3
Fox Mill Est B11 ... 41 B1
Fox St B5 ... 62 D3
Foxton Rd B8 ... 22 A2
Foxwell Gr B9 ... 23 A1
Foxwell Rd B9 ... 23 A1
Fradley Cl B30 ... 55 B2
Frampton Cl B30 ... 47 B1
Frances Rd
Birmingham, Balsall Heath
B30 ... 56 B3
Birmingham, Lozells B19 . 9 A2
Birmingham, Stockland Green
B23 ... 3 B1
Franchise St B42 ... 9 C4
Francis Rd
Birmingham, Acock's Green
B27 ... 43 B3
Birmingham, Edgbaston
B16 ... 28 B3
Birmingham, South Yardley
B25 ... 42 B4
Birmingham, Stechford
B33 ... 33 B4
Francis St B7 ... 20 B2
Frankfort St B19 ... 19 B4
Frankley Beeches Rd
B31 ... 54 A1
Frankley Terr B17 ... 36 C3
Franklin Rd B30 ... 56 A3
Franklin St B18 ... 17 C3
Franklin Way B30 ... 56 A4
Frank St B12 ... 30 A1
Franks Way B33 ... 33 C4
Frankton Gr B9 ... 32 C4
Fraser Rd B11 ... 41 B3
Freasley Cl B90 ... 61 B1
Freasley Rd B34 ... 25 B4
Fredas Gr B17 ... 36 B2
Frederick Rd
Birmingham, Aston B6 . 10 A2
Birmingham, Edgbaston
B15 ... 28 C2
Birmingham, Gravelly Hill
B23 ... 11 C4
Birmingham, Selly Oak
B29 ... 47 B4
Birmingham, Sparkhill
B11 ... 41 A2
Birmingham, Stechford
B33 ... 23 B1
Frederick St B1 ... 19 A2
Freeman Rd B7 ... 20 C4
Freeman St B5 ... 63 C2
Freemantle Ho B24 ... 5 B1
Freer Rd B6 ... 9 C2
Freeth St B16 ... 28 A4
Fremantle Ho B34 ... 25 C4
French Walls 7 B66 ... 17 A3
Frensham Way B17 ... 37 A4
Friary Gdns B21 ... 7 B4
Friday Bridge 5 B1 ... 29 A3
Frinton Gr B21 ... 7 A1
Friston Ave B16 ... 28 C3
Frodesley Rd B26 ... 34 C2
Frogmoor Ho B26 ... 33 C1
Frome Way B14 ... 57 B4
Fugelmere Cl B17 ... 26 A1
Fulbrook Gr B29 ... 46 A2
Fulford Gr B26 ... 45 A4
Fulham Rd B11 ... 40 C3
Fulmer Wlk B18 ... 18 B1

G

Gables The B24 ... 5 B2
Gaddesby Rd B14 ... 50 A2
Gadwall Croft B23 ... 2 C1
Gaitskell Way B66 ... 6 A1
Galena Way B6 ... 19 C4
Gallagher Ct 13 B13 ... 50 C4
Galloway Ave B34 ... 24 A4
Galton Ho B67 ... 26 A4
Galton Rd B67 ... 26 A3
Galton Tower B1 ... 29 A4
Garden Cl B8 ... 22 B3
Gardens The B23 ... 3 C1
Garfield Rd B26 ... 34 C2
Garland St B9 ... 21 A1
Garland Way B31 ... 55 A2
Garretts Green La B26,
B33 ... 34 B2
Garrison Ct 9 B9 ... 30 C4
Garrison La B9 ... 31 A4
Garrison St B9 ... 20 C1
Garth The B14 ... 59 B2
Garway Gr B25 ... 43 A4
Garwood Rd B26 ... 34 A4
Gas St B1 ... 29 A4
Gas Street Basin★ B1 . 63 A2
Gate St B8 ... 21 B3
Gavin Way B6 ... 2 A2
Gaydon Gr B29 ... 46 B4
Gaydon Rd B92 ... 45 B1
Gayhurst Dr B25 ... 33 C2
Gayle Gr B27 ... 53 A2
Gaywood Croft B15 ... 29 A2
Geach St B19 ... 19 B4
Geach Tower B19 ... 19 B3
Gedney Cl B90 ... 59 A1
Gee St B19 ... 19 B4
Gentian Cl B31 ... 54 A4
Geoffrey Pl B11 ... 41 A1
Geoffrey Rd
Birmingham B11 ... 41 A1
Solihull B90 ... 60 A1
George Arthur Rd B8 ... 21 B3
George Bird Cl B66 ... 16 B4
George Dixon Jun & Inf
Sch B17 ... 27 A4
George Dixon Sch B17 27 A4
George Rd
Birmingham, Edgbaston
B15 ... 28 C2
Birmingham, Selly Oak
B29 ... 37 C1
Birmingham, South Yardley
B25 ... 42 B4
Birmingham, Stockland Green
B23 ... 3 A1
George St
Birmingham, Balsall Heath
B12 ... 40 A3
Birmingham, Brookfields
B3 ... 62 A3
Birmingham, Handsworth
B21 ... 7 A2
Birmingham, Lozells B19 . 8 C1
George St W B18 ... 18 B2
Geraldine Rd B25 ... 32 C1
Geranium Gr B9 ... 22 A1
Gerardsfield Rd B33 ... 35 C4
Gerrard Cl B19 ... 9 B1
Gerrard St B19 ... 9 A1
Gibbins Rd B29 ... 47 B4
Gibb St B9 ... 30 A3
Gibson Dr
Birmingham B20 ... 8 C2
Smethwick B66 ... 16 B4
Gibson Rd B20 ... 8 C2
Gideon Cl B25 ... 43 B4
Gilbert Rd B66 ... 16 C1
Gilbertstone Ave B26 . 43 C3
Gilbertstone Prim Sch
B26 ... 43 C3
Gilby Rd B16 ... 28 B3
Gilchrist Dr B15 ... 27 C2
Giles Cl B33 ... 23 C1
Giles Close Ho B33 ... 23 C1
Gilldown Pl B15 ... 28 C1
Gillespie Croft B6 ... 10 A1
Gillhurst Rd B17 ... 27 A1
Gilling Gr B34 ... 24 B4
Gillman Cl B26 ... 45 B2
Gillot Rd B16 ... 27 B4
Gillscroft Rd B33 ... 24 B1
Gilmorton Cl B17 ... 26 C1
Gilpin Cl B8 ... 13 A1
Gilwell Rd B34 ... 25 C4
Gipsy La B23 ... 2 C3
Gisborn Cl B10 ... 30 C2
Glade The B26 ... 45 B2
Gladstone Rd
Birmingham, Gravelly Hill
B23 ... 3 B1
Birmingham, South Yardley
B26 ... 43 B4
Birmingham, Sparkbrook
B11 ... 40 C4
Gladstone St B6 ... 10 C2
Gladys Rd
Birmingham B25 ... 32 C1
Smethwick B67 ... 26 A4
Gladys Terr B67 ... 26 B4
Glaisdale Rd B28 ... 52 C2
Glascote Cl B90 ... 60 B2
Glascote Gr B34 ... 25 A4
Glastonbury Rd B14 ... 59 A3
Gleave Rd B29 ... 47 C3
Glebe Farm Rd B33 ... 24 B3
Glebeland Cl B16 ... 28 C3
Glenavon Rd B14 ... 58 B1
Glencoe Rd B16 ... 17 A2
Glencroft Rd B92 ... 45 B2
Glendale Dr B33 ... 24 A1
Glendale Twr 5 B23 ... 4 C4
Glendon Rd B23 ... 3 B4
Gleneagles Rd B26 ... 34 B2
Glenfield Gr B29 ... 48 B3
Glenpark Rd B8 ... 22 A3
Glen Rise B13 ... 59 A4
Glenside Ave B92 ... 45 A1
Glenthorne Rd B24 ... 12 B4
Glenthorne Way B24 ... 12 B4
Glenville Dr B23 ... 3 C3
Gloucester Ho 4 B24 ... 4 A2
Gloucester St B5 ... 63 C1
Glover Cl B28 ... 60 A4
Glovers Field Dr B7 ... 11 A1
Glovers Rd B10 ... 31 B2
Glover St B9 ... 30 B4
Glyde Ct B27 ... 52 C4
Godrich Ho B13 ... 40 C1
Goffs Cl B32 ... 36 A1
Golden Croft B20 ... 8 A3
Golden Hillock Rd B11 41 B4

70 Gol – Hig

Golden Hillock Sch & Specialist Sports Coll B11 41 B3
Goldfinch Cl B30 47 B2
Golds Hill Gdns B21 8 A1
Golds Hill Rd B21 8 A2
Goldsmith Rd B14 50 A2
Goldstar Way B33 35 A4
Goldthorne Ave B26 45 A2
Gomeldon Ave B14 58 A1
Gooch St B5 29 C2
Gooch St N B5 29 C2
Goodby Rd B13 39 B1
Goode Ave B18 18 B3
Goodison Gdns B24 4 C3
Goodman Cl B28 60 A4
Goodman St B1 18 C1
Goodrest Croft B14 59 A2
Goodway Rd B92 45 C2
Goodwood Cl B36 13 B2
Gopsal St B4 20 B1
Gordon Ave B19 9 B1
Gordon Ct B33 23 B1
Gordon Rd
Birmingham, Harborne B17 37 B4
Birmingham, Lozells B19 9 A2
Gordon St 5 B9 30 C4
Gorse Cl B29 46 B2
Gorsefield Rd B34 25 A3
Gosford St B12 40 A4
Gosmoor Ho B26 33 C1
Gospel Farm Rd B27 52 C2
Gospel La B27 53 A2
Goss Croft B29 47 B3
Gossey La B33 35 A4
Gossey Lane Jun & Inf Sch B33 35 A4
Gosta Gn B4 62 D4
Gotham Rd B26 43 C4
Gough Rd
Birmingham, Edgbaston B15 29 A1
Birmingham, Sparkhill B11 41 B3
Gough St B1 63 B1
Gowan Rd B8 21 C2
Gower St B19 9 B1
Gracemere Cres B28 59 C1
Grace Rd B11 31 A1
Gracewell Homes B13 51 B2
Gracewell Rd B13 51 B3
Grafton Ct B23 11 A4
Grafton Gr 1 B19 9 A1
Grafton Rd
Birmingham, Handsworth B21 7 B3
Birmingham, Sparkbrook B11 30 C1
Graham Rd
Birmingham, Saltley B9 22 A1
Birmingham, South Yardley B25 43 A4
Graham St
Birmingham, Hockley B1 19 A1
Birmingham, Lozells B19 9 A1
Graith Cl B28 59 C1
Granby Ave B33 35 A3
Granby Bsns Pk B33 35 B3
Granby Cl B92 53 C1
Grand Cl B66 16 C1
Granefield Ct 4 B9 31 B3
Grange Ave B8 22 C4
Grange Rd
Birmingham, Aston B6 9 C2
Birmingham, Bordesley Green B10 31 B3
Birmingham, Erdington B24 5 A3
Birmingham, King's Heath B14 49 C2
Birmingham, Selly Oak B29 38 A1
Smethwick B66 16 B1
Solihull B91 53 C1
Grangewood Ct B92 53 C1
Grant Ct B30 56 B3
Grantham Rd
Birmingham B11 40 C4
Smethwick B66 16 C1
Granton Cl B14 57 B3
Granton Rd B14 57 B3
Grant St B15 29 B2
Granville Sq B1 29 A3
Granville St B1 63 A1
Grasdene Gr B17 37 A2
Grasmere Rd B21 8 A1
Graston Cl B16 28 B4
Grattidge Rd B27 53 B4
Gravelly Ct 4 B23 11 C4
Gravelly Hill B23 11 C4
Gravelly Hill N B23 3 C1
Gravelly Hill Sta B23 11 C4
Gravelly Ind Pk B24 12 A2
Gravelly La B23 4 A3
Grayfield Ave B13 40 B1
Grayland Cl B27 52 C4
Grayshott Cl B23 3 C3
Grays Rd B17 37 B4
Gray St B9 30 C4
Great Arthur St B66 6 A1
Great Barr St B9 30 B4
Great Brook St B7 20 B2
Great Charles Street Queensway B3 62 B3
Great Colmore St B15 29 B2
Great Francis St B7 20 C2
Great Hampton Row B19 62 A4
Great Hampton St B18 62 A4
Great King St B19 19 A3
Great King St N B19 19 A4
Great Lister St B7 20 B2
Great Stone Rd B31 54 B1
Great Tindal St B16 28 B4
Great Western Arc B2 63 C3
Great Western Cl B18 17 C4
Great Wood Rd B10 31 A3
Grebe Cl B23 2 C1
Green Acres B27 52 C4
Greenaleigh Rd B14 59 B1
Green Ave B28 51 C3
Green Bank Ave B28 51 C3
Green Croft B9 22 B1
Green Ct
Birmingham, Gravelly Hill B23 11 C4
Birmingham, Hall Green B28 52 A2
Greenend Rd B13 50 A4
Greenfield Cres B15 28 B2
Greenfield Ho B26 45 B4
Greenfield Rd B17 37 B3
Greenford Ho B23 2 C4
Greenford Rd B14 59 A1
Greenhill Dr B29 47 B3
Greenhill Rd
Birmingham, Handsworth B21 7 C4
Birmingham, Moseley B13 50 B3
Green Hill Way B90 60 C3
Greening Dr B15 28 C1
Green La
Birmingham, Bordesley Green B9 31 C3
Birmingham, Castle Bromwich B36 15 C2
Birmingham, Handsworth B21 7 A2
Greenland Ct B8 21 C4
Greenland Rd B29 48 C3
Green Lane Ind Est B9 31 C3
Green Meadow Prim Sch B29 46 A1
Green Meadow Rd B29 46 B1
Greenoak Cres B30 49 A2
Green Rd B28 51 C3
Greenside B17 37 A3
Greenside Rd B24 5 A3
Green St B12 30 A3
Greenstead Rd B13 51 B3
Green St B67 16 A3
Green The
Birmingham, Castle Bromwich B36 14 C1
Birmingham, Erdington B23 4 B2
Greenvale Ave B26 45 B4
Greenvale B31 54 A3
Greenways B31 46 A2
Greenway St B9 31 A3
Greenway Wlk B33 35 C3
Green Wickets B13 57 C4
Green Wlk B17 26 A1
Greenwood Ave B27 52 C3
Greenwood B25 33 B2
Greenwood Cl B14 57 C3
Greethurst Dr B13 51 A4
Greet Prim Sch B11 41 B2
Greetville Cl B34 24 B3
Gregory Ave B29 46 B2
Grendon Rd
Birmingham B14 58 B1
Solihull B92 53 C2
Grendon Sch B14 58 B1
Grenfell Dr B15 28 A2
Grenville Dr B23 2 C1
Gresham Rd B28 60 A4
Gresham Twr B12 30 A2
Gresley Gr B23 11 A4
Gressel La B33 25 B1
Greswolde Dr B24 4 C2
Greswolde Park Rd B27 42 C2
Greswolde Rd
Birmingham B11 41 B1
Solihull B91 61 C4
Greswold Gdns B34 24 B3
Greville Dr B15 39 A4
Grevis Cl B13 40 A2
Grevis Rd B25 33 C3
Greyfriars Cl B92 61 B4
Greystoke Ave B36 13 B1
Griffin Cl B31 54 C4
Griffin Ct B5 39 A3
Griffin Gdns B17 37 B2
Griffin Ho B16 27 C3
Griffin Rd B23 3 A3
Griffins Brook Cl B30 47 B1
Griffins Brook La B30 55 B4
Grimshaw Rd B27 52 B3
Gristhorpe Rd B29 48 B2
Grosmont Ave 8 B12 40 B4
Grosvenor Ave B20 9 A2
Grosvenor Ct
Birmingham, Erdington B23 4 B3
Birmingham, Handsworth B20 9 A2
Grosvenor Rd
Birmingham, Aston B6 10 C2
Birmingham, Handsworth B20 9 A2
Birmingham, Harborne B17 36 B4
Grosvenor Sh Ctr B31 54 B2
Grosvenor Sq B28 60 A3
Grosvenor St B5 62 D3
Grosvenor St W B16 28 C3
Grove Ave
Birmingham, Handsworth B21 8 A2
Birmingham, Moseley B13 50 B4
Grove Cottage Rd B9 31 B4
Grove Gdns B20 8 A4
Grove Hill Rd B21 8 A3
Grove La
Birmingham, Handsworth B20 8 A3
Birmingham, Harborne B17 37 A2
Smethwick B66 17 A3
Grove Prim Sch B21 8 A2
Grove Rd
Birmingham, King's Heath B14 57 B4
Birmingham, Sparkhill B11 51 A4
Grove St B66 17 B2
Grove The
Birmingham, Edgbaston B16 28 A4
Birmingham, Lozells B19 8 C1
Birmingham, Saltley B8 21 A2
Guardian Angels RC Prim Sch B34 25 C4
Guardian Ct B26 34 A1
Guest Gr B19 19 A4
Guild Cl B16 28 B4
Guild Croft B19 19 B4
Guildford Ct 12 B29 47 A1
Guildford Dr B19 19 B4
Guildford St 4 B19 9 B1
Guiting Rd B29 46 B1
Gumbleberrys Cl B8 23 A2
Gunmakers Wlk B19 9 B1
Gunns Way B92 53 B1
Gunter Prim Sch B24 5 C1
Gunter Rd B24 5 C1
Guthrie Cl B19 19 B4
Gwalia Gr B23 4 A2

H

Hack St B9 30 B3
Haddon Twr 4 B15 29 B2
Haden St B12 40 A4
Haden Way B12 40 A4
Hadfield Cl B24 5 C1
Hadfield Croft B19 19 A3
Hadland Rd B33 34 C3
Hadley Croft B66 6 B1
Hadley Ct B16 27 B3
Hadlow Croft B33 35 B1
Hadyn Gr B26 44 C4
Hafton Gr B9 31 B3
Hagley Rd B16 27 B2
Hagley Villas B12 40 C2
Haig Pl B13 50 B1
Hailsham Rd B23 4 A3
Halberton St B66 17 B2
Haldane Ct B33 34 C4
Hale Gr B24 5 B2
Halewood Gr B28 52 B1
Halford Gr B24 5 C2
Halford Rd B91 61 C4
Halford's La B66 6 B2
Halfords Pk B66 6 B2
Halifax Gr 7 B18 17 C2
Halifax Ho B5 29 B1
Haliscombe Gr 4 B6 9 C2
Halkett Glade B33 23 B1
Hallam St B12 39 C3
Hall Dale Cl B28 60 A3
Hallewell Rd B16 17 B1
Hallfield Sch B15 28 B1
Hall Green Inf Sch B28 52 A1
Hall Green Jun Sch B28 52 A1
Hall Green Sch B28 51 C2
Hall Green Sta B28 52 A3
Hall Hays Rd B34 15 C1
Hallmoor Rd B33 24 C1
Hallmoor Sch B33 24 C1
Hall Rd
Birmingham, Castle Bromwich B36 14 B2
Birmingham, Handsworth B20 8 B2
Birmingham, Saltley B8 21 B2
Hall St B18 62 A4
Hallstead Rd B13 58 C3
Hamberley Ct B18 17 B3
Hambury Dr B14 49 B1
Hamilton Ave B17 26 B1
Hamilton Ct 1 B13 40 A2
Hamilton Dr B29 47 B2
Hamilton Ho 3 B5 29 B1
Hamilton Rd B21 7 B2
Hamilton Specl Sch B21 7 B2
Hamlet Gdns B28 52 A2
Hamlet Rd B28 52 A2
Hammond Dr B23 4 A3
Hampden Retreat B12 39 C4
Hampshire Ct 1 B29 46 C1
Hampshire Dr B15 27 C2
Hampson Cl B11 40 C4
Hampton Court Rd B17 36 B4
Hampton Rd
Birmingham, Aston B6 9 B2
Birmingham, Stockland Green B23 3 B2
Hampton St B19 62 B4
Hams Rd B8 21 B2
Hamstead Rd B19,B20 8 C1
Hanbury Croft B27 43 C1
Hancock Rd B8 22 A2
Handsworth, Booth Street Sta B21 7 A1
Handsworth Cl B21 7 B1
Handsworth Coll B6 9 C2
Handsworth Coll (City Coll Birmingham) B21 8 A2
Handsworth Gram Sch B21 8 A2
Handsworth New Rd B18 17 C4
Handsworth Wood Boys' Sch B20 8 A4
Handsworth Wood Girls' Sch B20 8 A4
Handsworth Wood Rd B20 8 B4
Hangleton Dr B11 41 B4
Hanley Ct B23 11 A4
Hanley St B19 62 C4
Hanley Villas 1 B12 40 C3
Hannafore Rd B16 17 B1
Hannon Rd B14 57 C3
Hanover Cl B6 9 C1
Hanover Dr B24 12 A2
Hanson Gr B92 44 A3
Hanwood Cl B12 30 A2
Hanwood Ho 1 B12 30 A2
Harborne Ct B17 37 A2
Harborne Hill Sch B15 37 C4
Harborne La B17 37 B1
Harborne Park Rd B17 37 A2
Harborne Prim Sch B17 37 A4
Harborne Rd B15 27 C1
Harborough Dr B36 15 B3
Harbury Rd B12 39 B3
Harden Keep B66 16 B2
Hardwick Rd B92 43 C2
Harewood B17 36 C4
Harewood Cl B28 59 C3
Harford St B18,B19 62 A5
Harlech Twr B23 4 B4
Harlow Gr B28 60 B4
Harman Rd B72 4 C4
Harmer St B18 18 B3
Harold Rd B16 28 A3
Harper Bell Sch The B12 30 B2
Harrier Rd B27 53 B4
Harris Ct B18 18 B4
Harris Dr B66 16 C1
Harrison Ho B14 58 A1
Harrison Rd B24 4 A2
Harrisons Gn B15 37 C4
Harrisons Pleck B13 40 A1
Harrison's Rd B15 37 C4
Harrold Terr B19 9 A2
Harrowfield Rd B33 23 C2
Harrow Rd B29 38 A1
Hartfield Cres B27 52 C4
Hartford Cl B17 26 B1
Hartington Rd B19 9 B1
Hartledon Rd B17 36 C3
Hartley Pl B15 28 A2
Harton Way B14 57 A3
Hartopp Rd B8 21 C2
Hart Rd B24 4 B3
Harts Cl B17 37 B4
Harts Green Rd B17 36 B3
Hartshill Ho B27 53 C4
Hartshill Rd
Birmingham B34 24 B4
Solihull B27 53 B4
Harts Rd B8 21 C3
Hartswell Dr B13 58 A4
Hartwell Rd B24 12 C4
Harvard Rd B92 44 C2
Harvest Cl B30 56 C4
Harvey Ct B33 25 B1
Harvey Mews B30 47 B1
Harvey Rd B26 33 B1
Harvington Rd B29 46 B2
Haseley Rd
Birmingham B21 7 C1
Solihull B91 61 C4
Haslucks Croft B90 60 B1
Haslucks Green Rd B90 60 C2
Haslucks Green Sch B90 60 B1
Hatchett St B19 19 C3
Hatchford Ave B92 45 A1
Hatchford Brook Inf Sch B92 45 A1
Hatchford Brook Jun Sch B92 45 A1
Hatchford Brook Rd B92 45 A1
Hatchford Ct B92 45 A1
Hatfield Rd B19 9 B2
Hatherton Gr B29 46 A3
Hattersley Gr B11 42 B1
Haughton Rd B20 9 B3
Haunch La B13 58 B3
Havelock Rd
Birmingham, Handsworth B20 9 A3
Birmingham, Saltley B8 21 B3
Birmingham, Sparkhill B11 41 C2
Haven Dr B27 42 C1
Haven The B14 59 B2
Hawcroft Gr B34 25 A4
Hawker Dr B35 14 A4
Hawkes Cl B30 48 B1
Hawkesford Cl B36 14 B2
Hawkesford Rd B33 25 B1
Hawkes St B10 31 B2
Hawkestone Rd B29 46 B1
Hawkeswell Cl B92 53 C2
Hawkesyard Rd B24 11 C3
Hawkins Cl B5 39 C4
Hawksmill Ind Est B9 31 A3
Hawkswood Gr B14 58 C1
Hawthorn Cl B9 30 C3
Hawthorne Rd
Birmingham, Edgbaston B15 27 C1
Birmingham, King's Norton B30 55 B3
Hawthorn Gr 9 B19 9 A2
Hawthorns Sta The B71 6 B2
Hawthorns The B13 40 A1
Hawthorns The (West Bromwich Albion FC) B21 6 C3
Haxby Ave B34 24 B4
Haybrook Dr B11 42 A2
Haycroft Ave B8 21 C3
Haydock Cl B36 13 A2
Haydon Croft B33 24 B1
Haye House Gr B36 13 C1
Hayes Gr B24 5 B4
Hayfield Ct B13 50 C4
Hayfield Gdns B13 51 A4
Hayfield Rd B13 50 C4
Hay Green Cl B30 55 B4
Hay Green La B30 55 B4
Hay Hall Rd B11 42 A3
Hayland Rd B23 3 C4
Hayley Ct B24 5 A4
Hay Pk B5 39 B4
Hay Rd B25 32 B1
Hays Kent's Moat The B26 34 B3
Haytor Ave B14 57 B3
Haywards Cl B23 3 C3
Haywood Rd B33 35 C4
Hazelbeach Rd B8 22 A3
Hazel Croft B31 54 B1
Hazeldene Gr 5 B6 9 C2
Hazeldene Rd B33 35 B1
Hazeley Cl B17 26 B1
Hazel Gdns B27 43 A3
Hazelhurst Rd
Birmingham, Castle Bromwich B36 15 C1
Birmingham, King's Heath B14 49 C1
Hazelmere Rd B28 52 A2
Hazeltree Croft B27 52 C4
Hazelville Gr B28 60 B4
Hazelville Rd B28 52 B1
Hazelwell Cres B30 56 C4
Hazelwell Fordrough B30 56 C4
Hazelwell La B30 48 C1
Hazelwell Rd B30 56 B4
Hazelwell St B30 48 B1
Hazelwood Rd B27 52 C4
Hazlitt Gr B30 55 B2
Headingley Rd B21 7 C4
Headland Dr B8 21 B3
Heanor Croft B6 10 C2
Heartlands High Sch B7 20 C2
Heartlands Parkway B7 11 B1
Heartlands Pl B8 21 C2
Heath Cl B30 55 B3
Heathcliff Rd B11 42 A2
Heathcote Ave B91 61 C1
Heathcote Ho B17 37 A3
Heathcote Rd B30 56 B3
Heath Ct 2 B12 40 A3
Heather Ct B13 39 B1
Heather Dale B13 49 A4
Heather Rd B10 32 A2
Heathfield Ave B20 8 C2
Heathfield Ct 1 B19 8 C1
Heathfield Prim Sch B19 9 A2
Heathfield Rd
Birmingham, King's Heath B14 50 A2
Birmingham, Lozells B19 9 A2
Heath Green Gr 4 B18 17 C2
Heath Green Rd B18 17 C2
Heathland Ave B34 14 B1
Heathlands Prim Sch B34 14 A1
Heathmere Ave B25 33 B2
Heath Mill La B9 30 B3
Heath-Mount Jun & Inf Sch B12 40 A4
Heath Rd B30 55 B3
Heath Rd S B31 54 C2
Heath St B18 17 C2
Heath St S B18 18 A2
Heath Trad Pk B66 17 B3
Heath Way B34 24 C4
Heaton Dr B15 27 C2
Heaton St B18 18 C3
Hebden Gr B28 59 C1
Heddon Pl B7 20 B1
Hedgings The B34 24 C4
Hedgley Gr B33 24 B2
Heeley Rd B29 48 A3
Hefford Dr B66 16 B4
Helena St 3 B1 19 A1
Helstone Gr B11 42 B1
Hemyock Rd B29 46 C2
Henbury Rd B27 43 B1
Hendon Rd B11 40 C3
Heneage Pl 6 B7 20 B2
Heneage St B7 20 B2
Heneage St W B7 20 A2
Hengham Rd B26 34 B3
Henley St B11 30 C1
Hennalls The B36 14 A1
Henrietta St B19 62 B4
Henry Rd B25 33 A1
Henshaw Gr B25 33 A1
Henshaw Rd B10 31 B2
Henstead St B5 29 B2
Hepburn Edge B24 4 C2
Herbert Rd
Birmingham, Handsworth B21 8 A3
Birmingham, Small Heath B10 31 A2
Smethwick B67 26 B3
Hereford Ave 5 B12 40 B4
Hereford Sq B8 21 A3
Heritage Way B33 25 B1
Hermitage Rd
Birmingham, Edgbaston B15 27 A2
Birmingham, Gravelly Hill B23 3 C1
Hernall Croft B26 34 B1
Herne Cl B18 18 B2
Hernefield Rd B34 14 B1
Herondale Rd B26 44 A4
Herons Way B29 37 A1
Herrick Rd B8 21 C3
Hertford St B12 40 B3
Hervey Gr B24 5 B4
Hesketh Cres B23 3 A3
Hestia Dr B29 47 C2
Hewitson Gdns B67 26 A4
Heybarnes Cir B10 32 A1
Heybarnes Rd B10 32 B2
Heyland Cnr B10 32 A3
Heynesfield Rd B33 25 A1
Heythrop Gr B13 51 B2
Hickman Gdns B16 28 A3
Hickman Rd B11 40 C4
Hickory Dr B17 26 B4
Hidcote Gr B33 35 A2
Hidson Rd B23 3 A3
Higgins Wlk B66 16 C4
High Brow B17 26 C1
Highbury Ave B21 8 A2

Hig – Kin 71

Highbury Ct B13 49 C1
Highbury Rd B14 49 B2
Highclare Sch (The Abbey) B23 4 B3
Highcroft Hospl B23 3 C2
Highcroft Rd B23 3 C1
Highfield Cl B28 59 B3
Highfield Inf & Jun Sch B8 21 C3
Highfield Pl B14 59 B3
Highfield Rd
Birmingham, Edgbaston B15 28 B2
Birmingham, Moseley B13 40 C1
Birmingham, Saltley B8 21 C3
Birmingham, Yardley Wood B14,B28 59 B3
Smethwick B67 16 B3
Highgate Bsns Ctr B12 40 C4
Highgate Cl B12 30 A1
Highgate Ho 1 B5 29 C2
Highgate Middleway B12 30 A1
Highgate Pl B12 30 B1
Highgate Rd B12 40 B4
Highgate Ret Pk B11 30 B1
Highgate Sq B12 30 A1
Highgate St B12 30 A1
High Heath Cl B30 55 B3
Highland Rd B23 4 A3
High Park Cl B66 16 C3
High Park Cnr B7 20 C4
High Park St B7 20 C4
High Point B15 37 C4
High St
Birmingham, Aston B6,B19 9 C1
Birmingham B4 63 C2
Birmingham, Erdington B23 4 A2
Birmingham, Harborne B17 37 B4
Birmingham, King's Heath B14 49 C2
Birmingham, Saltley B8 21 B3
High Street Bordesley B12 30 B3
High Street Deritend B12 30 A3
High St B66 16 B3
Highter's Heath Inf & Jun Sch B14 58 C1
Highters Rd B14 58 B1
Hilary Gr B31 54 A2
Hilden Rd B7 20 C2
Hilderstone Rd B25 43 A4
Hillaries Rd B23 11 B4
Hill Bank Dr B33 23 B2
Hillborough Rd B27 53 B4
Hillbrook Gr B33 24 A1
Hill Crest Rd B13 49 C4
Hill Croft Rd B14 57 A4
Hillcross Wlk B36 14 A2
Hilldrop Gr B17 37 B1
Hillfield Rd B11 41 B1
Hill Gr B20 9 A2
Hill Ho B66 17 A4
Hill House La B33 24 A1
Hillhurst Gr B36 15 B3
Hillmount Cl B28 51 C4
Hillsborough Ho B27 53 C4
Hillside Croft B92 45 C2
Hillside Rd B23 11 B4
Hill St B5 63 B2
Hillstone Jun & Inf Sch B34 25 B3
Hillstone Rd B34 25 B3
Hill St B66 16 B4
Hilltop Dr B36 13 B1
Hill Top Rd B31 54 A1
Hillyfields Rd B23 3 A2
Hilton Ave B28 60 A2
Hinckley St B5 63 C2
Hindhead Rd B14 59 A2
Hindlow Cl B7 20 C2
Hindon Gr B27 53 A1
Hindon Sq B15 28 A2
Hingeston St B18 18 C2
Hinstock Rd B20 8 A3
Hintlesham Ave B15 37 B3
Hipsley Cl B36 15 A3
Hitches La B15 28 C1
Hive Ind Ctr The B18 18 B4
Hobart Croft 1 B7 20 B2
Hobmoor Croft B25 33 B1
Hobmoor Prim Sch B25 33 B2
Hob Moor Rd B10,B25 33 A2
Hob's Moat Rd B92 44 C1
Hobson Cl B18 18 B3
Hobson Rd B29 48 C3
Hockley Brook Cl B18 18 B3
Hockley Brook Trad Est B18 18 B4
Hockley Cir B18 18 C4
Hockley Cl B19 19 B4
Hockley Ctr 1 B18 19 A2
Hockley Hill B18 18 C3
Hockley Pool Cl B18 18 C3
Hockley Rd B23 3 B2
Hockley St B19 19 A3
Hodgehill Ct B36 13 C1
Hodge Hill Girls Sch B36 13 A1
Hodge Hill Rd B34 23 C4
Hodge Hill Sch B36 13 A1
Hodgson Tower B19 19 B4
Hodnell Cl B36 15 A3
Hodnet Gr B5 29 C2
Hoff Beck Ct 6 B9 30 C4
Hogarth Ho 6 B15 29 A2
Holbeach Rd B33 34 C4
Holborn Hill B6,B7 11 A1
Holbrook Tower B36 13 B2
Holcombe Rd B11 42 B1
Holden Cl B23 11 C4
Holdens The B28 59 C4
Holder Rd
Birmingham, South Yardley B25 33 A1
Birmingham, Sparkbrook B11 41 A4
Holders Gdns B13 49 A4
Holders La B13 49 A4
Holdford Rd B6 10 A4
Holdgate Rd B29 47 A1
Hole Farm Rd B31 55 A3
Hole La B31 55 A3
Holford Dr B42,B6 2 A2
Holford Way B6 2 A1
Holland Ho B19 19 B3
Holland Rd W 6 B6 20 A4
Holland St B3 62 A3
Holliday Rd
Birmingham, Erdington B24 4 B2
Birmingham, Handsworth B21 8 A1
Holliday St
Birmingham B1 29 A3
Birmingham B1 63 A2
Hollie Lucas Rd B13 50 A1
Hollies Croft B5 39 A3
Hollies The
Birmingham, Aston B6 10 C2
Birmingham, Winson Green B16 18 A1
Smethwick B66 17 A2
Hollington Cres B33 24 B2
Hollister Dr B32 36 A1
Holloway Circus Queensway B1 63 B1
Holloway Head B1 63 B1
Hollow Croft B31 54 C1
Hollowmeadow Ho B36 13 B2
Hollow The B13 39 C2
Holly Ave
Birmingham, Balsall Heath B12 40 B3
Birmingham, Selly Oak B29 48 C3
Hollybank Rd B13 58 B4
Hollyberry Croft B34 25 A4
Hollybrow B29 46 C1
Hollycot Gdns B12 40 A4
Hollycroft Rd B21 7 B3
Holly Ct B23 4 B3
Hollydale Rd B24 5 A1
Holly Dr B27 52 C4
Hollyfaste Rd B33 34 C3
Hollyfield Ave B91 61 C1
Holly Gr
Birmingham, Bournville B30 48 A2
Birmingham, Lozells B19 8 C2
4 Birmingham, Selly Oak B29 48 A4
Hollyhock Rd B27 52 B4
Hollyhurst Gr B26 43 C4
Holly La B24 5 A2
Holly Park Dr B24 5 A2
Holly Park Ind Est B24 13 A4
Hollypiece Ho B27 52 B4
Holly Pl B29 48 C4
Holly Rd
Birmingham, Edgbaston B16 27 B3
Birmingham, Handsworth B20 8 B2
Birmingham, King's Norton B30 56 B2
Holly St B67 16 A3
Hollywell Rd B26 44 C4
Holmwood Rd 3 B10 31 B3
Holt Ct B7 20 A2
Holte Rd
Birmingham, Aston B6 10 B3
Birmingham, Sparkhill B11 41 B3
Holte Sch B19 9 B1
Holtes Wlk B6 10 C2
Holt St B7 62 D4
Holy Family RC Prim Sch B10 32 A1
Holyhead L Ctr B21 7 B2
Holyhead Rd B21 7 B2
Holyhead Sch B21 7 B2
Holyhead Way B21 7 B2
Holyoak Cl 3 B6 10 A3
Holyrood Gr 2 B6 9 C2
Holy Souls RC Prim Sch B27 43 A1
Holy Trinity CE Prim Sch B20 9 A2
Holy Trinity RC Sch B10 31 A2
Holy Well Cl B16 28 B4
Homecroft Rd B26 33 C2
Homelea Rd B25 33 B2
Home Meadow Ct B13 58 B3
Home Meadow Ho B27 52 B4
Homer St B12 40 A3
Homestead Rd B33 34 C3
Honeswode Cl B20 8 B2
Honeybourne Rd B33 35 A2
Honeybourne Sch B28 52 A2
Honeysuckle Gr 8 B27 43 A3
Honiley Rd B33 34 B4
Honiton Wlk 7 B66 16 C3
Honnington Ct 2 B29 46 A3
Hood Gr B30 55 B2
Hooper St B18 18 A2
Hope Pl 10 B29 48 A4
Hope St B5 29 C2
Hopstone Rd B29 46 B3
Hopton Gr B13 59 A3
Horatio Dr B13 40 A2
Hornbeam Cl B29 46 C1
Hornbrook Gr B92 53 A1
Hornby Gr B14 59 A2
Horne Way B34 25 C3
Horrell Rd B26 34 C1
Horse Fair B1 63 B1
Horselea Croft B8 23 A2
Horse Shoes La B26 44 C3
Horton Sq B12 29 C1
Hospital Dr B15 37 C2
Hospital St
Birmingham B19 19 B4
Birmingham B19 62 B4
Hough Rd B14 57 B4
Houghton Ct B28 59 B2
Hove Rd B27 53 A3
Howard Ct B16 27 C3
Howard Rd
Birmingham, Handsworth B20 8 C4
Birmingham, King's Heath B14 49 C1
Birmingham, South Yardley B25 33 A1
Howard Rd E B13 50 A1
Howard Rd B92 43 C1
Howard St B19 62 B4
Howarth Way B6 10 B1
Howden Pl B33 24 B3
Howes Croft B35 14 B4
Howe St B4 20 A1
Howford Gr B7 20 C2
Hoyland Way B30 47 C2
HRS Bsns Pk B33 35 A3
Hubert Croft B29 48 A4
Hubert Rd B29 48 A4
Hubert St B6 20 A3
Huddleston Way B29 47 A3
Hudson's Dr B30 56 B2
Hugh Rd B10 31 C3
Hugh Villas B10 31 C3
Hullbrook Rd B13 59 A4
Humberstone Rd B24 5 C2
Humber Tower 2 B7 20 B2
Hume St B66 16 C2
Humpage Rd B9 31 C4
Humphrey Middlemore Dr B17 37 B2
Hungerfield Rd B36 15 A3
Hunslet Cl B32 36 A2
Hunslet Rd B32 36 A2
Hunstanton Ave B17 26 A2
Hunter Ct B5 39 B3
Hunters Rd B19 8 C1
Hunters Vale B19 19 A4
Huntington Ho B23 2 C4
Huntly Rd B16 28 B3
Hunton Ct 2 B23 11 C4
Hunton Hill B23 11 C4
Hunton Rd B23 3 C1
Hunts Rd B30 48 C1
Hurdlow Ave B18 18 C3
Hurricane Way B35 14 B4
Hurst Cl B36 15 C1
Hurstcroft Rd B33 24 C1
Hurst La B34 25 C4
Hurst La N B36 15 C1
Hurst St B5 63 C1
Hurst The B13 51 B1
Hutton Ave B8 21 B3
Hutton Rd
Birmingham, Handsworth B20 9 A3
Birmingham, Saltley B8 21 B3
Hylda Rd B20 8 C3
Hylton St B18 19 A3
Hyperion Rd B36 14 A3
Hyron Hall Rd B27 53 A4
Hyssop Cl B7 20 B3
Hythe Gr B25 33 B2

I

Ibberton Rd B14 58 C1
Icknield Port Rd B16 18 A1
Icknield Sq B16 18 B1
Icknield St B18 18 C2
Ilford Rd B23 3 B4
Iliffe Way B17 37 B2
Ilmington Rd B29 46 A3
Ilsley Rd B23 3 C2
I-Max Bsns Pk B11 42 B4
Imex Bsns Pk
Birmingham, Bordesley Green B9 31 B4
Birmingham, Stechford B33 23 C2
Imperial Rd B9 31 C3
Impsley Cl B36 14 C2
Inge St B5 63 C1
Ingestre Rd B28 52 B1
Ingham Way B17 26 B2
Inglefield Rd B33 24 A1
Inglemere Gr B29 46 A1
Inglenook Dr B20 8 C4
Ingleside Villas 3 B11 41 A3
Ingleton Ho 2 B15 29 B2
Ingleton Rd B8 12 B1
Inglewood Rd B11 41 A3
Ingoldsby Rd B31 55 A1
Ingram Gr B27 52 B4
Inkerman Ho B19 19 C4
Inkerman St B7 20 C1
Inland Rd B24 12 C4
Innage Rd B31 54 C2
Inshaw Cl B33 23 C1
Institute Rd B14 50 A2
Inverness Rd B31 54 A1
Ipsley Gr B23 2 B3
Ipstones Ave B33 24 A2
Iris Cl B29 46 C2
Iris Dr B14 57 B1
Iron La B33 23 B2
Irving Rd B92 45 C1
Irving St B1 29 B3
Isbourne Way 1 B9 30 C4
Island Rd B21 7 A3
Islington Row B15 28 C3
Islington Row Middleway B15 29 A2
Ismere Rd B24 12 C4
Ivor Rd B11 40 C2
Ivy Ave Birmingham B12 40 B3
3 Birmingham B12 40 C3
Ivydale Ave B26 45 A3
Ivyfield Rd B23 2 C3
Ivy La B9 30 B4
Ivy Rd
Birmingham, Handsworth B21 8 B1
Birmingham, Stirchley B30 56 B4

J

Jacey Rd
Birmingham B16 27 B4
Solihull B90 60 C2
Jackson Ave B8 22 A2
Jackson Cl B11 30 C1
Jackson Rd B8 22 A2
Jackson Wlk B35 14 B4
Jacoby Pl B5 39 A3
Jaffray Cres B24 4 A1
Jaffray Ct B23 3 C1
Jaffray Rd B24 4 A1
Jakeman Rd B12 39 C3
James Brindley Sch (Parkway Ctr) B15 29 A2
James Brindley Sch (Willow Ctr) B13 49 C3
James Cl B67 16 B3
James Ct 12 B13 50 C4
James Ho B19 19 A4
James Meml Homes The 4 B7 11 A1
Jameson Rd B6 11 A2
James Rd B11 42 A4
James St B3 62 A3
James Turner St B18 17 C4
James Watt Dr B19 9 A2
James Watt Ho B66 16 C4
James Watt Jun & Inf Sch B21 7 C1
James Watt Queensway B4 62 C3
James Watt St B4 62 C3
Janice Gr B14 58 C2
Jardine Rd B6 10 A3
Jarvis Rd B23 4 A4
Jarvis Way B24 11 C2
Jasmin Croft B14 57 C1
Jenkins St B10 31 A2
Jennens Rd B4 20 A1
Jennifer Wlk B25 33 C3
Jephcott Rd B8 22 B2
Jephson Dr B26 34 A1
Jeremy Gr B92 44 C1
Jerry's La B23 3 C4
Jersey Rd B8 21 B2
Jervis Terr B21 7 B2
Jervoise Dr B31 54 C3
Jervoise Jun & Inf Sch B29 46 B3
Jervoise Rd B29 46 B4
Jesmond Gr B24 5 C2
Jewellery Quarter Sta B18 18 C2
Jillcot Rd B92 44 C1
Jinnah Cl B12 30 A2
John Bright St B1 63 B2
John Kempe Way B12 30 B1
John Smith Ho 4 B1 19 A1
Johnson Cl
Birmingham, Sparkhill B11 41 A3
Birmingham, Ward End B8 23 A4
Johnson Rd B23 4 A4
Johnson St B7 21 A4
John St B19 8 C1
Johnstone St B19 9 B2
Jordan Cl B66 16 C3
Jordan Ho B36 13 C2
Joseph Chamberlain VI Form Coll B12 40 A4
Josiah Mason Coll B23 3 A2
Jubilee Trad Ctr B5 29 C3
Junction 6 Ind Pk B6 10 C4
Junction Rd B21 7 A2
June Croft B26 45 B3
Juniper Cl B27 42 C3
Juniper Ho B36 14 A1
Jutland Rd B13 50 C2

K

Katherine Rd B67 26 A4
Kathleen Rd B25 33 A1
Katie Rd B29 47 C3
Keatley Ave B33 35 C4
Keats Ave B10 31 B1
Keats Gr B27 52 C3
Keble Gr B26 44 C4
Kedleston Ct B28 60 A2
Kedleston Rd B28 60 A3
Keel Dr B13 51 B3
Keeley St B9 30 C4
Keen St B66 17 B3
Keer Ct B9 30 C4
Kegworth Rd B23 11 A4
Kelby Rd B31 54 A2
Kelfield Ave B17 36 C2
Kelia Dr B67 16 A4
Kellett Rd B7 20 B2
Kellington Cl B8 22 A2
Kelmscott Rd B17 26 C1
Kelsall Croft B1 18 C1
Kelsey Cl B7 20 C2
Kelton Ct B15 28 B1
Kelverdale Gr B14 57 A2
Kelynmead Rd B33 34 B4
Kemberton Rd B29 46 C4
Kemble Croft B5 29 C1
Kempe Rd B33 24 B2
Kempsey Cl B92 44 B1
Kempson Rd B36 14 A2
Kempton Park Rd B36 13 B2
Kenchester Ho 2 B16 28 B4
Kendal Ct
10 Birmingham, Selly Oak B29 47 A1
Birmingham, Stockland Green B23 2 C1
Kendal Rd B11 30 C1
Kendal Tower B17 37 B3
Kendrick Ave B34 25 C3
Kenelm Rd B10 31 C2
Kenilworth Ct
Birmingham, Edgbaston B15 28 A2
Birmingham, Gravelly Hill B24 11 C4
Kenilworth Ho B13 58 B4
Kenilworth Rd B20 9 C4
Kenley Gr B30 56 C1
Kenley Way B91 61 B2
Kenmure Rd B33 35 A2
Kennedy Croft B26 34 B1
Kennedy Gr B30 56 C4
Kenneggy Mews B29 48 A4
Kennerley Rd B25 43 B4
Kenneth Gr B23 2 C3
Kenrick Croft B35 14 A4
Kenrick Ho B16 28 B3
Kensington Ave B12 40 B2
Kensington Rd B29 48 C4
Kensington St B19 19 B4
Kentish Rd B21 7 A2
Kentmere Twr 4 B23 4 C4
Kenton Wlk 7 B29 48 A4
Kent's Cl B92 44 A1
Kents Ho B33 34 C4
Kent St B5 29 C3
Kent St N B18 18 A3
Kenward Croft B17 26 A1
Kenwick Rd B17 36 C2
Kenwood Rd B9 22 C1
Kenyon St B18 62 A4
Kerby Rd B23 3 B2
Keresley Gr B29 46 A4
Kernthorpe Rd B14 57 B2
Kerry Cl B31 54 A4
Kesteven Cl B15 38 C4
Kestrel Ave B25 33 A2
Kestrel Cl B23 3 B4
Kestrel Gr B30 47 B2
Keswick Rd B92 44 B2
Ketley Croft B12 30 A1
Ketton Gr B33 35 B1
Kew Gdns B33 33 C3
Key Bsns Pk B24 5 B1
Key Hill B18 18 C3
Key Hill Dr B18 18 C3
Kilby Ave B16 28 B4
Kilbys Gr B20 8 A4
Kilmet Wlk 1 B67 16 B3
Kilmore Croft B36 13 C2
Kilmorie Rd B27 43 A3
Kiln La B11 42 C4
Kimberley Ave B8 21 C3
Kimberley Rd B66 6 B1
Kimble Gr B24 5 B1
Kineton Green Inf Sch B92 53 B3
Kineton Green Rd B92 53 B2
Kineton Ho B13 58 B4
King David Jun & Inf Sch B13 50 A4
King Edward IV Handsworth Sch B21 8 B1
King Edward Rd B13 40 A1
King Edwards Cl B20 8 C2
King Edwards Gdns B20 8 C1
King Edwards Rd B1 28 C4
King Edward's Sch B15 38 B2
King Edwards Wharf B16 28 C4
King Edward VI Aston Sch B6 10 A2
King Edward VI Camp Hill Schs B14 49 B1
King Edward VI High Sch for Girls B15 38 B2
Kingfisher Cl B26 44 B4
Kingfisher Veiw B34 24 B3
Kingfisher Way B30 47 B2
Kingsbridge Ho B23 2 C4
Kingsbridge Wlk 6 B66 16 C3
Kingsbury Ave B24 5 B1
Kingsbury Rd
Birmingham, Birches Green B24 4 C1
Birmingham, Tyburn B24, B35 5 C1
Kingsbury Sch B24 12 B4
Kings Centre Specl Sch B23 3 C1
Kings Cl B14 57 A4
Kingscliff Rd B10 32 B2
Kingscote Rd B15 37 C4
Kings Croft B26 44 B3
Kingsdown Rd B31 46 A3
Kingsfield Rd B14 49 C2
Kingsford Cl B36 15 B3
Kingsford Ct B92 44 C1
Kings Gdn B30 55 C2
King's Heath Boys Sch B13 58 B4
Kings Heath Jun Sch B14 50 A3
Kings Ho B24 4 B2
Kingshurst Rd B31 54 B1
Kingsleigh Dr B36 14 B2
Kingsleigh Rd B20 8 C4
Kingsley Ct B25 33 C2
Kingsley Rd
Birmingham, Balsall Heath B12 40 B4
Birmingham, King's Norton B30 55 B2
Kingsmere Cl B24 12 A4
King's Norton Boys Sch B30 55 C2
Kings Norton Bsns Ctr B30 56 B2
King's Norton Girls Sch B30 56 A3
King's Norton Sta B30 56 A2
Kings Par B4 63 C2
Kingspiece Ho 6 B36 13 C2
Kings Rd
Birmingham, Stirchley B14 57 A4

72 Kin – Mar

Kings Rd *continued*
Birmingham, Stockland Green B23 ... 3 B2
Birmingham, Tyseley B11 42 B4
Kings Road Ind Est B25 ... 42 B4
King St B11 ... 30 B1
Kings Terr B14 ... 57 B4
Kingsthorpe Rd B14 ... 58 B1
Kingston Ct 18 B29 ... 47 A1
Kingston Ind Est B9 ... 30 C3
Kingston Rd B9 ... 30 C3
Kingston Row B1 ... 29 A4
King St B66 ... 6 C1
Kingswood Croft B7 ... 11 A1
Kingswood Dr B30 ... 57 A1
Kingswood Rd B13 ... 40 B2
Kington Way B33 ... 33 C3
Kinnerton Cres B29 ... 46 A4
Kinsey Gr B14 ... 58 A2
Kinver Croft B12 ... 29 C1
Kinver Ct B11 ... 41 B2
Kinwarton Cl B26 ... 43 B4
Kipling Rd B30 ... 55 A2
Kirby Rd B18 ... 17 C4
Kirkham Gr B33 ... 24 A2
Kirton Gr B33 ... 24 B2
Kitchener Rd B29 ... 48 C3
Kitchener St B66 ... 17 B4
Kitsland Rd B34 ... 25 C4
Kitt's Green Rd B33 ... 24 C1
Klaxon Ind Est B11 ... 42 A2
Knight Ho B13 ... 51 B1
Knightlow Rd B17 ... 26 C2
Knighton Ct B23 ... 11 A4
Knighton Rd B31 ... 55 A2
Knights Cl B23 ... 11 C4
Knights Rd B11 ... 42 B2
Knightstone Ave B18 ... 18 B2
Knightwick Cres B23 ... 3 A3
Knollcroft 6 B16 ... 28 B4
Knowle Rd B11 ... 41 B1
Knutswood Cl B13 ... 51 B1
Kyngsford Rd B33 ... 25 B1
Kynoch Wks B6 ... 2 A1
Kyotts Lake Rd B11 ... 30 C1
Kyotts Lake Unit Factory B11 ... 30 C1
Kyrwicks La B11 ... 30 B1
Kyter La B36 ... 14 C2

L

Laburnum Cotts B21 ... 7 C2
Laburnum Gr B13 ... 40 A1
Laburnum Rd B30 ... 48 A2
Laburnum Villas 2 B11 ... 41 A3
Laceby Gr B13 ... 51 B3
Ladbroke Gr B27 ... 53 A2
Ladeler Gr B33 ... 35 C4
Lady Bracknell Mews B31 ... 55 A2
Ladycroft B16 ... 28 C4
Ladypool Ave 3 B11 ... 40 C4
Ladypool Prim Sch B11 ... 40 C4
Ladypool Rd B11,B12 ... 40 B3
Ladywell Wlk B5 ... 63 C1
Ladywood Middleway B16 ... 28 B4
Ladywood Rd B16 ... 28 B3
Lakefield B31 ... 54 A2
Lakefield Cl B28 ... 52 C1
Lakehouse Gr B38 ... 55 B1
Lakeside Wlk B23 ... 3 A1
Lakes Rd B23 ... 2 B4
Lakey La B28 ... 52 C1
Lakey Lane Jun & Inf Sch B28 ... 52 C1
Lamb Cl B34 ... 25 C3
Lambert Cl B23 ... 3 B4
Lambourne Gr B37 ... 35 C4
Lambourn Rd B23 ... 3 B2
Lamont Ave B32 ... 36 A1
Lamport Ho 5 B14 ... 58 B1
Lancaster Circus Queensway B4 ... 62 C4
Lancaster Cl B30 ... 56 B4
Lancaster Dr B35 ... 14 C4
Lancaster St B4 ... 62 C4
Lancelot Cl B8 ... 21 C1
Landgate Rd B21 ... 7 A4
Landor St B8 ... 20 C1
Landsdown Pl 2 B18 ... 18 B3
Langdale Croft B21 ... 7 C1
Langdon St B9 ... 30 C4
Langdon Wlk B27 ... 43 C2
Langford Gr B17 ... 37 A1
Langham Cl B26 ... 34 B1
Langley Dr B35 ... 14 B3
Langley Gr B10 ... 31 B2
Langley Hall Rd B92 ... 53 A1
Langley Prim Sch B92 ... 61 B4
Langley Rd B10 ... 31 B2
Langley Rise B92 ... 45 B1
Langley Sch B92 ... 53 B1
Langleys Rd B29 ... 47 C3
Langstone Rd B14 ... 58 C1
Langton Rd B8 ... 21 C2
Langwood Ct B36 ... 14 C2
Langworth Ave B27 ... 43 A3
Lansdowne Rd
Birmingham, Erdington B24 ... 4 A1
Birmingham, Handsworth B21 ... 8 B2
Lansdowne St B18 ... 18 A2
Lansdown Ho B15 ... 29 B2
Lapworth Gr B12 ... 40 A4
Lara Cl B17 ... 26 C2
Larch Ave B21 ... 7 B4
Larches St B11 ... 40 C4
Larch Ho B36 ... 14 A2
Larchmere Dr B28 ... 52 A2
Larch Wlk B25 ... 32 C2
Larkfield Ave B36 ... 14 C2
Larksfield B66 ... 16 C2
Larkspur Croft B36 ... 13 B2
Larne Rd B26 ... 34 B1
Latelow Rd B33 ... 34 B4
Lathom Gr B33 ... 24 A3
Latimer Gdns B15 ... 29 B1
Latimer Pl B18 ... 17 C4
Launde The B28 ... 59 C1
Laundry Rd B66 ... 17 A1
Laurel Ave B12 ... 40 B3
Laurel Ct B13 ... 50 B4
Laurel Dr B66 ... 6 B2
Laurel Gdns
Birmingham B21 ... 7 C3
3 Birmingham, Stockfield B27 ... 43 A3
Laurel Gr B30 ... 55 C4
Laurel Rd
Birmingham, Handsworth B21 ... 8 A3
Birmingham, King's Norton B30 ... 56 B2
Laurels The
Birmingham, Ladywood B16 ... 18 A1
Birmingham, Sheldon B26 ... 45 A3
Smethwick B66 ... 17 A2
Laurence Ct B31 ... 54 C3
Lawden Rd B10 ... 30 C2
Lawford Cl B7 ... 20 B1
Lawford Gr B5 ... 29 C2
Lawley Middleway B4 ... 20 B1
Lawnswood Ave B90 ... 61 B1
Lawnswood Gr B21 ... 7 A3
Lawson St B4 ... 62 C4
Lawton Ave B29 ... 48 C4
Laxey Rd B16 ... 17 B1
Laxford Cl B12 ... 39 C4
Laxton Gr B25 ... 33 B3
Leabon Gr B17 ... 37 A2
Leabrook B26 ... 34 A2
Lea Dr B26 ... 44 B4
Leafield Cres B33 ... 24 B3
Lea Ford Rd B33 ... 25 A2
Lea Hall Rd B33 ... 34 B4
Lea Hall Sta B33 ... 34 C4
Lea Hill Rd B20 ... 9 A2
Lea Ho B15 ... 29 B1
Lea House Rd B30 ... 48 B1
Leahurst Cres B17 ... 37 A2
Leamington Rd B12 ... 40 C3
Leander Gdns B14 ... 58 A3
Lea Rd B11 ... 41 B2
Leasow Dr B15 ... 37 B1
Leasowes Rd B14 ... 50 A3
Lea The B33 ... 34 B4
Leatherhead Cl 5 B6 ... 20 A4
Leavesden Gr B26 ... 44 B3
Lea Village B33 ... 24 C1
Lea Yield Cl B30 ... 48 B1
Ledbury Cl B16 ... 28 B4
Ledbury Ho B33 ... 35 C4
Ledsam Gr B32 ... 36 A4
Ledsam St B16 ... 28 B4
Lee Bank Jun & Inf Sch B15 ... 29 A1
Lee Bank Middleway B15 ... 29 A2
Lee Cres B15 ... 29 A2
Lee Mount B15 ... 29 A2
Leeson Wlk B17 ... 37 B3
Lees St B18 ... 18 A4
Legge La B1 ... 19 A1
Legge St B4 ... 62 D4
Leigham Dr B17 ... 26 B1
Leigh Ct B23 ... 11 A4
Leigh Inf & Jun Sch B8 ... 21 C4
Leigh Rd B8 ... 21 C4
Leighton Rd B13 ... 50 A4
Lelant Gr B17 ... 36 B3
Lemar Ind Est B30 ... 48 C3
Lench's Cl B13 ... 40 B1
Lenchs Gn B5 ... 29 C1
Lench St B4 ... 62 C4
Lench's Trust Almshouses
3 Birmingham, Edgbaston B12 ... 30 B2
3 Birmingham, Highgate B12 ... 30 A1
3 Birmingham, Ladywood B16 ... 28 C3
Lennard Gdns B66 ... 17 B4
Lennox St B19 ... 19 B4
Lenton Croft B26 ... 43 C2
Leofric Ct 3 B15 ... 29 A2
Leominster Ho B33 ... 35 C4
Leominster Rd B11 ... 41 C1
Leonard Ave 5 B19 ... 9 B2
Leonard Gr 6 B19 ... 9 B2
Leonard Rd B19 ... 9 B2
Leopold St B12 ... 30 A2
Lepid Gr B29 ... 47 B4
Lesley Bentley Ho 5 B1 ... 19 A1
Leslie Rd
Birmingham, Edgbaston B16 ... 28 A4
Birmingham, Handsworth B20 ... 9 B4
Levante Gdns B33 ... 33 B4
Lewisham Rd B66 ... 6 B1
Lewisham Trad Est B66 ... 6 B1
Lewis Rd B30 ... 49 A1
Leybourne Gr B25 ... 43 A4
Leyburn Rd B16 ... 28 B3
Leycroft Ave B33 ... 25 B1
Leylan Croft B13 ... 51 B1
Leyman Cl B14 ... 59 A2
Leysdown Gr B27 ... 53 A2
Leysdown Rd B27 ... 53 A2
Leys The B31 ... 54 C3
Leys Wood Croft B26 ... 44 C4
Leyton Rd B21 ... 8 A2
Lichfield Rd B6 ... 10 C2
Liddon Gr B27 ... 53 A2
Liddon Rd B27 ... 53 A2
Lifford Cl B14 ... 57 A2
Lifford La B30 ... 56 C2
Lighthorne Ave B16 ... 28 C4
Lightwoods Rd B67 ... 26 B3
Lilac Ave 1 B12 ... 40 B3
Lilleshall Rd B26 ... 34 C1
Lillington Gr B34 ... 25 B3
Lily Rd B26 ... 33 B1
Lime Ave 8 B29 ... 48 A4
Lime Ct B11 ... 41 A2
Lime Gr
Birmingham B25,B26 ... 43 B4
Birmingham, Balsall Heath B12 ... 40 A3
Birmingham, Lozells B19 ... 9 A2
Birmingham, Small Heath B10 ... 31 B2
Smethwick B66 ... 16 C1
Smethwick B66 ... 16 C2
Limekiln La B14 ... 58 B2
Limes The
Birmingham, Gravelly Hill B24 ... 4 A1
Birmingham, Ladywood B16 ... 28 A4
Birmingham, Rotton Park B16 ... 18 A1
Birmingham, Sparkbrook B11 ... 41 A4
Lime Tree Rd
Birmingham, Acock's Green B27 ... 43 A3
Birmingham, Saltley B8 ... 22 A4
Linchmere Rd B21 ... 7 A4
Lincoln Cl B27 ... 43 C1
Lincoln Ct 9 B29 ... 47 A1
Lincoln Rd B27 ... 53 B4
Lincoln Rd N B27 ... 43 C1
Lincoln St B12 ... 39 C4
Lincoln Tower B16 ... 28 B3
Lindale Ave B36 ... 23 A4
Linden Rd
Birmingham B30 ... 47 C1
Smethwick B66 ... 26 B4
Lindens The B16 ... 27 B3
Lindridge Rd B23 ... 3 A3
Lindsey Ave B31 ... 55 A2
Lindsworth App B30 ... 57 A1
Lindsworth Ct 2 B30 ... 57 A1
Lindsworth Rd B30 ... 57 A1
Lindsworth Specl Sch B30 ... 57 A1
Linford Gr B25 ... 33 B3
Lingard Cl B7 ... 20 C3
Lingfield Gdns B34 ... 24 C4
Link Rd B16 ... 17 C1
Linkswood Cl B13 ... 50 C3
Link The B27 ... 52 B3
Linley Gr B14 ... 57 A4
Linnet Cl B30 ... 47 C2
Linnet Gr B23 ... 2 C4
Linton Rd B11 ... 42 B2
Linton Wlk B23 ... 3 A1
Linwood Rd
Birmingham B21 ... 7 C2
Solihull B91 ... 61 B3
Linwood Wlk B17 ... 37 B2
Lionel St B3 ... 62 B3
Lismore Dr B17 ... 36 B1
Listelow Cl B36 ... 14 C2
Lister St B7 ... 20 A2
Listowel Rd B14 ... 57 B4
Little Ann St B5 ... 30 A4
Little Barr St B9 ... 30 B4
Little Bromwich Rd B9 33 A4
Little Broom St B12 ... 30 B2
Little Clover Cl 3 B7 ... 11 A1
Littlecote Croft 1 B14 58 B1
Little Edward St B9 ... 30 B4
Little Francis Gr 3 B7 20 C3
Little Green La B9 ... 31 A3
Little Hall Rd B7 ... 20 C3
Little Heath Croft B34 ... 14 C1
Little Meadow Croft B31 ... 54 A2
Little Meadow Wlk B33 ... 24 A1
Little Moor Hill B67 ... 16 A3
Little Oaks Rd B6 ... 9 C2
Littleover Ave B28 ... 60 A4
Little Pitts Cl B24 ... 5 B3
Little Shadwell St B4 ... 62 C4
Liverpool St B9 ... 30 B4
Livery St Birmingham B3 62 B3
Birmingham B3 ... 62 B4
Livingstone Rd
Birmingham, Handsworth B20 ... 9 B3
Birmingham, King's Heath B14 ... 57 C4
Lloyd Ho B19 ... 19 A4
Lloyd St B10 ... 31 B2
Lock Dr B33 ... 23 B1
Lockton Rd B30 ... 49 A2
Lockwood Rd B31 ... 54 A2
Lodge Dr B26 ... 34 A2
Lodge Hill Rd B29 ... 47 B3
Lodge Rd B18 ... 18 A3
Loeless Rd B33 ... 24 B1
Lofthouse Cres B31 ... 54 A1
Lofthouse Gr B31 ... 54 A1
Loftus Cl B29 ... 46 A2
Lomaine Dr B30 ... 55 C2
Lombard St B12 ... 30 A2
Lomond Cl B34 ... 25 C4
Londonderry Gr B67 ... 16 A3
London Rd B20 ... 9 C4
London St B66 ... 17 A3
Lones Rd B71 ... 6 C2
Long Acre B7 ... 11 A1
Longacre Ind Est B7 ... 11 A1
Long Acre Trad Est B7 ... 10 C1
Longbow Rd B29 ... 46 A1
Longfellow Rd B30 ... 55 B2
Longfield Cl B28 ... 60 A4
Longham Croft B32 ... 36 A2
Long Hyde Rd B67 ... 26 A3
Longlands Ho B11 ... 40 C3
Long Leasow B29 ... 46 C1
Longleat Tower 1 B15 ... 29 A3
Longley Cres B26 ... 43 C2
Longmeadow Cres B34 ... 25 C4
Longmore St B12 ... 29 C1
Long Mynd Rd B31 ... 54 A4
Longshaw Gr B34 ... 25 B4
Long St B11 ... 40 B4
Longwill Prim Sch For Deaf Children B31 ... 54 B3
Long Wood B30 ... 55 C3
Lonsdale Cl B33 ... 33 B4
Lonsdale Rd B17 ... 36 C4
Lord St B7 ... 20 A3
Lordswood Boys Sch B17 ... 26 B3
Lordswood Girls Sch & Sixth Form Ctr B17 ... 26 B2
Lordswood Rd B17 ... 26 B1
Lordswood Sq B17 ... 26 C1
Lottie Rd B29 ... 47 C3
Lotus Croft B67 ... 16 A2
Lotus Ct B16 ... 27 C3
Louisa Pl 3 B18 ... 18 B3
Louisa St 1 B1 ... 19 A1
Louis Ct B67 ... 16 A3
Louise Ct 2 B27 ... 43 A1
Louise Lorne Rd B13 ... 40 A2
Louise Rd B21 ... 8 A1
Loveday St B4 ... 62 C4
Love La B7 ... 20 A2
Lovell Cl B29 ... 54 C4
Lowden Croft B26 ... 43 C2
Lower Dartmouth St B9 ... 30 C4
Lower Darwin St B12 ... 30 A2
Lower Essex St B5 ... 29 C3
Lower Ground Cl 1 B6 ... 10 A3
Lower Loveday St B19 62 C4
Lower Moor B30 ... 47 C2
Lower Severn St B1 ... 63 B2
Lower Temple St B2 ... 63 B2
Lower Tower St B19 ... 62 C5
Lower Trinity St B9 ... 30 B3
Lowesmoor Rd B26 ... 35 A1
Lowe St B12 ... 30 B2
Lowry Cl B67 ... 16 A4
Low Wood Rd B23 ... 3 C3
Loxley Ave B14 ... 59 A1
Loxley Rd B67 ... 26 A3
Loxley Sq B92 ... 53 B2
Loyns Cl B37 ... 25 C1
Lozells Inf & Jun Sch B19 ... 9 B1
Lozells Rd B19 ... 9 A1
Lozells St B19 ... 9 A1
Lozells Wood Cl 2 B19 ... 8 C1
Lucerne Ct B23 ... 3 B4
Ludgate Hill B3 ... 62 B3
Ludlow Ct B11 ... 40 C4
Ludlow Ho B13 ... 58 B4
Ludlow Rd B8 ... 22 A2
Ludmer Way B20 ... 9 A2
Ludstone Rd B29 ... 46 A3
Lulworth Rd B28 ... 52 B3
Lupin Gr B9 ... 22 A1
Luton Rd B29 ... 38 A1
Lyall Gr B27 ... 52 B4
Lydbury Gr B33 ... 24 B2
Lydford Gr B24 ... 12 B3
Lydham Cl B44 ... 2 B4
Lydney Gr B31 ... 54 A1
Lyme Green Rd B33 ... 24 A2
Lyncroft Rd B11 ... 52 A4
Lyndhurst Rd B24 ... 12 A4
Lyndon Cl
Birmingham, Castle Bromwich B36 ... 15 A2
Birmingham, Handsworth B20 ... 9 A2
Lyndon Green Inf Sch B26 ... 44 B4
Lyndon Green Jun Sch B26 ... 44 B4
Lyndon Ho B31 ... 54 C1
Lyndon Rd B33 ... 23 C1
Lyndon Sch B92 ... 44 B1
Lyndworth Rd B30 ... 49 A2
Lynn Gr B29 ... 37 A1
Lynton Ave B66 ... 16 B4
Lynton Ho B23 ... 2 C4
Lynton Rd B6 ... 10 C1
Lyons Gr B11 ... 41 A1
Lytham Croft B15 ... 29 B2
Lyttelton Rd
Birmingham, Edgbaston B16 ... 27 B3
Birmingham, Stechford B33 ... 23 B1
Lytton Gr B27 ... 52 C3
Lytton La B32 ... 36 A1

M

Maas Rd B31 ... 54 B2
Macdonald St B5 ... 29 C2
Machin Rd B23 ... 4 A2
Mackadown B33 ... 35 B4
Mackenzie Rd B11 ... 51 A4
Madehurst Rd B23 ... 3 C4
Madeley Rd B11 ... 41 A3
Madison Ave B36 ... 23 B4
Mafeking Rd B66 ... 6 B1
Magdala St B18 ... 17 C3
Magdalen Ct B16 ... 27 C3
Magnet Wlk B23 ... 3 A1
Magnolia Cl B29 ... 46 B1
Maidstone Rd B20 ... 9 C3
Main St B11 ... 30 B1
Mainstream Forty Seven Ind Pk B7 ... 21 A3
Mainstream Way B7 ... 21 A3
Main Terr B11 ... 30 B1
Maitland Ho B34 ... 25 C4
Maitland Rd B8 ... 22 A2
Major Ct 6 B13 ... 50 C4
Majuba Rd B16 ... 17 A2
Malcolm Ave B24 ... 5 A3
Malcolmson Cl B15 ... 28 A2
Malfield Dr B27 ... 43 C1
Malins Rd B17 ... 37 B3
Mallard Cl B27 ... 43 A1
Mallard Dr B23 ... 2 C1
Mallards Reach B92 ... 53 C2
Mallory Rise B13 ... 51 A3
Malmesbury Rd B10 ... 31 C1
Malt Cl B17 ... 37 B4
Malthouse Croft B6 ... 9 C2
Malthouse Gdns B19 ... 9 B1
Malthouse Gr B25 ... 33 C3
Malthouse La B8 ... 21 C4
Maltings Ct B17 ... 26 B3
Malton Gr B13 ... 50 C1
Malvern Ct B27 ... 43 A2
Malvern Hill Rd B7 ... 11 A1
Malvern Rd
Birmingham, Acock's Green B27 ... 43 B2
Birmingham, Handsworth B21 ... 7 A3
Malvern St B12 ... 40 B3
Mancetter Rd B90 ... 61 A1
Manchester St B6 ... 62 C5
Manilla Rd B29 ... 48 C3
Manningford Ct B14 ... 58 A1
Manningford Rd B14 ... 57 C1
Manor Cl B16 ... 27 B3
Manor Farm Rd B11 ... 41 C2
Manor Gdns B33 ... 33 B4
Manor House Cl B29 ... 46 A3
Manor House La B26 ... 34 A1
Manor Park Prim Sch B6 ... 10 B2
Manor Park Rd B36 ... 15 B2
Manor Rd
Birmingham, Birchfield B6 ... 10 A3
Birmingham, Edgbaston B16 ... 27 B3
Birmingham, Stechford B33 ... 23 C1
Manor Rd N B16 ... 27 B3
Mansard Ho B90 ... 60 B1
Mansel Rd B10 ... 31 C2
Mansfield Green Com Sch B6 ... 9 C2
Mansfield Rd
Birmingham, Aston B6 ... 9 C2
Birmingham, South Yardley B25 ... 43 A3
Manston Rd B26 ... 34 C1
Manton Ho B19 ... 9 C1
Manwoods Cl B20 ... 8 C4
Maple Bank B15 ... 28 B1
Maple Bsns Pk B7 ... 20 C4
Maple Cl B21 ... 7 C3
Maple Croft B13 ... 58 A3
Maple Ct 2 B24 ... 4 A1
Mapledene B13 ... 50 C4
Mapledene Inf Sch B26 ... 45 B4
Mapledene Jun Sch B26 ... 45 B4
Mapledene Rd B26 ... 45 B4
Maple Gr B19 ... 9 B2
Maple Rd B30 ... 47 C2
Mapleton Gr B28 ... 52 C1
Mapleton Rd B28 ... 52 C1
Mapperley Gdns B13 ... 39 A1
Marchmont Rd B9 ... 32 B4
Marcot Rd B92 ... 44 A3
Marden Wlk B23 ... 3 A1
Mardon Rd B26 ... 45 A3
Margaret Gr B17 ... 27 A1
Margaret Rd B17 ... 37 A3
Margaret St B3 ... 63 B3
Margreal Ind Est B16 ... 18 A1
Marian Croft B26 ... 45 B3
Marie Dr B27 ... 52 C2
Mariner Ave B16 ... 27 C3
Marion Way B28 ... 51 C1
Marjorie Ave B30 ... 56 C1
Markby Rd B18 ... 17 C4
Markfield Rd B26 ... 34 C2
Markford Wlk B19 ... 19 B4
Mark Ho B13 ... 50 B4
Marlborough Gr B25 ... 33 B3
Marlborough Inf Sch B10 ... 31 C3
Marlborough Jun Sch B10 ... 31 C3
Marlborough Rd
Birmingham, Castle Bromwich B36 ... 15 B2
Birmingham, Small Heath B10 ... 31 C3
Smethwick B66 ... 16 B1
Marlbrook Cl B92 ... 45 A2
Marlcliff Gr B13 ... 58 B4
Marldon Rd B14 ... 57 C4
Marley Hts B27 ... 43 B2
Marlow Rd B23 ... 3 B3
Marroway St B16 ... 18 A1
Marrowfat La B21 ... 8 A1
Marsden Cl B92 ... 53 C3
Marshall St B1 ... 63 B1
Marsham Rd B14 ... 58 A1
Marshbrook Cl B24 ... 5 C2
Marshbrook Rd B24 ... 5 B2
Marshfield Gdns B24 ... 12 A4
Marsh Hill B23 ... 3 A2
Marsh Hill Jun & Inf Sch B23 ... 3 A2
Marsh La B23 ... 3 C3
Marsland Cl B17 ... 27 A3
Marsland Rd B92 ... 53 C2
Marston Rd B29 ... 46 A2
Martin Cl B26 ... 43 B4
Martineau Sq B2 ... 63 C2
Martineau Tower B19 ... 19 B3
Martineau Way B2 ... 63 C2
Marton Cl B7 ... 20 C4
Mary Ann St B3 ... 62 B4
Maryland Ave B34 ... 24 A3
Maryland Dr B31 ... 54 C3
Mary Rd
Birmingham, Handsworth B21 ... 7 C1

Mary Rd continued
Birmingham, Stechford B33 23 B1
Mary St
Birmingham, Balsall Heath B12 39 C3
Birmingham, Brookfields B3 62 A4
Mary Vale Rd B30 56 A4
Masefield Sq B31 55 A2
Masham Cl B33 23 C1
Mason Cotts B24 4 C3
Mason Rd B24 4 B2
Masons Way B92 53 C4
Masshouse Circus Queensway B4 63 C3
Masshouse La B5 63 D3
Math Mdw B32 36 A3
Matlock Rd B11 42 A1
Matlock Villas 2 B12 40 C3
Matthew Boulton Coll B15 29 B2
Matthew Boulton Com Prim Sch B21 7 C1
Maurice Rd B14 57 C3
Maxstoke St B9 30 C4
Maxwell Ave B20 8 C3
Maxwell Ct B33 24 A1
May Ave 3 B12 40 B3
Maybank B9 22 A1
Maydene Croft B12 40 A4
Mayfield Ave B29 48 C4
Mayfield Ct B13 50 B4
Mayfield Rd
Birmingham, Acock's Green B11 42 B1
Birmingham, Lozells B19 9 A2
Birmingham, Moseley B13 40 B1
Birmingham, Stirchley B30 56 B4
Mayfield Sch B19 19 A4
Mayfield Specl Sch B19 9 A2
Mayflower Cl B19 19 B4
Mayford Gr B13 58 C4
May La B14 58 A3
Mayland Rd B16 27 A4
McGregor Cl 4 B6 10 A3
Meaburn Cl B29 46 B1
Mead Cres B9 22 C1
Meadfoot Ave B14 58 A1
Meadow Brook Rd B31 54 A3
Meadow Cl B17 26 C3
Meadow Ct B17 26 C3
Meadow Gr B92 53 B3
Meadow Rd
Birmingham, Harborne B17 26 C3
Smethwick B67 16 B2
Meadow Rise B30 47 C1
Meadow View B13 51 A2
Mead Rise B15 38 A4
Meadway B33 34 C4
Mears Dr B33 23 B2
Mearse Cl B18 18 B3
Mease Croft 2 B9 30 C4
Measham Gr B26 43 C3
Medina Rd B11 41 C2
Medley Rd B11 41 B3
Medlicott Rd B11 41 A4
Medway Tower B7 20 C3
Meeting House La B31 54 B2
Melbourne Ave
Birmingham, Newtown B19 19 A4
Birmingham, Selly Oak B66 6 C1
Melbourne Ho B34 25 C4
Melbourne Rd B66 6 C1
Melbury Gr B14 57 C3
Melchett Rd B30 56 B2
Melfort Gr B14 58 B1
Mellis Gr B23 2 B3
Mellors Cl B17 36 C1
Melrose Ave
Birmingham, Sparkbrook B12 40 B4
Birmingham, Sparkhill B11 41 A4
Melrose Gr B19 8 C1
Melrose Rd B20 9 C3
Melstock Rd B14 49 B1
Melton Ave B92 44 C2
Melton Dr B15 28 C1
Melton Rd B14 50 A2
Melville Hall 1 B16 27 B3
Melville Rd B16 27 B3
Melvina Rd B7 20 C3
Membury Rd B8 21 B4
Mendip Ave B8 21 C3
Mendip Rd B8 21 C3
Menin Cres B13 50 C1
Menin Rd B13 50 C2
Meon Gr B33 34 C2
Merecote Rd B92 53 B1
Meredith Pool Cl B18 18 A4
Mere Rd B23 3 B1
Mereside Way B92 53 C2
Meriden Cl B25 32 C1
Meriden Rise B92 45 B1
Meriden St B5 63 D2
Merlin Gr B26 44 C3
Merritts Brook Cl B29 54 B3
Merrivale Rd B66 26 B4
Merryfield Gr B17 37 A2
Merryhill Dr B18 18 A4
Merstowe Cl B27 42 C1
Merton Rd B13 40 C1
Mervyn Rd B21 7 C3
Messenger Rd B66 16 C4
Metchley Ct B17 37 B2
Metchley Dr B17 37 B3
Metchley Ho B17 37 B3
Metchley La B17 37 B3
Metchley Park Rd B15 37 C2
Metfield Croft B17 37 B2
Metlin Gr B33 25 C1
Metric Wlk 2 B67 16 B3
Metro Way B66 7 A4
Mews The B27 42 C1
Meyrick Wlk B16 28 A3
Miall Park Rd B91 61 C3
Miall Rd B28 52 B2
Michael Ct B5 39 B4
Michael Dr B15 39 A4
Michelle Cl B13 58 B3
Mickleover Rd B8 23 A3
Mickleton Ave B33 35 A2
Mickleton Rd B92 53 B2
Middlefield Ho B14 58 A1
Middle Leaford B34 24 B3
Middlemore Ind Est B66 6 C2
Middlemore Rd
Birmingham B31 54 C1
Smethwick B66 6 C2
Middle Park Cl B29 46 C2
Middle Park Rd B29 47 A2
Middleton Gdns B30 55 B2
Middleton Grange B31 55 A2
Middleton Hall B30 55 C2
Middleton Hall Rd B30 55 C2
Middleton Rd B14 50 A1
Middleway View B18 18 B1
Midford Gr B15 29 A2
Midhurst Rd B30 56 C1
Midland Ct B3 62 A4
Midland Rd B30 56 A3
Midland St B9 21 A1
Milcote Rd
Birmingham B29 46 B2
Smethwick B67 26 A3
Milebush Ave B36 15 B3
Milestone La B21 7 B2
Milford Ave 3 B12 40 B4
Milford Cl B28 60 B3
Milford Copse B17 36 C3
Milford Ct B19 62 B5
Milford Pl B14 49 C2
Milford Rd B17 36 C3
Milk St B5 30 A3
Millbank Gr B23 2 C4
Millbrook Rd B14 57 A4
Mill Burn Way 3 B9 30 C4
Mill Dr B66 16 C3
Miller St B6 19 C3
Mill Farm Rd B17 37 A1
Millfield B31 54 B2
Millfields B33 25 C1
Mill Gdns
Birmingham B14 59 B3
Smethwick B67 16 A1
Millhaven Ave B30 56 C4
Mill Hill B67 16 A1
Mill Ho B8 23 B2
Millhouse Rd B25 33 A2
Millicent Pl 11 B12 40 B4
Millington Rd B36 13 C1
Mill La B5 63 D1
Millpool Gdns B14 58 A1
Millpool Hill B14 58 A2
Millpool Way B66 16 B2
Millside B28 59 C1
Mill St B6 62 D5
Millthorpe Cl B8 22 A3
Mill View B33 25 A2
Millward St B9 31 A3
Milner Rd B29 48 B3
Milner Way B13 51 B2
Milsom Gr B34 25 B4
Milstead Rd B26 34 B3
Milton Ave 2 B12 40 B4
Milton Cres B25 33 B1
Milton Ct B66 26 B3
Milton Gr
Birmingham B21 7 A2
Birmingham B29 38 A1
Milton St B19 19 C4
Milverton Rd B23 3 C2
Mimosa Cl B29 46 C1
Mindelsohn Way B15 37 B2
Minden Gr B29 46 C3
Minivet Dr B12 39 C4
Minley Ave B17 26 A1
Minories B4 63 C3
Minstead Rd B24 11 B3
Minster Dr B10 31 B1
Mintern Rd B25 33 A2
Minton Ho 3 B12 40 A3
Minton Rd B32 36 A2
Mirfield Rd B33 34 C4
Mitton Rd B20 7 C4
Moat House Rd B8 22 B2
Moat La
Birmingham, Digbeth B5 63 C1
Birmingham, South Yardley B26 33 C1
Moatmead Wlk B36 13 C2
Moillett St B18 17 B2
Moilliett Ct B66 17 A4
Moira Cres B14 59 A2
Moland St B4 62 C4
Mole St B11 40 C4
Mollington Cres B90 61 A1
Monarch Ind Est B11 42 B3
Mona Rd B23 4 A3
Monastery Dr B91 61 C4
Monica Rd B10 32 A2
Monk Rd B8 22 C3
Monkswell Cl B10 31 B1
Monkton Rd B29 46 B4
Monmouth Ho B33 35 C4
Montague Ho B16 27 C3
Montague Rd
Birmingham, Birches Green B24 12 B3
Birmingham, Edgbaston B16 27 C3
Birmingham, Handsworth B21 8 A2
Smethwick B66 17 A1
Montague St
Birmingham, Aston B6 10 C2
Birmingham, Bordesley B9 30 B4
Montgomery Bsns Ctr B11 31 A1
Montgomery Croft B11 31 A1
Montgomery Prim Sch B11 31 A1
Montgomery St B11 31 A1
Montgomery Way B8 22 B2
Montpelier Rd B24 12 B3
Montpellier St B12 40 B4
Montreal Ho B5 29 B1
Monument Rd B16 28 A4
Monyhull Hall Rd B30 57 A1
Monyhull Hospl B14 57 B1
Moodyscroft Rd B33 25 A1
Moorcroft Pl 5 B7 20 B2
Moorcroft Rd B13 39 C1
Moor Ct B24 4 A1
Moor End Ct B24 4 C2
Moor End La B24 4 C2
Moore's Row B5 30 A3
Moorfield Rd B34 24 C4
Moor Green Jun Sch B13 49 A3
Moor Green La B13 49 B4
Moor La B6 2 B2
Moorland Ct B16 27 B3
Moorland Rd B16 27 B3
Moor Pool Ave B17 37 A4
Moorside Rd B14 59 B1
Moorsom St B6 19 C3
Moors The B36 14 A2
Moor Street Queensway B5 63 C2
Moor Street Sta B5 63 C2
Moorville Wlk B11 30 B1
Morcom Rd B11 41 C3
Morden Rd B33 23 B1
Morestead Ave B26 45 A3
Moreton Cl B32 36 A3
Moreton St B1 18 C2
Morgan Ct B24 5 A4
Morley Rd B8 22 C4
Mornington Rd B66 6 C1
Morris Cl B27 43 B2
Morris Field Croft B28 59 C2
Morris Rd B8 23 A4
Morville St B16 28 C4
Mosborough Cres B19 19 A3
Moseley CE Prim Sch B13 50 A4
Moseley Ct 17 B13 50 C4
Moseley Gate B13 40 A1
Moseley Hall Hospl B13 39 C1
Moseley Rd B12 40 A4
Moseley Sch B13 51 A4
Moseley St B12 30 A2
Mossfield Rd B14 50 A1
Moss Gr B14 57 B4
Moss House Cl B15 28 C3
Mossvale Gr B8 22 A3
Mostyn Rd
Birmingham, Edgbaston B16 28 A4
Birmingham, Handsworth B21 8 A2
Mott St B19 62 B4
Moundsley Gr B14 58 B1
Mountbatten Cl B70 6 A4
Mount Cl B13 40 A2
Mountford St B11 41 B3
Mountjoy Cres B92 45 A1
Mount Pleasant Ave B21 7 C3
Mount Pleasant
Birmingham, King's Heath B14 50 A3
Birmingham, Small Heath B10 30 C3
Mount Pleasant Ct 1 B10 30 C3
Mount Rd B21 7 B1
Mount St B7 11 A1
Mount Street Bsns Ctr B7 21 A4
Mount Street Ind Est B7 11 B1
Mounts Way B7 11 A1
Mount The B23 11 B3
Mowbray St B5 29 C2
Moyses Croft B66 6 B2
Mulberry Dr B13 50 C3
Mulberry Rd B30 55 A3
Mulwych Rd B33 25 C1
Muntz Ho B16 28 B3
Muntz St B10 31 B2
Murdock Gr B21 7 C1
Murdock Rd
Birmingham B21 7 C2
Smethwick B66 17 B4
Murray Ct B20 8 B4
Murrell Cl B5 29 B1
Musborough Cl B36 15 A3
Muscott Gr B17 36 C3
Muscovy Rd B23 3 A1
Musgrave Rd B18 18 A4
Mus of the Jewellery Quarter★ B19 19 A3
Myddleton St B18 18 B2
Myrtle Ave 4 B12 40 B3
Myrtle Gr 10 B19 9 A2
Myrtle Pl B29 48 C4
Mytton Rd B30 55 A3

N

Naden Rd B19 18 C4
Nailstone Cres B27 53 A2
Nairn Cl B28 60 A3
Nansen Prim Sch B8 22 A3
Nansen Rd
Birmingham B8 22 A3
Birmingham, Sparkhill B11 41 A1
Napton Gr B29 46 A4
Naseby Ho 4 B14 58 B1
Naseby Rd B8 22 A3
Nash Ho B15 29 B2
Nately Gr B29 37 A1
National Indoor Arena★ B1 28 C4
National Sea Life Ctr★ B1 28 C4
Naunton Cl B29 46 B1
Navenby Cl B90 59 A1
Navigation St B2 63 B2
Navigation Way B18 18 A3
Nayland Croft B28 60 B3
Neachley Gr B33 24 A2
Nearmoor Rd B34 25 B4
Nebsworth Cl B90 61 B3
Nechells Inf & Jun Sch B7 11 A2
Nechells Park Rd B7 11 A1
Nechells Parkway B7 20 B3
Nechells Pl B7 21 A3
Needham St B7 11 A1
Needless Alley B2 63 B2
Needwood Ho B27 43 B1
Nelson Mandela Sch B12 40 C3
Nelson Prim Sch B1 18 C1
Nelson Rd B6 10 A3
Nelson St B1 18 C1
Nesbit Gr B9 22 C1
Neston Gr B33 33 A4
Nestor Ho B13 51 B1
Nethercote Gdns B90 59 C1
Netherfield Gdns B27 42 C1
Netherton Gr B33 25 A1
Netherwood Cl B91 61 C4
Netley Gr B11 42 A1
Netley Ho B32 36 A3
Network Pk B7 21 A2
Neville Ct B13 58 A4
Neville Rd
Birmingham, Castle Bromwich B36 15 C3
Birmingham, Stockland Green B23 3 A1
Neville Wlk B35 14 B4
Newark Croft B26 44 C4
Newbank Gr B9 22 B1
New Bartholomew St B5 63 D2
Newbold Croft B7 20 C3
New Bond St B9 30 C3
Newborough Gr B28, B90 60 A1
Newborough Rd
Birmingham B28 60 A2
Solihull B90 60 B1
Newbridge Rd B9 32 C3
Newbury Rd B19 9 C1
New Canal St B5 63 D2
Newchurch Gdns 6 B24 11 C4
New Cole Hall La B33, B34 24 C3
Newcombe Rd B21 7 B4
New Coventry Rd B26 44 B3
New Croft B19 9 C1
Newcroft Gr B26 33 C1
Newells Rd B26 34 C2
Newent Rd B31 55 A2
New Ent Workshops B18 18 B3
Newey Rd B28 60 A4
Newhall Hill B1 19 A1
Newhall Pl B1 19 A1
Newhall St B3 62 B3
Newhaven Cl B7 20 B3
Newhay Croft B19 9 A1
Newhope Cl 5 B15 29 B2
New Hope Rd B66 17 A2
Newick Gr B14 57 A2
New Inn Rd 2 B19 9 B2
New Inns Cl B21 7 B2
New John St B6 19 C3
New John St W B19 19 B3
Newland Ct B23 3 A1
Newland Rd B9 32 A3
Newlands Gn B66 16 B2
Newlands Rd B30 49 A1
Newlands The B34 15 A1
Newlyn Rd B31 54 A1
Newman Rd B24 4 A2
Newmans Cl B66 17 A2
New Market St B3 62 B3
Newmarket Way B36 12 C1
New Moseley Rd 4 B12 30 B2
Newnham Gr B23 3 C4
Newnham Rd B16 27 A4
Newnham Rise B90 61 B1
Newport Rd
Birmingham, Balsall Heath B12 40 B2
Birmingham, Buckland End B36 14 A2
Newshire Ind Est B11 41 B4
New Spring St B18 18 B2
New Spring St N B18 18 B2
New St
Birmingham, Castle Bromwich B36 14 C2
Birmingham, Digbeth B2 63 C2
Birmingham, Erdington B23 4 A3
New Street Sta B2 63 B2
New St B66 16 C4
New Summer St B19 62 B4
Newton Gr 5 B29 48 A4
Newton Ind Est B9 31 B4
Newton Pl B18 8 B1
Newton Rd B11 40 C3
Newton St B4 62 C3
Newtown Dr B19 19 A4
Newtown Middleway B6 19 C3
New Town Row B6 19 C3
Newtown Sh Ctr B19 19 C4
Niall Cl B15 27 C2
Nigel Ave B31 54 B3
Nigel Ct B16 27 C3
Nigel Rd B8 21 C4
Nightingale Wlk 1 B15 29 A1
Nightjar Gr B23 3 A4
Nijon Cl B21 7 B3
Ninestiles Tech Coll B27 52 C3
Nineveh Ave B21 8 A1
Nineveh Rd B21 8 A1
Ninfield Rd B27 42 B2
Noel Ave B12 40 B4
Noel Rd B16 28 A3
Nooklands Croft B33 34 B4
Nora Rd B11 41 A1
Norbury Gr B92 44 B1
Norfolk Cl B30 56 C4
Norfolk Ct
Birmingham B16 27 B3
6 Birmingham, Selly Oak B29 47 A1
Norfolk Ho B30 56 B1
Norfolk House Sch B15 27 B2
Norfolk Rd
Birmingham, Edgbaston B15 27 B2
Birmingham, Erdington B23 4 A3
Norfolk Tower B18 18 C3
Norlan Dr B14 58 A1
Norland Rd B27 53 A3
Norley Gr B13 51 A1
Normandy Rd B20 9 C3
Norman Rd B31 54 C1
Normansell Tower B6 10 C2
Norman St B18 17 C3
Normanton Ave B26 45 B3
Normanton Twr B23 4 B4
Norris Dr B33 23 C1
Norris Rd B6 10 A3
Northampton St B18 19 A2
Northanger Rd B27 52 C4
Northbrook Ct B90 61 A3
Northbrook Rd B90 61 B3
Northbrook St B16 18 A2
Northcote Rd B33 23 B2
North Dr
Birmingham, Balsall Heath B5 39 A3
Birmingham, Lozells B20 8 C2
Northfield Manor Jun & Inf Sch B29 46 C1
Northfield Rd
Birmingham, Harborne B17,B32 36 B1
Birmingham, King's Norton B30 55 C2
North Gate B17 27 A1
North Holme B9 31 A4
Northlands Rd B13 50 B3
Northleigh Rd B8 22 B4
Northmead B33 34 B4
North Park Rd B23 2 C1
North Pathway B17 26 C1
North Rd
Birmingham, Handsworth B20 9 C4
Birmingham, Harborne B17 37 B4
Birmingham, Selly Oak B29 38 A1
North Roundhay B33 24 B2
North St B67 16 A3
Northumberland St B7 20 B1
North Warwick St 1 B9 31 B3
North Western Arc B2 63 C3
North Western Rd B66 16 B4
North Western Terr B18 8 A1
Northwood St B3 62 A4
Norton Cl
Birmingham B31 54 B1
Smethwick B66 17 A3
Norton Cres B9 22 C1
Norton St B18 18 B4
Norton Terr B30 56 C4
Norton Tower B1 29 A4
Norton View B14 49 B1
Norton Wlk B23 3 A1
Norwich Dr B17 26 A2
Norwood Gr B19 8 C1
Norwood Rd B9 31 C4
Norwood Villas B16 28 A3
Nova Scotia St B4 62 D3
Nugent Cl B6 9 C1
Nursery Ave B12 40 A3
Nursery Cl B30 56 A3
Nursery Dr B30 56 A3
Nursery Rd
Birmingham, Harborne B15 27 B1
Birmingham, Lozells B19 19 A4
Nutfield Wlk B32 36 A3
Nutgrove Cl B14 50 A1
Nuttall Gr B21 7 A1

O

Oak Ave B12 40 B3
Oak Bank B18 18 B4
Oak Cl B17 36 B4
Oak Croft B37 25 C1
Oakcroft Rd B13 51 A1
Oakdale Rd B36 13 C1
Oak Farm Rd B30 55 C3
Oakfield Ave
9 Birmingham, Balsall Heath B12 40 B4
Birmingham, Sparkbrook B11 41 A4
Oakfield Cl B66 17 A4
Oakfield Rd
Birmingham, Balsall Heath B12 39 C3
Birmingham, Erdington B24 4 A1
Birmingham, Selly Oak B29 38 C1
Smethwick B66 17 A4
Oakham Ho 7 B14 58 B1
Oakham Rd B17 26 C1
Oakhill Cl B17 26 C2
Oakhill Cres B27 52 C2
Oak Hill Dr B15 27 C1

74 Oak – Pro

Oakhurst Rd B27 ....52 C2
Oakland Rd
Birmingham, Handsworth B21 ....7 C2
Birmingham, Moseley B13 ....40 B1
Oaklands Ave B17 ....36 C3
Oaklands
Birmingham B13 ....40 B1
Birmingham B31 ....54 A2
Oaklands Dr B20 ....8 A4
Oaklands Prim Sch B27 ....53 A4
Oak Leaf Dr B13 ....40 B1
Oakley Ct B15 ....37 C3
Oakley Ho B66 ....17 A4
Oakley Rd
Birmingham, Sparkbrook B10 ....31 A1
Birmingham, Stirchley B30 ....56 C3
Oakmeadow Cl
Birmingham B26,B27 ....43 B2
Birmingham B33 ....25 B1
Oakmeadow Way B24 ....5 B1
Oaks The
Birmingham B34 ....14 C1
Smethwick B67 ....16 A3
Oak Tree Ct B28 ....60 B3
Oak Tree La B29 ....47 C3
Oak Tree Rd B8 ....21 B4
Oakwood Dr B14 ....57 B2
Oakwood Rd
Birmingham B11 ....41 A1
Smethwick B67 ....16 A2
Oast Ho B8 ....23 B2
Oaston Rd B36 ....15 B2
Oddingley Ct B23 ....3 A1
Odell Pl B5 ....39 A3
Offini Cl B70 ....6 A4
O'keeffe Cl B11 ....40 C4
Old Abbey Gdns B17 ....37 B2
Oldacre Cl B76 ....5 B4
Old Acre Dr B21 ....7 C1
Old Barn Rd B30 ....55 B4
Old Bell Rd B23 ....4 C4
Old Bridge St B19 ....19 A4
Old Bromford La B8 ....23 A4
Old Brookside B33 ....33 C4
Old Camp Hill B12 ....30 B2
Old Chapel Rd B67 ....16 A1
Old Church Ct B17 ....36 C3
Old Church Gn B33 ....33 C4
Old Church Rd B17 ....36 C2
Old Croft La B34 ....15 A1
Old Farm Gr B14 ....59 B3
Old Farm Rd B33 ....23 C2
Oldfield Rd B12 ....40 B4
Old Fire Sta The B17 ....37 B4
Old Forest Way B34 ....24 C4
Old Grange Rd B11 ....41 A2
Oldhouse Farm Cl B28 ....60 A4
Oldknow Jun Sch B10 ....31 C1
Oldknow Rd B10 ....31 C1
Old Lode La B92 ....45 A1
Old Mill Gdns B33 ....33 C4
Old Mill Gr B20 ....9 A2
Old Moat Dr B31 ....54 C1
Old Moat Way B8 ....22 C4
Old Park Cl B6 ....9 C1
Old Park Wlk B6 ....9 C1
Old Pk B29 ....54 B3
Old Postway B19 ....9 B1
Old Scott Cl B33 ....35 A4
Old Smithy Pl B18 ....18 B3
Old Snow Hill B3 ....62 B4
Old Square B4 ....62 C3
Old Stables Wlk 2 B7 ....11 A1
Old Station Rd B33 ....23 B2
Old Tokengate 2 B17 ....37 B4
Old Union Mill B16 ....28 C4
Old Warwick Ct 1 B92 ....53 C3
Old Warwick Rd B92 ....53 C3
Olive Pl B14 ....49 C1
Oliver Rd
Birmingham, Erdington B23 ....4 A4
Birmingham, Ladywood B16 ....28 A4
Smethwick B66 ....17 A1
Oliver St B7 ....20 C3
Ollerton Rd B26 ....34 A1
Olorenshaw Rd B26 ....45 B3
Olton Bvd E B27 ....53 A4
Olton Bvd W B11 ....42 A1
Olton Croft B27 ....53 B4
Olton Mere B92 ....53 C3
Olton Rd B90 ....60 C3
Olton Sta B92 ....53 C3
Olton Wharf B92 ....53 C4
Ombersley Rd B12 ....40 B4
Onibury Rd B21 ....7 B3
Onslow Rd B11 ....42 B2
Oozells St B1 ....29 A4
Oozells St N B1 ....29 A4
Oratory RC Prim Sch The B16 ....28 A4
Orchard Cl B21 ....8 A3
Orchard Ct
Birmingham, Erdington B23 ....4 B3
Birmingham, Stockland Green B23 ....2 C2
Orchard Rd B24 ....4 C3
Orchard Rise B26 ....34 A1
Orchard Sch The B67 ....16 B3
Orchard Way
Birmingham, Acock's Green B27 ....42 C2
Birmingham, Balsall B12 ....39 C4
Orchid Dr B19 ....19 B4
Orford Gr B21 ....7 A2
Oriel Villas 4 B11 ....41 A3
Orion Cl B8 ....22 C2
Orkney Ave B34 ....14 A1
Ormsby Gr B27 ....52 C1
Orphanage Rd B24 ....4 C4
Orpwood Rd B33 ....34 C4
Orton Way B35 ....14 B3
Orwell Pas B5 ....63 C2
Osborne Cl B6 ....10 B1
Osborne Gr B19 ....9 A1
Osborne Jun & Inf Sch B23 ....4 B3
Osborne Rd
Birmingham, Erdington B23 ....4 A3
Birmingham, Handsworth B21 ....8 A2
Osborne Rd S 1 B23 ....4 A2
Osborne Tower B6 ....10 B2
Osborn Rd B11 ....41 A4
Oscott Cir B6 ....2 A1
Osier Gr B23 ....2 C4
Osler St B16 ....28 A4
Osmaston Rd B17 ....36 C1
Osprey Rd
Birmingham, Acock's Green B27 ....53 B4
Birmingham, Perry Common B23 ....3 A4
Oswestry Ct B11 ....40 C4
Otley Gr B9 ....23 A1
Ottawa Twr 2 B5 ....29 B1
Otter Croft B34 ....25 B3
Oughton Rd B12 ....30 B1
Oulsham Ct 11 B13 ....50 C4
Our Lady of Compassion RC Prim Sch B92 ....53 B1
Our Lady of Fatima RC Prim Sch B17 ....26 A1
Our Lady of Lourdes RC Prim Sch B13 ....59 B3
Our Lady's RC Prim Sch B33 ....35 B4
Our Lady & St Rose of Lima RC Prim Sch B29 ....46 C3
Outfields B13 ....57 C4
Outmore Rd B33 ....34 C3
Oval Prim Sch The B33 ....34 A4
Oval Rd B24 ....11 C3
Overbury Cl B31 ....55 A1
Overbury Rd B31 ....55 A1
Overdale Ct B13 ....40 A2
Overfield Rd B32 ....46 A3
Overlea Ave B27 ....42 C1
Over Mill Dr B29 ....48 C4
Overmoor Cl B19 ....9 A1
Over Pool Rd B8 ....22 B4
Overton Cl B28 ....60 B4
Overton Gr B27 ....53 A2
Overton Pl B7 ....20 B1
Overton Rd B27 ....53 A2
Overwood Croft B8 ....21 C1
Ownall Rd B34 ....25 A4
Oxford Cl B8 ....22 C3
Oxford Ct 8 B29 ....47 A1
Oxford Dr B27 ....43 B2
Oxford Rd
Birmingham, Acock's Green B27 ....43 A1
Birmingham, Erdington B23 ....4 A2
Birmingham, Moseley B13 ....50 B4
Smethwick B66 ....6 B1
Oxford St
Birmingham, Digbeth B5 ....63 D2
Birmingham, Stirchley B30 ....48 B1
Oxford Trad Est B5 ....63 D1
Oxhill Rd B21 ....7 C4
Oxley Gr B29 ....46 B2
Oxpiece Dr B36 ....13 B2
Oxted Croft B23 ....3 C1

P

Packington Ave B34 ....25 B3
Packwood Cl B20 ....8 B4
Packwood Ct 1 B29 ....46 A3
Packwood Ho B15 ....29 A2
Packwood Rd B26 ....34 C2
Paddington Rd B21 ....7 A3
Paddock Dr B26 ....34 B1
Paddocks Gn B18 ....18 B3
Paddock The B31 ....55 A2
Padstow Rd B24 ....5 B2
Paganel Inf Sch B29 ....46 B4
Paganel Jun Sch B29 ....46 B4
Paganel Rd B29 ....46 B4
Pageant Ct B12 ....39 C3
Paget Prim Sch B24 ....5 A2
Paget Rd B24 ....5 B2
Pagnell Gr B13 ....59 A4
Paignton Rd B16 ....17 B1
Pailton Gr B29 ....46 C3
Pailton Rd B90 ....60 C3
Painswick Rd B28 ....52 A1
Painters Cnr 8 B66 ....17 A3
Pakefield Rd B30 ....57 A1
Pakenham Rd B15 ....29 A1
Pakenham Village B15 ....29 A1
Pakfield Wlk B6 ....10 A2
Palace Rd B9 ....31 C3
Pale La B17 ....26 A2
Pallasades Sh Ctr The B2 ....63 B2
Palmcourt Ave B28 ....51 C1
Palmers Cl B90 ....60 C3
Palmers Gr B36 ....13 C2
Palmer St B9 ....30 B4
Palmerston Rd B11 ....40 C4
Palmvale Croft B26 ....44 B4
Palomino Pl B16 ....28 A4
Pamela Rd B31 ....54 B1
Pan Croft B36 ....13 A1
Panjab Gdns B67 ....16 A4
Pannel Croft B19 ....19 B4
Panther Croft B34 ....25 B3
Papyrus Way B36 ....14 A3
Parade B1 ....63 A3
Paradise Circus Queensway B1,B3 ....63 A2
Paradise Ct B28 ....59 B4
Paradise La B28 ....59 C4
Paradise St B3 ....63 B2
Pargeter Rd B67 ....26 A4
Park App B23 ....11 A4
Park Ave
1 Birmingham, Balsall Heath B12 ....40 A3
Birmingham, Hockley B18 ....18 B4
Birmingham, King's Norton B30 ....56 B3
Smethwick B67 ....16 A2
Park Cir B6 ....10 A1
Park Cl B24 ....5 B3
Parkdale Cl B24 ....12 A4
Parkdale Rd B26 ....45 B4
Park Edge B17 ....27 A1
Parker Ho B14 ....58 A1
Parker St B16 ....28 A3
Parkes St B67 ....16 A2
Parkfield Cl B15 ....29 A1
Parkfield Dr B36 ....15 A3
Parkfield Inf & Jun Sch B8 ....21 C1
Parkfield Rd B8 ....21 C2
Park Gr B10 ....31 B2
Park Hall Cres B36 ....15 A2
Parkhall Croft B34 ....15 A1
Park Hall Sch B36 ....15 C3
Park Hill B13 ....39 C2
Park Hill Prim Sch B13 ....40 A2
Park Hill Rd
Birmingham B17 ....37 A4
Smethwick B67 ....16 B3
Park Ho 1 B66 ....17 A3
Parkhouse Dr B23 ....2 C3
Park La B6 ....10 A1
Parklands Ct B17 ....36 B4
Parklands The B23 ....3 B3
Park Lane Ind Est B21 ....6 C3
Park Mews B29 ....46 C3
Park Pl B7 ....11 A1
Park Rd
Birmingham, Aston B6 ....10 B1
Birmingham, Hockley B18 ....18 B4
Birmingham, Moseley B13 ....40 A2
Birmingham, Sparkhill B11 ....41 A1
Birmingham, Stockland Green B23 ....11 A4
Park Rd N B6 ....10 B1
Park Rd S B18 ....18 C3
Park Rd B67 ....26 A3
Park Retreat B66 ....16 C3
Parkrose Ind Est B66 ....6 C1
Parkside Jun Sch B66 ....16 C3
Park St
Birmingham, Aston B6 ....10 B1
Birmingham, Digbeth B5 ....63 D2
Park Terr B21 ....7 C2
Park Trad Est B18 ....18 B4
Park Tree Wlk B24 ....5 B2
Park View
Birmingham, Rotton Park B18 ....17 C2
Birmingham, Small Heath B10 ....31 B1
Parkview Dr B8 ....22 B4
Park View Rd B31 ....54 A1
Park View Sch B8 ....22 A3
Parkview Trad Est B38 ....56 A1
Park Villas 10 B9 ....30 C4
Parkville Ave B17 ....36 C1
Parkway B8 ....22 B3
Parkway Ind Ctr B7 ....20 B2
Parliament St
Birmingham, Aston B6 ....20 A4
Birmingham, Small Heath B10 ....31 A2
Partons Rd B14 ....57 B4
Partridge Ct B4 ....62 C4
Partridge Rd B26 ....34 B3
Passey Rd B13 ....51 B4
Passfield Rd B33 ....24 B1
Paternoster Row B5 ....30 A4
Paton Gr B13 ....50 A4
Patricia Ave B14 ....59 A2
Patrick Rd B26 ....33 C1
Patshull Pl 5 B19 ....9 A1
Patterdale Rd B23 ....3 B2
Pattison Gdns B23 ....11 B4
Paul Byrne Ct B20 ....8 C3
Pavenham Dr B5 ....39 A2
Pavilion Rd B6 ....2 A1
Pavilions Sh Ctr B4 ....63 C2
Paxford Way B31 ....54 A4
Paxton Rd B18 ....18 B3
Paynton Wlk 3 B15 ....29 B2
Payton Rd B21 ....7 B2
Peach Ley Rd B29 ....46 A1
Peacock Rd B13 ....58 A4
Peak Croft B36 ....13 B2
Pearl Gr
Birmingham, Acock's Green B27 ....42 C1
3 Birmingham, Rotton Park B18 ....17 C2
Pearman Rd B66 ....16 B1
Pear Tree Cl B33 ....33 B4
Pear Tree Rd B34 ....25 A4
Peasefield Cl B21 ....7 A2
Pebble Mill Rd B5 ....39 A2
Pebworth Cl B29 ....48 C4
Pebworth Gr B33 ....35 A2
Peel St B18 ....17 C3
Peel Wlk B17 ....26 A1
Pegasus Wlk B29 ....47 B3
Pelham Rd B8 ....22 C2
Pemberly Rd B27 ....52 B4
Pemberton Cl B66 ....16 C1
Pemberton St B18 ....18 C2
Pembroke Croft B28 ....60 B3
Pembroke Rd B12 ....40 B2
Pembroke Way
Birmingham, Vauxhall B8 ....21 A3
Birmingham, Yardley Wood B28 ....60 B3
Pencroft Rd B34 ....15 A1
Penda Ct B20 ....8 B2
Pendeen Rd B14 ....59 A2
Pendennis Cl B30 ....55 B3
Pendleton Gr B27 ....52 C2
Pendock Ct B23 ....3 A1
Penhurst Ave B20 ....9 B3
Penkridge Gr B33 ....24 A2
Penley Gr B8 ....22 C4
Pennant Gr B29 ....46 B4
Pennard Gr B32 ....36 A2
Penndale Cl B24 ....5 A4
Penn Gr B29 ....46 C4
Pennine Way B8 ....21 B4
Penns Prim Sch B72 ....5 B4
Penn St B4 ....20 B1
Pennycroft Ho B33 ....23 C1
Pennyfield Croft B33 ....23 C1
Pensby Cl B13 ....51 B2
Pensford Rd B31 ....55 A1
Penshaw Gr B13 ....51 B3
Pentland Croft B12 ....30 A1
Pentos Dr B11 ....41 B1
Peony Wlk B23 ....2 C1
Peplins Way B30 ....56 C1
Peplow Rd B33 ....24 B2
Percival Rd B16 ....27 A3
Percy Rd B11 ....41 B2
Percy Shurmer Prim Sch B12 ....29 C1
Pereira Rd B17 ....27 A1
Perrins Gr B8 ....22 B4
Perrott St B18 ....17 C4
Perry Barr Sta B20 ....9 B4
Perry Common Rd B23 ....3 A4
Perry St B66 ....6 B1
Perrywell Rd
Birmingham A4 ....2 B2
Birmingham B6 ....2 A2
Perry Wlk B23 ....2 C4
Pershore Ave B29 ....48 C4
Pershore Rd
Birmingham, Balsall Heath B5 ....39 A2
Birmingham, Breedon Cross B30 ....56 B3
Birmingham, Ten Acres B30 ....48 C2
Pershore Rd S B30 ....56 A1
Pershore St B5 ....63 C1
Perton Gr B29 ....46 B2
Petersbourne Ct B28 ....52 A2
Petersfield Ct B28 ....52 A2
Petersfield Rd B28 ....51 C1
Petersham Pl B15 ....37 C4
Pettyfield Cl B26 ....44 B4
Petworth Gr B26 ....43 C4
Peverell Dr B28 ....52 A1
Philip Sidney Rd B11 ....41 A1
Philip Victor Rd B20 ....8 A3
Phillimore Rd B8 ....21 B3
Phillips St B6 ....19 C4
Phillips Street Ind Est B6 ....20 A4
Phipson Rd B11 ....40 C1
Phoenix Bsns Pk B7 ....20 B4
Phoenix Ct B5 ....39 A3
Phoenix Gn B15 ....27 C1
Piccadilly B2 ....63 B2
Pickford St B5 ....30 A4
Pickwick Cl B13 ....50 C4
Pickwick Gr B13 ....51 A4
Picton Gr B13 ....58 C4
Piddock Rd B66 ....16 B3
Pierce Ave B92 ....43 C1
Piers Rd B21 ....8 B1
Pike Cl B20 ....8 A3
Pikehorne Croft B36 ....15 B4
Pikewater Rd B9 ....31 B4
Pilson Cl B36 ....14 A2
Pineapple Gr B30 ....49 A2
Pineapple Inf & Jun Sch B14 ....57 A3
Pineapple Rd B30 ....49 A1
Pine Gr B14 ....58 B3
Pine Ho B36 ....14 A2
Pinehurst Dr B38 ....56 A1
Pines Specl Sch The B36 ....14 A2
Pine Wlk B31 ....54 C1
Pinewoods B31 ....46 A2
Pinfold St B2 ....63 B2
Pinner Ct B17 ....37 A4
Pintail Dr B23 ....11 A4
Pinto Cl B16 ....28 A4
Pinza Croft B36 ....13 B2
Pipers Gn B28 ....60 A3
Pitcairn Cl B30 ....56 C4
Pitfield Rd B33 ....35 C3
Pithall Rd B34 ....25 B3
Pit Leasow Cl B30 ....48 C2
Pitmaston Ct B13 ....39 B1
Pitmaston Rd B28 ....60 C4
Pitsford St B18 ....18 C2
Pitts Farm Rd B24 ....5 A4
Pitt St B4 ....20 B1
Pixall Dr B15 ....38 C4
Plaistow Ave B36 ....13 A1
Plants Gr B24 ....5 B3
Playdon Gr B14 ....58 B1
Plestowes Cl B90 ....60 C3
Plough And Harrow Rd B16 ....28 A3
Plowden Rd B33 ....24 A2
Plume St B6 ....11 A2
Plymouth Rd B30 ....48 C1
Poets Cnr B10 ....31 B1
Polesworth Gr B34 ....24 C4
Pollard Rd B27 ....53 A3
Poole Cres B17 ....37 A1
Pool Farm Rd B27 ....53 A3
Pool Meadow Cl B13 ....51 A3
Pool Rd B66 ....16 C3
Pool St B6 ....20 A4
Pool Way B33 ....34 B4
Popes La B30,B31,B38 ....55 B1
Pope St Birmingham B1 ....18 C1
Smethwick B66 ....6 C1
Poplar Ave
Birmingham, Balsall Heath B12 ....40 B3
Birmingham, Edgbaston B17 ....26 C4
2 Birmingham, Erdington B23 ....4 A2
Birmingham, King's Heath B14 ....50 A2
6 Birmingham, Lozells B19 ....9 A2
Poplar Dr
Birmingham, Washwood Heath B8 ....21 B4
Birmingham, Witton B6 ....2 A3
Poplar Gr
7 Birmingham B19 ....9 A2
Smethwick B66 ....16 C1
Poplar Rd
Birmingham, Moseley B14 ....49 C3
Poplar Rd *continued*
Birmingham, Sparkhill B11 ....41 A3
Smethwick B66 ....26 B3
Poplars Dr B36 ....14 C2
Poplars The
Birmingham, Rotton Park B16 ....18 A1
Birmingham, Sparkhill B11 ....41 A4
Smethwick B66 ....17 A2
Poplar St B66 ....17 A3
Poplar Trad Est B6 ....2 A3
Poppy Gr B8 ....22 A2
Poppy La B24 ....5 A3
Porchester Dr B19 ....19 B4
Porchester St B19 ....19 B4
Porters Croft B17 ....26 B2
Porters Way B9 ....31 C4
Portfield Gr B23 ....4 B4
Port Hope Rd B11 ....30 B1
Portland Rd B16 ....27 B3
Portland St B6 ....10 B1
Portland Terr 6 B18 ....18 B3
Portman Rd B13 ....50 A1
Poston Croft B14 ....57 B1
Potters La B6 ....9 C1
Potterton Way B66 ....6 A2
Pottery Rd B66 ....6 B1
Poulton Cl B13 ....50 B4
Pound Gn B8 ....22 A4
Poundley Cl B36 ....15 A2
Powell St B1 ....18 C1
Power Cres B16 ....28 B4
Powick Rd B23 ....11 B3
Premier Ct B30 ....57 A1
Premier St B7 ....11 B2
Premier Trad Est B7 ....20 A3
Prestbury Rd B6 ....9 C2
Presthope Rd B29 ....46 C1
Preston Rd
Birmingham, Hockley B18 ....17 C4
Birmingham, South Yardley B26 ....33 B1
Prestwood Rd B29 ....46 C2
Pretoria Rd B9 ....21 C1
Price St Birmingham B4 ....62 C4
Smethwick B66 ....16 C3
Priestland Rd B34 ....14 C1
Priestley Cl B20 ....8 B4
Priestley Rd B11 ....30 B1
Priestley Smith Specl Sch B23 ....2 C4
Primley Ave B36 ....13 B1
Primrose Ave B11 ....41 A3
Primrose Croft B28 ....60 A3
Primrose La B28 ....60 A3
Prince Albert Inf & Jun Sch B6 ....9 C2
Prince Albert St B9 ....31 B3
Prince Of Wales La B14 ....59 A1
Prince of Wales Wlk 3 B66 ....17 A3
Prince Rd B30 ....56 B1
Princess Rd B5 ....29 C1
Princethorpe Cl B34 ....15 B1
Princethorpe Inf Sch B29 ....46 B3
Princethorpe Jun Sch B29 ....46 B3
Princethorpe Rd B29 ....46 B3
Princethorpe Twr B12 ....29 C1
Prince William Cl B23 ....11 B4
Principal Ct B67 ....16 B3
Princip St B4 ....62 C4
Printing House St B4 ....62 C3
Priory Ave B29 ....48 C4
Priory Cl Smethwick B66 ....17 A2
West Bromwich B70 ....6 A4
Priory Cts The B4 ....63 C3
Priorygate Way B9 ....21 C1
Priory Hospl The B5 ....39 A3
Priory New Way Ind Est B6 ....20 A3
Priory Queensway The B4 ....62 C3
Priory Rd
Birmingham, Aston B6 ....10 C2
Birmingham, Edgbaston B5,B15 ....38 C3
Birmingham, Stirchley B14 ....49 A1
Birmingham, Warstock B28 ....59 B1
Priory Sch B15 ....38 C4
Priory Sq B4 ....63 C3
Priory Wlk B4 ....63 C3
Pritchard Cl B66 ....16 C3
Pritchatts Rd B15 ....38 A3
Pritchett St B6 ....19 C3
Pritchett Tower 4 B10 ....30 C3
Proctor St B7 ....20 B3
Prospect La B91 ....61 B2
Prospect Pl B12 ....40 A3
Prospect Rd B13 ....50 A3

Pro – St P 75

Prospect Trad Est 2
B1 ...19 A1
Pugh Rd B6 ...10 B2
Purbeck Croft B32 ...36 A2
Purefoy Rd B13 ...59 A3
Purley Gr B23 ...2 B3
Putney Ave B20 ...9 A3
Putney Rd B20 ...9 A3
Pype Hayes Cl B24 ...5 B2
Pype Hayes Rd B24 ...5 B2

Q

Quarrington Gr B14 ...58 B1
Quarry Rd B29 ...46 B2
Quebec Ho 1 B5 ...29 B1
Queen Alexandra Coll
B17 ...36 B4
Queen Elizabeth Ct
B19 ...18 C4
Queen Elizabeth Hospl
B15 ...37 C2
Queens Ave B14 ...49 C2
Queensbridge Rd B13 .49 C4
Queensbridge Sch B13 49 C4
Queensbury Specl Sch
B24 ...12 A4
Queens Cl
Birmingham B24 ...12 A4
Smethwick B67 ...16 B3
Queen's Coll The B15 .38 A3
Queens Ct B3 ...62 B4
Queens Dr B30 ...56 B2
Queens Head Rd B21 ...7 C1
Queens Hospital Cl
B15 ...29 A3
Queen's Park Rd B32 .36 A4
Queens Rd B6 ...10 B2
Queen's Rd B23 ...3 A1
Queens Rd B26 ...34 A3
Queen's Ride B12 ...39 B2
Queen St B12 ...40 C3
Queensway B6 ...10 A4
Queensway Trad Est
B5 ...62 D3
Queensway (Tunnel)
B3 ...63 B3
Queenswood Rd B13 .40 B2
Quigley Ave B9 ...30 C4
Quilter Rd B24 ...12 C4
Quincey Dr B24 ...5 A1
Quinton Cl B92 ...45 B1
Quinton Rd B17 ...37 A1
Quorn Gr B24 ...12 C4

R

Rabone La
Smethwick B66 ...16 C4
Smethwick B66 ...17 A4
Rachel Gdns B29 ...47 B4
Radbourne Rd B90 ...61 B1
Radcliffe Twr 3 B12 .30 A2
Raddington Dr B92 ...53 C2
Raddlebarn Ct B29 ...48 B3
Raddlebarn Farm Dr
B29 ...48 A2
Raddlebarn Prim Sch
B29 ...48 A3
Raddlebarn Rd B29 ...48 A2
Radford Rd B29 ...54 B4
Radley Gr B29 ...46 B4
Radleys The B33 ...35 B2
Radleys Wlk B33 ...35 B2
Radnor Rd B20 ...8 C2
Radnor St B18 ...18 B4
Radstock Ave B36 ...13 A1
RAF Cotts B35 ...14 A4
Raford Rd B23 ...3 B4
Raglan Ave B66 ...17 A2
Raglan Ho B33 ...34 B4
Raglan Rd
Birmingham B21 ...7 A2
Birmingham B5 ...39 B3
Smethwick B66 ...17 A2
Ragley Dr B26 ...45 A4
Ragnall Ave B33 ...35 B1
Railway Rd B20 ...10 A4
Railway Terr B7 ...20 C4
Railway View B10 ...31 A4
Rake Way B15 ...28 C3
Raleigh Cl B21 ...6 C3
Raleigh Ind Est B21 ...6 C3
Raleigh Rd B9 ...31 B4
Ralph Rd Birmingham B8 21 B2
Solihull B90 ...61 A2
Ramsden Cl B29 ...46 C1
Ramsey Rd 1 B7 ...11 A1
Rangoon Rd B92 ...45 C2
Rann Cl B16 ...28 B3
Ransom Rd B23 ...3 A2
Rathbone Cl B5 ...29 C1
Rathbone Rd B67 ...26 A4
Rathvilly Sch B31 ...54 C1
Rattle Croft B33 ...23 C1
Ravenall Cl B34 ...14 C1
Ravenfield Cl B8 ...22 B3
Ravenhurst Mews B23 ...3 C1
Ravenhurst Rd B17 ...37 A4
Ravenhurst St B12 ...30 B2
Ravensdale Rd B10 ...32 A1
Ravenshaw Rd B16 ...27 A4
Ravenshill Rd B14 ...59 B2
Ravenswood B15 ...27 C2
Raven Wlk 4 B15 ...29 A1
Rawlings Rd B67 ...26 B4
Rawlins St B16 ...28 B3
Rayleigh Ho B27 ...43 B1
Raymond Rd B8 ...21 C2
Rayners Croft B26 ...34 A4
Rea Bsns Pk B7 ...21 A2
Reaside Cres B14 ...56 C3
Reaside Croft B12 ...39 C4
Rea St B5 ...63 D1
Rea St S B5 ...30 A2
Rea Terr B5 ...30 A4
Rea Tower B19 ...19 A3
Reaview Dr B29 ...48 C4
Rebecca Dr B29 ...47 C4
Rectory Gdns B36 ...14 B2
Rectory Gr B18 ...17 C4
Rectory La B36 ...14 B2
Rectory Park Rd B26 ...45 A3
Rectory Rd B31 ...54 C1
Redbank Ave B23 ...3 A1
Redcar Croft B36 ...13 A2
Redcroft Dr B24 ...5 A3
Reddings La B11,B28 ...41 C1
Reddings Rd B13 ...49 C4
Redditch Ho B33 ...35 C4
Redfern Park Way B11 42 B3
Redfern Rd B11 ...42 B3
Redford Cl B13 ...50 C4
Redhill Jun & Inf Sch
B25 ...42 B4
Redhill Rd B25 ...42 B4
Red House Rd B33 ...33 C4
Redliff Ave B36 ...15 B3
Redmead Cl B30 ...55 A2
Redstone Farm Rd
B28 ...60 C4
Redthorn Gr B33 ...23 B1
Redvers Rd B9 ...31 C3
Redwood Cl B30 ...55 C2
Redwood Croft B14 ...49 C1
Redwood Gdns B27 ...42 C3
Redwood Rd B30 ...55 C2
Reeves Rd B14 ...57 A4
Regal Croft B36 ...12 C2
Regan Cres B23 ...3 C4
Regan Ho B13 ...51 B1
Regency Cl 6 B9 ...31 B3
Regency Gdns B14 ...59 A1
Regency Ho B16 ...28 B3
Regent Cl B5 ...39 B4
Regent Ct 3 B66 ...16 B3
Regent Par B1 ...19 A2
Regent Park Rd B10 ...31 A3
Regent Pl B1 ...19 A2
Regent Rd
Birmingham, Handsworth
B21 ...7 B2
Birmingham, Harborne
B17 ...37 B4
Regents Park Com Prim
Sch B10 ...30 C2
Regent St
Birmingham, Hockley B1 .19 A2
Birmingham, Stirchley
B30 ...48 B1
Regents The B15 ...27 B2
Regent St B66 ...16 B4
Regent Wlk B8 ...12 C1
Reginald Rd
Birmingham B8 ...21 B2
Smethwick B67 ...26 A4
Reigate Ave B8 ...22 C2
Relko Dr B36 ...13 A1
Repton Gr B9 ...22 C1
Repton Ho B23 ...4 A4
Repton Rd B9 ...22 C1
Reservoir Rd
Birmingham, Edgbaston
B16 ...28 A4
Birmingham, Selly Oak
B29 ...37 A1
Birmingham, Stockland Green
B23 ...3 C2
Reservoir Retreat B16 .28 A3
Reswood Ct 3 B24 ...4 A1
Retallack Cl B66 ...6 C2
Retford Gr B25 ...43 A4
Revesby Wlk 4 B7 ...20 B2
Reynalds Cross Sch
B92 ...53 B1
Reynolds Ho B19 ...9 C1
Reynolds Rd B21 ...7 C1
Reynoldstown Rd B36 .13 A2
Rhodes Alms Houses The
B21 ...8 A1
Rhone Cl B11 ...41 A1
Ribblesdale Rd B29,
B30 ...48 B2
Richard Lighton Ho 6
B1 ...19 A1
Richard St B7 ...20 A3
Richford Gr B33 ...35 B4
Richmond Ave B12 ...40 A3
Richmond Ct 4 B29 ...47 A1
Richmond Hill Gdns
B15 ...27 C1
Richmond Hill Rd B15 .38 A4
Richmond Pl B14 ...50 A2
Richmond Rd
Birmingham, Hockley
B18 ...18 C4
Birmingham, Yardley B33 33 B4
Smethwick B66 ...26 B4
Rickman Dr B15 ...29 B2
Rickyard Cl
Birmingham, Northfield
B29 ...54 B4
Birmingham, Yardley B25 33 B3
Riddfield Rd B36 ...13 C2
Riddings The B33 ...24 A2
Ridge Cl B13 ...59 A4
Ridgeway B17 ...26 C4
Ridgeway The B23 ...2 B3
Ridgewood B34 ...24 C4
Ridley St B1 ...63 A1
Ridpool Prim Sch B33 .24 C1
Ridpool Rd B33 ...24 C1
Riley Rd B14 ...59 B1
Rilstone Rd B32 ...36 A3
Ringmere Ave B36 ...14 C1
Ring Rd N B15 ...38 A2
Ring Rd S B15 ...38 A1
Ringswood Rd B92 ...43 C2
Ring The B25 ...33 A2
Ripley Gr B23 ...2 C3
Ripon Rd B14 ...59 A2
Ripple Rd B30 ...48 C1
Riseley Cres B5 ...29 B1
Rissington Ave B29 ...48 B2
Ritchie Cl B13 ...50 B3
Rivendell Ct B28 ...51 C3
River Brook Dr B30 ...48 C2
River Lee Rd B11 ...41 C3
Rivermead Pk B34 ...24 B4
Riversdale Rd B14 ...59 B1
Riverside Cres B28 ...59 B2
Riverside Ct B38 ...55 B1
Riverside Dr
Birmingham, Cannon Hill
B29 ...39 A1
Birmingham, Stechford
B33 ...23 B2
River St B5 ...30 B4
Roach Pool Croft B16 .27 A4
Robert Ave B23 ...3 C4
Robert Ct 5 B13 ...50 C4
Robert Rd B20 ...8 C3
Roberts Ct B24 ...5 A4
Robertson Knoll B36 ...14 A1
Robertsons Gdns 5
B7 ...11 A1
Roberts Rd B27 ...43 B1
Robin Hood Cres B28 .51 C1
Robin Hood Croft B28 .60 A4
Robin Hood La B28 ...51 C1
Robin Hood Sch B28 ...60 C4
Robin Rd B23 ...3 C3
Rochdale Wlk B10 ...31 A1
Rochester Rd B31 ...54 B2
Rock Gr B92 ...43 C1
Rockingham Rd B25 ...33 B2
Rockland Dr B33 ...23 C2
Rockmoor Cl B37 ...25 C1
Rock Rd B92 ...43 C1
Rockville Rd B8 ...22 B2
Rockwood Rd B27 ...42 C2
Rocky La Birmingham B6 20 B4
Birmingham B7 ...20 C4
Rodborough Rd B26 ...34 C1
Rodbourne Rd B17 ...37 A1
Roderick Rd B11 ...41 A3
Rodman Cl B15 ...27 B2
Rodney Cl B16 ...28 B4
Rodway Cl B19 ...9 C1
Roebuck Cl B34 ...25 C3
Roebuck La B66 ...6 A2
Roebuck St B70 ...6 A3
Rogerfield Rd B23 ...4 B4
Rogers Rd B8 ...22 C3
Rokeby Wlk B34 ...24 B4
Roland Gdns 5 B19 ...9 A2
Roland Gr 4 B19 ...9 A2
Roland Rd B19 ...9 A2
Roland Terr 3 B19 ...9 A2
Rolfe St B66 ...16 B4
Rollason Rd B24 ...4 B1
Rolling Mill Cl B5 ...29 C1
Roman Way B15 ...37 B1
Roma Rd B11 ...41 C3
Romford Cl B26 ...44 C4
Romney Cl B28 ...52 A1
Ronald Gr B36 ...15 B3
Ronald Pl B9 ...31 C4
Ronald Rd B9 ...31 B4
Ron Davis Cl B66 ...16 C3
Rookery Rd
Birmingham, Handsworth
B21 ...7 C3
Rookery Rd *continued*
Birmingham, Selly Oak
B29 ...48 A4
Rookery Road Jun & Inf
Schs B21 ...7 C3
Rosary RC Prim Sch
B8 ...21 C1
Rosary Rd B23 ...3 B1
Rosary Villas 1 B11 ...41 A3
Rosebery Rd B66 ...17 A2
Rosebery St B18 ...18 B2
Rose Cl B66 ...17 A3
Rose Cotts
6 Birmingham, Selly Oak
B29 ...48 A4
Birmingham, Stirchley
B30 ...56 B4
Rosecroft Rd B26 ...45 A4
Rosedale Ave
Birmingham B23 ...3 C1
Smethwick B66 ...17 A3
Rosedale Gr B25 ...33 A2
Rosedale Rd B25 ...33 A2
Rosedene Dr B20 ...8 A4
Rosefield Croft B6 ...10 A1
Rosefield Ct B67 ...16 B2
Rosefield Rd B67 ...16 B2
Rose Hill Cl B36 ...14 C2
Rose Hill Rd B21 ...8 B1
Roseland Way 7 B15 .28 C3
Rosemary Rd B33 ...34 A4
Rose Rd B17 ...37 B4
Rosewood Dr B23 ...11 B4
Roshven Rd B12 ...40 B2
Roslin Gr B19 ...19 A4
Roslyn Cl B66 ...16 B4
Rostrevor Rd B10 ...32 A3
Rotherfield Rd B26 ...34 C2
Rothwell Dr B91 ...61 B2
Rotton Park Rd B16 ...27 B4
Rotton Park St B16 ...18 A1
Rough Coppice Wlk
B35 ...14 B4
Roughlea Ave B36 ...14 A1
Round Rd B24 ...12 C4
Rover Dr B27 ...43 B2
Rovex Bsns Pk B11 ...42 A3
Rowan Dr B28 ...60 B3
Rowden Dr B23 ...4 B4
Rowheath Ho B30 ...55 C3
Rowheath Rd B30 ...56 A2
Rowington Rd B34 ...25 C4
Rowington Terr B25 ...32 C1
Rowlands Rd B26 ...33 C1
Rowley Gr B33 ...25 B1
Rowney Croft B28 ...59 C2
Royal Mail St B1 ...63 B2
Royal Orthopaedic Hospl
The B31 ...54 C3
Royal Star Cl B33 ...35 A4
Roydon Rd B27 ...53 A2
Royston Croft B12 ...40 A4
Royston Ct 7 B13 ...50 C4
Ruckley Ave 4 B19 ...9 A1
Ruckley Rd B29 ...46 C2
Rudge Croft B33 ...24 B2
Rudgewick Croft 1
B6 ...20 A4
Rudge Wlk B18 ...18 B1
Rudyard Gr B33 ...24 C1
Rudyngfield Dr B33 ...24 A2
Runcorn Rd B12 ...40 B3
Runnymede Rd B11 ...41 C1
Rupert St B7 ...20 B2
Rushbrook Cl B92 ...53 C4
Rushbrooke Cl B13 ...40 A2
Rushbrook Gr B14 ...57 A2
Rushbury Cl B90 ...61 B2
Rushey La B11 ...42 B3
Rushlake Gn B34 ...24 C3
Rushwick Croft B34 ...25 B4
Rushwick Ct B23 ...2 C1
Ruskin Cl B6 ...10 A1
Ruskin Gr B27 ...52 C4
Russell Rd
Birmingham, Hall Green
B28 ...51 C3
Birmingham, Moseley
B13 ...39 B1
Russells The B13 ...39 B1
Ruston St B16 ...28 C3
Ruthall Cl B29 ...47 A1
Rutland B17 ...36 B4
Rutland Ct 2 B29 ...47 A1
Rutland Dr B26 ...33 C1
Rutland Rd B66 ...26 B3
Rutland Terr 5 B18 ...18 B3
Rutley Gr B32 ...36 A2
Rycroft Gr B33 ...35 A4
Rydal Way B28 ...52 A1
Ryde Gr B27 ...52 B3
Ryder St B4 ...62 C3
Ryebank Cl B30 ...55 A3
Rye Croft 7 B27 ...43 A3
Ryefield Cl B91 ...61 C3
Rye Gr B11 ...42 A2
Ryland Ho B19 ...19 B3
Ryland Rd
Birmingham, Edgbaston
B15 ...29 A2
Birmingham, Gravelly Hill
B24 ...12 A3
Ryland St B16 ...28 C3
Rymond Rd B34 ...23 C4
Ryton Gr B34 ...15 B1

S

Sabell Rd B67 ...16 A4
Sacred Heart Sch B20 ...9 B3
Sadler Cres B11 ...41 B2
Sadler Ho B19 ...19 A4
Sadlers Wlk B16 ...28 B3
Sage Croft B31 ...54 A3
St Agatha's Rd B8 ...22 C3
St Agnes Cl B13 ...50 C4
St Agnes Rd B13 ...50 C3
St Aidans Wlk B10 ...31 A2
St Alban's CE Sch B12 30 A1
St Albans Ho B32 ...36 A3
St Alban's RC Prim Sch
B14 ...58 A2
St Albans Rd B13 ...40 B2
St Ambrose Barlow RC
Prim Sch B28 ...60 B4
St Andrews Cl B32 ...36 B1
St Andrews Ct 2 B10 .30 C3
St Andrew's Gd
(Birmingham City FC)
B9 ...31 A3
St Andrews Ind Est B9 31 A4
St Andrew's Inf & Jun Sch
B9 ...30 C4
St Andrew's Rd B9 ...30 C4
St Andrew's St B9 ...30 C4
St Anne's Ct B13 ...39 C2
St Anne's RC Prim Sch
B12 ...30 B2
St Augustine's RC Prim Sch
B21 ...7 B4
St Augustine's Rd B16 .27 B3
St Augustus Cl B70 ...6 A4
St Barnabas CE Prim Sch
B24 ...4 B1
St Benedict's Cl B70 ...6 A4
St Benedict's Inf Sch
B10 ...32 A1
St Benedicts Rd B10 ...32 A2
St Bernadett's RC Prim Sch
B25 ...32 C2
St Bernard's RC Prim Sch
B13 ...51 A3
St Bernard's Rd B92 ...53 C1
St Brigid's RC Prim Sch
B31 ...54 A1
St Catherine of Siena RC
Prim Sch B1 ...29 B3
St Chad's Cath★ B4 ...62 B4
St Chad's Circus
Queensway B3 ...62 B3
St Chads Ind Est B19 ...19 C3
St Chad's Prim Sch
B19 ...19 B3
St Chads Queensway
B4 ...62 C4
St Clare's RC Prim Sch
B20 ...8 C3
St Clement's CE Prim Sch
B7 ...11 A1
St Clements Rd B7 ...21 A4
St Cuthbert's Cl B70 ...6 A4
St Cuthberts RC Prim Sch
B8 ...23 A2
St David's Cl B70 ...6 A4
St Denis Rd B29 ...46 C1
St Dominic's Rd B24 ...11 C3
St Dunstan's RC Prim Sch
B14 ...50 A2
St Edburghs Rd B25 ...33 C3
St Edmund Campion RC
Sch
Birmingham B23 ...4 C3
Sutton Coldfield B24 ...5 A4
St Edmund's Cl B70 ...6 A4
St Edmund's RC Prim Sch
B18 ...18 B2
St Edwards RC Prim Sch
B29 ...48 C3
St Edward's Rd B29 ...48 A4
St Francis Ave B91 ...61 C4
St Francis CE Prim Sch
B30 ...55 B4
St Francis RC Prim Sch
B19 ...18 C4
St George Dr B66 ...6 B1
St Georges Ave B23 ...4 B3
St George's CE Prim Sch
B16 ...28 A3
St George's CE Prim Sch
B19 ...62 B5
St Georges Cl B15 ...28 B1
St George's Ct B30 ...47 C1
St George's St B19 ...62 B4
St Giles Rd B33 ...35 B4
St Gregory's RC Prim Sch
B67 ...26 A4
St Helens Pas B1 ...19 A1
St Heliers Rd B31 ...54 A2
St James CE Prim Sch
B21 ...7 B3
St James Cl B70 ...6 A4
St James Pl B15 ...28 C2
St James' Pl B7 ...20 B1
St James Rd B15 ...28 C2
St James' Rd B21 ...7 B2
St John's CE Prim Sch
B11 ...41 A2
St John's Ladywood CE
Prim Sch B16 ...28 B4
St Johns Rd B11 ...41 A3
St John's Rd B17 ...37 B4
St John & St Monica RC
Prim Sch B13 ...39 C2
St John Wall RC Sch
B21 ...7 A4
St Josephs Ave B31 ...54 C3
St Josephs RC Prim Sch
B30 ...56 A3
St Joseph's RC Prim Sch
B7 ...20 C4
St Josephs Rd B8 ...23 A3
St Judes Ct B14 ...50 A1
St Jude's Pas B5 ...63 B1
St Kenelm's Cl B70 ...6 A4
St Kilda's Rd B8 ...21 C3
St Laurence CE Inf Sch
B31 ...54 C2
St Laurence CE Jun Sch
B31 ...54 C2
St Laurence Rd B31 ...54 C3
St Lawrence Mews
B31 ...54 B1
St Luke's CE Jun & Inf Sch
B15 ...29 B2
St Luke's Rd B5 ...29 C1
St Margaret Mary RC Jun &
Inf Sch B23 ...3 A4
St Margarets Ave B8 ...22 C4
St Margaret's Ct 3
B92 ...53 C3
St Margarets Rd B8 ...22 C4
St Margaret's Rd 2
B92 ...53 C3
St Marks Cres B1 ...18 C1
St Marks St B1 ...18 C1
St Martin De Porres RC
Prim Sch B13 ...40 B1
St Martin's Cl B70 ...6 A4
St Martin's Mkt B5 ...63 C1
St Martin's St 6 B15 ...28 C3
St Mary's CE Jun & Inf Sch
B20 ...8 C3
St Mary's CE Prim Sch
B29 ...47 B3
St Marys Cl B27 ...42 C1
St Mary's Cl B24 ...5 B2
St Mary's RC Prim Sch
B17 ...37 A3
St Marys Rd B17 ...37 A3
St Mary's Rd B67 ...26 B3
St Mary's Row
Birmingham, Moseley
B13 ...40 A1
Birmingham, New Town Row
B4 ...62 C3
St Mary & St John Prim
Sch B23 ...3 C1
St Mary & St Margaret's CE
Prim Sch B36 ...14 C2
St Matthews CE Prim Sch
B7 ...20 B2
St Matthew's CE Prim Sch
B66 ...17 A3
St Matthews Rd B66 ...17 A3
St Michaels CE Inf & Jun
Sch B21 ...8 B1
St Michael's Ct 5 B66 .16 B3
St Michael's Hill B18 ...8 B1
St Michael's Rd B18 ...8 B1
St Oswalds Rd B10 ...31 C2
St Patricks Cl B14 ...57 C3
St Patricks RC Prim Sch
B18 ...18 A2
St Paul's Ave B12 ...40 B3
St Paul's RC Sch for Girls
B16 ...27 C3
St Paul's Rd B12 ...40 B3
St Paul's Sq B3 ...62 A4
St Paul's Sta B19 ...62 B4
St Pauls Terr B3 ...62 A4
St Peter & Paul RC Prim
Sch B24 ...5 A1
St Peter's CE Inf Sch
B17 ...36 C2
St Peter's CE Jun Sch
B17 ...36 C3
St Peters Cl B28 ...59 B4
St Peters Rd B17 ...36 C3
St Peter's Rd B20 ...9 A2

76 St P – Sto

St Philip's Cath★ B3 ..62 B3
St Philip's Pl B2 ......63 C3
St Philip's RC Jun & Inf Sch B66 ....16 C4
St Philip's Sixth Form Coll B16 ....28 A3
St Saviour's CE Prim Sch B8 ....21 B3
St Saviour's Rd B8 ....21 B2
St Silas' Sq B19 ....8 C1
St Stephens Rd
Birmingham B29 ....48 C2
West Bromwich B71 .....6 C2
St Stephens St B6 ....19 C4
St Thomas Aquinas RC Sch B38 ....55 B1
St Thomas' CE Prim Sch B15 ....29 B2
St Thomas More's RC Prim Sch B26 ....44 C3
St Thomas' Rd B23 .....3 B1
St Valentines Cl B70 ....6 A4
St Vincent's RC Prim Sch B7 ....20 C1
St Vincent St B16 .....28 C4
St Vincent St W B16 ...28 B4
St Wilfrid's RC Prim Sch B36 ....14 A2
Salcombe Ave B26 ....45 A3
Salcombe Rd 3 B66 ..16 C3
Salford Cir B23 ....11 B3
Salford St B6 ....11 A2
Salisbury Cl B13 ......39 C1
Salisbury Ho 3 B24 ....4 A2
Salisbury Rd
Birmingham, Lozells B19 ..9 B2
Birmingham, Moseley B13 ....39 C1
Birmingham, Saltley B8 ..21 C3
Smethwick B66 ....16 C2
Salisbury Tower B18 ...18 B1
Salop St B12 ....30 A2
Salstar Cl B6 ....19 C4
Saltash Gr B25 ....33 A3
Saltley Ind Ctr B8 .....21 A1
Saltley Rd B7 ....21 A3
Saltley Sch B9 ....22 B1
Saltley Trad Est B8 ....21 B4
Saltley Viaduct B8 ....21 A3
Saltney Cl B24 ....5 B3
Salwarpe Gr B29 ......46 A4
Sambourne Dr B34 ....15 B1
Sampson Cl B21 ....7 A3
Sampson Ho B11 ......30 C2
Sampson Rd B11 ......30 C1
Sampson Rd N B11 .....30 C2
Sandbourne Rd B8 ....22 B2
Sandfields Ave B10 ....30 C2
Sandford Rd B13 ......40 B1
Sandgate Rd B28 ......60 B2
Sandhill Farm Cl 1 B19 9 B1
Sandhurst Ave B36 ....23 B4
Sandhurst Rd B13 .....50 A4
Sandmere Gr B14 ......59 B1
Sandmere Rd B14 .....59 B1
Sandon Gr B24 ....4 C2
Sandon Rd B17 ....26 C3
Sandown Ct 17 B29 ...47 A1
Sandown Rd B36 ......13 B2
Sandpiper Way B23 .....3 A4
Sand Pits B1 ....18 C1
Sandpits Ind Est 4 B1 18 C1
Sandpits The B30 .....47 C2
Sandway Gdns B8 .....21 B4
Sandway Gr B13 ....51 A1
Sandwell Coll (Smethwick Campus) B66 ....16 B3
Sandwell Ct B21 ....7 B2
Sandwell Rd B21 ....7 B3
Sandy Croft B13 ......51 A1
Sandy Hill Rd B90 .....60 B2
Sandy Hill Rise B90 ...60 B2
Sandy La B6 ....10 C1
Sandy Way B15 ....28 C3
Sapcote Bsns Ctr B10 .41 C4
Sapphire Ct B3 ....62 A4
Sapphire Tower 2 B6 .20 A4
Sarah St B9 ....30 C4
Sarehole Mill (Mus)★ B13 ....51 B2
Sarehole Rd B28 ......51 C3
Saturday Bridge 6 B1 29 A3
Saunton Way B29 .....47 A4
Savoy Cl B32 ....36 B3
Saxondale Ave B26 ....44 A4
Saxon Wood Cl 1 B31 54 B2
Sayer Ho B19 ....19 B4
Scafell Dr B23 ....3 B3
Scholars Gate B33 ....34 C4
Scholefield Tower B19 19 B3
Schoolacre Rd B34 ....24 C4
Schoolgate Cl B8 .....22 B4
School La
Birmingham, Buckland End B34 ....14 C1
School La *continued*
Birmingham, Kitt's Green B33 ....34 A3
School Rd
Birmingham, Hall Green B28 ....52 B2
Birmingham, Moseley B13 ....50 A3
Birmingham, Yardley Wood B14 ....59 A2
School Terr 1 B29 ....48 A4
Scorers Cl B90 ....60 C4
Scotchings The B36 ...13 C2
Scotland St B1 ....19 A1
Scots Cnr B14 ....49 C2
Scott Gr B92 ....43 C1
Scott Rd B92 ....53 C4
Scout Cl B33 ....35 A4
Scribban Cl B66 ......16 C2
Scribers La B28 ....59 C2
Seacroft Ave B25 .....33 C3
Seaton Gr B13 ....49 B3
Seaton Rd B66 ....16 C3
Second Ave
Birmingham, B29 ....38 C1
Birmingham, Bordesley Green B9 ....32 A3
Birmingham, Witton B6 ...2 A1
Sedge Ave B38 ....56 A1
Sedgehill Ave B17 ....36 C2
Sedgemere Rd B26 ....34 A3
Seeleys Rd B11 ....41 C3
Sefton Rd B16 ....28 A4
Selborne Gr B13 ......59 A3
Selborne Rd B20 ....8 B4
Selby Cl B26 ....34 A3
Selby Gr B13 ....59 A4
Selcroft Ave B32 ......36 A3
Selly Ave B29 ....48 B4
Selly Cl B29 ....48 C4
Selly Hall Croft B30 ...56 B4
Selly Hill Rd B29 ......48 A4
Selly Manor Mus★ B30 48 A1
Selly Oak Colls B29 ...47 B2
Selly Oak Hospl B29 ..48 A3
Selly Oak Ind Est B29 .47 C3
Selly Oak Rd B30 .....55 C3
Selly Oak Specl Sch B29 ....47 C2
Selly Oak Sta B29 .....47 C4
Selly Park Rd B29 .....48 B4
Selly Park Tech Coll For Girls B29 ....48 C3
Selly Wharf B29 ......47 C4
Selly Wick Dr B29 ....48 C4
Selly Wick Rd B29 ....48 C4
Sellywood Rd B29,B30 .47 C2
Selma Gr B14 ....59 B3
Selsey Ave B66 ....16 C1
Selsey Rd B17 ....16 C1
Selston Rd B6 ....9 C1
Selwyn Rd B16 ....27 B4
Serpentine Rd
Birmingham, Aston B6 ...10 B3
Birmingham, Harborne B17 ....37 A4
Birmingham, Selly Oak B29 ....48 B4
Settle Ave B34 ....24 A4
Severn Ct B23 ....2 C1
Severne Gr B27 ....53 A3
Severne Jun & Inf Sch B27 ....53 A2
Severne Rd B27 ....53 A2
Severn Gr 6 B19 ....9 A1
Severn St B1 ....63 B1
Severn Tower B7 ......20 C3
Seymour Cl B29 ....48 B4
Seymour St B5 ....63 D3
Shadwell St B4 ....62 C4
Shaftmoor Ind Est B28 52 A4
Shaftmoor La B27,B28 .52 A4
Shaftsbury Rd B26 ....45 A3
Shahjalal Rd B8 ....21 B3
Shakespeare Rd B23 ....2 C1
Shakespeare St B11 ...41 A3
Shaldon Wlk 4 B66 ...16 C3
Shalford Rd B92 ......43 C2
Shalnecote Gr B14 ....57 A3
Shandon Cl B32 ....36 A1
Shard End Cres B34 ...25 A4
Shardway The B34 ....25 A3
Sharmans Cross Jun Sch B91 ....61 C2
Sharon Ct B27 ....43 A1
Shawbrook Gr 10 B14 .58 B1
Shawbury Gr B12 .....30 A2
Shaw Dr B33 ....33 C4
Shaw Hill Gr B8 ....22 B2
Shaw Hill Prim Sch B8 22 A2
Shaw Hill Rd B8 ......22 B2
Shawley Croft B27 ....43 C2
Shawsdale Rd B36 ....14 A1
Shaw's Pas B5 ....63 D2
Sheaf La B26 ....44 C2
Sheepcote St B16 .....28 C4
Sheepmoor Cl B17 ....26 A2
Shefford Rd B6 ....20 A3
Sheldonfield Rd B26 ..45 B3
Sheldon Gr B26 ....44 C3
Sheldon Hall Ave B33 .25 B1
Sheldon Heath Com Sch B33 ....35 A2
Sheldon Heath Rd B26 34 C2
Sheldon Wlk B33 .....35 A3
Shelfield Rd B14 ......57 A1
Shelley Dr B23 ....2 C1
Shelly Croft B33 ......24 B1
Shelly Tower B31 .....55 A1
Shelsley Dr B13 ....50 C4
Shenley Court Sch B29 ....46 A1
Shenley Fields Dr B31 .46 A2
Shenley Fields Rd B29 46 C2
Shenley Gdns B29 .....46 B1
Shenley Gn B29 ....54 A4
Shenley Hill B31 ......54 A4
Shenley La B29 ....46 A1
Shenstone Rd B16 ....17 A1
Shepheard Rd B26 ....45 B3
Shepherds Gdns 8 B15 ....28 C3
Shepherds Green Rd B24 ....12 A3
Shepherds Standing B34 ....24 C4
Sherborne Gr B1 ......18 B1
Sherborne St B16 .....28 C4
Sherbourne Dr B27 ...43 A2
Sherbourne Rd
Birmingham, Acock's Green B27 ....43 A2
Birmingham, Balsall Heath B12 ....30 A1
Sheringham B15 ......27 C2
Sheringham Rd B30 ...56 C1
Sherlock St B5 ....29 C2
Sherron Gdns B12 ....40 A3
Sherwood Cl B28 .....60 A3
Sherwood Mews B28 ..59 C4
Sherwood Rd
Birmingham B28 ....51 C1
Smethwick B67 ....26 B3
Shetland Cl B16 ......28 A4
Shillcock Gr B19 ......19 C3
Shilton Gr B29 ....46 A2
Shipbourne Cl B32 ....36 A3
Shipley Fields B24 .....4 B1
Shipley Gr B29 ....46 B2
Shipway Rd B25 ......32 B1
Shire Brook Cl B6 ......9 C2
Shire Brook Ct 2 B19 ..9 B1
Shire Cl B16 ....28 A4
Shireland Brook Gdns 1 B18 ....17 B2
Shireland Hall Prim Sch B66 ....17 A1
Shireland Language Coll B66 ....16 C1
Shireland Rd B66 .....16 C1
Shirestone Jun & Inf Sch B33 ....35 B4
Shirestone Rd B33 ....35 C4
Shirley Rd
Birmingham, Hall Green B27,B28 ....52 B1
Birmingham, King's Norton B30 ....56 B3
Shooters Cl B5 ....39 B4
Shopton Rd B34 ......14 B1
Shorters Ave B14 .....58 C2
Short Heath Ct B23 .....4 A3
Short Heath Prim Sch B23 ....3 B4
Short Heath Rd B23 ....3 C4
Showell Green La B11 .41 A1
Showells Gdns B7 .....11 A1
Shrewley Cres B33 ....35 C3
Shrubbery Cl B76 ......5 B4
Shrubbery The B16 ....18 A1
Shrub La B24 ....4 C2
Shustoke Rd B34 .....25 A4
Shutlock La B13 ......49 B3
Shyltons Croft B16 ....28 B4
Sidford Gdns B24 ......5 A1
Sidings The B20 ....9 A2
Silesbourne Cl B36 ....15 A2
Silver Birch Cl B8 .....21 B4
Silverbirch Ct B24 .....4 C4
Silver Birch Rd B24 ....4 C4
Silverdale Rd B24 ......5 B3
Silverfield Cl B14 .....49 C2
Silverlands Cl B28 ....52 A3
Silvermere Rd B26 ....45 B4
Silver St B14 ....49 C2
Silverton Cres B13 ....51 B3
Silverton Hts B67 .....16 A4
Silvington Cl B29 .....47 A1
Sinclair Ct B13 ....39 C2
Singh Cl B21 ....7 C3
Sir Harrys Rd B5 .....39 A4
Sir John's Rd B29 ....39 A1
Sir Richards Dr B17 ...26 A1
Sir Wilfrid Martineau Schs B33 ....25 B1
Siskin Dr B12 ....39 C4
Six Ways B23 ....4 A2
Six Ways Ho B23 ....4 A2
Skelcher Rd B90 ......60 B1
Sketchley Cl B66 ......16 B4
Skinner La B5 ....29 C3
Skipton Rd B16 ....28 B3
Slack La B20 ....7 C4
Sladefield Inf Sch B8 ..22 B3
Sladefield Rd B8 ......22 B3
Slade Jun & Inf Sch B23 ....11 B4
Slade La B28 ....59 C1
Slade Lanker B34 .....24 B3
Slade Rd B23 ....3 B1
Sleaford Gr B28 ......52 B1
Sleaford Rd B28 ......52 C1
Slitting Mill Cl B21 .....7 A2
Sloane Ho 7 B1 ......19 A1
Sloane St B1 ....19 A1
Smallbrook Queensway B5 ....63 C1
Small Heath Bridge B10,B11 ....30 C2
Small Heath Bsns Pk B10 ....32 A1
Small Heath Highway B10,B11 ....41 B4
Small Heath Sch
Birmingham B10 ....31 B1
Birmingham B10 ....31 B2
Small Heath Sta B10 ..31 B1
Small Heath Trad Est B11 ....41 B4
Smallwood Cl B24 ......5 B1
Smeaton Cl B18 ......17 C2
Smeed Gr B24 ....4 C1
Smethwick Rolfe Street Sta B66 ....16 B4
Smirrells Rd B28 .....59 C3
Smith St B19 ....19 A3
Smithy The B26 ....45 A4
Snowberry Gdns 6 B27 ....43 B3
Snow Hill Queensway B4 ....62 C3
Snow Hill Sta B3 ......62 B3
Soho Ave B18 ....8 B1
Soho, Benson Road Sta B18 ....18 A4
Soho Cl B66 ....17 A4
Soho Hill B19 ....8 C1
Soho Ho B66 ....17 A4
Soho House Mus★ B18 .8 B1
Soho Rd B21 ....8 A2
Soho St B66 ....17 A4
Soho Way B66 ....16 C4
Solihull La B28 ....60 B4
Solihull Rd
Birmingham B11 ....41 B1
Solihull B90 ....61 B1
Somerdale Rd B31 ....55 A2
Somerford Rd B29 ....46 A2
Somerland Rd B26 ....34 B3
Somerset Ho B33 .....34 B4
Somerset Rd
Birmingham, Edgbaston B15 ....38 A3
Birmingham, Erdington B23 ....4 A4
Birmingham, Handsworth B20 ....8 A4
Somerton Dr B23 ....4 B4
Somerville Prim Sch B10 ....31 B2
Somerville Rd B10 ....31 C2
Somery Rd B29 ....46 B4
Sopwith Croft B35 ....14 B4
Sorrel Dr B27 ....52 C4
Sorrel Gr B24 ....5 B1
Sorrel Ho B24 ....5 B1
Southacre Ave B5 .....29 C2
Southam Cl B28 ......51 C2
Southam Rd B28 ......51 C2
South Birmingham Coll (Digbeth Ctr for Arts & Digital Media) B5 ....30 A3
South Birmingham Coll (Hall Green Campus) B28 ....51 C2
South Birmingham Coll (Tech Ctr) B28 ....52 A3
South Birmingham Coll (The Health & Social Care Ctr) B28 ....60 C4
Southbourne Ave B34 .23 B4
Southbourne Cl B29 ...48 B4
South Dene B67 ......16 A3
Southdown Ave B18 ...18 B4
South Dr B5 ....39 A2
Southern Ho B13 .....50 B1
Southern Rd B8 ......23 A4
Southfield Ave
Birmingham, Castle Bromwich B36 ....14 C2
Birmingham, Edgbaston B16 ....17 B1
Southfield Dr B28 .....60 B3
Southfield Rd B16 .....17 B1
South Gr
Birmingham, Aston B6 ....9 B2
Birmingham, Erdington B23 ....4 A3
Birmingham, Lozells B19 ..8 C2
South Holme B9 ......31 A4
Southlands Rd B13 ...50 B3
Southminster Dr B14 ..57 C4
South Range 4 B11 ..40 C4
South Rd
Birmingham, Erdington B23 ....4 A2
Birmingham, Hockley B18 18 B4
Birmingham, King's Heath B14 ....49 C2
Birmingham, Sparkbrook B11 ....30 C1
Smethwick B67 ....16 A3
South Road Ave B18 ..18 B4
South Roundhay B33 ..24 B1
Southside Bsns Ctr B12 ....40 B3
South St B17 ....37 B3
Southville Bglws For Old People B14 ....58 C2
Southwold Ave B30 ...57 A1
Southwood Ave B34 ...14 C1
Sovereign Ct 8 B1 ...19 A1
Sovereign Rd B30 ....56 B2
Sovereign Way B13 ....40 A2
Sowerby March B24 ....5 B2
Spa Gr B30 ....49 A2
Spark St B11 ....30 B1
Sparrey Dr B30 ....48 B2
Speedwell Cl B25 .....42 B4
Speedwell Rd
Birmingham, Balsall Heath B5 ....39 B4
Birmingham, Tyseley B25 42 B4
Speedwell Trad Est B11 ....42 B4
Spencer St B18 ....19 A2
Spernall Gr B29 ......46 B3
Spey Cl B5 ....39 B4
Spiceland Rd B31 .....54 A4
Spinney Cl B31 ....54 C1
Spinney The B15 .....37 C3
Spiral Ct B24 ....11 C4
Spiral Gn B24 ....5 A2
Spitfire Pk B24 ....13 A4
Spitfire Rd B24 ....13 B4
Spitfire Way B35 .....14 B4
Spondon Gr B34 ......25 A3
Spooner Croft B5 .....29 C2
Spreadbury Cl B17 ....26 A2
Sprig Croft B36 ....13 A2
Springavon Croft B17 .36 C4
Springbank B9 ....22 B1
Springbank Rd B15 ...29 B1
Springbrook Cl B36 ...15 B3
Springcroft Rd B11 ...52 A4
Springfield Ave 6 B12 40 B4
Springfield B23 ....3 C1
Springfield Cres B92 ..45 A1
Springfield Ct B28 ....52 A2
Springfield Jun Sch B13 ....51 B4
Springfield Rd
Birmingham, Castle Bromwich B36 ....15 B2
Birmingham, King's Heath B14 ....50 A2
Birmingham, Moseley B13 ....51 B4
Springfield St B18 ....18 B1
Spring Gdns
Birmingham B21 ....8 A1
Smethwick B66 ....16 C1
Spring Gr B19 ....18 C4
Spring Grove Gdns B18 ....18 A4
Spring Hill
Birmingham, Erdington B24 ....4 A1
Birmingham, Hockley B18 18 B2
Spring Hill Ind Est B18 18 B2
Spring Hill Pas B18 ...18 B1
Spring La B24 ....4 B1
Springmeadow Rd B19 19 B4
Spring Rd
Birmingham, Balsall Heath B15 ....29 B1
Birmingham, Tyseley B11 42 A1
Spring Road Sta B28 ..52 B4
Springslade B32 ......36 A3
Springslade Dr B24 ....5 B1
Spring St B15 ....29 B2
Springthorpe Gn B24 ..5 A2
Springthorpe Rd
Birmingham, Pype Hayes B24 ....5 B3
Birmingham, Tyburn B24 ..5 B1
Spruce Gr B24 ....12 C4
Square The
2 Birmingham B15 ....28 C3
Birmingham B17 ....26 C1
3 Birmingham B17 ....37 A3
Stableford Cl B32 .....36 A1
Stables The B29 ....48 B4
Stacey Dr B13 ....58 B3
Stafford Ho B33 ....35 C4
Stafford Rd B21 ....8 A2
Staffordshire Pool Cl 2 B6 ....10 A3
Stafford St B5 ....62 D3
Stainsby Ave B19 .....19 A3
Stamford Gr B20 ....9 A3
Stamford Rd B20 ....9 A3
Stanbury Rd B14 ......58 C2
Stancroft Gr B26 .....34 B2
Standard Way B24 ....12 A2
Standlake Ave B36 ....13 B1
Standleys Twr B23 .....4 B4
Stanhope Rd B67 .....16 A1
Stanhope St B12 ......30 A1
Stanier Gr B20 ....8 C4
Staniforth St B4 ......62 C4
Stanley Ave B90 ......60 C2
Stanley Cl B28 ....60 B3
Stanley Ct 9 B13 .....50 C4
Stanley Gr 2 B11 .....40 C4
Stanley Pl B13 ....40 A1
Stanley Rd
Birmingham, King's Heath B14 ....49 B1
Birmingham, Nechells B7 11 A1
Stanmore Rd B16 .....27 A3
Stanton Gr
Birmingham B26 ....34 A2
Solihull B90 ....60 B2
Stanton Rd B90 ....60 B2
Stanville Jun & Inf Sch B26 ....45 A4
Stanville Rd B26 ......45 A4
Stanway Rd B90 ......61 A2
Stanwell Gr B23 ....3 C4
Stanwick Ave B33 .....25 C1
Staplehurst Rd B28 ...52 A2
Stapylton Ave B17 ....36 C3
Stapylton Ct B17 .....36 C3
Starbank Prim Sch (Annex) B10 ....32 C3
Starbank Prim Sch B10 ....32 B2
Starbank Rd B10 ......32 B2
Starcross Rd B27 .....53 A4
Star Hill B15 ....28 C2
Startpoint Trad Est B11 ....41 B2
Statham Dr B16 ....27 A4
Station Ave B16 ....27 A3
Station Rd
Birmingham, Acock's Green B27 ....43 A1
Birmingham, Aston B6 ..10 A3
Birmingham, Erdington B23 ....4 A3
Birmingham, Handsworth B21 ....7 A2
Birmingham, Harborne B17 ....37 A4
Birmingham, King's Heath B14 ....49 C3
Birmingham, King's Norton B30 ....55 C2
Birmingham, Stechford B33 ....23 C1
Station St B5 ....63 B2
Staveley Rd B14 ......57 B4
Stechford Jun & Inf Sch B33 ....33 B4
Stechford La B8 ......23 B3
Stechford Rd B34 .....23 C3
Stechford Sta B33 ....23 B1
Stechford Trad Est B33 ....23 C1
Steel Bright Rd B66 ...17 A4
Steel Gr B25 ....33 A1
Steelhouse La B4 .....62 C3
Steepwood Croft B30 .55 B2
Stephens Ind Est B11 .42 A2
Stephenson Pl B2 .....63 C2
Stephenson St B2 .....63 B2
Steward St B18 ....18 B1
Steyning Rd B26 ......43 C3
Stirchley Com Sch B30 56 B4
Stirchley Trad Est B30 .56 C4
Stirling Ct B16 ....28 A3
Stirling Rd B16 ....28 A3
Stockdale Pl B15 .....27 B2
Stockfield Rd B25,B27 .42 C3
Stockland Green Sch B23 ....3 A2
Stockland Rd B23 ......3 B2
Stockley Cres B90 .....61 B1
Stockton Gr B33 ......35 B3
Stockwell Rd B21 ......7 C4
Stokesay Ho B23 ....4 A4
Stoke Way B15 ....29 A3
Stonebrook Way B29 ..46 A4
Stonebury B15 ....27 B2
Stonechat Dr B23 .....11 A4
Stone Cotts B31 ......54 B1
Stoneford Rd B90 .....60 B2
Stonehaven Gr B28 ...52 C2
Stonehouse Hill B29 ..36 B1

Sto – Wai 77

Stonehouse La B32 ... 36 A1
Stoneleigh Ho B32 ... 36 A3
Stoneleigh Rd
Birmingham B20 ... 9 C4
Solihull B91 ... 61 C4
Stone Rd B15 ... 29 B1
Stonerwood Ave B28 ... 51 C2
Stones Gn B23 ... 4 A4
Stoneton Gr B29 ... 46 B2
Stoneycroft Tower 4
B36 ... 13 C2
Stone Yd B12 ... 30 A3
Stoneyford Gr B14 ... 58 C2
Stoneyhurst Rd B24 ... 12 A3
Stoney La
Birmingham, Balsall Heath
B12 ... 40 C3
Birmingham, Stechford
B25 ... 33 C3
Stoneymoor Dr B36 ... 15 B3
Stonnal Gr B23 ... 4 B4
Stonor Rd B28 ... 60 B3
Stony La B67 ... 16 A3
Stony St B67 ... 16 A4
Storrs Cl B9 ... 31 B3
Storrs Pl B10 ... 31 B3
Stour St B18 ... 18 B1
Stow Gr B36 ... 13 C1
Stratford Pl B12 ... 30 B2
Stratford Rd
Birmingham B11 ... 41 B1
Birmingham B11,B28 ... 40 C4
Stratford St B11 ... 41 A3
Stratford St N B11 ... 30 B2
Stratford Wlk B36 ... 13 A2
Strathdene Gdns B29 ... 47 A3
Strathdene Rd B29 ... 47 A3
Streamside Way B92 ... 45 B2
Streetly Rd B23 ... 3 B3
Streetsbrook Inf Sch
B90 ... 61 A2
Streetsbrook Rd B90,
B91 ... 61 B3
Strensham Ct B13 ... 39 C2
Strensham Hill B13 ... 39 C2
Strensham Rd B12 ... 39 C3
Stretton Ct B24 ... 11 C4
Stretton Gr
2 Birmingham, Lozells
B19 ... 9 A1
Birmingham, Sparkbrook
B11 ... 41 A4
Birmingham, Stechford
B8 ... 23 A4
Strutt Cl B15 ... 27 B2
Stuart's Dr B33 ... 33 B3
Stuarts Rd B33 ... 33 B4
Stuart St B7 ... 11 A1
Stud La B33 ... 24 A2
Studland Rd B28 ... 52 B2
Studley Croft B92 ... 45 B1
Studley St B12 ... 40 C3
Studley Twr B12 ... 30 A1
Sudeley Cl B36 ... 14 C3
Suffield Gr B23 ... 2 C3
Suffolk Pl B5 ... 63 B1
Suffolk Street Queensway
B1 ... 63 B2
Suffrage St B66 ... 16 C2
Sugden Gr B5 ... 29 C2
Summer Croft B19 ... 19 B4
Summerfield Cres B16 ... 17 C1
Summerfield Ct B15 ... 27 A3
Summerfield Dr 2
B29 ... 46 B1
Summerfield Gr 5
B18 ... 17 C2
Summerfield Prim Sch
B18 ... 17 C2
Summerfield Rd B16 ... 17 C1
Summer Hill Ind Pk 2
B1 ... 18 C1
Summer Hill Rd B1 ... 18 C1
Summer Hill St B1 ... 18 C1
Summer Hill Terr B1 ... 18 C1
Summer La B19 ... 19 B3
Summerlee Rd B24 ... 12 C4
Summer Rd
Birmingham, Acock's Green
B27 ... 52 B4
Birmingham, Edgbaston
B15 ... 29 A1
Birmingham, Erdington
B23 ... 4 A3
Summer Row B3 ... 63 A3
Summerville Terr 4
B17 ... 37 A3
Sunbeam Way B33 ... 35 A4
Sunbury Cotts B31 ... 54 B2
Sundbury Rise B31 ... 54 C3
Sunderton Rd B14 ... 57 C2
Sundew Croft B36 ... 13 B2
Sunleigh Gr B27 ... 43 C2
Sunningdale Rd B11 ... 42 B1
Sunny Ave B12 ... 40 B3
Sunnydene B8 ... 22 B3
Sunnymead Rd B26 ... 44 A4
Sunnyside Ave B23 ... 3 C1
Sunridge Ave B19 ... 19 B4
Sussex Ct 7 B29 ... 47 A1
Sutherland Ave B90 ... 61 A1
Sutherland Dr B13 ... 40 A2
Sutherland St B6 ... 10 C2
Sutton App B8 ... 22 B2
Sutton Coldfield Coll
(Erdington Ctr) B24 ... 4 B2
Sutton Ct 3 B24 ... 4 C4
Sutton New Rd B23 ... 4 A2
Sutton Rd B23 ... 4 C4
Sutton St
Birmingham B1 ... 29 B3
Birmingham B6 ... 20 A4
Swallow Cl B12 ... 40 C3
Swallow St B2 ... 63 B2
Swanage Rd B10 ... 31 B2
Swan Copse B25 ... 43 A3
Swancote Rd B33 ... 24 A3
Swan Ctyd B25 ... 43 B4
Swan Gdns B23 ... 4 A2
Swanshurst La B13 ... 51 A2
Swanshurst Sch B13 ... 50 C1
Swanswell Rd B92 ... 53 B1
Swarthmore Rd B29 ... 46 C1
Sweetmoor Cl B36 ... 15 A2
Swinbrook Way B90 ... 61 B2
Swindon Rd B17 ... 26 C4
Swinford Rd B29 ... 36 C1
Sycamore Ave B12 ... 40 B3
Sycamore Cl B24 ... 4 A1
Sycamore Cres B24 ... 4 A1
Sycamore Ct B30 ... 55 C2
Sycamore Ho B13 ... 40 B1
Sycamore Ind & Trad Est
B21 ... 7 B1
Sycamore Pl B67 ... 16 A2
Sycamore Rd
Birmingham, Aston B6 ... 10 B2
Birmingham, Bournville
B30 ... 48 A1
Birmingham, Handsworth
B21 ... 7 B1
Smethwick B66 ... 16 C1
Sycamore Terr B14 ... 49 A1
Sycamore Way 1 B27 ... 43 A3
Sydenham Rd
Birmingham B11 ... 41 A4
Smethwick B66 ... 6 B1
Sydney Ho B34 ... 25 C4
Sydney Rd B9 ... 31 A4
Sylvan Ave B31 ... 54 A1
Sylvan Gr B90 ... 60 C3
Symphony Ct B16 ... 28 C4

T

Tackford Cl B36 ... 15 B3
Talbot Ho 5 B24 ... 4 A2
Talbot Rd B66 ... 16 B1
Talbot St B18 ... 18 A4
Talbot Way B10 ... 32 A1
Talfourd St B9 ... 31 B3
Tallington Rd B33 ... 35 B1
Tamarisk Cl B29 ... 46 C2
Tame Rd B6 ... 10 B3
Tame Road Ind Est B6 ... 10 C3
Tameside Dr
Birmingham, Castle Bromwich
B35 ... 14 B3
Birmingham, Erdington B6 ... 2 B1
Tame Valley Com Sch
B36 ... 13 B2
Tandy Dr B14 ... 58 A1
Tanfield Rd B33 ... 24 A1
Tanford Rd B92 ... 45 A1
Tanglewood Cl B34 ... 25 A3
Tanworth Gr B12 ... 40 A4
Tanyards B27 ... 43 B1
Tarrant Gr B32 ... 36 A3
Tarry Rd B8 ... 21 C3
Taunton Rd B12 ... 40 C2
Tavistock Rd B27 ... 53 A2
Taylor Rd B13 ... 58 A3
Taylor's La B67 ... 16 A3
Taylors Orch B23 ... 2 C2
Taynton Covert 4 B30 ... 57 A1
Taywood Dr B10 ... 31 A1
Tealby Gr B29 ... 48 B3
Teal Dr B23 ... 2 C1
Teall Ct B27 ... 43 A1
Teall Rd B8 ... 21 C3
Tean Cl B11 ... 42 B1
Teazel Ave B30 ... 55 B4
Tedbury Cres B23 ... 3 C4
Teddesley Gr B33 ... 25 A2
Teesdale Ave B34 ... 24 A4
Teignmouth Rd B29 ... 48 B3
Telford Way B66 ... 6 A2
Teme Ct B23 ... 2 C1
Temple Ave B28 ... 60 B4
Templefield Gdns 2
B9 ... 31 A3
Templefield Sq B15 ... 28 C1
Templefield St B9 ... 31 A3
Temple Pas B2 ... 63 B2
Temple Row B2 ... 63 C3
Temple Row W B2 ... 63
Temple St B2 ... 63 B2
Ten Acres End B30 ... 48 C2
Tenbury Ho B33 ... 34 B4
Tenbury Rd B14 ... 57 C4
Tenby Rd B13 ... 51 B4
Tenby St B1 ... 18 C2
Tenby St N B1 ... 18 C2
Tennal Dr B32 ... 36 A4
Tennal Gr B32 ... 36 A4
Tennal La B32 ... 36 A4
Tennal Rd B32 ... 36 A4
Tennant St B15 ... 28 C3
Tennis Ct B30 ... 55 B2
Tennis Ct The B15 ... 38 B3
Tennyson Rd B10 ... 31 C1
Terrace Rd
Birmingham, Edgbaston
B15 ... 38 A1
Birmingham, Lozells B19 ... 8 C1
Terrys La B24 ... 5 A1
Tetley Rd B11 ... 41 C1
Teviot Tower B19 ... 19 A3
Tewkesbury Rd B20 ... 9 C4
Tew Park Rd B21 ... 7 C1
Thackeray Rd B30 ... 55 B3
Thames Tower B7 ... 20 C3
Thaxted Rd B33 ... 25 C1
Theatre App B5 ... 63 C1
Theodore Cl B17 ... 37 B2
Theresa Rd B11 ... 30 C1
Thimble Mill La B6,B7 ... 10 C1
Thinktank Mus & IMAX
Theatre★ B4 ... 20 A1
Third Ave
Birmingham, Bordesley Green
B9 ... 32 A4
Birmingham, Selly Oak
B29 ... 39 A1
Birmingham, Witton B6 ... 2 A1
Thirlmere Dr B13 ... 51 B2
Thirlmere Ho B15 ... 37 B1
Thirsk Croft B36 ... 13 A2
Thistledown Rd B34 ... 15 A1
Thistle Ho B36 ... 13 B2
Thomas Cres 2 B66 ... 17 A3
Thomas St
Birmingham B6 ... 20 A4
Smethwick B66 ... 16 C3
Thompson Dr B24 ... 12 A2
Thompson Gdns B67 ... 16 A2
Thompson Rd B67 ... 16 A2
Thornberry Wlk B7 ... 21 A4
Thornbury Rd B20 ... 9 B4
Thornfield Rd B27 ... 53 B4
Thornhill Gr B21 ... 8 A2
Thornhill Rd
Birmingham, Handsworth
B21 ... 8 A2
Birmingham,, Sparkhill
B11 ... 41 B1
Thornley Cl B13 ... 50 B3
Thorn Rd B30 ... 47 C1
Thornsett Gr B90 ... 60 C4
Thornton Ho B19 ... 19 C3
Thornton Jun Sch B8 ... 22 C3
Thornton Rd B8 ... 22 C3
Thornyfield Cl B90 ... 61 B1
Thornyfield Rd B90 ... 61 A1
Thorp St B5 ... 63 B1
Three Shires Oak Rd
B67 ... 26 A4
Thruxton Cl B14 ... 58 A1
Thurcroft Cl B8 ... 22 A2
Thurlston Ave B92 ... 44 A2
Tibbets La B17 ... 36 C2
Tibland Rd B27 ... 53 B4
Tiddington Cl B36 ... 14 C3
Tidworth Croft 2 B14 ... 58 B1
Tiffield Rd B25 ... 43 A3
Tilbury Gr B13 ... 49 B3
Tile Cross Rd B33 ... 35 C4
Tile Cross Trad Est
B33 ... 35 C3
Tillyard Croft B29 ... 47 A3
Tilshead Cl B14 ... 57 C1
Tilsley Gr B23 ... 2 C3
Tilton Rd B9 ... 31 A3
Timberley La B34 ... 25 A4
Timberley Prim Sch
B34 ... 25 B4
Timber Mill Ct B17 ... 36 C4
Timbers Way B11 ... 40 B4
Tindal Jun & Inf Sch
B12 ... 40 A3
Tindal St B12 ... 40 A3
Tintern Ho B32 ... 36 A3
Tintern Rd B20 ... 9 C3
Tintern Villas 4 B12 ... 40 C3
Tipperary Cl B36 ... 13 C2
Tirley Rd B33 ... 24 B2
Tiverton Gr B67 ... 16 A4
Tiverton Jun & Inf Sch
B29 ... 48 A4
Tiverton Rd
Birmingham B29 ... 48 A3
Smethwick B66 ... 16 C3
Tivoli The B26 ... 43 B4
Tixall Rd B28 ... 59 C3
Tollgate Dr B20 ... 8 C1
Tollgate Prec B67 ... 16 A4
Tollhouse Way B66 ... 16 A4
Tolworth Hall Rd B24 ... 4 C1
Tomey Rd B11 ... 41 B3
Tomlinson Rd B36 ... 15 B3
Tonbridge Rd B24 ... 12 B3
Topsham Croft B14 ... 57 B3
Torrey Gr B8 ... 23 A2
Torridon Croft B13 ... 39 B1
Totnes Gr 2 B29 ... 48 A4
Totnes Rd B67 ... 16 A4
Towcester Croft B36 ... 13 B2
Tower Rd
Birmingham, Aston B6 ... 10 B1
Birmingham, Aston New Town
B6 ... 10 A1
Tower St B19 ... 62 B5
Townley Gdns B6 ... 9 C3
Townsend Way 5 B1 ... 18 C1
Towpath Cl B9 ... 30 C4
Towyn Rd B13 ... 51 B4
Trafalgar Gr B25 ... 42 B4
Trafalgar Ho B11 ... 30 C2
Trafalgar Rd
Birmingham, Erdington
B24 ... 4 A1
Birmingham, Handsworth
B21 ... 7 C2
Birmingham, Moseley
B13 ... 40 A2
Smethwick B66 ... 17 A2
Tranter Rd B8 ... 22 B3
Treaford La B8 ... 23 A2
Tredington Cl 1 B29 ... 46 B1
Treeton Croft B33 ... 34 B4
Trefoil Cl B29 ... 46 B1
Trentham Gr B26 ... 43 C3
Trent St B5 ... 30 A4
Trent Tower 3 B7 ... 20 B2
Trenville Ave B11 ... 40 C3
Trevorne Cl B12 ... 40 A4
Trevor St B7 ... 21 A4
Trevor St W B7 ... 21 A4
Trevose Retreat B12 ... 40 A3
Triangle The B18 ... 18 A4
Trident Ret Pk B9 ... 30 B4
Trigo Croft B36 ... 13 C2
Trinity Cl 1 B19 ... 9 B2
Trinity Ct B6 ... 9 B3
Trinity Rd B6 ... 9 C3
Trinity St B67 ... 16 B4
Trinity Terr 2 B11 ... 30 B2
Trittiford Rd B13 ... 59 A4
Troy Gr B14 ... 57 B2
Truck Stop Bsns Pk
B11 ... 42 C3
Truro Tower 4 B16 ... 28 B4
Trysull Ave B26 ... 45 A2
Tudor Cl
Birmingham, King's Heath
B13 ... 58 A4
Birmingham, Sparkbrook
B10 ... 31 A2
Tudor Eaves 2 B17 ... 37 A3
Tudor Gdns B23 ... 3 C1
Tudor Rd B13 ... 40 A1
Tudor St B18 ... 17 C2
Tudor Terr B17 ... 37 A4
Tufnell Gr B8 ... 12 C1
Tugford Rd B29 ... 47 A1
Tuisi Ctr B19 ... 62 A4
Tulyar Cl B36 ... 13 A2
Tunnel La
Birmingham. Brandwood End
B14 ... 57 A2
Birmingham, Lifford B30 ... 56 C2
Turfpits La B23 ... 3 B4
Turner St B11 ... 40 B4
Turnley Rd B34 ... 25 A4
Turnpike Cl B11 ... 40 B4
Turville Rd B20 ... 9 A3
Tustin Gr B27 ... 53 A2
Tweed Tower B20 ... 9 B4
Twycross Gr B36 ... 13 B1
Twyford Rd B8 ... 23 A3
Twyning Rd
Birmingham, Edgbaston
B16 ... 17 B1
Birmingham, Stirchley
B30 ... 48 C1
Tyburn Gr B24 ... 5 B1
Tyburn Rd B24 ... 13 A4
Tyburn Sq B24 ... 5 B1
Tyburn Trad Est B24 ... 13 B4
Tyebeams B34 ... 25 A3
Tyler Ct B24 ... 4 A1
Tylney Cl B5 ... 29 B1
Tynedale Rd B11 ... 42 A1
Tyne Gr B25 ... 33 B2
Tyseley Hill Rd B11 ... 42 B2
Tyseley Ind Est B11 ... 41 C3
Tyseley La B11 ... 42 B2
Tyseley Locomotive Wks
Visitor Ctr★ B11 ... 42 A3
Tyseley Sta B11 ... 42 B3

U

Uffculme Rd B30 ... 49 B2
Uffculme Specl Sch
B13 ... 49 C3
Ufton Cl B90 ... 61 C1
Ufton Cres B90 ... 61 B1
Ullenwood B21 ... 7 B1
Ullrik Gn B24 ... 12 A4
Ullswater Cl B32 ... 46 A4
Ulwine Dr B31 ... 54 B2
Umberslade Rd B29 ... 48 B2
Underhill Rd B8 ... 22 A1
Underwood Cl
Birmingham, Edgbaston
B15 ... 37 B2
Birmingham, Stockland
B23 ... 3 A2
Unett Ct 9 B66 ... 17 A3
Unett St
Birmingham B19 ... 19 A3
Smethwick B66 ... 17 A2
Unett Wlk B19 ... 19 A3
Union Pas B2 ... 63 C2
Union Pl B29 ... 48 C4
Union Rd B6 ... 10 C2
Union Row B21 ... 8 A1
Union St B2 ... 63 C2
United Coll of the
Ascension B29 ... 47 A3
Unity Pl 9 B29 ... 48 A4
University Road W
B15 ... 38 A2
University Sta B15 ... 37 C2
Univ of Birmingham
B15 ... 38 A2
Univ of Birmingham The
(Halls of Residence)
B15 ... 29 A3
Univ of Central England
Birmingham B4 ... 62 D4
Birmingham, Edgbaston
B15 ... 28 B2
Univ of Central England
(Perry Barr Campus)
B42 ... 9 B4
Upland Rd B29 ... 38 C1
Uplands Manor Prim Sch
B67 ... 16 A1
Uplands Rd B21 ... 7 B4
Uplands The B67 ... 16 A2
Upper Balsall Heath Rd
B12 ... 40 A4
Upper Coneybere St 6
B12 ... 30 A1
Upper Gough St B1 ... 63 B1
Upper Grosvenor Rd
B20 ... 8 C4
Upper Highgate St
B12 ... 30 A1
Upper Marshall St B1 ... 63 B1
Upper Mill La B5 ... 63 C1
Upper Portland St B6 ... 10 B1
Upper St Mary's Rd
B67 ... 26 A3
Upper Sutton St B6 ... 10 A1
Upper Thomas St B6 ... 10 A1
Upper Trinity St B9 ... 30 B3
Upper William St B1 ... 29 A3
Upton Ct B23 ... 2 C1
Upton Gr B33 ... 33 A3
Upton Rd B33 ... 33 A4
Uxbridge St B19 ... 19 B3

V

Valbourne Rd B14 ... 57 A2
Vale Cl B32 ... 36 A1
Valentine Ct B14 ... 49 C3
Valentine Rd B14 ... 50 A3
Valepits Rd B33 ... 35 A3
Vale The
Birmingham, Edgbaston
B15 ... 38 B4
Birmingham, Moseley
B11 ... 50 C4
Valley Inf Sch B92 ... 45 B1
Valley Rd
Smethwick B67 ... 16 A1
Solihull B92 ... 45 B2
Vallian Croft B36 ... 14 A1
Vanguard Cl 1 B36 ... 13 C2
Vann Cl B10 ... 31 A2
Varden Croft B5 ... 29 B1
Varley Rd B24 ... 5 B2
Varley Vale B24 ... 5 B2
Vaughton Ho B15 ... 29 A1
Vaughton St B12 ... 30 A2
Vaughton St S B12 ... 29 C2
Vauxhall Gr B7 ... 20 C1
Vauxhall Pl B7 ... 20 B1
Vauxhall Rd B7 ... 20 B1
Vauxhall Trad Est B7 ... 20 C2
Venetia Rd B9 ... 31 A4
Venice Ct 2 B13 ... 50 C4
Ventnor Ave
Birmingham, Lozells B19 ... 9 B1
Ventnor Ave *continued*
Birmingham, Ward End
B36 ... 13 B1
Ventnor Rd B92 ... 45 A1
Venture Way B7 ... 20 A2
Vera Rd B26 ... 33 C1
Verbena Gdns B7 ... 20 B3
Verbena Rd B31 ... 54 A4
Vere St B5 ... 29 B2
Verney Ave B33 ... 35 B1
Vernolds Croft B5 ... 29 C2
Vernon Ct B16 ... 27 C3
Vernon Rd B16 ... 27 C3
Veronica Cl B29 ... 54 B4
Verstone Croft B31 ... 54 B1
Verstone Rd B90 ... 61 A2
Vesey St B4 ... 62 C4
Viaduct St B7 ... 20 B1
Vibart Rd B26 ... 34 A2
Vicarage Cl B30 ... 49 A1
Vicarage Rd
Birmingham, Aston B6 ... 10 B1
Birmingham, Edgbaston
B15 ... 28 A2
Birmingham, Handsworth
B18 ... 8 B1
Birmingham, Harborne
B17 ... 36 C3
Birmingham, King's Heath
B14 ... 49 B1
Birmingham, Stechford
B33 ... 33 C3
Smethwick B67 ... 16 A3
Viceroy Cl B5 ... 39 A4
Victoria Ave
Birmingham B10 ... 31 B2
Birmingham B21 ... 8 A2
Smethwick B66 ... 16 B3
Victoria Bldgs B16 ... 17 C1
Victoria Ct 2 B13 ... 40 A2
Victoria Gr 1 B18 ... 17 C2
Victoria Ho B16 ... 28 C4
Victoria Law Cts B4 ... 62 C3
Victoria Park Rd B66 ... 16 C3
Victoria Rd
Birmingham, Acock's Green
B27 ... 53 A4
Birmingham, Aston B6 ... 10 A1
Birmingham B6 ... 10 B1
Birmingham, Handsworth
B21 ... 7 C1
Birmingham, Harborne
B17 ... 36 C3
Birmingham, Stechford
B33 ... 23 B1
Birmingham, Stirchley
B30 ... 48 B1
Birmingham, Stockland Green
B23 ... 3 B1
Victoria Specl Sch B31 ... 54 B3
Victoria Sq B3 ... 63 B2
Victoria St B9 ... 31 B3
Victor Rd
Birmingham B18 ... 17 C4
Solihull B92 ... 45 B1
Victor Tower B7 ... 20 C4
Villa Cotts B19 ... 8 C1
Villa Cross B20 ... 8 C1
Village Rd B6 ... 10 B3
Villa Park (Aston Villa FC)
B6 ... 10 A3
Villa Rd B19 ... 8 C1
Villa St B19 ... 19 A4
Villa Wlk B19 ... 19 A4
Villette Gr B14 ... 59 A2
Villiers St B18 ... 17 C3
Vimy Rd B13 ... 50 C2
Vincent Cl B12 ... 40 A4
Vincent Dr B15 ... 37 C2
Vincent Par B12 ... 40 A4
Vincent St B12 ... 40 A3
Vince St B66 ... 16 B1
Vine Ave B12 ... 40 B3
Vineries The B27 ... 43 C2
Vine St B6 ... 10 C1
Vineyard Rd B31 ... 54 A3
Vintage Cl B34 ... 24 B3
Vinyard Cl B18 ... 8 A1
Viscount Cl B35 ... 14 B4
Vittoria St
Birmingham B1 ... 19 A2
Smethwick B66 ... 17 B4
Vivian Cl B17 ... 37 A3
Vivian Rd B17 ... 37 A3
Vyse St
Birmingham, Aston B6 ... 10 C2
Birmingham, Hockley
B18 ... 19 A2

W

Wadhurst Rd B17 ... 26 C4
Wagoners Cl B8 ... 22 A4
Wagon La B26,B92 ... 44 A2
Wainwright St B6 ... 10 B1

78 Wak – Wyn

Wakefield Ct B13 50 C4
Wake Green Pk B13 50 C4
Wake Green Rd B13 50 B4
Wakeman Gr B33 35 B1
Walden Rd B11 42 B1
Waldley Gr B24 5 B1
Waldrons Moor B14 57 A3
Walford Dr B92 45 B1
Walford Rd B11 41 A4
Walker Dr B24 11 C2
Wallace Rd B29 48 C4
Wallbank Rd B8 22 B4
Wallis Ct 1 B13 50 C4
Walmead Croft B17 26 A1
Walmer Gr B23 2 C3
Walnut Dr 5 B66 16 C3
Walsham Croft B34 25 A3
Walter Burden Ho B66 17 A1
Walter St B7 20 C4
Wanderer Wlk B36 13 C3
Wandle Gr B11 42 B1
Ward Cl B8 22 B3
Ward End Cl B8 22 A4
Ward End Hall Gr B8 22 B4
Ward End Park Rd B8 22 A3
Ward End Prim Sch B8 22 C4
Wardend Rd B8 22 B4
Wardlow Rd B7 20 C2
Ward St B19 62 C5
Wareham Ho B28 59 C1
War La B17 36 C3
Warley Ho B67 26 A4
Warmington Rd B26 45 A3
Warner St 1 B12 30 B2
Warners Wlk B10 31 A2
Warren Ave B13 50 A4
Warren Rd
Birmingham, Stirchley B30 56 B4
Birmingham, Washwood Heath B8 21 C4
Warstock La B14 58 B2
Warstock Rd B14 58 B1
Warstone La B18 18 C2
Warstone Mews 2 B18 19 A2
Warstone Par E B18 18 C2
Warstone Terr B21 7 C2
Warstone Tower B36 13 B2
Warwards La B29 48 B2
Warwell La B26 43 B4
Warwick Crest B15 28 C1
Warwick Ct
1 Birmingham, Acock's Green B27 53 A4
Birmingham, Moseley B13 50 B4
1 Birmingham, Weoley Castle B29 47 A1
Warwick Gr B92 53 C3
Warwick Ho 6 B24 4 A2
Warwick Pas B2 63 C2
Warwick Rd
Birmingham B42 9 C4
Birmingham, Sparkhill B11 41 B2
Warwick Road Trad Est B11 41 B2
Warwick St B12 30 B3
Wasdale Rd B31 54 A2
Washbrook Rd B8 22 B4
Washford Gr B25 32 C2
Washington St B1 63 A1
Washington Wharf B1 63 A1
Wash La B25 33 A2
Washwood Heath Rd B8 21 C4
Washwood Heath Tech Coll B8 23 A3
Wasperton Cl B36 14 C2
Watchbury Cl B36 15 A3
Waterfield Way B26 35 A1
Waterford Ct B23 2 C2
Waterford Pl B33 25 B1
Waterlinks Bvd B6 10 B1
Waterloo Rd
Birmingham, King's Heath B14 49 C2
Birmingham, South Yardley B25 43 A4
Smethwick B66 16 B1
Waterloo St B2 63 B2
Water Mill Cl B29 37 B1
Water Mill Prim Sch B29 37 B1
Water Orton Rd B36 15 C3
Waters Edge The B1 29 A4
Waterside B15 29 A2
Waterside Cl B9 30 C4
Waterside Ct B16 28 C4
Waterside View B18 18 B3
Water St B3 62 B3
Waterward Cl B17 37 A3
Waterworks Rd B16 28 A3
Waterworks St B6 10 C2
Watery Lane Middleway B9 30 C4
Watery La B67 16 B3
Watford Rd B30 56 A3
Watkins Gdns B31 55 A2
Watland Gn B34 24 C3
Watson Rd
Birmingham B7 11 B1
Birmingham, Nechells B24 11 B2
Birmingham, Saltley B8 22 A3
Wattis Rd B67 26 B4
Watton Ct B6 9 C2
Watton Gn B35 14 B4
Watt Rd B23 3 C2
Watt's Rd B10 31 B2
Watt St Birmingham B21 7 B1
Smethwick B66 16 C4
Wattville Ave B21 7 A2
Wattville Prim Sch B21 6 C2
Wattville Rd B21 7 A2
Watwood Rd B28,B90 60 A1
Wavell Rd B8 21 C3
Waverhill Rd B21 8 A1
Waverley Rd B10 31 B1
Waverley Sch B10 32 B2
Wayfield Cl B90 61 A1
Wayfield Rd B90 61 A1
Wayford Gr B8 22 C2
Weaman St B4 62 C3
Weatheroak Rd B11 41 A3
Weather Oaks B17 36 C4
Weaver Ave B26 44 C4
Webbcroft Rd B33 24 A2
Webb La B28 59 C4
Webster Cl B11 40 C4
Wedgewood Dr B20 8 C4
Weirbrook Cl B29 47 A1
Welbeck Gr B23 2 C3
Welby Rd B28 52 A3
Welches Cl B31 54 C3
Welford Ave B26 34 A2
Welford Prim Sch B20 8 B2
Welford Rd
Birmingham B20 8 B2
Solihull B90 61 A2
Welland Gr B24 5 B1
Well Cl B36 13 C2
Wellcroft Rd B34 14 B1
Wellesbourne Rd B20 8 C3
Wellesbourne Twr 3 B5 29 C2
Wellesley Gdns B13 51 B3
Wellfield Rd B28 60 C4
Wellhead Way B42 10 A4
Wellington Cres B20 8 C4
Wellington Ct
Birmingham B20 9 A2
Birmingham B32 36 A3
Wellington Ho B32 36 A2
Wellington Rd
Birmingham B20 9 A2
Birmingham, Edgbaston B15 29 A1
Smethwick B67 16 B1
Wellington St B18 17 B3
Wellington Terr 3 B19 8 C1
Wellington Way B35 14 C4
Well La B5 63 D2
Wellman Croft B29 47 B3
Wellsford Ave B92 44 C2
Wells Green Rd B92 44 B2
Wells Rd B92 45 A2
Well St B19 19 A3
Wells Tower B16 28 B4
Welsh House Farm Com Sch B32 36 A2
Welsh House Farm Rd B32 36 A2
Welwyndale Rd B72 5 A4
Wembley Gr B25 33 A2
Wendron Gr B14 57 B2
Wenlock Rd B20 10 A3
Wenman St B12 40 A4
Wensley Croft B90 60 C4
Wensley Rd B26 44 A4
Wentworth Ave B36 14 C2
Wentworth Ct B24 12 A4
Wentworth Gate B17 36 C4
Wentworth Park Ave B17 36 C4
Wentworth Rd
Birmingham B17 36 C4
Solihull B92 44 A1
Wentworth Way B32 36 A1
Weoley Ave B29 47 A4
Weoley Castle Rd B29 46 A3
Weoley Hill B29 47 A2
Weoley Park Rd B29 47 A3
Wesley Rd B23 4 A3
Westacre Gdns B33 24 A1
West Ave B36 15 B2
Westbourne Ave B34 23 C4
Westbourne Cres B15 28 B2
Westbourne Gdns B15 28 B1
Westbourne Gr B21 8 A1
Westbourne Rd
Birmingham B15 28 B2
Birmingham B21 7 B3
Westbury Rd B17 16 C1
West Bvd B32 36 A2
Westcliff Pl B31 54 A2
Westcott Rd B26 34 B2
Westcroft Gr B38 55 B1
West Dr
Birmingham, Edgbaston B5 39 A3
Birmingham, Handsworth B20 8 C2
Westerhope Gr B19 19 A3
Westeria Cl B36 15 A2
Westeria Ho B36 15 A2
Westerings B20 9 A2
Western Ave 7 B19 9 A1
Western Bsns Pk B18 17 C4
Western Rd
Birmingham, Edgbaston B18 18 A2
Birmingham, Erdington B24 4 B1
Westfield Hall 2 B16 27 B3
Westfield Rd
Birmingham, Acock's Green B27 42 C1
Birmingham, Edgbaston B15 27 B1
Birmingham, Moseley B14 49 C3
Smethwick B67 16 A3
Westford Gr B28 59 C1
Westgate B15 37 C2
West Gate B16 17 C1
West Green Cl B15 28 C2
Westhay Rd B28 52 C1
West Heath Rd 2 B18 17 B2
Westhill Cl B92 53 C2
Westhill Coll (Univ Birmingham) B29 47 B2
West Hill Ct B14 57 A2
Westhill Rd B38 56 A1
West Holme B9 31 A4
Westholme Croft B30 47 C2
Westhouse Gr B14 57 B2
West House Sch B15 29 A2
Westland Cl B23 4 A3
Westlands Rd B13 50 B3
Westland Wlk B35 14 A4
Westley Brook Cl B26 44 C3
Westley Cl B28 60 C4
Westley Rd B27 42 C1
Westley St B9 30 B4
Westmead Cres B24 5 A2
West Mead Dr B14 57 C4
Westminster Ct B20 9 A2
Westminster Dr B14 57 C4
Westminster Prim Sch B20 9 A3
Westminster Rd
Birmingham, Handsworth B20 9 A3
Birmingham, Stirchley B29 48 B2
Westminster Sch The B67 16 B3
Weston Ave B11 41 A4
Weston Ho B19 19 C4
Weston Ind Est B11 41 C2
Weston La B11 41 C2
Weston Rd
Birmingham B19 8 C1
Smethwick B67 26 A4
Weston Terr 3 B19 9 B2
West Pathway B17 37 A4
West Point B17 27 A2
West Rd B6 9 C4
Westridge Rd B13 59 A4
West St B7 20 A2
West View B8 23 A2
Westwood Ave B11 41 B2
Westwood Bsns Pk B6 10 C3
Westwood Rd B6 10 B4
Westwood View B24 5 A1
Wetherby Cl B36 13 B2
Wetherby Rd B27 53 A4
Wetherfield Rd B11 42 B1
Weymoor Rd B17 36 C1
Wharfdale Rd B11 42 B3
Wharf La B18 18 B4
Wharf Rd B11 42 C3
Wharf St
Birmingham, Aston B6 10 B1
Birmingham, Hockley B18 18 B4
Wharf The B1 63 A2
Wharton St B7 11 B2
Wharton St Ind Est B7 11 B2
Whatecroft The B17 36 C4
Whateley Cres B36 15 B2
Whateley Lodge Dr B36 15 A2
Whateley Rd B21 7 C2
Wheatcroft Rd B33 34 A4
Wheatlands Croft B33 25 C1
Wheats Ave B17 36 C1
Wheatsheaf Rd B16 27 B4
Wheatstone Gr B33 24 A3
Wheeldon Ho B26 43 C2
Wheelers La B13 50 A1
Wheeler's La B13 50 B1
Wheelers Lane Boys Sch B13 50 A1
Wheelers Lane Inf Sch B13 50 A1
Wheelers Lane Jun Sch (Annexe) B13 58 B4
Wheelers Lane Jun Sch B13 50 A1
Wheeler St B19 9 B1
Wheeler Street Sh Ctr B19 19 B4
Wheeley's La B15 29 A3
Wheeleys Rd B15 28 C2
Wheelwright Ct 5 B24 11 C4
Wheelwright Rd B24 12 A3
Wheldrake Ave B34 25 A4
Whetstone Cl B15 38 A3
Whichford Cl B76 5 B4
Whichford Gr B9 32 C4
Whisley Brook La B28 52 A4
Whiston Gr B29 46 C2
Whitacre Rd B9 22 A1
Whitbourne Cl B12 40 C3
Whitby Rd B12 40 B2
Whitecroft Rd B26 45 B3
White Field Ave B17 36 B4
Whitehall Rd
Birmingham, Bordesley Green B9 31 C3
Birmingham, Handsworth B21 8 B2
Whitehead Rd B6 9 C2
White Hill B31 54 C4
Whitehill La B29,B31 54 B3
White Ho B19 19 B4
Whitehouse Dr B66 6 B1
Whitehouse St B6 20 A4
White Rd
Birmingham, Sparkbrook B11 31 A1
Smethwick B67 16 A4
Whitesmith Croft B14 49 C2
White St B12 40 B3
Whitfield Gr B15 29 B2
Whitland Dr B14 58 A1
Whitlock Gr B14 58 B1
Whitminster Ave B24 4 C1
Whitmore Rd B10 31 A2
Whitmore St B18 18 C4
Whittall St B4 62 C3
Whittington Cl B14 57 C3
Whittington Gr B33 34 A4
Whittington Oval B33 34 B4
Whittleford Gr B36 15 A3
Whitworth Ind Pk B9 31 A4
Wibert Cl B29 48 B3
Wichnor Rd B92 44 A3
Wickets Twr B5 39 A3
Widney Ave B29 47 A3
Wiggin Cotts 5 B17 37 A3
Wiggin St B16 18 A1
Wiggin Tower 5 B19 9 B1
Wigorn Ho B67 26 A2
Wigorn Rd B67 26 A3
Wilcote Gr B27 53 A2
Wilde Cl B14 57 B2
Wildfell Rd B27 53 B4
Wildmoor Rd B90 60 C3
Wilkes Green Jun & Inf Sch B21 7 C3
Wilkinson Croft B8 23 A4
Willard Rd B25 43 A4
Willaston Rd B33 35 B1
Willclare Rd B26 44 B4
Willersey Rd B13 51 B2
Willes Rd B18 17 C4
Willey Gr B24 12 C4
William Booth La B4 62 B4
William Cook Rd B8 22 C3
William Cowper Prim Sch B19 19 C4
William Ct B16 27 C3
William Edward St 1 B12 30 A1
William Henry St B7 20 B4
William St B15 29 A3
William St N B19 62 B4
William St W B66 6 C1
Willmore Rd B20 9 B4
Willoughby Gr B29 46 B3
Willow Ave B17 26 B4
Willow Ct
Birmingham B13 40 B1
Smethwick B17 26 B4
Willow Dr B21 7 A3
Willow Gdns B16 18 A2
Willow Ho B7 20 C2
Willow Mews B29 46 C3
Willow Rd B29,B30 48 A2
Willows Cres B12 39 C3
Willows Rd B12 39 C3
Willows The B27 52 C4
Willson Croft B28 59 B1
Wills St B19 9 A1
Wills Way B66 17 A2
Wilmcote Cl B12 39 C4
Wilmcote Twr 5 B12 30 A1
Wilmore Ho B20 9 B3
Wilmot Dr B23 4 B4
Wilson Rd
Birmingham B19 9 B2
Smethwick B66 16 C1
Wilson Stuart Sch B23 3 A4
Wilton Rd
Birmingham, Balsall Heath B11 40 C3
Birmingham, Erdington B23 4 B3
Birmingham, Handsworth B20 8 C3
Wilton St B19 9 B2
Wiltshire Ct 10 B29 47 A1
Wimbourne Rd B16 17 B1
Wincanton Croft B36 13 A2
Winchester Gdns B31 54 B1
Winchester Gr B21 7 A2
Winchester Rd B20 9 B3
Winchfield Dr B17 26 A1
Wincrest Way B34 25 A3
Windermere Rd
Birmingham, Handsworth B21 7 C4
Birmingham, Moseley B13 50 C3
Windermre Ho B15 37 B1
Windleaves Rd B36 15 C2
Windmill Cl B31 55 A3
Windmill Cres B66 17 A3
Windmill Hill B31 54 C3
Windmill La B66 16 C3
Windmill Prec B66 17 A3
Windmill St B1 63 B1
Windrush Gr B29 48 B2
Windsor Arc B2 62 C3
Windsor Dr B24 5 A3
Windsor Ho B23 4 A4
Windsor Ind Est B7 20 B3
Windsor Lodge B92 53 B2
Windsor Pl
Birmingham B7 20 B1
Birmingham, Erdington B23 3 C1
Windsor Rd B30 56 C3
Windsor St B7 20 B2
Windsor St S B7 20 B2
Windsor Terr 5 B16 28 A3
Wingate Cl B30 56 A2
Winifride Ct B17 36 C3
Winleigh Rd B20 8 A4
Winnie Rd B29 47 C3
Winnington Rd B8 12 B1
Winsham Gr B21 7 C2
Winslow Ave B8 22 C2
Winson Green, Outer Circle Sta B21 7 C1
Winson Green Rd B18 17 C3
Winson St B18 17 B2
Winstanley Rd B33 33 B4
Winston Dr B20 8 C3
Wintney Cl B17 26 B1
Wirral Rd B31 54 A4
Wisley Way B32 36 A3
Wistaria Cl B31 54 B4
Withdean Cl B11 41 B4
Witherford Cl B29 47 A2
Witherford Way B29 47 A2
Witton La B6 10 A3
Witton Rd B6 9 C2
Witton Sta B6 10 A3
Witton St B9 30 C4
Woburn Gr B27 53 A3
Woburn Ho B15 29 A1
Wold Wlk B13 59 A4
Wolfson Dr B15 37 C2
Wolseley Ave B27 43 B2
Wolseley Dr B8 12 B1
Wolseley St B9 30 C4
Wolston Cl B90 60 C3
Woodacre Rd B24 5 A2
Woodall Rd B6 10 A3
Woodberry Wlk B27 43 B1
Woodbine Ave B10 31 B2
Woodbine Croft B26 44 B4
Woodbourne B15 27 B2
Woodbourne Rd B15, B16 27 A2
Woodbridge Rd B13 40 A1
Woodbrooke Rd B30 47 C1
Woodburn Rd B66 7 B1
Woodcock La B27 43 B1
Woodcock La N B27 43 B2
Woodcock St B7 20 A2
Woodcote Dr B8 22 A3
Woodcote Rd B24 5 B3
Woodcote Way B18 18 B2
Wood Ct B20 8 B4
Wood End La B24 4 A1
Wood End Rd B24 4 A1
Woodfall Ave B30 56 A3
Woodfield Cres B12 40 B4
Woodfield Rd
Birmingham, Balsall Heath B12 40 B4
Birmingham, King's Heath B13 50 A2
Woodford Ave B36 14 C2
Woodford Green Rd B28 52 C2
Wood Green Rd B18 17 B2
Woodhall Croft B92 44 A1
Woodhurst Rd B13 40 B2
Wood La
Birmingham, Erdington B24 13 A3
Birmingham, Handsworth B20 8 C4
Birmingham, Harborne B17 36 B4
Woodland Rd
Birmingham, Handsworth B21 7 A2
Birmingham, Northfield B31 54 C1
Woodlands Park Rd B30 55 A3
Woodlands Rd
Birmingham, Moseley B11 51 A4
Birmingham, Saltley B8 22 A1
Woodlands St B66 17 A3
Woodlea Dr
Birmingham B24 12 A4
Solihull B91 61 C2
Woodleigh Ave B17 37 B2
Woodleys The B14 58 C2
Woodman Wlk B23 2 B3
Woodmeadow Rd B30 56 C1
Woodnorton Dr B13 49 C4
Woodridge B6 9 C3
Woodrough Dr B13 50 A4
Woodshires Rd B92 53 C1
Woodside B37 25 C2
Woodside Rd B29 48 B3
Woodside Way B91 61 C3
Wood St B16 28 B4
Woods The B14 50 A3
Woodstile B34 24 C4
Woodstock Ct B13 40 C2
Woodstock Ho B13 50 B1
Woodstock Rd
Birmingham, Handsworth B21 8 A2
Birmingham, Moseley B13 40 C1
Woodthorpe Gdns B14 57 C3
Woodthorpe Inf & Jun Sch B14 57 C3
Woodthorpe Rd B14 57 C3
Woodvale Dr B28 59 C2
Woodvale Rd B28 59 C2
Woodview Dr B15 29 A1
Woodville Ct 3 B23 11 C4
Woodville Rd
Birmingham, Harborne B17 36 B4
Birmingham, King's Heath B14 50 A2
Woodway B24 4 C3
Woodwells Rd B8 22 C3
Woolacombe Lodge Rd B29 47 A4
Woolmore Rd B23 3 A3
Worcester Rd B6 10 A4
Worcester Rise B29 48 C3
Word Hill B17 26 A1
Wordsworth Rd B10 31 B1
Worthings The B30 56 C4
Wrekin Rd B44 2 B4
Wrentham St B5 29 C2
Wretham Ct B19 8 C1
Wretham Rd B19 18 C4
Wright Rd B8 21 C3
Wright St B10 31 B2
Wrottesley St B5 63 C1
Wroxall Gr B13 58 B4
Wroxall Rd B91 61 C4
Wroxton Rd B26 33 C2
Wyatt Cl B5 39 A3
Wychall Rd B31 55 A1
Wychbold Cres B33 25 A1
Wyche Ave B14 57 B2
Wychwood Cres B26 44 B4
Wyckham Cl B17 36 B2
Wycome Rd B28 52 B1
Wye Cliff Rd B20 8 C2
Wyndcliffe Inf Sch B9 31 B3
Wyndcliffe Jun Com Sch B9 31 A3
Wyndcliff Rd B9 31 B3
Wyndham Gdns B30 55 B2
Wyndham Rd B16 28 A3
Wyndhurst Rd B33 23 C3
Wynds Point B31 54 C3
Wynfield Gdns B14 58 A3
Wynford Rd B27 43 A3
Wynford Road Ind Est B27 43 A3
Wynn St B15 29 B2

Entry	Page	Grid
Wyrley Ho B23	3	A4
Wyrley Rd B6	10	B4
Wyrley Way B23	2	B4
Wyvern Gr B29	47	A4

Y

Entry	Page	Grid
Yardley Fields Rd B33	13	C4
Yardley Green Hospl B10	32	B3
Yardley Green Rd B9, B25,B33	32	B3
Yardley Inf Sch B26	33	B1
Yardley Jun Sch B26	33	B1
Yardley Rd B27	43	A3
Yardleys Sch B11	42	A2
Yardley Wood Com Prim Sch B14	59	B3
Yardley Wood Rd B13, B14	58	C3
Yardley Wood Sta B28	59	B3
Yarnfield Prim Sch B11	42	B1
Yarnfield Rd B11	42	B1
Yarningale Rd B14	57	B3
Yateley Rd B15	27	C1
Yelverton Dr B15	27	C2
Yenton Gr B24	5	A4
Yenton Jun & Inf Schs B24	5	A4
Yerbury Rd B23	2	C2
Yew Croft Ave B17	36	C4
Yewdale B17	37	A2
Yewhurst Rd B91	61	C2
Yew Tree Ave B26	33	C1
Yew Tree Com Jun & Inf Sch B6	10	B3
Yew Tree La B26	33	C1
Yew Tree Rd Birmingham, Castle Bromwich B36	15	C2
Birmingham, Edgbaston B15	29	A2
Birmingham, Handsworth B6	10	B3
Birmingham, Moseley B13	49	B4
Yockleton Rd B33	25	A1
Yorkbrooke Dr B26	44	C3
York Cl B10	56	B4
York Dr B36	12	C2
Yorkmead Jun & Inf Sch B28	52	A4
York Rd Birmingham B23	4	A2
Birmingham, Edgbaston B16	27	C3
Birmingham, Handsworth B21	8	A2
York Rd continued Birmingham, King's Heath B14	49	C2
Birmingham, Tyseley B28	52	B3
York St B17	37	A4
Yorks Wood Dr B37	25	C1
York Terr B18	19	A3
Yoxall Gr B33	24	C1

Wyr – Yox 79

List of numbered locations

In some busy areas of the maps it is not always possible to show the name of every place.

Where not all names will fit, some smaller places are shown by a number. If you wish to find out the name associated with a number, use this listing.

The places in this list are also listed normally in the Index.

40

A3 **1** Park Ave

Page number | Grid square | Location number | Place name

4
A1 **1** Coppice Cl **2** Maple Ct **3** Reswood Ct
A2 **1** Osborne Rd S **2** Poplar Ave **3** Salisbury Ho **4** Gloucester Ho **5** Talbot Ho **6** Warwick Ho **7** Bedford Ho **8** Exeter Ho
C4 **1** Adrian Ct **2** Abbey Mans **3** Sutton Ct **4** Kentmere Twr **5** Glendale Twr

8
C1 **1** Heathfield Ct **2** Lozells Wood Cl **3** Wellington Terr

9
A1 **1** Grafton Gr **2** Stretton Gr **3** Fladbury Pl **4** Ruckley Ave **5** Patshull Pl **6** Severn Gr **7** Western Ave
A2 **1** Finchley Ave **2** Avenue The **3** Roland Terr **4** Roland Gr **5** Roland Gdns **6** Poplar Ave **7** Poplar Gr **8** Arden Gr **9** Hawthorn Gr **10** Myrtle Gr
B1 **1** Sandhill Farm Cl **2** Shire Brook Ct **3** Clyde Tower **4** Guildford St **5** Wiggin Tower
B2 **1** Trinity Ct **2** New Inn Rd **3** Weston Terr **4** Bedford Terr **5** Leonard Gr **6** Leonard Ct **7** Cherwell Gdns **8** Birchfield Gdns
B3 **1** Birchfield Tower **2** Calder Tower
C2 **1** Dovehouse Pool Rd **2** Holyrood Gr **3** Ashbourne Gr **4** Haliscombe Gr **5** Hazeldene Gr

10
A3 **1** Lower Ground Cl **2** Staffordshire Pool Cl **3** Holyoak Cl **4** McGregor Cl

11
A1 **1** Ramsey Rd **2** Old Stables Wlk **3** Little Clover Cl **4** James Meml Homes The **5** Robertsons Gdns

13
C2 **1** Vanguard Cl **2** Ayala Croft **3** Bayley Tower **4** Stoneycroft Tower **5** Bridgemeadow Ho **6** Kingspiece Ho

16
B3 **1** Kilmet Wlk **2** Metric Wlk **3** Regent Ct **4** Fearon Pl **5** St Michael's Ct
C3 **1** Chamberlain Wlk **2** Allan Cl **3** Salcombe Rd **4** Shaldon Wlk **5** Walnut Dr **6** Kingsbridge Wlk **7** Honiton Wlk **8** Cheshire Ho

17
A3 **1** Park Ho **2** Thomas Cres **3** Prince of Wales Wlk **4** Ashcroft **5** Elmcroft **6** Birchcroft **7** French Walls **8** Painters Cnr **9** Unett Ct **10** Bindley Way **11** Cuin Wlk **12** Apollo Way
B2 **1** Shireland Brook Gdns **2** West Heath Rd **3** Bewdley Villas **4** Arley Villas
C2 **1** Victoria Gr **2** Florence Gr **3** Pearl Gr **4** Heath Green Gr **5** Summerfield Gr **6** Dudley Gr **7** Halifax Gr **8** Ashover Gr **9** Enderby Gr **10** Bellefield Ave

18
B3 **1** Claremont Pl **2** Landsdown Pl **3** Louisa Pl **4** Bredon Terr **5** Rutland Terr **6** Portland Terr
C1 **1** Canterbury Tower **2** Summer Hill Ind Pk **3** Durham Tower **4** Sandpits Ind Est **5** Townsend Way

19
A1 **1** Louisa St **2** Prospect Trad Est

C4 **1** Chiswick Ct **2** Hunton Ct **3** Woodville Ct **4** Gravelly Ct **5** Wheelwright Ct **6** Newchurch Gdns

20

A4 **1** Rudgewick Croft **2** Sapphire Tower **3** Dunsfold Croft **4** Chilworth Ct **5** Leatherhead Cl **6** Holland Rd W
B2 **1** Hobart Croft **2** Humber Tower **3** Trent Tower **4** Revesby Wlk **5** Moorcroft Pl **6** Henege Pl
C3 **1** Bloomsbury Wlk **2** Bodmin Gr **3** Little Francis Gr

27

B3 **1** Melville Hall **2** Westfield Hall

28

A3 **1** Barrow Ho **2** Balfour Ho **3** Clayton Ho **4** Edgwood Ct **5** Windsor Terr
B4 **1** Brecon Tower **2** Kenchester Ho **3** Blakemere Ho **4** Truro Tower **5** Darnley Rd **6** Knollcroft **7** Botany Wlk
C1 **1** Castleton Ct **2** Broughton Ct **3** Dunstan Ct **4** Egerton Ct **5** Appleton Ct
C3 **1** Broadfield Wlk **2** Square The **3** Lench's Trust Almshouses **4** Calthorpe Mans **5** Auchinleck Sq **6** St Martin's St **7** Roseland Way **8** Shepherds Gdns

29

A1 **1** Nightingale Wlk **2** Brambling Wlk **3** Buckland Ho **4** Raven Wlk
A2 **1** Audleigh Ho **2** Chiswick Ho **3** Leofric Ct **4** Alfryth Ct **5** Faraday Ho **6** Hogarth Ho **7** Chatsworth Twr **8** Bell Barn Sh Ctr

3 Helena St **4** John Smith Ho **5** Lesley Bentley Ho **6** Richard Lighton Ho **7** Sloane Ho **8** Sovereign Ct
A2 **1** Hockley Ctr **2** Warstone Mews **3** Chamberlain St **4** Carpathian Ct **5** Carpathian The

2 Bexhill Gr **3** Charlecote Tower **4** Broadwalk **5** Friday Bridge **6** Saturday Bridge
B1 **1** Quebec Ho **2** Ottawa Twr **3** Hamilton Ho
B2 **1** Dovercourt Ho **2** Ingleton Ho **3** Paynton Wlk **4** Haddon Twr **5** Newhope Cl
C1 **1** Earlswood Ho **2** Elmstead Twr **3** Cumberland Ave
C2 **1** Highgate Ho **2** Charlbury Twr **3** Wellesbourne Twr **4** Dunchurch Ho

30

A1 **1** William Edward St **2** Cantlow Ho **3** Lench's Trust Almshouses **4** Brinklow Twr **5** Wilmcote Twr **6** Upper Coneybere St
A2 **1** Hanwood Ho **2** Darfield Wlk **3** Radcliffe Twr **4** Canberra Way
A3 **1** Chapel House St **2** Bull Ring Trad Est **3** Cheapside Ind Est
B2 **1** Warner St **2** Trinity Terr **3** Lench's Trust Almshouses **4** New Moseley Rd
C3 **1** Mount Pleasant Ct **2** St Andrews Ct **3** Darnel Croft **4** Pritchett Tower
C4 **1** Isbourne Way **2** Mease Croft **3** Mill Burn Way **4** Alport Croft **5** Gordon St **6** Hoff Beck Ct **7** Bordsley Ct **8** Barwell Ct **9** Garrison Ct **10** Park Villas **11** Ash Gr

31

A3 **1** Broseley Brook Cl **2** Templefield Gdns
B3 **1** North Warwick St **2** Eversley Rd **3** Holmwood Rd **4** Granefield Ct **5** Bertram Rd **6** Regency Cl

37

A3 **1** Albert Wlk **2** Tudor Eaves **3** Square The **4** Summerville Terr **5** Wiggin Cotts
B4 **1** Clarence Mews **2** Old Tokengate

39

C3 **1** Cannon Hill Pl **2** Cannon Hill Gr **3** Beaconsfield Cres

40

A2 **1** Hamilton Ct **2** Victoria Ct **3** Fleetwood Ho
A3 **1** Park Ave **2** Heath Ct **3** Minton Ho
B3 **1** Lilac Ave **2** Copperbeach Dr **3** May Ave **4** Myrtle Ave **5** Beech Ave
B4 **1** Albert Ave **2** Milton Ave **3** Milford Ave **4** Bewdley Ave **5** Hereford Ave **6** Springfield Ave **7** Carpenter Pl **8** Grosmont Ave **9** Oakfield Ave **10** Florence Pl **11** Millicent Pl **12** Bradgate Pl
C3 **1** Hanley Villas **2** Matlock Villas **3** Ivy Ave **4** Tintern Villas **5** Chepstow Villas
C4 **1** Beechfield Ave **2** Stanley Ct **3** Ladypool Ave **4** South Range

41

A3 **1** Rosary Villas **2** Laburnum Villas **3** Ingleside Villas **4** Oriel Villas

43

A1 **1** Everene Ho **2** Louise Ct **3** Digby Ct
A3 **1** Sycamore Way **2** Cypress Sq **3** Laurel Gdns **4** Ash Mews **5** Cherry Tree Croft **6** Snowberry Gdns **7** Rye Croft **8** Honeysuckle Gr **9** Blossomville Way

46

1 Packwood Ct **2** Honnington Ct
B1 **1** Tredington Cl **2** Summerfield Dr
C1 **1** Hampshire Ct **2** Dorset Ct **3** Devon Ct **4** Bath Ct **5** Chelsea Ct

47

A1 **1** Warwick Ct **2** Rutland Ct **3** Danbigh Ct **4** Richmond Ct

5 Essex Ct **6** Norfolk Ct **7** Sussex Ct **8** Oxford Ct **9** Lincoln Ct **10** Wiltshire Ct **11** Ascot Ct **12** Guildford Ct **13** Arundel Ct **14** Kendal Ct **15** Bristol Ct **16** Epsom Ct **17** Sandown Ct **18** Kingston Ct

48

A4 **1** School Terr **2** Totnes Gr **3** Florence Bldgs **4** Holly Gr **5** Newton Gr **6** Rose Cotts **7** Kenton Wlk **8** Lime Ave **9** Unity Pl **10** Hope Pl

50

C4 **1** Wallis Ct **2** Venice Ct **3** Bromford Park Ho **4** Bowen Ct **5** Robert Ct **6** Major Ct **7** Royston Ct **8** Charles Ct **9** Stanley Ct **10** Brown's Ct **11** Oulsham Ct **12** James Ct **13** Gallagher Ct **14** Bucknall Ct **15** Cleveland Ct **16** Burford Ct **17** Moseley Ct

53

A4 **1** Warwick Ct **2** Elizabeth Ct
C3 **1** Old Warwick Ct **2** St Margaret's Rd **3** St Margaret's Ct **4** Bromford Mere

54

B2 **1** Saxon Wood Cl

57

A1 **1** Beechwood Ct **2** Lindsworth Ct **3** Ashbury Covert **4** Taynton Covert

58

B1 **1** Littlecote Croft **2** Tidworth Croft **3** Claydon Gr **4** Naseby Ho **5** Lamport Ho **6** Cotswold Ho **7** Oakham Ho **8** Desborough Ho **9** Dickens Ho **10** Shawbrook Gr

Birmingham bus connections
Principal Bus Routes

For more information visit
www.travelwm.co.uk

key to lines

1, 1c	The One
6	Stratford Road
8	Inner Circle
9, 19, 109, 139	Hagley Road
11	Outer Circle
16, 16a	Hamstead Road
21, 22, 23, 29, 103	Network Harborne
33	Line 33
37	Warwick Road
45, 47	Pershore Road
50	Moseley Road
51	Walsall Road
56, 57, 57A, 58, 58A, 60	Coventry Road
61, 62, 63, 63A, 964	Bristol Road
67	Tyburn Road
71, 72	Solihull – Chelmsley Wood
74, 78, 79	Soho Road
87	Dudley Road
94	Washwood Heath Road
96, 97	Meadway
101	Jewellery Quarter
104, 104A, 105, 902, 903, 904, 905, 915	Sutton Lines
126	Birmingham – Dudley – Wolverhampton
246, 311, 312, 313	Walsall – Dudley – Stourbridge
366, 366A	Walsall – Aldridge – Sutton Coldfield
377	Walsall – Streetly – Sutton Coldfield
404	Walsall – West Bromwich – Blackheath

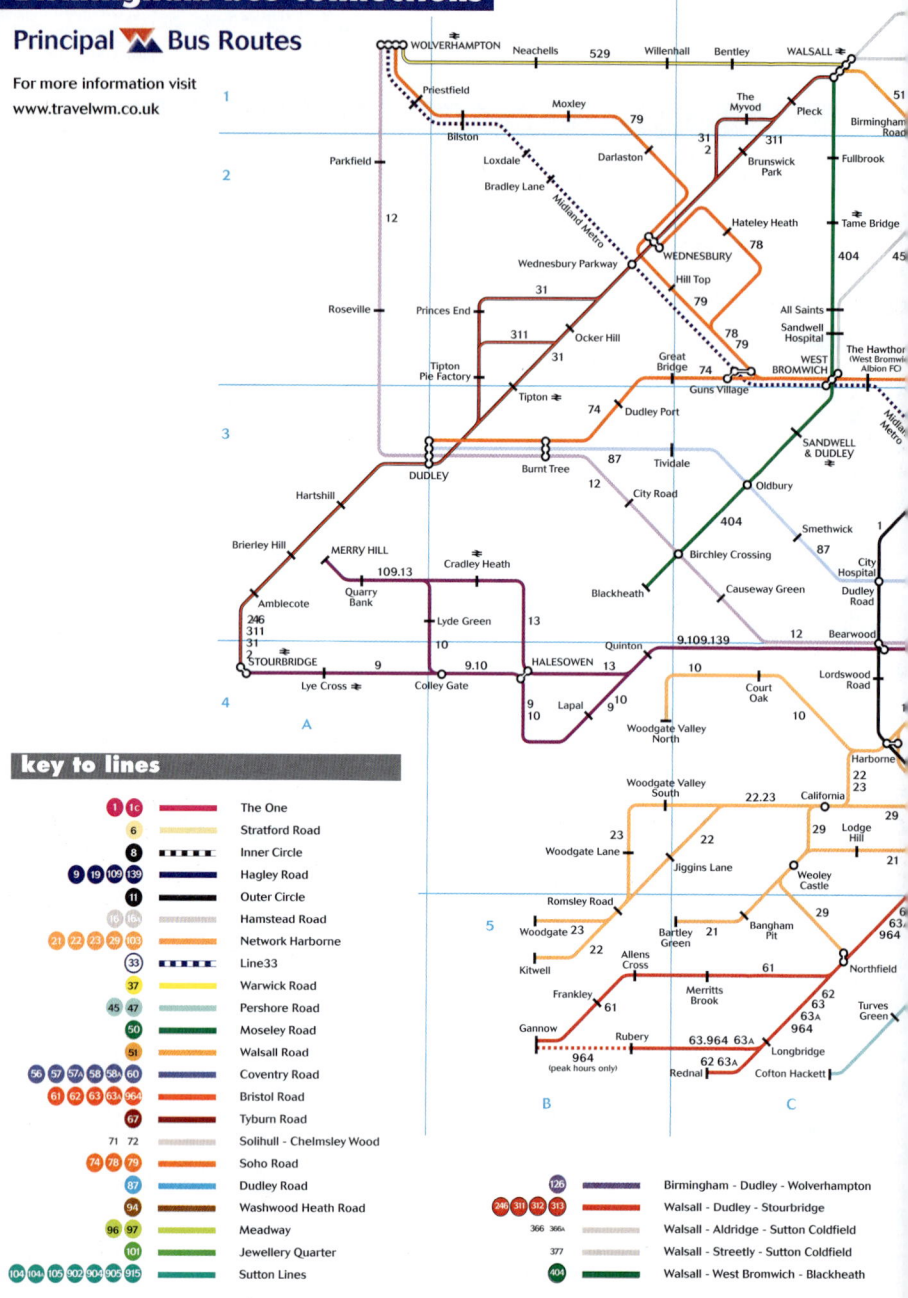

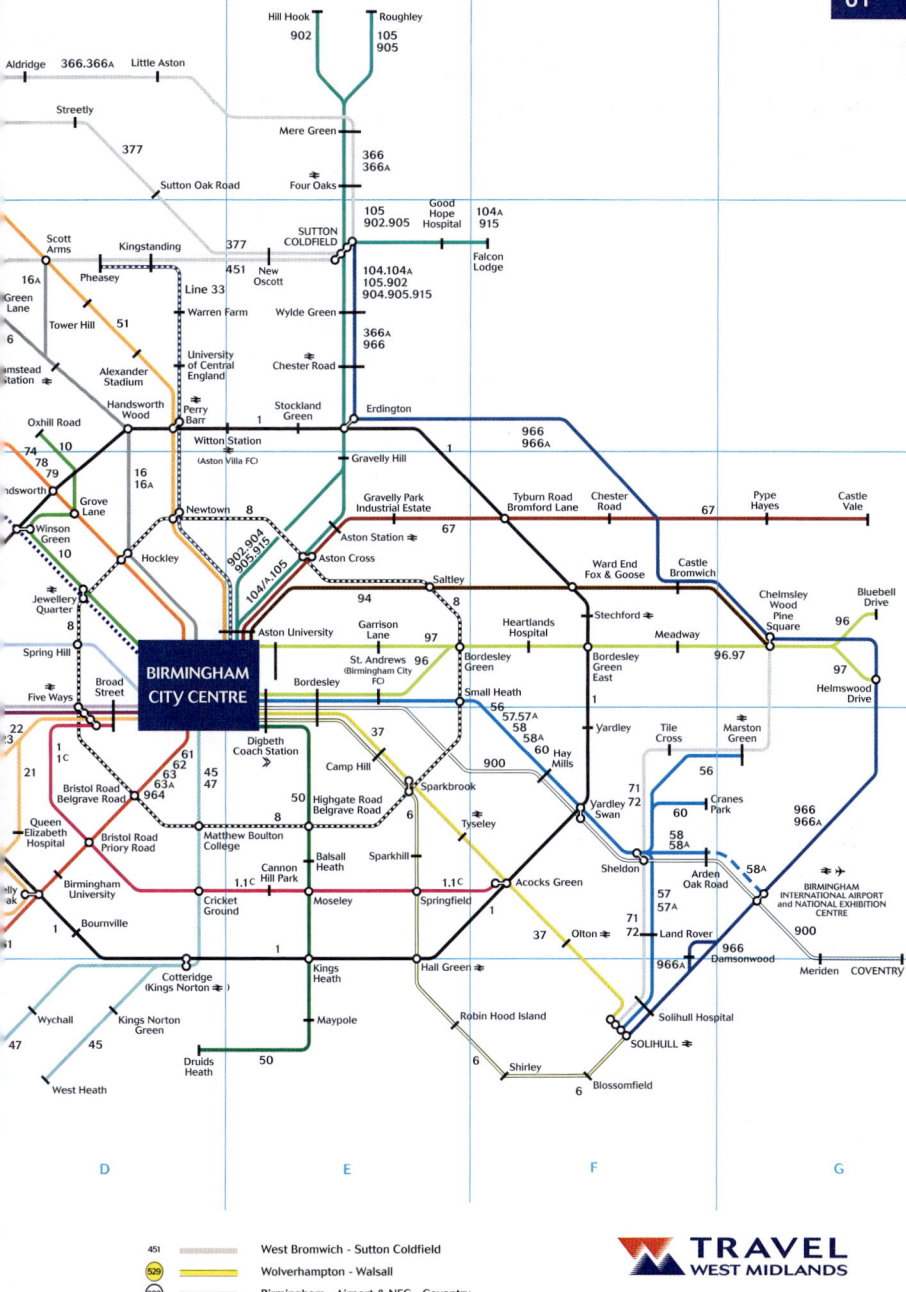

Birmingham bus connections index

Acocks Green	F4	1, 1C, 11, 37
Aldridge	D1	366, 366A
Alexander Stadium	D2	51
Allens Cross	B5	61
Amblecote	A3	246, 311, 312
Aston Cross	E3	8, 67, 104, 104A, 105
Aston Station	E3	67, 104, 104A, 105
Aston University	E3	33, 51, 67, 94, 104, 104A, 105
Balsall Heath	E4	50
Bangham Pit	C5	21
Bartley Green	C5	21
Bearwood	C4	9, 11, 109, 126, 139
Bentley	C1	529
Bilston	B1	79, Metro
Birmingham City Centre	D3	1C, 6, 9, 16, 16A, 21-3, 29, 33, 37, 45, 47, 50, 51, 56-58A, 60-63A, 67, 74, 78, 79,87, 94, 96, 97, 101, 103-5, 109, 126, 139, 900, 902, 904, 905, 915, 964 Metro
Birmingham Airport	G4	58A, 900, 966, 966A
Birmingham University	D4	61-63A, 964
Blackheath	B3	404
Blossomfield	F5	6
Bordesley	E3	6, 37, 56-58A, 900
Bordesley Green	E3	8, 96, 97
Bournville	D4	11
Bradley Lane	B2	Metro
Brierley Hill	A3	246, 311, 312
Broad Street	D3	1C, 9, 21-3, 29, 103, 109, 126, 139
California	C4	22, 23, 29
Camp Hill	E4	6, 37
Cannon Hill Park	E4	1, 1C
Castle Bromwich	F3	94, 966, 966A
Causeway Green	C3	126
Chelmsley Wd, Bluebell Dr.	G3	96
Chelmsley Wd, Helmsw'd Dr.	G3	97, 966, 966A
Chelmsley Wood, Pine Sq.	G3	71, 72, 94, 96, 97, 966, 966A
City Hospital	C3	11, 87
Cofton Hackett	C5	47
Colley Gate	B4	9, 109
Cotteridge	D5	45, 47
Court Oak	C4	103
Coventry	G5	900
Cradley Heath	B3	139
Cranes Park	F4	60
Damsonwood	F4	966A
Darlaston	B2	79
Digbeth Coach Station	E4	6, 37, 50, 56-58A, 60, 96, 900
Druids Heath	D5	50
Dudley	B3	74, 87, 126, 246, 311-3
Dudley Port	B3	74
Edgbaston Cricket Ground	D4	1, 1C, 45, 47
Erdington	E2	11, 104, 104A, 105, 902, 904, 905, 915, 966, 966A
Five Ways	D4	1, 1C, 8, 9, 21-3, 29, 103, 109, 126, 139
Four Oaks	E1	105, 366, 366A, 902 905
Frankley	B5	61
Fullbrook	C2	404
Gannow	B5	61, 964
Garrison Lane	E3	97
Good Hope Hospital	E2	104A, 915
Gravelly Hill	E3	104, 104A, 105, 902, 904, 905, 915
Great Barr, Scott Arms	D2	16A, 51, 451
Great Bridge	B2	74
Guns Village	C2	74, Metro
Halesowen	B4	9, 109, 139
Hall Green	E5	6, 11
Hamstead Village	D2	16, 16A
Hamstead, Green Lane	D2	16
Handsworth	D3	11, 74, 78, 79
Handsworth Wood	D2	11, 16, 16A
Handsworth, Grove Lane	D3	74, 78, 79, 101
Handsworth, Oxhill Road	D2	101
Harborne	C4	11, 22, 23, 29, 103
Hartshill	A3	246, 311, 312
Hateley Heath	C2	78
Hay Mills	F4	56-58A, 60, 900
Heartlands Hospital	F3	96, 97
Hill Hook	E1	902
Hill Top	B2	79
Hockley	D3	8, 16, 16A, 74, 78, 79
ICC	D4	1C, 9, 21-3, 29, 103, 109, 126, 139
Jewellery Quarter	D3	8, 101, Metro
Kings Heath	E5	11, 50
Kings Norton	D5	45
Kingstanding	D2	33, 451
Kitwell	B5	22
Land Rover	F4	57, 57A, 71, 72
Lapal	B4	9, 109
Little Aston	D1	366, 366A
Lodge Hill	C4	21
Longbridge	C5	62, 63, 63A, 964
Loxdale	B2	Metro
Lyde Green	B3	109
Lye	A4	9
Marston Green	G4	56, 71, 72
Maypole	E5	50
Mere Green	E1	105, 366, 366A, 902 905
Meriden	G5	900
Merritt's Brook	C5	61
Merry Hill	A3	109, 139
Moseley	E4	1, 1C, 50
Moxley	B1	79
NEC	G4	58A, 900, 966, 966A
New Oscott	E2	377, 451
Newtown	D3	8, 33, 51
Northfield	C5	29, 61-63A, 964
Oldbury	C3	87, 404
Olton	F4	37
Parkfield	A2	126
Perry Barr	D2	11, 33, 51
Pheasey	D2	33, 451
Pleck	C1	311-3
Priestfield	A1	79, Metro
Princes End	B2	313
QE Hospital	D4	21
Quarry Bank	A3	109, 139
Quinton	B4	9, 109, 139
Rednal	C5	62, 63A
Robin Hood Island	E5	6
Roseville	A2	126
Roughley	E1	105, 905
Rubery	B5	63, 63A, 964
Saltley	E3	8, 94
Sandwell & Dudley Stn.	C3	404
Sandwell Hospital	C2	404, 451
Selly Oak	D4	11, 61-63A, 964
Sheldon	F4	56-58A, 60, 71, 72,900
Sheldon, Arden Oak Road	F4	58, 58A, 900
Shirley	F5	6
Small Heath	E3	8, 56-58A, 60
Smethwick	C3	87
Solihull	F5	6, 37, 57, 57A, 71, 72, 966, 966A
Solihull Hospital	F5	57, 57A, 71, 72, 966, 966A
Sparkbrook	E4	6, 8, 37
Sparkhill	E4	6
Spring Hill	D3	8, 87
Springfield	E4	1, 1C, 6
St. Andrews	E3	56-58A, 60, 96
Stechford	F3	11
Stockland Green	E2	11
Stourbridge	A4	9, 246, 311, 312
Streetly	D1	377
Sutton Coldfield	E2	104, 104A, 105, 366, 366A, 377, 451, 902, 904, 905, 915, 966,966A
Tame Bridge	C2	404
The Hawthorns	C2	74, 78, 79, Metro
Tile Cross	F4	71, 72
Tipton	B3	312
Tividale	B3	87
Tower Hill	D2	51
Turves Green	C5	47
Tyseley	E4	37
UCE	D2	33
Walsall	C1	51, 311, 366, 366A, 377, 404, 529
Ward End, Fox & Goose	F3	11, 94
Warren Farm	D2	33
Wednesbury	B2	78, 79, 311-3, Metro
Weoley Castle	C4	21, 29
West Bromwich	C2	74, 78, 79, 404, 451, Metro
West Heath	D5	45
Willenhall	B1	529
Winson Green	D3	11, 101, Metro
Witton	E2	11
Wolverhampton	A1	79, 126, 529, Metro
Woodgate	B5	23
Woodgate Valley North	B4	103
Woodgate Valley South	B4	23
Wychall	D5	47
Wylde Green	E2	104, 104A, 105, 902, 904, 905, 915, 966, 966A
Yardley	F4	11
Yardley Swan	F4	11, 56-58A, 60, 900

TRAVEL WEST MIDLANDS

For more information visit
www.travelwm.co.uk